स्कोर क्या हुआ?

भारतीय क्रिकेट : 1721-2021

स्कोर क्या हुआ?

भारतीय क्रिकेट 1721-2021

प्रवीण कुमार झा

वाणी प्रकाशन

प्रकाशन के उत्कृष्टतम 61 वर्ष

vaniprakashan.com

पेपरबैक पहला संस्करण : 2024

वाणी प्रकाशन

4695, 21-ए, दरियागंज, नयी दिल्ली-110 002

फ़ोन : + 91 11 23273167, 23275710

शाखाएँ

अशोक राजपथ, पटना-800 004, बिहार

कॉफ़ी हाउस कैम्पस, महात्मा गांधी मार्ग, प्रयागराज-211 001, उत्तर प्रदेश

महात्मा गांधी अन्तरराष्ट्रीय हिन्दी विश्वविद्यालय, वर्धा-442 001, महाराष्ट्र

36/ए, शेक्सपियर सरणी, रानी बिरला गर्ल्स कॉलेज के पास, कोलकाता-700 017, प. बंगाल

sales@vaniprakashan.in

vaniprakashan@gmail.com

Score Kya Hua?
Bhartiya Cricket 1721-2021
by Praveen Kumar Jha

ISBN : 978-93-6287-488-7
History/Sports

मूल्य : ₹ 495

जी.एस. ऑफ़सेट, दिल्ली-110 095 में मुद्रित

वाणी प्रकाशन का लोगो मक़बूल फ़िदा हुसेन की कूची से

अनुक्रम

भूमिका

क्रिकेट मैं अब मैदानों में कम देख पाता हूँ। यह मेरे दिमाग़ की सिलवटों में दर्ज ज़रूर है। खेल की अनन्त छवियाँ, जो किसी भी भारतीय के मन में न चाहते हुए भी दर्ज हो ही जाती हैं। जो खेलता नहीं, वह देखता है। जो देखता नहीं, वह सुनता है। अगर कोई भारतीय अपनी सभी इन्द्रियाँ बन्द कर ले, क्रिकेट से बेइन्तहाँ नफ़रत भी पाल ले, एक ऐसे देश में घर बसा ले जहाँ क्रिकेट नहीं खेला जाता, तो भी किसी प्रेत की तरह क्रिकेट उसका जीवन भर पीछा करेगा। उसके हाथ में अगर एक सन्तरा या कोई भी गोल वस्तु आ जाये, उसे वह अनजाने में यूँ उछालने लगेगा जैसे सामने कोई काल्पनिक बल्लेबाज़ इन्तज़ार कर रहा हो।

मैं उस क़स्बे में बड़ा हुआ जहाँ अधिकांश बच्चे बस एक खेल जानते थे– क्रिकेट। अव्वल तो यह कि नवजात शिशु के छठी के अवसर पर लोग मेले से ख़रीदा प्लास्टिक के गेंद-बल्ले पकड़ा देते। बच्चा पहली चीज़ जो हाथ में पकड़े, गेंद ही पकड़े। मिट्टी में लोटते हुए गेंद के पीछे जाये और कुर्सी के नीचे से गेंद हाथ में लेकर ही सन्तुष्ट हो। गेंद ना हो तो अख़बारी काग़ज़ और पोलीथीन की गुत्थी बनाकर उसे रस्सी से बाँधकर गेंद बना देना। उसमें कुछ कंकड़ भी डाल देना कि गेंद सख़्त हो। कपड़े का मैल निकालने के लिए प्रयुक्त लकड़ी के मुद्गल को बैट बना लेना[1] और बैठने वाले पीढ़े को खड़ा कर विकेट बना लेना। पंकज उधास के कैसेट के रीलों को निकालकर बाउंड्री लाइन बनाना। जल्दी-जल्दी ट्यूशन ख़त्म होते ही भागकर मैदान में पहुँच जाना।

मैदान ही क्या? कोई विवादित ऊसर पड़ी ज़मीन या मुहल्ले की एक-दूसरे को चूमती छत। कचहरी का अहाता या मन्दिर का प्रांगण। आम के बागान या लाट

---

[1]सचिन तेन्दुलकर ने ढाई साल की उम्र में कपड़े धोने में प्रयोग किये जाने वाले लकड़ी के 'धोका' (मराठी नाम) से ही पहली बार बल्लेबाज़ी की थी। देखें [43, p. 29]

साहेब के ज़माने का पोलो-फ़ील्ड। रेलवे लाइन के दोनों तरफ़ सरकारी ख़ाली ज़मीन। जहाँ भी, जितनी भी ख़ाली ज़मीन नज़र आए, वह क्रिकेट का मैदान है। जो भी किशोर या बेरोज़गार युवा दिख रहा है, वह क्रिकेट खिलाड़ी है। जो क्रिकेट खिलाड़ी नहीं, वह दर्शक है। एक चायवाला है जो वेंगसरकर के हर चौके पर मुफ़्त चाय पिलाता है। वहीं खाट के कोने पर एक पुराना सन्तोष मार्का रेडियो बज रहा है, जिसमें सुशील दोषी कमेंट्री कर रहे हैं। उनकी आवाज़ उस वक़्त के लोगों को भी नॉस्टैल्जिक लगती है, जब वह सत्तर के दशक में कहते। यह नक़ल हमारी पीढ़ी भी उतारती रही–

दिल के मरीज़ कमेंट्री न सुने, क्योंकि यह रोमांच आपके दिल को क्षति पहुँचा सकता है...(आरोहात्मक स्वर में) और इस बीच दूर पैवेलियन छोर से अगली गेंद के लिए तैयार...और यह गेंद! (उनकी आवाज़ दब जाती है, कोरस तेज़ हो जाता है, धड़कनें रुक जाती हैं। तभी अवरोहात्मक स्वर में वह आगे कहते हैं) भाग्यशाली रहे गावस्कर कि गेंद ने बल्ले का बाहरी किनारा नहीं लिया। काफ़ी तेज़ गेंद, जो टप्पा खाने के बाद ऑफ़-स्टम्प को लगभग चूमते हुए, बिना कोई क्षति पहुँचाये विकेटकीपर एलन नॉट के दस्ताने में।

हमारी शब्दावली और उच्चारण में क्रिकेट कमेंट्री ने महत्त्वपूर्ण भूमिका निभायी है। मुझे कुछ साल पहले एक वीडिओ प्राप्त हुआ, जिसमें कटिहार के एक ग्रामीण व्यक्ति बनियान में खड़े टोनी ग्रेग की हू-ब-हू नक़ल उतारकर IPL की कमेंट्री कर रहे थे। हमारे व्यक्तित्व में भी इस खेल का हाथ है। मकरंद वैगनकर के अनुसार, "मुम्बई के लोगों के 'खड़ूस' बनने के पीछे क्रिकेट का हाथ है। शायद मेरे धैर्य में क्रिकेट का हाथ रहा हो, जब मैं पाँच दिन का टेस्ट मैच गेंद-दर-गेंद देख जाता, वह भी ऐसे मैच जिसमें रवि शास्त्री निहायती धीमी पारी खेल रहे होते।"

हमें विज्ञापनों में भी क्रिकेट खिलाड़ी ही नज़र आते। दिलीप वेंगसरकर 'विजिल' साबुन के विज्ञापन में नहा रहे होते; कपिल देव कभी 'पामेलिव दा जवाब नहीं' कह रहे होते और कभी रैपिडेक्स इंग्लिस कोर्स से गँवई लोगों को अंग्रेज़ी सिखा रहे होते। सुनील गावस्कर इनसे कहीं आगे निकलकर अपनी पत्नी के साथ बैठकर 'विल्स' सिगरेट का विज्ञापन कर रहे होते, जिसका टैगलाइन होता–मेड फ़ॉर इच अदर! फ़िल्मी सितारों पर बीस रहे क्रिकेटर। मैं आईने में ख़ुद को अमिताभ बच्चन या विनोद खन्ना नहीं देखता, सुनील गावस्कर देखता। हवा में बल्ले का ऐक्शन लेकर छक्का नहीं लगाता, एक क़दम आगे बढ़कर सीधे बल्ले से रक्षात्मक

शॉट खेलता। गली-कूचे में भी बल्लेबाज़ी से पहले गार्ड लेता, बल्ले को बीच पिच पर जाकर निर्विकार भाव से ठोकता। गेंद आते ही पहले बैक-फ़ुट पर जाकर धीरे-से गेंद को ज़मीन पर दबा देता। कभी यह रक्षात्मक खेल का समय था, आक्रामकता का नहीं। 'टेस्टमैच' की पूछ थी, 'वन डे' की नहीं। रन बने न बने, विकेट नहीं गँवाना, क्योंकि सुनील गावस्कर कभी आउट नहीं होता।

लॉर्ड रेलाटोर का यह कलीप्सो था—

It was Gavaskar
De real master
Just like a wall
We couldn't out Gavaskar at all, not at all
You know the West Indies couldn't out Gavaskar at all

एक वरिष्ठ मित्र क़िस्सा सुनाते हैं कि वह एंडी राबर्ट्स की नक़ल उतारकर गेंदबाज़ी करते। कई वर्षों बाद उनका किसी निजी कम्पनी के कार्य से जमैका जाना हुआ। उन्होंने वहाँ एक कर्मचारी से पूछा कि माइकल होल्डिंग कहाँ मिलेंगे। उन्हें बताया गया कि वह कुछ गाड़ियों का काम करते हैं, पास ही रहते हैं। वह उत्साहित हो गये कि ऐसे महान खिलाड़ी से हाथ मिला पायेंगे। वहाँ उन्होंने जब माइकल को देखा तो चकित रह गये। धूल-धूसरित वस्त्र में माइकल एक कार मेकैनिक की भूमिका में गैराज चला रहे थे। इसमें आश्चर्य सम्भवतः यह था कि ये देवतुल्य माइकल आख़िर गाड़ी की मरम्मत क्यों कर रहे हैं? उन दिनों टेलीविज़न क्रान्ति इतनी नहीं हुई थी कि उन्हें ESPN पर कमेंट्री का बड़ा कॉन्ट्रैक्ट मिलता। जब मिला तो उन्होंने भी गैराज पर बैठना बन्द ही कर दिया। खेलकूद में धन था ही कहाँ? न धन वहाँ आता था, न वहाँ से कहीं जाता था।

मिहिर बोस की पुस्तक[1] में एक अश्विनी कुमार नामक विशेषज्ञ की निराशाजनक टिप्पणी मिलती है–

भारत में खेल की न संस्कृति है, न इन्तज़ामात। अगर बच्चा खेलकूद कर घर लौटता है, तो उसके माँ-बाप डाँटते हैं कि पढ़ाई पर ध्यान दो। भारत के छह लाख स्कूलों में लगभग 1.8 प्रतिशत में ही खेल के मैदान हैं। वह भी पश्चिम की तरह बड़े मैदान नहीं, बल्कि स्कूल के अहाते या पिछवाड़े की ख़ाली ज़मीन। हमें जितने प्रशिक्षकों की ज़रूरत है, वह 2059 ई. तक भी पूरा न हो पायेगा।

---

[1]बोस, मिहिर, 'द मैजिक ऑफ़ इंडियन क्रिकेट', रूटलेज पब्लिशिंग. पृ. 45-46

भाग्य से यह बात उन्होंने दशकों पूर्व 1985 में कही थी। हालाँकि, उस वक़्त भी हम विश्व कप क्रिकेट जीत चुके थे और एशियाड का सफल आयोजन हो चुका था। विडम्बना यह है कि उनकी बात को आज भी नकारने की स्थिति में नहीं हूँ। यूरोप के सरकारी स्कूलों के मुक़ाबले भारत की विशाल जनसंख्या के लिए मैदान ही नहीं हैं। न ही हमारे पास पर्याप्त खेल बजट है। जब कि क्रिकेट ने यह बारम्बार सिद्ध किया है कि सुविधाएँ मिलते ही भारत दुनिया के शिखर पर पहुँच सकता है। प्रश्न यह उठता है कि क्रिकेट ही क्यों? फ़ुटबॉल में हम 1951 के एशियन गेम्स में स्वर्णपदक जीते, 1956 के ओलम्पिक में चौथा स्थान अर्जित किया, 1962 में पुनः एशियन गेम्स में स्वर्णपदक जीता। लेकिन 1970 के एशियन गेम्स के कांस्य पदक के बाद फ़ुटबॉल का घोड़ा रुक गया। हॉकी के तो हम सरताज रहे हैं। 1928 से 1956 के मध्य भारतीय टीम ने लगातार छह ओलम्पिक स्वर्ण जीते। यह सच है कि भारतीय संस्कृति में नायक अथवा खलनायक बनकर क्रिकेट का खेल प्रवेश कर गया और बाक़ी खेल नेपथ्य में चले गये।

मैंने यह निर्णय लिया कि उस इतिहास को और उस जुनून को लिखूँगा, जिसने एक साधारण से बल्ला-गेंद खेल को भारतीय संस्कृति का अभिन्न अंग बना दिया। क्रिकेट ने ऐसी ऊँचाई हासिल की कि अब भारतीय IPL क्लबों में विदेशी खिलाड़ियों की नीलामी होती है, बोलियाँ लगती हैं। हम बार-बार विश्वविजेता बने, विश्व के क्रिकेट बोर्ड पर अपनी धौंस जमायी, और अरबों का खेल-व्यापार खड़ा किया। CSDS के एक पुराने सर्वे (2007) के अनुसार 25 वर्ष से कम उम्र के 80% भारतीय क्रिकेट में रुचि रखते हैं। यह एक विडम्बना भी कही जायेगी, जब दुनिया कोरोना महामारी से जूझ रही थी, हम मध्य एशिया में सफल क्रिकेट महोत्सव कर रहे थे। अगर प्रलय आ गया, और आख़िरी बचे भारतीय किसी द्वीप पर पहुँचे, तो भी मेरा अनुमान है कि नारियल के खोल की गेंद और उसकी शाखाओं का बल्ला बना लेंगे और क्रिकेट खेलेंगे!

क्रिकेट इतिहास पर यह कोई अनूठी किताब नहीं है। किताबें तो तब से लिखी जा रही हैं, जब से क्रिकेट व्यवस्थागत रूप से खेला जाने लगा। अनन्त पत्रिकाएँ छपती रहीं। हमारे समय में रामचन्द्र गुहा ने भारतीय क्रिकेट के इतिहास पर शोधपरक पुस्तक लिखी है। शशि थरूर, आशिस नंदी, बोरिया मजूमदार और राजदीप सरदेसाई सरीखों ने भिन्न-भिन्न पक्षों पर लिखा है। मिहिर बोस ने क्रिकेट इतिहास पर विस्तृत लेखन पहले ही किया है। मुझे लगा कि भाषा के तौर पर हिन्दी में अपने पठन और

अनुभव पर मैं भी लिखूँ। यह निश्चय उस दिन दृढ़ हो गया जब मुझे मालूम हुआ कि पत्रिका 'क्रिकेट सम्राट' बन्द हो रही है। यह व्यावसायिक या व्यक्तिगत निर्णय होगा, लेकिन यह पत्रिका मुझे पुनः अपने बचपन में ले गयी, जब हम भाड़े पर यह पत्रिका लाते थे और आनन्द लेकर पढ़ते थे। पत्रिका के मध्य में बड़ा पोस्टर आता, कभी-कभी पत्रिका ख़रीदकर वह पोस्टर कमरे में लगा देते। पत्रिका के बन्द होते ही एक लेखक और भारतीय होने के नाते दुःख हुआ। मैं क्रिकेट विश्लेषक नहीं हूँ, लेकिन जैसा मैंने कहा कि यह एक ऐसा विषय है, जिस पर भारत के हर व्यक्ति का अधिकार है। आर्थिक, जातीय, धार्मिक, या लिंग भेद से परे।

यह निश्चित है कि इस किताब को पढ़कर लोग टिप्पणी करेंगे कि फ़लाँ पंक्ति से सहमत नहीं, अमुक क्रिकेटर का नाम मैंने कैसे छोड़ दिया। या किसी ख़ास बिन्दु पर ध्यान दिलायें कि आँकड़े ग़लत हैं या बदल गये हैं। मैं भी यही चाहता हूँ कि इस किताब को पढ़कर लोग क्रिकेट की बातें करें, और कहें कि ऐसे लिखना चाहिए था। हम तो ख़ैर एक मँजे खिलाड़ी तक को नहीं छोड़ते और कहते हैं कि उसने क़दमों का इस्तेमाल ठीक नहीं किया, वरना आउट नहीं होता। हम सभी अपनी-अपनी सीमा में इस खेल के असीमित विशेषज्ञ हैं।

इस पुस्तक के तथ्य, रिकॉर्ड संकलनों, मैचों के वीडियो, किताबों, पॉडकास्टों और अपने अनुभवों में बिखरे पड़े हैं। विश्व क्रिकेट अथाह है, जिसे यूँ कुछ पन्नों में समेटना कठिन है। संवादों और ड्रेसिंगरूम बातचीत में कुछ लेखकीय स्वतन्त्रता ली है, क्योंकि वहाँ मैं मौजूद तो था नहीं। पत्रिकाओं में भी सत्य और अफ़वाह में भेद करना कठिन है। यह ख़ासकर 'मैचफ़िक्सिंग' अध्याय पर लागू है, जो क्रिकेट का काला अध्याय रहा है। वहाँ मतभेद हो सकते हैं। क्रिकेट में जो चीज़ नहीं बदली जा सकती, वह है आँकड़े। वहाँ मेरा प्रयास रहा है कि स्मृति के आधार पर नहीं, बल्कि प्रामाणिक स्रोतों से तफ़्तीश कर ली जाये। लेकिन क्रिकेट में इतनी तेज़ी से चीज़ें बदलती हैं कि प्रकाशन के दौरान भी आँकड़े बदल जायेंगे। मैंने 2021 तक का इतिहास ही रखा है, ताकि इतिहास की परिभाषा भी बनी रहे। यथासम्भव शोध कर मैंने सन्दर्भ दिये हैं, जिनके माध्यम से विस्तृत जानकारी ली जा सकती है। मेरा यह भी उद्देश्य रहा है कि खेल को मात्र भारत तक नहीं समेटकर, इसको विश्वपटल से देखा जाये और सभी क्रिकेट खेलने वाले देशों की चर्चा की जाये। खेलने की शैली पर भी इसीलिए अध्याय हैं, जिनके माध्यम से खेल को मात्र 'खेलकूद' नहीं बल्कि वैज्ञानिक पद्धति की तरह देखा जाये।

इस किताब को एक सम्पूर्ण किताब नहीं कहा जा सकता। कई खिलाड़ियों का ज़िक्र नहीं हो पाया, कई मैचों के विषय में जल्दबाज़ी में कहा गया। तीन सौ साल के क्रिकेट को अगर विस्तार से लिखने लगता तो न जाने कितने खण्डों में यह किताब होती, और मैं इसके साथ कितना न्याय कर पाता। क्या लिखा जाये, और क्या छोड़ा जाये? एक चुटकुला है[1] कि इमरान ख़ान ने एक बार युवा बल्लेबाज़ रमीज़ राजा को फ़ाइन लेग में लगाया। उस वक़्त सुनील गावस्कर बल्लेबाज़ी कर रहे थे। उन्होंने कहा कि ठीक से देख लो कि कैसे बल्लेबाज़ी करनी है। रमीज़ थोड़ी देर बाद इमरान के पास आये और कहा कि यह तो सभी गेंद छोड़ रहे हैं, इसमें सीखना क्या है? इमरान ने कहा, "बेवकूफ़! यही बात तो तुम्हें सीखनी है"। मैंने भी यही कोशिश की, सब कुछ लिखने के फेर में किताब भारी-भरकम न बनाया जाये, और कुछ गेंदें पाठकों के दस्ताने में जाने दिया जाये।

क्रिकेट की शब्दावली में कई शब्द अंग्रेज़ी में हैं। मसलन क्रिकेट शब्द ही हिन्दी में लिखना कठिन है। हम बचपन में सुनते 'लम्ब डण्ड गोल पिण्ड धड़ पकड़, दे पटापट ले पटापट'। ऐसी शब्दावली तो प्रयोग नहीं की जा सकती। मशहूर कमेंटेटर सुशील दोषी भी 'ऑफ़ साइड', 'ऑन साइड', पुल, हुक, स्ट्रोक आदि शब्द प्रयोग करते ही थे, तो मैं क्यों इन शब्दों के लिए हिन्दी अनुवाद गढ़ूँ? हाँ! कुछ शब्द बहुधा प्रयोग में रहे हैं, जैसे 'एल.बी.डबल्यू.' के लिए पगबाधा, बायें हाथ के लिए खब्बू। कुछ नये जन्म ले रहे हैं, जैसे टी-20 खेल के लिए बीसमबीस खेल। उन शब्दों को मैंने प्रयोग में लिया है।

इस पुस्तक की कल्पना और अन्तिम रूप में मेरे क्रिकेट प्रेम की तो भूमिका है ही, मेरे परिवार की भी भूमिका रही जिन्होंने मुझे रतजगा कर पुराने खेल देखने के लिए रिमोट हाथ में दे दिया। भूतपूर्व रणजी खिलाड़ी मित्र विनीत सक्सेना अमेरिका में अपने व्यस्त जीवन के मध्य मुझे जानकारियाँ देते रहे। इंग्लैंड के पेंन्शनधारी क्रिकेट संग्रहक रॉजर मान ने मुझे दुर्लभ तस्वीरें उपलब्ध करायीं। नॉर्वे के मेरे शहर के पुस्तकालय का भी आभारी हूँ, जिन्होंने क्रिकेट पर पुस्तकें मँगवा दीं, जब कि इस देश में यह खेल कम ही लोग जानते हैं। हिन्दी के महत्त्वपूर्ण लेखक प्रभात रंजन और मेरे अग्रज कमल नाथ झा ने पाण्डुलिपि पढ़कर विचार दिये। एक अज्ञात खेल समीक्षक का भी मैं आभारी हूँ, जिन्होंने एक योजना के तहत लम्बी आलोचनात्मक रपट बनाकर दी, और किताब में रचनात्मक बदलाव के सुझाव दिये। मैंने कुछ

[1]संजय मांजरेकर और रौनक कपूर की बातचीत, 'लेट्स प्ले क्रिकेट' (स्टोरीटेल)।

तस्वीरों के लिए गुणी मित्रों सन्तोष सिंह और विकास कुमार से सम्पर्क किया, जिन्होंने बहुत सुन्दर तस्वीरें भेजीं, हालाँकि सभी शामिल नहीं की जा सकीं। क्रिकेट पर बातचीत में खेल पत्रकार बिक्रम प्रताप का योगदान रहा। वाणी प्रकाशन का मैं अत्यधिक आभारी हूँ, जो खेल जैसे विषय पर पुस्तक के लिए न सिर्फ़ सहमत हुए, बल्कि वर्तमान समय की ज़रूरत कहकर प्रोत्साहित करते रहे।

मुझे आशा है कि इसके माध्यम से देश में खेल को गम्भीरता से लिया जायेगा और न सिर्फ़ क्रिकेट बल्कि अन्य खेलों में भी हम बेहतर करेंगे।

फ़िरंगियों का खेल

क्रिकेट मात्र एक खेल नहीं है, यह सामाजिक महत्त्व का एक महान केन्द्र है।

–लॉर्ड हैरिस

जब बॉलीवुड फ़िल्म 'लगान' (2001) रीलीज़ हो रही थी, मैं अमेरिका जाने की तैयारी कर रहा था। मेरी रुचि क्रिकेट से हटकर बास्केटबॉल की ओर हो रही थी, शकील ओ'नील और कोबे ब्रायंट जैसे खिलाड़ियों का फ़ैन हो चला था। मुझे लगा कि यह क्रिकेट पर आधारित फ़िल्म ख़्वाह-म-ख़्वाह है। यह पूर्वाग्रह मुझे इस पुस्तक के विषय में भी है कि कौन पढ़ेगा। आख़िर भारत जैसे देश में क्रिकेट पर कहने को रह क्या गया है? जहाँ देखो, वहीं क्रिकेट है।

जब मैं अमेरिका पहुँचा तो वहाँ मेरे निवास के ठीक ऊपर कुछ छात्राएँ रहती थीं, जिनमें एक के पिता भारत में राष्ट्रीय क्रिकेट चयनकर्ता (सेलेक्टर) थे। उसे भी सम्भवत: खेल में कम रुचि थी, क्योंकि क्रिकेट चर्चा कभी हुई नहीं। उन्हीं दिनों एक संकाय में भूतपूर्व रणजी खिलाड़ी पढ़ाई करते थे, जो मेरे साथ पार्टियाँ करते। वह कभी-कभार क्रिकेट खिलाड़ी वसीम जाफ़र का नाम ले लेते, अन्यथा ख़ास नहीं। जैसे हम सब किसी ऐसी चीज़ से भाग रहे थे, जो हमारे अन्दर ही है। अपनी परछायी से?

आख़िर मन मारकर वह लम्बी फ़िल्म देख ली, जिसमें तीन घण्टे तक एक मैच ही चलता रहा। अंग्रेज़ों और चम्पानेर गाँव के भारतीयों के मध्य। एक खेल जिसके परिणाम से यह निर्धारित होता कि लगान माफ़ होगा या नहीं? देखकर फ़िल्म को धत्ता बताते हुए कहा कि यह क्या बकवास फ़न्तासी कहानी है। उन्हीं दिनों शहर की सामुदायिक पुस्तकालय में 'आर्ट ऑफ़ क्रिकेट' नामक मोटे जिल्द की किताब पर नज़र पड़ी, जो डोनाल्ड ब्रैडमैन ने लिखी थी। किताब ऐसे व्यक्ति की लिखी थी, पढ़नी पड़ गयी। उस किताब में बल्ला पकड़ने के अन्दाज़ सचित्र समझाये गये थे।

वह तस्वीरें देखते यह सोचने लगा कि आख़िर यह खेल पहली बार भारत में कब और क्यों खेला गया होगा? किस गाँव के लोग इस खेल को छुप-छुपकर देख अचम्भित हो रहे होंगे? चम्पानेर तो गुज़रात में है, वहाँ ईस्ट इंडिया कम्पनी की छावनी कब आयी, और कब ऐसा क्रिकेट खेल गया? कुछ इतिहास पलटकर मालूम पड़ा कि फ़न्तासी कथानक में भी कुछ सतही समानान्तर मौजूद होते हैं, भले ही 'डुगुना लगान' कथा से कोई साम्य नहीं। अगर स्थान, काल और दिशा को एक कर दिया जाये तो यह फ़िल्मी कथा सच लगने लगती है।

यह अठारहवीं सदी की बात है जब दिल्ली की मुग़लिया सल्तनत अपने अवसान पर थी। मुहम्मद शाह नामक एक रंगीले बादशाह गद्दी पर थे, जिनके जनाना लिबास और मौसिकी (संगीत) की महफ़िलें चर्चा में थी। नादिर शाह उनकी पगड़ी से कोहिनूर हीरा लूटकर जाने वाले थे, और अंग्रेज़ों की नज़र उनके तख़्त पर पड़ चुकी थी। उन्हीं दिनों ईस्ट इंडिया कम्पनी का एक जहाज़ गुजरात के खम्भात पोत पर आकर रुका था।

खम्भात चम्पानेर से लगभग सौ किलोमीटर पूर्व में है। इसे अंग्रेज़ 'कैम्बे' बुलाते थे और वास्को डी गामा के समय से ही फ़िरंगी जहाज़ लंगर गिराते रहते थे। पिछली दफ़े जब एक अंग्रेज़ कप्तान आये थे, तो गाँववालों से ठन गयी थी। जब कप्तान ने गोलियाँ चलायीं तो गाँववालों ने गंडासे से उनका गला काट दिया। इस बार जब एक नया जहाज़ तट पर आकर लगा, तो गाँव के मुखिया और उनके साथी भाले लेकर घोड़े पर आये।

"तुम लोग यहाँ क्या करने आये हो?" मुखिया ने कड़क आवाज में पूछा।

"ये लोग फ़िरंगी हैं। सूरत के रास्ते में लंगर डाल रहे हैं", एक दुभाषिये ने समझाया।

"पिछली बार भी यही कहकर आये थे, और हम पर गोलियाँ चलायी थीं।"

"नहीं, नहीं! इस बार ऐसा कुछ नहीं होगा। यह गाँव से बस कुछ खाने के लिए मुर्ग़ियाँ और बकरियाँ ख़रीदेंगे।"

"ठीक है। इनमें से दो आदमी जाकर ख़रीदारी कर सकते हैं। बाक़ी यहीं रुकेंगे।"

अंग्रेज़ों ने वहीं रेत पर अपना तम्बू लगाया, और भोजन बनाने की तैयारी में जुट गये। कुछ बन्दूक़ लेकर पहरा भी देने लगे। एक अंग्रेज़, भारतीय दुभाषिये के साथ, गाँव की ओर निकल गया। क्षितिज पर गोधूलि की लालिमा छा रही थी, और फ़िरंगी लश्कर यात्रा की थकान में औंधे पड़े थे।

तभी एक अंग्रेज़ ने कहा, "लेट्स प्ले क्रिकेट!" (चलो क्रिकेट खेलें!)

कुछ हलचल हुई। एक लकड़ी का पतवारनुमा बल्ला[1] और एक गेंद निकल आयी। एक अंग्रेज़ ने गेंद फेंकी, और बल्ला लिये व्यक्ति गेंद पर तेज़ प्रहार कर दौड़ने लगा। गाँव के कुछ बच्चे पीछे झुरमुटों से यह खेल देख रहे थे।

"यह क्या खेल रहे हैं?" एक ने पूछा।

"लगता तो गिल्ली-डण्डा है। लेकिन यह गिल्ली गोल क्यों है?" दूसरे ने कहा।

"हम खेलें तो इन्हें पछाड़ दें।"

"अरे नहीं! यह फ़िरंगियों का खेल है। यही खेलें, यही जानें।"

सन् 1721 में भारत की सरज़मीं पर क्रिकेट का पहला खेल कुछ यूँ ही खेला गया। मेरी इन पंक्तियों के लिखे जाने के तीन सौ वर्ष पूर्व। उस वक़्त आख़िर किसने सोचा होगा, यह खेल एक दिन इस देश की धड़कन बन जायेगा। जब एक सचिन नामक खिलाड़ी राज्यसभा के लिए चुने जायेंगे तो अख़बार में ख़बर छपेगी, "भगवान को नया घर मिल गया!"।

गाँववालों का अन्देशा ग़लत नहीं था। मुमकिन है क्रिकेट की शुरुआत गिल्ली-डण्डे जैसी ही हुई हो। अंग्रेज़ इतिहासकारों ने भी जो इतिहास लिखे, उनमें यह नहीं मिला कि इंग्लैंड के किसी गाँव की खुदाई में गेंद-बल्ले मिले। यह तो सत्रहवीं-अठारहवीं सदी में ही खेला जाना शुरू हुआ। सम्भव है कि यह खेल वे कहीं किसी जहाज़ी यात्रा में देख कर आये हों, और फिर नारियल की शाखाएँ तोड़कर खेलने लगे हों। ऐसे खेल अफ़्रीका, मध्य-एशिया, भारत, अमेरिका हर जगह मिलते हैं। नामकरण भले अलग-अलग हो। आदिम मानव भी गेंद-बल्ला का कोई रूप खेलते ही होंगे। इतिहास की मजबूरी है कि जो दर्ज नहीं हुआ, वह इतिहास नहीं। सम्राट अशोक लौरिया नन्दनगढ़ के शिलालेख पर लिखवा लेते कि अमुक राजा को गेंद-बल्ले में हराया, तो हम सीना तानकर कहते कि यह हमारा खेल है।

मैं, एक भारतीय होने के नाते क्रिकेट को यूँ अंग्रेज़ों के पल्ले में नहीं जाने देने वाला। क्रिकेट के इतिहास पर पुस्तक में वर्णन है कि इसकी उत्पत्ति उत्तरी आर्य भाषा के 'कृ' धातु से हुई। 'कृक' का अर्थ छड़ी बताया गया है। वहीं दूसरी तरफ़, संस्कृत के 'क्रीड्' धातु से ही 'क्रीड़ा' या खेल की उत्पत्ति है। 'महाभारत'

---

[1]पहले बल्ला हॉकी-स्टिक जैसा नीचे से मुड़ा होता था, क्योंकि गेंद नीचे से लुढ़काकर फेंकी जाती थी। उसे ऐसी डण्डी से खेलना आसान होता था। 1760 में ही गेंद हवा में फेंकी जानी शुरू हुई, और बल्ला भी चौड़ा हुआ। लेकिन जब एक खिलाड़ी ने विकेट जितना चौड़ा बल्ला बना लिया और पूरे दिन खेलते रहे, फिर चौड़ाई तय की गयी। देखें–सन्दर्भ (2)।

के 'आदिपर्व' में वर्णित है कि पाण्डव और कौरव खेल रहे थे और उनकी गेंद किसी कुएँ में गिर गयी। फिर द्रोणाचार्य ने इषिका (एक तरह की घास) की रस्सी बनाकर वह गेंद निकाली। 'भागवत पुराण' (10.16) में एक सन्दर्भ है कि कृष्ण गेंद लाने यमुना में जाते हैं, और कालिय नाग का दमन करते हैं।[1] कालिदास के 'कुमारसम्भव' में कन्दुक-क्रीड़ा वर्णित है। बनारस में एक कन्दुकेश्वर मन्दिर है, जहाँ की कथा है कि पार्वती ने एक कन्दुक (गेंद) से दो राक्षसों उत्पल और विडाल का अन्त किया था। क्रिकेट कमेंटेटर रवि चतुर्वेदी ने इस विषय पर ख़ास शोध किया है, और उन्होंने यह भी सन्दर्भ दिये हैं कि भुजादण्ड (बल्ला) से कन्दुक (गेंद) खेला जाता था।[2] कुछ वर्ष पहले सम्पूर्णानन्द संस्कृत विश्वविद्यालय (वाराणसी) में धोती-कुर्ता पहनकर खिलाड़ी क्रिकेट खेल रहे थे। कमेंट्री धारा-प्रवाह संस्कृत में हो रही थी। वहाँ इस खेल को 'कन्दुकडण्डक्रीड़ा' कहा गया।

लेकिन, शब्द की उत्पत्ति से खेल की उत्पत्ति नहीं हो जाती। क्रिकेट, जिस रूप में आज है, उसकी नींव और नियम इंग्लैंड में ही बने। सत्रहवीं सदी में ससेक्स में पहला उल्लेखित खेल हुआ और रानी ऐन के समय वील्ड के जंगलों में यह खेल खेला जाता रहा। चूँकि उसी समय ईस्ट इंडिया कम्पनी भी भारत में अपनी पैठ बना रही थी, इसलिए यह खेल ताज़ा उठकर भारत की ज़मीन पर आ गया। इस लहजे से क्रिकेट का खेल लगभग एक ही साथ दोनों धरतियों पर शुरू हुआ।[3] भले भारतवासी इस खेल से अनजान रहे, या यूँ कहिए कि उन्हें यह खेल पसन्द ही नहीं आया।

क्रिकेट का खेल नीरस था। भारत की गर्मी में कहाँ पूरे दिन एक डण्डा लेकर खेलते रहो! जो बल्लेबाज़ी कर रहा है, उसकी तो फिर भी स्थिति बेहतर है, बाक़ी तो यूँ ही धूप में हताश खड़े हैं। 1937-38 में लॉर्ड टेनिसन के नेतृत्व में टीम भारत के दौरे पर आयी। गर्मी और उमस चरम पर थी। एक तेज़ गेंदबाज़ ने लम्बी दौड़ लगाकर गेंद डाली, और बल्लेबाज़ की बग़ल से गुज़रते हुए सीधे शौचालय की तरफ़ भागे। लू लगने से उनका हाज़मा ख़राब हो गया था। अधिकांश अंग्रेज़ों को

---

[1]'भागवत पुराण' (8.12) में एक श्लोक है 'श्लथद दुकूलम कबरिं च विच्युताम सन्नह्यतिम वामकरेण वल्गुना। विनिध्नतीमनयकरेण कंदुकम विमोह्यंतिम जगदात्ममायया'–वह अपने बालों को अपने सुन्दर बायें हाथ से बाँधने का प्रयास करती है, और दायें हाथ से गेंद खेलती है। इसने जगत् आत्मा को मोहित कर लिया।

[2]चतुर्वेदी, रवि, 'क्रिकेट इन इंडियन मिथॉलजी', प्रभात प्रकाशन, 2019

[3]1744 में क्रिकेट के पहले लिखित नियम बनाये गये। उससे पहले यह खेल भारत की धरती पर खेल जा चुका था।

भारत में इस खेल में रुचि नहीं थी। वे घोड़े दौड़ाते हुए पोलो का खेल अधिक पसन्द करते। वहाँ अगर गेंद छूट भी जाती तो दुबारा आती। क्रिकेट में तो अगर ग़लती से स्टम्प उड़ा ले गयी, तो अब अगली बार बल्ला न जाने कब मिले। अक्सर अंग्रेज़ अधिकारियों का तबादला भी होता रहता, तो टीम बन नहीं पाती। शायद यह खेल भारत में जन्म लेते ही ख़त्म हो गया होता, लेकिन इसके भाग्य में चिरंजीवी होना लिखा था।

जब 1787 में इंग्लैंड में मार्लिबोन क्रिकेट क्लब (MCC) की स्थापना हुई, यह ख़बर कलकत्ता तक पहुँची। पाँच वर्ष बाद वहाँ दो लाट साहब बैठकर काली चाय पीते हुए बतिया रहे थे।

"क्यों न हम भी एक क्लब बना लें?"

"कलकत्ता क्रिकेट क्लब!"

"हाँ! यहाँ खेलकर स्कोर लंदन भेज दिया करेंगे"

"तो फिर बैरकपुर छावनी से मैच रख लें?"

"मैं गवर्नर से बात करता हूँ।"

इंग्लैंड से बाहर पहला क्रिकेट क्लब 1792 में भारत में बन गया। तमाम छावनियों के मध्य खेल होने लगे। जब लॉर्ड कार्नवालिस की सेना ने 1799 में टीपू सुल्तान को हराकर श्रीरंगपट्टनम क़िले पर क़ब्ज़ा किया, तो वहाँ भी सैनिक 'टाइमपास' के लिए क्रिकेट खेलने लगे। मैं ढूँढ़ रहा था कि उस दौरान के खेलों का स्कोरकार्ड मिल जाये। अंग्रेज़ तो रेकॉर्ड के पक्के थे। ज़रूर कहीं न कहीं रखा होगा। 18-19 जनवरी, 1804 को कलकत्ता के फ़ोर्ट विल्यम्ज़ में हुए एक खेल का ज़िक्र मिलता है, जिसे 'ग्रैंड मैच ऑफ़ कलकत्ता' कहा गया।

यह खेल कलकत्ता के नौकरशाहों और कर्मचारियों के मध्य था। नौकरशाहों की टीम कहलायी 'ओल्ड एटोनीयन', और दूसरी टीम कहलायी 'रेस्ट ऑफ़ कलकत्ता'। यह खेल इसलिए दर्ज है क्योंकि इस पर लंदन में सट्टे लग रहे थे, और एटोनीयन पर 2:1 का सट्टा था। हुगली नदी के किनारे मैदान में ख़ासी ठण्ड थी। सभी खिलाड़ी स्वेटर पहनकर मैदान में उतरे। बंगाल के गवर्नर हेनरी वांसीटार्ट स्वयं यह खेल देखने पहुँचे थे। उनके बेटे रॉबर्ट वांसीटार्ट 'ओल्ड एटोनीयन' की तरफ़ से खेल रहे थे। सुप्रीम कोर्ट के मुख्य न्यायाधीश एलिजा इम्पी गवर्नर के साथ बैठ गुफ़्तगू कर रहे थे। उनके बेटे एडवर्ड और हेस्टिंग मैच में शरीक थे। एक और खिलाड़ी चार्ल्स मेटकाफ़ भी थे, जो बाद में भारत के गवर्नर जनरल बने।

रॉबर्ट वांसीटार्ट ने उतरते ही धुआँधार बल्लेबाज़ी शुरू कर दी। एक छक्का तो मैदान से बाहर कहीं दूर जाकर गिरा[1]। रॉबर्ट ने उस दिन भारत की धरती पर पहला शतक लगाया। उन्होंने 102 रन बनाये, और उनकी टीम ने कुल 232 रन बना लिये। हरफ़नमौला रॉबर्ट ने अपनी गेंदबाज़ी में भी जादू दिखाया और सात विकेट ले डाले। शेष कलकत्ता की टीम दोनों पारी मिलाकर महज़ 80 रन बना सकी। ओल्ड एटोनीयन को एक पारी और 152 रन से विशाल जीत मिली। लंदन में उस दिन जिसने भी बाज़ी लगायी, ख़ूब कमाया। (3)

इस खेल के बाद कलकत्ता, बम्बई[2] और मद्रास के मध्य क्रिकेट के आयोजन होने लगे। भारतीय जो ब्रिटिश फ़ौज में शामिल थे, उन्होंने भी यह खेल देखा। जब खेल चल रहा होता, कुछ भारतीय सेवक किनारे खड़े होते। लेकिन, मुझे नहीं लगता कि उन्हें खेल में रुचि रही होगी। अगर होती तो गाँव में यह खेल शुरू कर देते, लेकिन इसका विवरण नहीं मिलता। जैसे गोल्फ़ या स्नूकर आज तक आम जनता से दूर ही हैं, वैसे ही उस समय क्रिकेट भी रहा। ग्रामीण भारतीयों के कबड्डी और कुश्ती जैसे अपने खेल थे। ज़मींदार और राजा-नवाब बैठ शतरंज खेलते या शिकार पर जाते। कलकत्ता में फ़ुटबॉल जैसे खेल भले ही लोकप्रिय हो रहे थे, लेकिन क्रिकेट दूर ही रहा। हाँ! भारतीयों का एक वर्ग था, जो यह खेल ग़ौर से देख रहा था। पारसी!

पारसी फ़ारस से आए थे। किंवदन्ती है कि जदी राणा ने उन्हें भारत में शर्त पर शरण दी थी कि वे अपने धर्म का विस्तार नहीं करेंगे। पारसियों ने इसका पालन किया, और फलस्वरूप वे सिमट कर गुजरात और बम्बई तक ही रह गये। अब भारत में उनकी जनसंख्या लाख से भी कम है। पारसी स्वयं को यूरोपीय मूल के समकक्ष मानते थे। उनकी संस्कृति अलग होकर भी कुछ मेल खाती थी, या यूँ कहिए कि वे धीरे-धीरे नकल उतारने लगे। उनकी तरह की अंग्रेज़ी, वैसा ही रहन-सहन, और वैसी ही आदतें। पारसी बच्चों के नाम भी अंग्रेज़ीदा होने लगे। क्रिकेट का पहला बल्ला भारत के हिन्दू या मुसलमानों ने नहीं, इस अति-अल्पसंख्यक सम्भ्रान्त

---

[1]1910 से पहले सीमा-रेखा की व्यवस्था पूरी तरह नहीं आयी थी। रन दौड़कर ही लेने होते थे। लेकिन, यह नियम बनने लगे थे कि अगर गेंद मैदान से ही बाहर हवा में चली जाये तो छक्का दिया जायेगा, और अगर लुढ़ककर जाये तो पाँच रन। इस मैच में गेंद भी लुढ़काकर या अंडर-आर्म ही डाली गयी होगी, क्योंकि हाथ घुमाकर फेंकना 1864 के बाद ही औपचारिक रूप से शुरू हुआ।

[2]पुस्तक में बम्बई, बॉम्बे और मुम्बई, तीनों नाम कालखण्ड और सन्दर्भ के अनुसार प्रयोग किये गये हैं।

पारसी समाज ने पकड़ा। मेरी उम्र के लोगों ने तो क्रिकेट मैदान में पारसी के नाम पर एक अम्पायर धोतीवाला को ही शायद देखा हो।

पारसियों ने यह खेल पहली बार बम्बई के 'मैदान' में देखा। बम्बई का मैदान भी एक तीर्थ ही है। बम्बई जैसे शहर में इतनी ख़ाली ज़मीन एक साथ यहीं दिखती है। जैसे न्यूयॉर्क का फेफड़ा वहाँ का सेंट्रल पार्क है, वैसा ही बम्बई के कबूतरख़ाने जैसी इमारतों और भीड़-भाड़ के मध्य यह हरे घास का मैदान है। यह उस समय वर्तमान चर्चगेट स्टेशन से मरीन ड्राइव तक फैला था, और एस्प्लेनेड मैदान कहलाता था। आज अगर आप जायें तो आज़ाद मैदान और उसके साथ लगा ओवल मैदान दिखाई देगा। आज़ाद मैदान अब दिल्ली के रामलीला मैदान की तरह विरोध प्रदर्शनों के लिए ही मशहूर है। जॉर्ज फ़र्नांडिस से बाल ठाकरे तक ने वहाँ अपनी सियासत की ज़मीन बनायी। मैं जब 2003 में चर्चगेट के पास एक पारसी बैंकर से मिलने गया, तो उन्होंने कहा कि मरीन ड्राइव के किनारे सभी मकान उनके समुदाय के ही थे। यहीं उनके घर के पीछे यह खेल चल रहा होता।

"मालूम है? इस खेल को बोलते हैं क्रिकेट!" एक पारसी ने कहा।

"ये तो बहुत आसान लगता है। हम भी खेलेंगे।" दूसरे ने कहा।

"अपने पास सामान किधर है। वो गेंद और वो क्या है हाथ में?"

"बैट बोलते हैं उसको।"

"अब वो किधर मिलेगा?"

"अपना छाता है न! मोची से एक गेंद बनवा लेंगे।"

"और वो जो पीछे तीन डण्डी है?"

एक पारसी ने अपनी लम्बी टोपी निकालकर हँसकर कहा, "ये बनेगा विकेट।"

इस तरह पहले भारतीयों ने बम्बई में क्रिकेट खेलना शुरू कर दिया! उन्हें मैदान में खेलने की इजाज़त नहीं थी। वहाँ एक ख़ाली ज़मीन में मुसलमान रंगरेज़ कपड़ों को नील से रँगकर सूखने डालते थे। वहीं पारसी यह खेल खेलते। अक्सर पारसियों की गेंद उन मुसलमानों के सूखते कपड़ों पर चली जाती, और मुसलमान रंगरेज़ उन्हें खदेड़ देते। कभी-कभार अंग्रेज़ों का खेल देखते गेंद उनके पास आ जाती। वह बाल-कौतुक में उसे छूकर देखते कि आख़िर बनी कैसे है ये बॉल। अंग्रेज़ उन्हें डाँटकर भगाते। एक ब्रिटिश शिक्षक बॉज़्वेल उनको रोज़ खेलते देखते।

एक दिन वह उनके पास आये और कहा, "डू यू वाण्ट टु लर्न दिस गेम?" (क्या तुम यह खेल सीखना चाहते हो?)

उन्होंने कहा, "यस, वी वुड लव टू!" (हाँ, ज़रूर।)

"आइ विल टीच यू।" (मैं तुम्हें सिखाऊँगा।)

फिर उन्होंने ही एक गेंद लाकर दी, और पारसियों ने रोज़ क्रिकेट खेलना शुरू कर दिया। (4)

पारसियों के इतिहास 'शाहनामा' में फ़िरदौसी ने एक चोवगन-गुई खेल का ज़िक्र किया है, जिसमें चोवगन का अर्थ है बल्ला, और गुई का अर्थ है गेंद। इस खेल में कभी-कभार घोड़े पर बैठकर खेलने का भी ज़िक्र है, जो पोलो से मिलता-जुलता है। यानी वहाँ भी एक ऐसा खेल मौजूद था जिसमें बल्ले और गेंद का प्रयोग होता था। मुझे नहीं लगता कि पारसियों को 'शाहनामा' पढ़कर क्रिकेट खेलने की इच्छा जगी होगी, लेकिन यह सम्भव है कि इस सन्दर्भ के मिलने के बाद उन्होंने इसे धर्म से जोड़ लिया। (5)

1848 ई. में पारसियों ने पहला क्रिकेट क्लब बनाया–ऑरिएंटल क्रिकेट क्लब। खिलाड़ी पारसी परिधान में धारीदार बंडी और पजामा पहने, सर पर रूमाल बाँधे खेलने आते। हाथ घुमाकर गेंद फेंकना उस समय इंग्लैंड में भी नहीं शुरू हुआ था। इसलिए छक्का लगाना कठिन था। ये खिलाड़ी गेंद को बल्ले से बस कुछ आगे धकेलकर दौड़ लगाते। जैसा किसी भी नये क्लब के साथ होता है, ऊँचे ख़्वाब देखे जाने लगे।

"हम इंग्लैंड से बढ़िया कोच मँगवायेंगे"

"हाँ! वहाँ तो अपने बहुत लोग हैं। हम आने-जाने और रहने का इन्तज़ाम कर लेंगे।"

"फिर हमारी टीम इंग्लैंड दौरे पर जायेगी।"

"MCC से खेलेगी? क्या यह मुमकिन है?"

"हाँ हाँ! क्यों नहीं? ज़रूर खेलेंगे।"

अभी पारसियों ने मुश्किल से बल्ला पकड़ना सीखा था, और सीधे एमसीसी को टक्कर देने की सोच रहे थे। कुछ महीने जोश रहा, फिर यह क्लब ही बन्द पड़ गया। दो साल बाद, 1850 में टाटा और वाडिया परिवारों ने मिलकर एक नये क्लब की नींव रखी–यंग ज़ोरोआस्ट्रीयन क्लब। इस क्लब के संस्थापक बने हीराजी गोस्ता। यह क्लब आज भी मुम्बई में मौजूद है। ख़ैर, नेस वाडिया तो IPL टीम भी ख़रीद चुके हैं। (6)

1860 तक बम्बई में लगभग 30 पारसी क्रिकेट क्लब बन गये थे। उनके नाम ग्रीक देवताओं के नाम पर थे जैसे–मार्स, सैटर्न, हर्क्युलीज़ आदि। खिलाड़ियों के

छद्म नाम भी चुने जाने लगे थे। एक का नाम पड़ गया हिरजिभाई 'बिरादर', क्योंकि वे सभी दोस्तों को बिरादर बुलाते थे। एक का नाम पड़ गया थोमसन क्योंकि वह हमेशा अंग्रेज़ों के साथ घूमता था। एक का नाम पड़ गया 'गंदो' क्योंकि वह गेंद फेंकते हुए अश्लील हरकतें करता था। अक्सर मैदान पर इन क्लबों के मध्य खेल होते। अंग्रेज़ों के साथ खेलना अभी नहीं शुरू हुआ था। अंग्रेज़ इन्हें खेलने लायक़ समझते ही नहीं थे। (7)

उसी मध्य 13 अक्तूबर, 1857 को मैदान पर एक और घटना हुई। देश में स्वतन्त्रता संग्राम चल रहा था। इस विद्रोह में शामिल होने के शक पर दो भारतीय फ़ौजियों को उस दिन मैदान लाया गया। एक हिन्दू फ़ौजी थे मंगल गादिया, और एक मुसलमान सय्यद हुसैन।

कैप्टन बोल्टन ने आदेश दिया, "इन ग़द्दारों के यूनिफ़ॉर्म उतारो, और बाँध दो तोप से।"

उन दोनों के पल भर में चीथड़े उड़ गये। उस दिन इस मैदान ने वह गूँज सुनी, जो वर्षों तक भारत में अंग्रेज़ों की सत्ता स्थापित कर गयी। बहादुर शाह ज़फ़र को रंगून भेज दिया गया, और उनके तीन शहज़ादों को दिल्ली के ख़ूनी दरवाज़े पर गोली मार दी गयी। इस ख़ून से सने मैदान पर क्रिकेट का खेल चलता रहा। पारसियों के बाद अब हिन्दुओं के खेलने की बारी थी। (8)

1861 में बम्बई के प्रभु समाज के कुछ हिन्दू विमर्श कर रहे थे–

"पारसियों ने एक नया खेल खेलना शुरू किया है। यह खेल मुश्किल नहीं है, और हम भी खेल सकते हैं।"

"खेलकर होगा क्या?"

"अंग्रेज़ों का खेल है। पारसी आज उस खेल की बदौलत उनके साथ उठ-बैठ रहे हैं।"

"तुमने कभी यह खेल खेला है?"

"खेला तो नहीं, लेकिन मुझे यक़ीन है, मैं खेल लूँगा।"

"तो क्या योजना है?"

"हम क्लब बनायेंगे। पारसियों के इतने क्लब बन रहे हैं, हमारा एक भी नहीं?"

रामचन्द्र विष्णु नवलेकर नामक हिन्दू ने पहली बार बल्ला पकड़ा।[1] पाँच साल

---

[1]पहला हिन्दू खिलाड़ी से यहाँ बम्बई के क्रिकेट का तात्पर्य है। ऐसी रिपोर्टें मिलती हैं कि जो हिन्दू या अन्य धर्म के भारतीय अंग्रेज़ों की फ़ौज में सिपाही थे, वे क्रिकेट खेलते थे। 1845 में सिलहट के एक खेल का ज़िक्र है, जिसमें भारतीय सिपाही खेले थे। एक लंगूम नामक खिलाड़ी का नाम भी लिया गया है।

बाद 1866 में उन्होंने एक प्रभु समुदाय का क्लब बनाया–बॉम्बे यूनियन क्रिकेट क्लब। उनके क्लब के यूनिफ़ॉर्म की क़ीमत पाँच रुपये थी, जो हर किसी के बूते की थी नहीं। अधिकांश हिन्दू खिलाड़ी धोती पहनकर खेलने आते, और अंडर-आर्म गेंद ही डालते। इसी क्लब ने पहली बार 1867 में हिन्दी और उर्दू में क्रिकेट का एक मैनुअल भी प्रकाशित किया, जिसमें खेल के नियम लिखे थे। (9,10)

क्लबों के मध्य मैच किसी उत्सव की तरह होते। तम्बू गाड़े जाते, कुर्सियाँ लगायी जातीं। क्लबों के सम्भ्रान्त सदस्य और सुन्दर महिलाएँ बैठकर मैच देखतीं। खिलाड़ियों के प्रोत्साहन के लिए एक बैंड-पार्टी मौजूद होती। खिलाड़ियों को नगद पुरस्कार दिये जाते।[1] लेकिन, एक ग़ुलाम देश में यह उत्सव हमेशा उत्सव ही नहीं रहा। 1868 में एक दिन जब पारसी खेल रहे थे, एक गेंद अंग्रेज़ अफ़सर की पत्नी को लग गयी।

अफ़सर चिल्लाया, "ब्लडी इंडियन! गेट आउट फ्रॉम दिस ग्राउंड। नेवर शो योर फ़ेस हीयर" (निकल जाओ यहाँ से। कभी वापस इस मैदान पर मत आना।)

पारसी समुदाय ने इसे आत्मसम्मान पर ले लिया। उन्होंने खेलने के लिए क़ानूनी अर्ज़ी डाली। आख़िर उन्हें मैदान में खेलने की अनुमति मिल गयी। बम्बई के मैदान में उन दिनों का एक पुराना क्लब आज भी नज़र आता है–दी एसए.फ ससानीयन क्रिकेट क्लब। ऊपर अंग्रेज़ी में, और नीचे मराठी में नाम लिखा है, और नीचे स्थापना वर्ष लिखा है–1874। इसी क्लब के ठीक सामने 1988 में एक विश्व कीर्तिमान बना। शारदाश्रम विद्यामन्दिर के दो छात्रों विनोद कांबली (18 वर्ष) और सचिन तेंदुलकर (16 वर्ष) ने सेंट ज़ेवीयर्स के ख़िलाफ़ 664 रन की साझेदारी की!

एक पारसी को इस खेल में व्यवसाय दिखने लग गया। अर्देशिर पटेल उस ज़माने के ललित मोदी थे, जिन्होंने भारत की एक ताक़त को ख़ूब समझा था। उन्होंने देखा कि यहाँ की जनसंख्या एक भीड़ है, जो मनोरंजन की चाहत रखती है। उन्हें बस इस खेल को एक तमाशे में तब्दील करना था। अंग्रेज़ों और हिन्दुस्तानियों के मध्य एक ऐसा खेल जिसमें प्रभुत्व की तकरार दिखे।

उसी समय मार्स क्रिकेट क्लब ने एक खेल में कोलाबा के फ़िरंगियों को मात दी थी। खेल के बाद अंग्रेज़ों ने ग़ुस्से में उनकी ख़ूब धुलाई की। अर्देशिर पटेल को मौक़ा मिल गया। उन्होंने 'पारसी क्रिकेट क्लब' बनाकर मार्स के सदस्यों को मिला लिया। उन्होंने कहा, "हमारे क्लब में ऐसा-ग़ैरा खेल ना होगा। हम यूरोपीय लोगों के साथ ही मैच रखेंगे।"

---

[1]1869 में हुए मैच में तो 100 रुपये की पुरस्कार राशि रखी गयी थी, जो उस समय बड़ी रक़म थी।

उन्हें इस ऊँचे ख़्वाब का ख़ामियाज़ा जल्द भुगतना पड़ा।

1857 के स्वतन्त्रता संग्राम के दमन के लिए ब्रिटिश 66 रेजिमेंट को बुलाया गया था। अर्देशिर ने पहला मैच इस ख़ूँख़ार टीम के साथ रख दिया। अर्देशिर पटेल को मालूम था कि अंग्रेज़ों के सामने उनकी टीम टिक ना पायेगी, लेकिन उन्हें क्लब का सिक्का ज़माना था। टीम के खिलाड़ी जे.एम. फ्रामजी पटेल ने अपनी किताब में इस खेल का ज़िक्र किया है। खेल को देखने के लिए अंग्रेज़ों के बड़े अफ़सर और रईस जमा हुए। अंग्रेज़ों ने पहले बल्लेबाज़ी की। 66 रेजिमेंट के खिलाड़ी अच्छा खेल रहे थे, लेकिन पारसी अंडर-आर्म गेंदबाज़ी उन पर भारी पड़ने लगी। खेल का माहौल गरम हो रहा था, और अंग्रेज़ मैदान में गालियाँ देकर पारसियों को डरा रहे थे। पारसियों ने धैर्य से खेलते हुए अंग्रेज़ों को तीन विकेट से हरा दिया! (11)

यह तो कमाल हो गया! सभी पारसी ख़ुशी से झूमने लगे। अंग्रेज़ों को उस मैदान पर यह हार बर्दाश्त नहीं हुई। जब दर्शक उछल-उछलकर तालियाँ बजा रहे थे, रेजिमेंट के खिलाड़ियों ने अपनी बेल्ट निकाली और उन्हें पीटना शुरू कर दिया। पारसियों के चेहरे सूजा दिये गये। आख़िर यह वही मैदान था, जहाँ उन्होंने दो हिन्दुस्तानियों को तोप से उड़ाया था! उस दिन खेल में ही सही, लेकिन एक बदला तो ले लिया गया।

जनवरी-मार्च 1877 में जब पारसी क्रिकेट क्लब ने शाही नौसेना (रॉयल नेवी) की टीम पर भी जीत दर्ज की, 'लंदन डेली' अख़बार में ख़बर छपी–

> *हमें अपने पूरब के आर्य बन्धुओं के क्रिकेट कौशल की ख़बर मिली है। नौसेना को शिकस्त देकर उन्होंने झण्डे तो गाड़ दिये हैं। शुक्र है कि क्रिकेट में हार के बावजूद भारत में ब्रिटिश साम्राज्य पर कोई आँच नहीं आयी है।*

अर्देशिर पटेल ने अब अंग्रेज़ों की सबसे मज़बूत टीम बॉम्बे जिमखाना को खेलने के लिए आमन्त्रित किया। बॉम्बे जिमखाना किसी भी भारतीय टीम से खेलना अपनी तौहीन समझती थी। उनके लिए वे पारसी कीड़े-मकोड़े थे। लेकिन, अपनी पहुँच से अर्देशिर ने 1 अगस्त, 1877 को एकदिवसीय खेल आयोजित कर लिया। हज़ारों लोग टिकट ख़रीदकर अंग्रेज़ों और पारसियों का यह मैच देखने पहुँचे। यूरोपीय टीम ने 167 रन बना लिये। इस स्कोर का पीछा करती पारसियों की टीम 105 रन पर ऑल आउट हो गयी। यूरोपीय यह मैच जीत गये, लेकिन पारसियों की अंडरआर्म गेंदबाज़ी खेलना उनके लिए मुश्किल रहा था। (12)

लगभग एक सदी बाद, 1 फरवरी, 1981 को बेन्सन एंड हेजेज़ ट्रॉफ़ी के फ़ाइनल में ऑस्ट्रेलिया और न्यूज़ीलैंड आमने-सामने थे। आख़िरी गेंद पर छक्का लगाकर मैच टाई हो जाता। ब्रायन मक्किनी बल्लेबाज़ी कर रहे थे। तभी ऑस्ट्रेलिया के कप्तान ग्रेग चैपल ने अपने भाई ट्रेवर चैपल से कहा, "अंडरआर्म बॉल डाल दे। वह छक्का नहीं लगा पायेगा।"

उनके भाई इयान चैपल कमेंट्री कर रहे थे। वह चिल्लाये, "नहीं ग्रेग! तुम यह नहीं कर सकते!"

ट्रेवर ने अंडरआर्म गेंद डाली, न्यूज़ीलैंड यह खेल हार गयी। ग्रेग चैपल की जमकर निंदा हुई और अंडरआर्म गेंदबाज़ी हमेशा के लिए बन्द कर दी गयी। इसी से समझा जा सकता है कि यूँ नीचे से गेंद डालना बल्लेबाज़ के लिए कितनी मुश्किलें पैदा करती थीं।

अगला खेल (अक्तूबर 1877) ब्रिटेन से आये मुफ़स्सिल एकादश के साथ था। इस बार पारसी टीम ने 39 रन पर नौ विकेट ले लिये। अंग्रेज़ों की टीम हारने ही जा रही थी कि अम्पायर ने एक रन आउट में बेईमानी कर ली। वह मैच अंग्रेज़ों ने बचा तो लिया, लेकिन उन्हें लगने लगा कि यह खेल भारतीयों को सिखाकर अच्छा नहीं किया। अब पारसियों की इच्छा थी कि इंग्लैंड की टीम को इंग्लैंड जाकर चुनौती दें। 'बॉम्बे गजट' ने इसका मख़ौल उड़ाते ख़बर छापी (13)–

> *पारसी एकादश अगर लंदन जाती है, तो कमाई अच्छी हो सकती है। लेकिन शर्त यह हो कि उन्हें अपने गुजराती भेष-भूषा में खेलने को आमन्त्रित किया जाये। अपनी पारसी टोपी, चमकीली रेशमी परिधान और पजामा पहने जब पारसी खेलने उतरेंगे तो लंदन के लोग ज़रूर देखने आयेंगे। जैसे कनाडा से रेड इंडियन आये थे, तो अपने पंख लगाये परिधान पहने थे। लोग देखने उमड़ पड़े थे। अगर पारसी अंग्रेज़ों के भेष में अंग्रेज़ी बोलते आए, तो कौन देखने आयेगा?"*

इस मख़ौल से पारसियों का मनोबल नहीं घटा। सभी पारसी क्लबों ने एक होने का फ़ैसला किया और तभी बना पारसी जिमख़ाना।[1] एलफ़िंस्टन स्कूल के हिन्दू लड़कों ने 1877 में एक हिन्दू क्रिकेट क्लब बना लिया। आनन-फ़ानन में 1883 में मुस्लिम क्रिकेट क्लब भी बन गया। 1876-1884 के मध्य मैदान पर पोलो खेले जाने की वजह से पिच ख़राब हो रही थी। तमाम अर्ज़ियाँ लगाने के बाद पोलो खेलना बन्द हुआ, और क्रिकेट फिर से शुरू हुआ। 1884 में अंग्रेज़ों की टीम को

[1]जिमखाना शब्द की उत्पत्ति 'गेंद-खाना' से ही हुई।

पारसी जिमखाना ने 38 रन से हराया। इस खेल के बाद उन्होंने सरे काउंटी टीम के खिलाड़ी रॉबर्ट हेंडरसन को प्रशिक्षक रूप में बुलाया, और इंग्लैंड दौरे पर जाने की तैयारी करने लगे। 1886 ई. में पारसियों की टीम पहली बार इंग्लैंड दौरे पर गयी। उनकी कप्तानी डी.एच. पटेल कर रहे थे, जो डॉक्टरी की पढ़ाई के दौरान लंदन में क्रिकेट खेल चुके थे।

इंग्लैंड तो क्रिकेट का मक्का है। वहीं से खेल शुरू हुआ, और उनके उपनिवेशों में पहुँचा। कुछ ही वर्ष पहले, 1882 में ऑस्ट्रेलिया और इंग्लैंड के मध्य एशेज श्रृंखला शुरू हुई थी। दक्षिण अफ्रीका और वेस्टइंडीज़ में भी खेल पनप रहा था। अब भारत से एक टीम दौरे पर आई थी। क्रिकेट का ब्रह्माण्ड बनना शुरू हो रहा था। उस दौरे पर पारसी टीम मात्र एक छोटे क्लब से ही जीत दर्ज कर सकी। लेकिन, कुछ अच्छी बातें भी हुईं। शपूरजी भेदवार ने एक हैट्रिक ली। टीम ने पहली बार लॉर्ड्स में MCC के ख़िलाफ़ मैच खेला। यह खेल 27-28 मई को आयोजित हुआ, और इनकी क़िस्मत थी कि क्रिकेट के पितामह विलियम गिलबर्ट ग्रेस (1848-1915) के साथ खेलने का मौक़ा मिला। ग्रेस ने 65 रन बनाये, और मात्र 44 रन देकर 11 विकेट झटक लिये। उस खेल में अर्देशिर मेजर नामक पारसी खिलाड़ी ने पाँच विकेट लिये, जिसमें एक विकेट विलियम गिलबर्ट ग्रेस का था!

यह विकेट उखड़ना एक साधारण घटना नहीं थी। भारत के एक अल्पसंख्यक समूह के दस्ते ने यह सिद्ध कर दिया था, कि उनमें दम है। अगर पूरा भारत साथ खड़ा हो जाता तो इंग्लैंड की टीम से लड़ सकता था। यह बात अंग्रेज़ी मीडिया को भी महसूस हो गयी थी, और उन्होंने इसकी ठीक-ठाक प्रशंसा भी की। हालाँकि विस्डेन क्रिकेट पत्रिका ने इस टीम को औसत से भी कमज़ोर कहकर स्कोर छापने से इन्कार कर दिया। ठीक दो साल बाद पारसियों की टीम पेस्तनजी कांगा के नेतृत्व में इंग्लैंड लौटी, आठ जीतें दर्ज कीं, और लॉर्ड्स के मैदान में MCC से ड्रॉ किया। (14, 15)

1889 में मिडलसेक्स के खिलाड़ी जी.एफ़. वर्नन के नेतृत्व में टीम इंग्लैंड से आयी। वह भारत के भिन्न-भिन्न अंग्रेज़ क्लबों से खेलने आयी थी। खिलाड़ियों ने पूरे भारत में घूम-घूमकर हर टीम को रौंदा। अंग्रेज़ों की मज़बूत कलकत्ता क्रिकेट क्लब पर जीत दर्ज की। उनका विजय-रथ रुका बम्बई में। यह रथ अंग्रेज़ टीम ने नहीं रोका, बल्कि बम्बई के पारसी टीम ने ही रोका। जनवरी 1890 के इस मैच की दस हज़ार से अधिक टिकटें बिकी थीं। पारसी टीम का नेतृत्व फ्रामजी पटेल कर रहे थे।

पहली पारी के बाद अंग्रेज़ों की टीम को पन्द्रह रन की बढ़त मिली, लेकिन फ्रामजी पटेल की कसी गेंदबाज़ी की बदौलत दूसरी पारी में अंग्रेज़ों की टीम मात्र 61 रन पर सिमट गयी। अब जीत के लिए पारसियों को 77 रन चाहिए थे, जो उन्होंने आसानी से पूरे कर लिये। एक भारतीय टीम इंग्लैंड से आयी टीम को मात दे चुकी थी।

कैप्टन फ़िलिप ट्रेवर इस मैच में एक दर्शक की तरह मौजूद थे। उन्होंने अपनी किताब में लिखा है (16),

हममें से कुछ ही उस ज्वार-भाटे की तरह उफान लेती रंग-बिरंगी भीड़ को भुला सकते हैं। उस हज़ारों की भीड़ में ऐसे एक हज़ार लोग भी नहीं होंगे, जिन्हें मालूम हो कि मैदान में चल क्या रहा है। ऐसे सौ लोग भी नहीं होंगे, जिन्हें क्रिकेट के मामूली नियम भी मालूम होंगे। लेकिन उन सबको एक बात पता थी कि आज हम भूरे लोगों ने इन गोरों को मात दी है।

क़िस्मत थी कि उसी समय इंग्लैंड के क्रिकेट खिलाड़ी लॉर्ड हैरिस बम्बई के गवर्नर बनकर भारत आये। उन्हें यह अन्दाज़ा नहीं था कि बम्बई में क्रिकेट का इस क़दर माहौल होगा। एक दिन उन्हें सैकड़ों क्रिकेट खिलाड़ियों की तरफ़ से एक अर्ज़ी मिली कि उनके मैदान पर फिर से पोलो खेला जा रहा है, और क्रिकेट के मैदान ख़राब हो रहे हैं। लॉर्ड हैरिस ने निर्णय ले लिया कि बॉम्बे को अब क्रिकेट का गढ़ बनाना है। उन्होंने हिन्दुओं, मुसलमानों और पारसियों, तीनों को मात्र 12 रुपये वार्षिक शुल्क पर 425 वर्ग फ़ीट के तीन बड़े मैदान दे दिये। अब अंग्रेज़ों और इन तीनों टीमों के अपने जिमखाना मैदान थे। उन्होंने 1892 से बॉम्बे प्रेसीडेंसी टूर्नामेंट की घोषणा कर दी जो इन टीमों के मध्य होंगे।[1] लॉर्ड हैरिस को भारतीय क्रिकेट का मसीहा कहा जाता है, लेकिन कहीं ना कहीं वह लॉर्ड मकाले के उस स्वप्न को भी साकार कर रहे थे, कि भारतीय अंग्रेज़ों की भाषा सीखेंगे, संस्कृति सीखेंगे, और इस नक़ल में अपनी संस्कृति भूल जायेंगे। यह कड़वा सच है कि आज इस खेल ने कई भारतीय खेलों (जैसे कबड्डी) को खा लिया।

बम्बई प्रेसीडेंसी टूर्नामेंट के स्कोर आप ESPN की क्रिक-इंफ़ो वेबसाइट पर देख सकते हैं। खेल का उत्साह इसी से समझा जा सकता है, कि जब पहले दिन बारिश हुई तो लॉर्ड हैरिस ने फ़ायर ब्रिगेड बुलवाकर पिच को सुखाया। पहला मैच जब ड्रा हुआ तो बम्बई से हज़ारों लोग फ़ाइनल मैच देखने पुणे पहुँच गये। पारसी टीम ने निराश नहीं किया और पहली ही शृंखला अंग्रेज़ों से जीत गयी। इस मैच के नायक डॉक्टर पावरी तीन साल बाद इंग्लिश काउंटी में खेलने वाले पहले भारतीय

[1]शुरुआत में यह मैच पारसी और यूरोपीयन के मध्य ही हुए।

बने।[2] अगले दस वर्षों में तीन टीमें इंग्लैंड से भारत आयी, और सबको पारसियों ने हराया। क्रिकेट का यह महापर्व बॉम्बे प्रेसीडेंसी टूर्नामेंट हर साल होने लगा। हिन्दुओं और मुसलमानों की टीमें एक दशक तक इस श्रृंखला में शामिल नहीं की गयी, क्योंकि वे कमज़ोर टीमें थी। लेकिन, कब तक?

मैं पुणे में अक्सर पूना क्लब के रेस-कोर्स के चक्कर लगा कर दौड़ लगाने जाता था। मुझे मालूम नहीं था कि उस क्लब में भारतीय क्रिकेट का एक स्तम्भ छुपा है। पूना के एक पारसी क्लब में दो चमार जाति के लड़के बालू और शिवराम पिच मोड़ने और सफ़ाई का काम देखते थे। बाद में वे अंग्रेज़ों के पूना क्लब में काम करने लगे। उस समय वहाँ भारत के सबसे काबिल बल्लेबाज़ जॉन ग्लेनी 'जंगली' ग्रेग मौजूद थे।[3]

एक दिन जंगली ग्रेग ने बालू से पूछा, "तुम्हें बॉलिंग आती है?"

बालू ने कहा, "हाँ ! थोड़ी बहुत आती है साहब। कभी कभी ट्रोस साहब फेंकने को कहते हैं"

"ठीक है! अगर तुम मुझे आउट कर दोगे तो आठ आने मिलेंगे"

बालू ने बायाँ हाथ घुमा कर धीमे-धीमे गेंद फेंकना शुरू किया, जंगली ग्रेग शॉट लगाते रहे। यह रोज़ सुबह का कार्यक्रम बन गया। एक दिन बालू की गेंद उनकी स्टम्प ले उड़ी। आठ आने इनाम मिले, और इस तरह बालू की खेल-खेल में अतिरिक्त कमाई होने लगी। यह खबर पूना के हिन्दू क्लब तक पहुँच गयी, कि एक हिन्दू लड़का अंग्रेज़ों के साथ क्रिकेट सीख रहा है। लेकिन एक मराठी ब्राह्मण बहुल क्लब में भला एक अछूत कैसे खेले? जब जंगली ग्रेग को यह बात पता लगी, तो उन्होंने प्रेस साक्षात्कार में कहा, "बालू जैसे खिलाड़ी को शामिल न कर हिन्दू बहुत बड़ी गलती करेंगे"

यह 'लगान' फ़िल्म के 'कचरा' नामक किरदार की तरह अवसर था। सोच-विचार कर हिन्दुओं ने बालू को शामिल तो कर लिया, लेकिन सम्पर्क खेल तक ही था। खेल के बाद बालू को अन्य सवर्ण खिलाड़ियों के साथ बैठने की इजाज़त नहीं थी। रामचन्द्र गुहा लिखते हैं (17)–

बालू को पवेलियन के बाहर एक कुल्हड़ में चाय दी जाती, जब कि अन्य खिलाड़ी अन्दर बैठ सफ़ेद चीनी मिट्टी के कप में चाय पीते। अगर उन्हें

---

[2]उसी वर्ष एक और भारतीय खिलाड़ी ससेक्स टीम के लिए भी चुने गये थे–रणजीत सिंह जी।

[3]उनका नाम भारतीय ठीक से बोल नहीं पाते तो जंगली ग्रेग बुलाते।

मुँह-हाथ धोना होता, तो एक अछूत सेवक बाहर एक केतली लेकर आता और पानी देता। खाने की थाली और मेज़ भी अलग थी।

बालू और शिवराम पलवंकर की वजह से हिन्दुओं की टीम मज़बूत होती गयी और 1905 में हिन्दू भी बॉम्बे प्रेसीडेंसी खेल में शामिल हुए। इन टीमों के मध्य नोक-झोंक और हँसी-मज़ाक़ भी होते। जब हिन्दू बल्लेबाजी करने आते तो पारसी उन्हें 'तात्या' कहकर चिढ़ाते, और हिन्दू पारसियों को 'काकड़ा' कहकर। इस मध्य राष्ट्रवाद के उफान में क्रिकेट की बलि भी चढ़ती रही। 1905 में बंगाल में क्रिकेट बल्लों का सामूहिक दहन किया गया। लेकिन, क्रिकेट अब स्थापित होने लगा था। 1912 में जब मुसलमान भी जुड़ गये, यह कहलाने लगा–बॉम्बे क्वाड्रैंग्युलर!

राजा-महाराजाओं की इस खेल में रुचि होने लगी थी और उनमें से कुछ इंग्लैंड जाकर खेल रहे थे। जैसे वे संगीत का प्रश्रय देते आ रहे थे, अब खेल को देने लगे। धन के आते ही खेल की रंगत बदल गयी। पटियाला के महाराजा रजिन्दर सिंह ने शिमला में 8000 फ़ीट की ऊँचाई पर पहाड़ को समतल कर दुनिया का सबसे ऊँचा क्रिकेट मैदान बना दिया! महाराजाओं ने अलग-अलग राज्यों से अच्छे खिलाड़ियों को ख़रीदकर अपनी-अपनी टीम बना ली। दूसरी रियासतों के साथ धूमधाम से मैच खेले जाते, जिसमें हर राजा की इज़्ज़त दाँव पर होती। आज के IPL टूर्नामेंटों से सौ साल पहले यह क्लब-क्रिकेट मॉडल भारत में आ चुका था। पटियाला बनाम होलकर। कूचबिहार बनाम विजयनगर। कश्मीर बनाम जोधपुर! (18)

कुछ महाराजाओं की रुचि खेलने में भी थी, और रणजीतसिंह जी जैसों ने तो मिसाल ही क़ायम कर दी। वहीं कश्मीर के महाराज के विषय में रामचन्द्र गुहा ने विट्ठल पलवणकर की आत्मकथा से एक सन्दर्भ दिया है (19)–

कश्मीर के महाराज को बल्लेबाज़ी तो पसन्द थी, लेकिन खेल के बाक़ी आयाम पसन्द नहीं थे। जब उनकी टीम खेल रही होती, वह पूजा कर रहे होते, जब तक कि यह फ़ोन नहीं आ जाता कि उनकी बल्लेबाज़ी आ गयी है। उसके बाद एक गाड़ी, जो उस समय दुर्लभ ही थी, उन्हें मैदान तक लेकर आती, उनके सेवक उनको पैड और दस्ताने पहनाते। महाराज अपने सेवक के कन्धे पर हाथ रखे पिच तक पधारते। गेंदबाज़ों को पहले ही बख़्सिस दे दी गयी होती कि वे हल्के और फ़ुलटॉस गेंद फेंकें, और क्षेत्ररक्षक गेंद को पैर से मार कर सीमा-रेखा पार करा देते। कुछ ही देर में स्कोर की घोषणा कर दी जाती कि महाराज का शतक पूरा हुआ"

अब तक भारत की राष्ट्रीय टीम तैयार नहीं हुई थी। भारत को अन्य देशों की अपेक्षा कुछ देर हो गयी थी। 1900 में वेस्टइंडीज़ की टीम खेलने लगी थी। 1909 में ऑस्ट्रेलिया, दक्षिण अफ्रीका और इंग्लैंड ने मिलकर इम्पीरियल क्रिकेट कॉन्फ्रेन्स की स्थापना की। अब भारत की इच्छा थी कि वह भी इसका हिस्सा बने। 1911 में जब इंग्लैंड के राजा जॉर्ज पंचम का राज्याभिषेक हुआ, उस वर्ष पहली बार 'भारत' की टीम इंग्लैंड पहुँची। इस टीम में छह पारसी, पाँच हिन्दू और तीन मुसलमान थे। टीम के कप्तान पटियाला के एक 19 वर्ष के सिख महाराजा भूपिंदर सिंह थे, जिनकी बदौलत यह दौरा सम्भव हो पा रहा था। इस टीम में दो दलित खिलाड़ी बालू और शिवराम भी मौजूद थे, जो उस समय के भारत में अकल्पनीय था। ऐसा प्रतिनिधित्व तो समकालीन क्रिकेट में नहीं मिलेगा। भारतीय टीम को चौदह प्रथम श्रेणी मैचों में मात्र दो में जीत मिली। बालू ने 75 विकेट लिए, जिसमें एक मैच में 103 रन देकर 8 विकेट लेना सर्वश्रेष्ठ प्रदर्शन रहा। (20)

उस वक़्त एक ऐसे भारतीय खिलाड़ी थे, जो इंग्लैंड की ओर से खेल रहे थे। वह कोई साधारण खिलाड़ी नहीं थे। रणजीतसिंह जी ससेक्स और इंग्लैंड के लिए खेले। और क्या खेले! पहले खिलाड़ी, जिसने अपने पहले घरेलू मैच और पहली विदेशी धरती पर मैच में शतक लगाया। पहले खिलाड़ी, जिसने लंच से पहले ही टेस्ट शतक बना लिया। पहले खिलाड़ी, जिसने एक ही दिन में दो पारियों में शतक बनाया। पहले खिलाड़ी, जिसने एक इंग्लिश सीजन में 3000 रन बनाए! रणजीतसिंह जी ने क्रिकेट को कलाई का खेल बनाया। वह आगे बढ़कर छक्का लगाने वाले खिलाड़ी नहीं, बल्कि बैकफ़ुट पर कट और ग्लान्स लगाने वाले खिलाड़ी थे। क्रिकेट में 'लेग ग्लान्स' और 'लेट कट' का आविष्कार उन्होंने ही किया। लेकिन, यह ध्यान रहे कि रणजीतसिंह जी और उनके भतीजे दलीपसिंह जी स्वयं को कभी भी भारतीय नहीं, ब्रिटिश खिलाड़ी मानते थे। भले ही आज उनके नाम पर रणजी और दलीप ट्राफी खेले जाते हैं, रणजीत सिंह जी को भारतीय क्रिकेट का पितामह कहा जाता है, वे भारत के लिए खेलने को कभी राज़ी नहीं हुए। (21)

पलवंकर बन्धु के कारण हिन्दुओं की टीम मज़बूत हो रही थी, लेकिन पारसी और यूरोपीयों का वर्चस्व क़ायम था। 1916 में कर्नल सी. के. नायडू के हिन्दू टीम में आते ही समीकरण बदलने लगे। बहुसंख्यक समाज से होने के कारण हिन्दुओं के समर्थन में भीड़ अधिक जमा होती। ख़ासकर, हिन्दुओं और मुसलमानों का दंगल देखने लायक़ होता। देश की राजनीतिक स्थिति भी बदल रही थी। 1919 में रॉलट

ऐक्ट के विरुद्ध सत्याग्रह के बाद मोहनदास करमचन्द गांधी का क़द बढ़ने लगा था। ख़िलाफ़त आन्दोलन के साथ असहयोग आन्दोलन को जोड़कर हिन्दू-मुसलमान एकता की नींव पड़ी थी। दूसरी तरफ़, पारसी समूह अंग्रेज़ों के साथ नज़र आ रहा था। ऐसे समय में जब बम्बई में यह चतुष्कोणीय क्रिकेट टूर्नामेंट हुआ तो यह मात्र खेल नहीं था। हज़ारों लोग जब मैदान में जुटते तो वे हिन्दुओं या मुसलमानों की टीम के लिए हुंकार भरते। उत्साह इस क़दर था कि स्कूल-कॉलेज जल्दी बन्द कर दिये गये कि लोग मैच देखने पहुँच सकें।

1-3 दिसंबर 1919 के मध्य हिन्दू और पारसी समूहों के बीच त्रिदिवसीय मैच हुआ। बालू पलवंकर अब 44 साल के हो चले थे, लेकिन गेंद ख़ूबसूरती से घूम रही थी। बालू-शिवराम बन्धु की गेंदबाज़ी और सी.के. नायडू की बल्लेबाज़ी की बदौलत हिन्दुओं की टीम छह विकेट से जीत गयी। अगले दिन मुसलमानों का मुक़ाबला अंग्रेज़ों की टीम से था। अंग्रेज़ टीम के बल्लेबाज़ 'जंगली' ग्रेग की भी उम्र हो चली थी। अब्दुस्सलाम की घातक गेंदबाज़ी ने अंग्रेज़ों के छक्के छुड़ा दिये। दूसरी पारी में तो अब्दुस्सलाम ने पाँच विकेट झटक लिये। आख़िर अंग्रेज़ों की टीम 34 रन से हार गयी। वह समय आ ही गया, जब अंग्रेज़-पारसी सत्ता ख़त्म हुई और हिन्दू-मुसलमान की टीम फ़ाइनल में पहुँची।

8 दिसंबर से शुरू हुए इस मैच में शिवराम पलवंकर की गेंदबाज़ी और विट्ठल पलवंकर के शतक की बदौलत हिन्दू जीत गये। मैच के बाद दोनों टीमों ने साथ ताज होटल में भोजन किया। दोनों समूहों के मध्य ऐसा सद्भाव उस समय की राजनीतिक परिस्थिति को दर्शा रहा था। यह जीत-हार से परे, देश की बात थी, और क्रिकेट माध्यम बन गया था। उन्होंने भी नहीं सोचा था, यह माध्यम दशकों बाद दो विभाजित देशों के मध्य सद्भाव लाने के लिए प्रयोग में लाया जायेगा।

1923 में हिन्दुओं और अंग्रेज़ों की टीम पहली बार फ़ाइनल में आमने-सामने थी। इस मैच में अम्पायर चश्मा घर भूल आये थे, और हर दूसरी गेंद 'नो बॉल' दे रहे थे। पहली पारी में अंग्रेज़ों ने 481 का विशाल स्कोर खड़ा कर लिया। बदले में हिन्दुओं की टीम ने कप्तान विट्ठल पलवंकर के शतक की बदौलत 475 रन बना लिये। आख़िरी दिन का खेल बचा था।

अंग्रेज़ों ने कहा, "हमें आउट तो कर पाओगे नहीं, ख़्वाह-म-ख़्वाह खेल रहे हो। ड्रा कर लो"

कप्तान विट्ठल ने एस.एम. जोशी को गेंद पकड़ाते कहा, "अब हो जाये राग भैरवी!"[1]

एस.एम. जोशी एक शास्त्रीय गायक भी थे और महफ़िलों का अन्त राग भैरवी से करने की परम्परा रही है। जोशी ने सात विकेट झटक लिये और अंग्रेज़ों की पूरी टीम को 153 रन पर ऑलआउट कर दिया। इतना ही नहीं, आख़िरी दो घण्टे के खेल में सी.के. नायडू और परदेशी ने धुआँधार चौके-छक्के लगाकर उसी दिन मैच जीत लिया। नायडू का एक छक्का तो मैदान के बाहर वॉडबी रोड पर जाकर गिरा। (22)

यह मैच एक और कारण से महत्त्वपूर्ण था। एक लम्बे संघर्ष के बाद पलवंकर बन्धु में विट्ठल पलवंकर को हिन्दुओं का कप्तान बनाया गया था। जब गांधी अस्पृश्यता के ख़िलाफ़ मुहिम छेड़ रहे थे, उस वक़्त एक चमार जाति के व्यक्ति का भारतीय टीम की कप्तानी करना और अंग्रेज़ों पर जीत दिलाना मज़बूत प्रतीक था। बालू पलवंकर स्वयं इतने बड़े दलित छवि बनकर उभरे कि उन्हें कांग्रेस के टिकट पर भीमराव अम्बेडकर के ख़िलाफ़ उतारा गया। कहाँ भीमराव अम्बेडकर जैसे प्रखर विद्वान और वक़्ता, और कहाँ एक क्रिकेट खिलाड़ी! फिर भी वह कुछ ही मतों से हारे।[2]

1926 में मर्लिबोन क्रिकेट क्लब (MCC) पहली बार भारत आयी। यह कोई साधारण नाम नहीं था। यह इंग्लैंड की इज़्ज़त थी। वह भारत के भिन्न-भिन्न क्लबों को हराती बम्बई पहुँची, और अब मैच हिन्दुओं से था। उस बुधवार की सुबह हज़ारों बॉम्बेवासियों के मन में बस एक ही इच्छा थी। पौ फटते ही तैयार होकर 'मैदान' पहुँचना है। सबसे सस्ती टिकट भी एक रुपये की थी, जो उस समय कई लोगों की एक दिन की कमाई थी। सब क्रिकेट पर न्यौछावर!

'इंडियन नैशलिस्ट हेराल्ड' में ख़बर छपी–'हिन्दुओं पर है अब इन फ़िरंगियों को हराने का ज़िम्मा'!

हिन्दू टीम के कप्तान विट्ठल पलवंकर से पूछा गया, "आपके टीम की तैयारी कैसी है?"

---

[1]ऐसा एक और क़िस्सा 1971 के भारत-इंग्लैंड मैच का है, जब जॉन एलडरिच बल्लेबाज़ी करने आये। दिलीप सरदेसाई ने भागवत चन्द्रशेखर से कहा, "इसको मिल्ड्रेड डाल!" और चन्द्रा ने गूगली डालकर आउट कर दिया। मिल्ड्रेड दरअसल एक घोड़ा था, जिसने मैच से पहले एक घुड़दौड़ जीता था।

[2]अम्बेडकर को 13, 245 और बालू पलवंकर को 11,225 मत मिले। बॉम्बे क्रानिकल के अनुसार एक मज़दूर नेता जोगलेकर 10000 मत ले गये, और उनके कारण बालू के मत बँट गये, वरना वह जीत जाते। (देखें–रामचन्द्र गुहा की 'अ कॉर्नर ऑफ़ फ़ॉरेन फ़ील्ड')

विट्ठल ने कहा, "उन्हें मैदान पर आने तो दो। उसके बाद हम देख लेंगे।"

पहले ही दिन अंग्रेज़ों की तरफ़ से अर्ल नामक युवा खिलाड़ी ने 130 रन बना दिये, जिनमें आठ छक्के शामिल थे। एक छक्के ने तो पवेलियन की खिड़की का शीशा तोड़ दिया। MCC ने 363 रन बनाये और पहले दिन का खेल ख़त्म होने तक हिन्दुओं का 16 रन पर एक विकेट गिर गया था। अगले दिन का खेल लगभग दस बज कर तीस मिनट पर धीरे-धीरे शुरू हुआ। 84 रन पर तीन विकेट गिर चुके थे, जिनमें एक कप्तान विट्ठल का विकेट था। उसके बाद बल्लेबाज़ी करने आये 31 वर्ष के लम्बे, पतले, श्यामल युवक कर्नल सी.के. नायडू।

उन्होंने आते ही तीसरी गेंद पर ऐसा छक्का मारा कि पवेलियन की छत पर जाकर गिरा। हैम्पशेयर के स्पिनर स्टुअर्ट बोएस ने अगली गेंद डाली, उस पर भी छक्का। उसके बाद दो छक्के और लगाये कि लंच-ब्रेक हो गया। पूरे बम्बई में ख़बर फैल गयी। लोग मैदान में तो क्या, आसपास के पेड़ों पर चढ़कर बैठ गये, और खेल देखने लगे। नायडू अलहदा मूड में थे। एमसीसी के गेंदबाज़ों की धुनाई गली के खिलाड़ियों की तरह कर रहे थे। वह मुश्किल से दो घण्टे खेले, जिनमें 13 चौके और 11 छक्के लगाकर 153 रन बनाये। जब वह आउट होकर पवेलियन लौट रहे थे, तो ब्रिटिश और भारतीय दर्शक खड़े होकर तालियों से उनका स्वागत कर रहे थे। हिन्दुओं की टीम कुल 356 रन बनाकर ऑल आउट हुई। खेल ड्रा हो गया। नायडू के स्वागत में एक आयोजन हुआ, जिसमें हीराबाई बरोडेकर ने हिन्दुस्तानी संगीत की समाँ बाँधी। (23)

बरसों बाद इसी मैदान में एक बम्बई के बल्लेबाज़ ने ईरानी ट्रॉफी के खेल में बिशन सिंह बेदी और ईरापल्ली प्रसन्ना जैसे गेंदबाज़ों की इसी तरह धुलाई की। उनके गगनचुम्बी छक्के देखकर कमेंटेटर ने कहा, "कर्नल (नायडू) लौट आये"। वह खिलाड़ी उसके बाद 'कर्नल' नाम से ही जाने गये। हालाँकि उसके बाद उनकी यह पिंच-हिटर शैली लुप्त हो गयी, और वह विकेट पर जमने वाले खिलाड़ी बन गये। उनका नाम था–दिलीप वेंगसरकर।

1926 के उस मैच और सी.के. नायडू के छक्कों को देखने के बाद अंग्रेज़ों को यह तो यक़ीन हो गया कि क्रिकेट में हिन्दुस्तानी भी दम-ख़म रखते हैं। फ़रवरी, 1927 में एम.सी.सी. के कप्तान गिल्लीगन, पटियाला के महाराज, और एक दिल्ली के व्यवसायी ग्रांटगोवन साथ बैठ चाय पी रहे थे।

"अब यह खेल जारी रखना चाहिए। हमारी टीम यहाँ आये। यहाँ की टीम वहाँ जाये।"

"हाँ! ज़रूर।"

"लेकिन, इसके लिए खिलाड़ी चुनने होंगे। एक बोर्ड बनाना होगा, जो मापदण्ड तय करे।"

"आपका मतलब है कि पूरे भारत की क्रिकेट का एक मापदण्ड?"

"हाँ! कुछ ऐसा ही।"

1928 के दिसंबर में ग्रांट गोवन और उनके सहयोगी डी'मेलो ने भारतीय क्रिकेट कंट्रोल बोर्ड की स्थापना कर दी। बम्बई में इसकी पहली बैठक हुई, और अगले साल ये आइ.सी.सी. (इंपीरियल क्रिकेट काउंसिल) के सम्मेलन में लंदन गये। वहीं तय हुआ कि 1930-31 में इंग्लैंड से टीम भारत आयेगी, और फिर भारत की टीम इंग्लैंड जायेगी। (24)

उस वक़्त गांधी का डांडी मार्च और नमक सत्याग्रह चल रहा था। खेल का मैदान भी इस राष्ट्रवादी लहर से मुक्त नहीं था। बल्लेबाज़ विजय मर्चेंट ने महात्मा गांधी के समर्थन में टीम में शामिल होने से इनकार कर दिया। यह क्रिकेट दौरा टल गया। लेकिन, नेपथ्य में टीम का चुनाव चल रहा था। 1932 में भारत की टीम चुन ली गयी, और महाराजा पोरबन्दर के नेतृत्व में टीम इंग्लैंड गयी। काउंटी के खेलों में भारत ने नौ जीतें दर्ज कीं। इंग्लैंड की राष्ट्रीय टीम के साथ हुए एकमात्र टेस्टमैच में सी.के. नायडू ने कप्तानी की। उस मैच में इंग्लैंड ने 158 रन से भारत को हराया। एम.सी.सी. के ख़िलाफ़ सी.के. नायडू ने शतक बनाया। उनके 118 रन की पारी में ही वह छक्का शामिल था, जिसके बारे में कहा गया, "आज गेंद को क्रिकेट की जन्मभूमि से पूरब की तरफ़ जाते देखा गया" (25)

अगले वर्ष इंग्लैंड की टीम भारत दौरे पर आयी। कप्तान डग्लस जार्डिन के नेतृत्व में यही टीम ऑस्ट्रेलिया में बदनाम बॉडीलाइन श्रृंखला खेलकर आयी थी। पहले इंग्लैंड की टीम ने अलग-अलग प्रान्तों से खेला। सी.के. नायडू को होलकर राजा (इंदौर) ने अपने दरबार में वेतन पर रखा था, लेकिन उन्हें हर कोई अपनी टीम में शामिल करने के लिए जुगत लगाता। राजा की अनुमति से नायडू पहुँच भी जाते, और वह लगभग सभी प्रान्तों से खेले।

उस समय के माहौल पर आशिस नंदी एक सन्दर्भ देते हैं, "अंग्रेज़ यह देखकर हैरान थे कि भारतीय अम्पायर अंग्रेज़ों को आउट देने के बाद ख़ुशी से उछलने लगते थे, और जब किसी भारतीय खिलाड़ी को आउट देना होता तो उनकी आँखों में आँसू आ जाते"।

भारत के ख़िलाफ़ पहला टेस्ट बम्बई के जिमखाना मैदान में खेला गया। एक क़िस्सा है कि विजय मर्चेंट की बहन लक्ष्मी मर्चेंट इंग्लैंड के सभी खिलाड़ियों के ऑटोग्राफ़ ले रही थीं। अन्त में उन्होंने महात्मा गांधी से ऑटोग्राफ़ माँगा। उन्हें उस काग़ज़ पर जगह मिली नहीं, तो इंग्लैंड के सोलह खिलाड़ियों के नीचे सत्रहवें खिलाड़ी के रूप में अपना हस्ताक्षर लगा दिया। इंटरनेट पर मुझे उन हस्ताक्षरों की प्रति भी मिली, लेकिन कम से कम दो महत्त्वपूर्ण इतिहासकारों रामचन्द्र गुहा और कौशिक बन्द्योपाध्याय के अनुसार यह एक अप्रामाणिक किंवदन्ती है।[1]

उस दिन बाईस वर्ष के लाला अमरनाथ अपना पहला मैच खेल रहे थे। लाला ने इक्कीस चौके लगाकर शतक पूरा किया और सी.के. नायडू के साथ मिलकर लगभग 200 रन की साझेदारी की। हालाँकि, बाक़ी टीम ताश के पत्तों की तरह गिर गयी, और भारत मैच हार गया। उस वक़्त 'मैन ऑफ़ द मैच' का प्रावधान नहीं था, लेकिन एक सेठ ने लाला अमरनाथ को तोहफ़े में गाड़ी दे दी और दूसरे रईस ने 800 स्टर्लिंग का ईनाम दिया। अफ़सोस कि लाला अमरनाथ फिर कभी अन्तरराष्ट्रीय टेस्ट शतक नहीं लगा सके।

इंग्लैंड द्वारा अगले दो टेस्ट मैच कलकत्ता और मद्रास में खेले गये। एक में इंग्लैंड को जीत मिली, और एक ड्रॉ रहा। हालाँकि, बनारस में महाराजकुमार 'विज्जि' की टीम ने डगलस जार्डिन की टीम को हरा दिया। यह इंग्लैंड की इकलौती हार थी। कहा जाता है कि यह मैच महाराजकुमार 'विज्जी' ने रिश्वत देकर फ़िक्स कर लिया था!

भारत में जार्डिन ने बॉडीलाइन का प्रयोग क्यों नहीं किया? शायद इसलिए कि यह उनकी जन्मभूमि थी? डगलस जार्डीन की पैदाइश बम्बई की थी। उनके दादा अलाहाबाद में वकील रहे थे, और पिता बम्बई में। उनकी जीवनी में लिखा है कि वह भारत में बहुत ही सहज वक़्ता थे जब कि ऑस्ट्रेलिया में उनकी भाषा अच्छी नहीं थी। आशिस नंदी ने टी.जी. वैद्यनाथन के हवाले से लिखा है कि एक समय तो वह भारत के कप्तान बनने की सोच रहे थे। यह भी क़यास लगते हैं कि भारतीय खिलाड़ियों को तेज गेंदबाज़ी की आदत थी, और सी. के. नायडू जैसे लम्बे व्यक्ति पर बॉडीलाइन का ख़ास असर नहीं होता। कारण जो भी रहा हो, एक बात यहाँ दर्ज करने लायक़ है। डगलस जार्डिन ऐसे पहले व्यक्ति थे, जिन्होंने यह अनुमान लगाया था कि भारत की टीम एक दिन विश्व क्रिकेट पर छा जायेगी! (26)

---

[1]बन्द्योपाध्याय, कौशिक, 'महात्मा ऑन द पिच', रूपा पब्लिकेशन।

अगले वर्ष 1934 में पहली बार पटियाला महाराज के सहयोग से रणजी ट्रॉफ़ी आयोजित की गयी। यह धर्म के आधार पर नहीं, क्षेत्र के आधार पर थी। पहला मैच मद्रास के चेपक स्टेडियम में, मद्रास और मैसूर के मध्य खेला गया। फ़ाइनल में जीत स्वाभाविक रूप से बॉम्बे को मिली। पटियाला महाराज ने उत्साहित होकर ऑस्ट्रेलिया की टीम को न्योता दिया। उन्होंने कहा, "भारत इंग्लैंड और ऑस्ट्रेलिया के मध्य में है, जहाँ दोनों देशों की टीम आकर टूर्नामेंट खेल सकती हैं।"

1935-36 में पहली बार ऑस्ट्रेलिया के कुछ रिटायर हो चुके क्रिकेटर एक टीम बनाकर आये, और चार अनौपचारिक टेस्ट मैच खेले गये। यह शृंखला 2-2 से बराबरी पर रही। भले ही यह डॉन ब्रैडमैन की टीम नहीं थी, लेकिन ऑस्ट्रेलिया पर दो जीतें तो भारत ने दर्ज कर ही ली। 1936 में भारत की टीम इंग्लैंड दौरे पर गयी। इस दौरे पर विजयनगरम के महाराजकुमार विज्जी को कप्तान बनाया गया। उनकी कप्तानी के पीछे उनका क्रिकेट नहीं, उनका राज परिवार से होना था। वह एक कमज़ोर कप्तान और कमज़ोर खिलाड़ी थे, जिनकी निंदा टीम ही नहीं लंदन के अख़बार भी कर रहे थे। वह भारत के पहले मैचफ़िक्सर भी थे, जो गेंदबाज़ों को हल्की गेंद डालने के लिए सोने की घड़ी रिश्वत में देते थे। उसके बाद भी अर्धशतक तक नहीं पहुँच पाते थे। (27)

पंजाब के लाला के साथ लगभग वही हुआ जो वर्षों बाद नवजोत सिंह सिद्धू के साथ हुआ। लाला अमरनाथ को 1936 ई. में बेइज़्ज़त कर इंग्लैंड की टूर से वापस भेजा गया। लाला को खेल के दौरान पीठ में मरोड़ आ गयी, लेकिन कप्तान ने पैड पहनने को कह दिया। जब वह पैड पहनकर बैठे तो बल्लेबाज़ी ही नहीं मिली। वह बैठे रह गये और सभी खिलाड़ी एक-एक कर उतरते गये। आख़िर शाम को नाइट-वाचमैन की तरह इस क़ाबिल खिलाड़ी को उतारा गया।

जब वह वापस ड्रेसिंग रूम में आये तो बड़बड़ाये, "मैनूँ पता है, की चल रहा है।"

बस इतनी-सी बात पर खार खाकर विज्जी ने तिल का ताड़ बना दिया और लाला अमरनाथ को बीच दौरे से वापस लौटना पड़ा। बाद में जब इस बात पर कमिटी बैठी तो लाला पर से सभी इल्ज़ाम हटा लिये गये।

1937 में भारत के अन्य धर्म (भारतीय ईसाई, बौद्ध, जैन) के लोगों ने एक टीम बना ली, और अब यह बॉम्बे पेंटागुलर कहलाने लगा। उस साल हिन्दुओं ने

स्टेडियम के सीट वितरण पर विवाद के चलते खेल का बहिष्कार कर दिया।[1] उसी साल कर्नल सी.के. नायडू को भारतीय टीम से ड्रॉप कर दिया गया। वह 42 वर्ष के हो चले थे, लेकिन फिर भी उन्हें खेलने की इच्छा थी। उनकी विदाई के लिए एक प्रदर्शिनी मैच का आयोजन किया गया। यह मैच पेंटागुलर के फ़ाइनल के दिन ही रखा गया, और सारी भीड़ उन्हें देखने को जमा हो गयी। इस मैच की शूटिंग 'सागर फ़िल्म कम्पनी' कर रही थी, और कमेंट्री कर रहे थे ए. एफ. एस. बोबी तलयारखान। यह भारत की पहली वीडियो कमेंट्री थी। इस फ़िल्म को देश के भिन्न-भिन्न थिएटरों में दिखाया गया। कर्नल नायडू ने अपने इस विदाई मैच में 20 चौके लगाकर 120 रन बनाये। सी. के. नायडू पूरी तरह रिटायर नहीं हुए। वह हिन्दुओं के टीम और रणजी टीम से खेलते रहे।

भारत में हिन्दू-मुसलमान टीमों पर अब राजनैतिक विवाद हो रहे थे। 1940 में महात्मा गांधी ने द्वितीय विश्व युद्ध और सत्याग्रह आन्दोलनों के परिप्रेक्ष्य में इस खेल पर टिप्पणी दी (परिशिष्ट 3)। पूरी चिट्ठी पढ़कर उनकी बात तार्किक लगती है, लेकिन उस समय इसे गांधी द्वारा टूर्नामेंट बन्द करने के आह्वान करने के रूप में देखा गया। यह खेल लोकप्रिय था और कर्नल सी. के. नायडू गांधी से सहमत नहीं थे। बम्बई की जनता यह हिन्दू-मुसलमान क्रिकेट पसन्द करती थी। उदाहरणस्वरूप, जहाँ 1944 के रणजी फ़ाइनल में मात्र 4000 दर्शक थे, बम्बई पेंटागुलर के हिन्दू-मुसलमान फ़ाइनल में 25 हज़ार दर्शक आये थे। मुसलमानों ने जब जीत दर्ज की, तो हिन्दू टीम के कप्तान विजय मर्चेंट ने मुसलमानों के कप्तान मुश्ताक़ अली को गले मिलकर बधाई दी थी। लेकिन 1946 में जब देश विभाजन की रूपरेखा बनने लगी, और साम्प्रदायिक दंगे होने लगे, यह खेल बन्द कर दिया गया। आख़िरी पेंटागुलर हिन्दुओं ने पारसियों को हराकर जीता। (28)

उसी समय इंग्लैंड की टीम से खेल चुके इफ़्तिख़ार अली ख़ान पटौदी (पटौदी सीनीयर) भारत लौटे तो उन्हें भारत की कप्तानी मिल गयी। विजय मर्चेंट कप्तान बनना चाहते थे, लेकिन नवाब के सामने एक न चली। 1946 में पटौदी सीनियर की कप्तानी में भारत की टीम इंग्लैंड दौरे पर गयी। इस टीम में लाला अमरनाथ को वापस बुलाया गया। लाला की बल्लेबाज़ी क्षीण पड़ने लगी थी, लेकिन इस दौरे में उनकी गेंदबाज़ी अलहदा थी। अक्सर बल्लेबाज़ गति और लाइन में धोखा खाते।

[1]हिन्दुओं, मुसलमानों और पारसियों को दो-दो हज़ार सीटें मिली थी, लेकिन हिन्दुओं का कहना था कि जनसंख्या के हिसाब से उन्हें अधिक सीटें मिलनी चाहिए।

इन-स्विंगर और लेग-कटर का ऐसा कॉकटेल बनाते कि मँजे हुए खिलाड़ी भी घुटने टेकते। लॉर्ड्स टेस्ट में तो लेन हटन और डेनिस कॉम्पटन को दो गेंदों में निपटा दिया और हैट्रिक के क़रीब थे।[2]

लाला अमरनाथ को टीम से बाहर का रास्ता दिखाने वाले महाराजकुमार 'विज्जी' भारतीय क्रिकेट टीम के विवादास्पद कप्तान तो रहे, लेकिन क्रिकेट को काफ़ी प्रोत्साहन दिया। बाद में वह एक नीरस कमेंटेटर बने। उनकी कमेंट्री की नीरसता पर एक वाक़या है।

विज्जी वेस्टइंडीज़ के खिलाड़ी रोहन कन्हाई के साथ बैठकर गप्प हाँक रहे थे, "जानते हो? मैंने तीन सौ बाघों का शिकार किया है!"

रोहन कन्हाई ने कहा, "अच्छा? कैसे? तुम ज़रूर ट्रांजिस्टर में अपनी कमेंट्री लगाकर जंगल में छोड़ आये होगे। सारे बाघ बोर होकर सो गये होंगे।" (29)

क्रिकेट के इस खण्ड का अन्त कर्नल सी. के. नायडू से ही करता हूँ, जो अपने जीवन के आख़िरी समय तक क्रिकेट खेलते रहे। जब उनकी उम्र पचास से ऊपर थी तो दत्तू फडकर की एक गेंद उनके मुँह पर आकर लगी। उन्होंने अपने दाँत थूकते हुए दत्तू से कहा, "मेरी उम्र देखकर हल्की गेंद मत फेंकना। ठीक ऐसी ही तेज़ गेंद फिर से फेंको।"

62 वर्ष की अवस्था में उत्तर प्रदेश की तरफ़ से अपना आख़िरी रणजी ट्रॉफ़ी (1956-57) खेलते हुए, उन्होंने 81 रन बनाये जिसमें वीनू मांकड़ के गेंद पर लगाये दो छक्के भी शामिल थे।[3] अपने मृत्यु के तीन वर्ष पूर्व 69 वर्ष की अवस्था में भी वह एक चैरिटी मैच खेल रहे थे। (30)

'लगान' फ़िल्म के भुवन का किरदार अगर यथार्थ में ढूँढ़ें तो कर्नल नायडू उचित बैठते हैं। इसलिए नहीं कि उन्होंने फ़िरंगियों को मात दी, बल्कि इसलिए कि उनका खेलने का ढंग भारतीय था। सी. के. नायडू जिस समय गगनचुम्बी छक्के लगा रहे थे, वह इंग्लिश क्रिकेट नहीं था। उनके पहले या बाद में भी इस तरह का खेल वर्षों तक उचित नहीं रहा। क्रिकेट तो भद्र पुरुषों का खेल था, जो गेंद को सम्मान देते रहे। फ़िरंगियों को मात तो नहीं मिली, बल्कि लम्बे समय तक ऑस्ट्रेलिया और इंग्लैंड का खेल पर वर्चस्व रहा।

---

[2]प्रथम श्रेणी में अमरनाथ की गेंदबाज़ी का एक रिकॉर्ड है–7-7-0-4 यानी सात ओवर में शून्य रन देकर चार विकेट!

[3]आख़िरी रणजी मैच में उन्होंने 52 रन बनाये थे।

सन्दर्भ-सूची

1. क. डाउनिंग, 'अ कंपेंडियस हिस्ट्री ऑफ़ द इंडियन वॉर्ज़', लंदन : टी कूपर्ज़, 1737.
2. अलथम और स्वांटॉन, 'हिस्ट्री ऑफ़ क्रिकेट', लंदन, जॉर्ज ऐलन एंड आल्विन, 1926; आ. नंदी, 'ताओ ऑफ़ क्रिकेट', ऑक्सफ़ोर्ड यूनिवर्सिटी प्रेस , 2001. पृष्ठ 4
3. ए.ए. रामस्वामी, 'फ्रॉम पोरबन्दर टू वाडेकर,' नयी दिल्ली, अभिनव पब्लिकेशन, 1975.
4. श.ज. सोराबजी, 'अ क्रोनिकल ऑफ़ क्रिकेट अमॉन्ग पारसीज़ एंड द स्ट्रगल : पोलो वर्सेस क्रिकेट', रिपोन प्रिंटिंग प्रेस, 1893.
5. ज.ज. मोदी, 'द गेम ऑफ़ बॉल बैट अमॉन्ग द एनसीएंट पर्ज़ंज़, एज डिस्क्राइब्ड इन द एपिक ऑफ़ फ़िरदौसी,' एज़ीएटिक पेपर्स, पृ. 23-30, 1905.
6. ए.ए. रामस्वामी, 'फ्रॉम पोरबन्दर टू वाडेकर,' नयी दिल्ली, अभिनव पब्लिकेशन, 1975.
7. श.ज. सोराबजी, 'अ क्रोनिकल ऑफ़ क्रिकेट अमॉन्ग पारसीज़ एंड द स्ट्रगल : पोलो वर्सेस क्रिकेट', रिपोन प्रिंटिंग प्रेस , 1893.
8. ग. देसाई, '151 यीर्ज़ ऑन, टू फ्रीडम फ़ाइटर्ज़ गेट देयर ड्यू' (मुम्बई मिरर), मुम्बई, 2008.
9. विसडेन, 'शॉर्टर विसडेन इंडिया ऑल्मनैक', ब्लूम्सबरी, 2013.
10. ब. मजूमदार, 'क्रिकेट इन कलोनियल इंडिया : द बम्बई पेंटागुलर 1892-1946,' इंटर्नैशनल जर्नल ऑफ़ द हिस्ट्री ऑफ़ स्पोर्ट , संस्क. 19, क्र. 2-3, पृ. 157-188, 2010.
11. ज.ए.फ. पटेल, 'स्ट्रे थॉट्स ऑन इंडियन क्रिकेट', बम्बई : 'टाइम्ज़ प्रेस', 1905.
12. ए.ए. रामस्वामी, 'फ्रॉम पोरबन्दर टू वाडेकर,' नयी दिल्ली, अभिनव पब्लिकेशन, 1975.
13. विसडेन, 'शॉर्टर विसडेन इंडिया ऑल्मनैक', ब्लूम्सबरी, 2013.
14. र. गुहा, 'अ कॉर्नर ऑफ़ अ फ़ॉरेन फ़ील्ड,' लंदन , पिकाडोर , 2002.
15. प. किदाम्बी, 'क्रिकेट कंट्री : अंटोल्ड हिस्ट्री ऑफ़ फ़र्स्ट ऑल इंडिया टीम', पेंग्विन इंडिया वाइकिंग, 2019.
16. फ़. ट्रेवर, 'लाइटर साइड ऑफ़ क्रिकेट,' लंदन, 1901, पृ. 269-70.

17. र. गुहा, 'अ कॉर्नर ऑफ़ अ फ़ॉरेन फ़ील्ड,' लंदन, पिकाडोर, 2002, पृ. 90
18. ज. अस्टिल्ल, 'द ग्रेट तमाशा : क्रिकेट, करप्शन एंड द टर्ब्युलेंट राइज़ ऑफ़ मॉडर्न इंडिया', ब्लूम्सबरी, 2013.
19. र. गुहा, 'अ कॉर्नर ऑफ़ अ फ़ॉरेन फ़ील्ड,' लंदन, पिकाडोर, 2002, पृ. 106
20. प. किदाम्बी, 'क्रिकेट कंट्री : अंटोल्ड हिस्ट्री ऑफ़ फ़र्स्ट ऑल इंडिया टीम', पेंग्विन इंडिया वाइकिंग, 2019.
21. ज. अस्टिल्ल, 'द ग्रेट तमाशा : क्रिकेट, करप्शन, एंड द टर्ब्युलेंट राइज़ ऑफ़ मॉडर्न इंडिया', ब्लूम्सबरी, 2013.
22. र. गुहा, 'अ कॉर्नर ऑफ़ अ फ़ॉरेन फ़ील्ड,' लंदन, पिकाडोर, 2002
23. अ. सेनगुप्ता, 'वेन सी. के. नायडू प्लेड हैवक,' क्रिकेट कंट्री, 2 अप्रैल 2016. [ऑनलाइन]. [इस दिन देखा गया–7-11-2020].
24. र. गुहा, 'अ कॉर्नर ऑफ़ अ फ़ॉरेन फ़ील्ड,' लंदन, पिकाडोर, 2002.
25. प. किदाम्बी, 'क्रिकेट कंट्री : अंटोल्ड हिस्ट्री ऑफ़ फ़र्स्ट ऑल इंडिया टीम', पेंग्विन इंडिया वाइकिंग, 2019.
26. आ. नंदी, 'ताओ ऑफ़ क्रिकेट', ऑक्सफ़ोर्ड यूनिवर्सिटी प्रेस, 2001. पृ. 16-17
27. ज. अस्टिल्ल, 'द ग्रेट तमाशा : क्रिकेट, करप्शन, एंड द टर्ब्युलेंट राइज़ ऑफ़ मॉडर्न इंडिया, ब्लूम्सबरी, 2013.
28. ब. मजूमदार, 'क्रिकेट इन कलोनीयल इंडिया : द बम्बई पेंटागुलर 1892-1946,' इंटर्नैशनल जर्नल ऑफ़ द हिस्ट्री ऑफ़ स्पोर्ट, संस्क. 19, क्र. 2-3, पृ. 157-188, 2010.
29. ज. अस्टिल्ल, 'द ग्रेट तमाशा : क्रिकेट, करप्शन, एंड द टर्ब्युलेंट राइज़ ऑफ़ मॉडर्न इंडिया', ब्लूम्सबरी, 2013. पृ. 130
30. ए. लिडल, 'फ़र्स्ट क्लास क्रिकेट इन सिक्स डेकेड्ज़,' विसडेन क्रिकेट मंथली, [ऑनलाइन].[इस दिन देखा गया–26-11-2020].

हम जीत गये

क्रिकेट एक भारतीय खेल है जिसका किसी संयोग से अंग्रेज़ों ने आविष्कार किया। जैसे मिर्च, जिसकी खोज दक्षिण अमेरिका में हुई और मध्यकालीन युग में भारत में आया, आज भारतीय भोजन का अभिन्न अंग है; क्रिकेट भी अब सिर्फ़ इतिहासकारों और विद्वानों के लिए विदेशी मूल का है।

–आशिस नंदी

अंग्रेज़ चले गये। राजा-महाराजाओं की रियासतें अब भारत का हिस्सा थीं। उनका भी क्रिकेट पर से वरदहस्त हट गया। विभाजन के बाद कई खिलाड़ी, ख़ासकर मुहम्मद निसार जैसे तेज़ गेंदबाज़ पाकिस्तान चले गये। एक नवजात ग़रीब देश में अब क्रिकेट के लिए जगह बची नहीं थी। लेकिन, क्रिकेट जैसे अमृत-पान कर ही इस देश में आया था। अंग्रेज़ों ने BCCI नामक क्रिकेट बोर्ड और ढेरों जिमखाना बनवा ही दिये थे। क्रिकेट गिरते-सँभलते बचा रहा। स्वयं प्रधानमन्त्री नेहरू को खेल पसन्द था, और वह बल्ला लेकर लोकसभा और राज्यसभा के मध्य मैच में खेलने उतर गये थे।[1] लेकिन, उनके पास भी खेल को जारी रखने के लिए सरकारी ख़ज़ाना था नहीं। बम्बई के व्यवसायियों ने खेल का ज़िम्मा कुछ हद तक उठाया।

आज़ादी से पहले ही 'टाइम्स ऑफ़ इंडिया' ने एक शील्ड टूर्नामेंट शुरू किया था, जिसमें मुख्यत: टाटा समूह और ACC सीमेंट ने आपस में खेलना शुरू किया। वही खिलाड़ियों को वेतन भी देते। जो कार्य अब तक नवाब-महाराजा कर रहे थे,

---

[1]INC आर्काइव के यूट्यूब चैनल पर 'प्राइम मिनिस्टर नेहरू प्लेज़ क्रिकेट' नाम से 17 जनवरी, 1953 को आयोजित मैच फुटेज। नेहरू ने दूसरी पारी में एक रन बनाया, और स्वयं को 'मोरली आउट' क़रार दिया। यह फ़ुटेज़ 'ब्रिटिश मूवीटोन न्यूज़ का अंश है।

अब पूँजीपति करने लगे। बम्बई में कांगा क्रिकेट लीग जैसे दमदार लीग की स्थापना हुई। भारत के अन्य राज्यों के क्रिकेट खिलाड़ी बम्बई आने लगे, और बम्बई का दबदबा लम्बे समय तक क्रिकेट पर रहा। (1)

रेडियो पर कमेंट्री के माध्यम से क्रिकेट जन-जन तक पहुँचने लगा। लोगों ने इस कारण रेडियो ख़रीदना भी शुरू कर दिया। पहले सिर्फ़ अंग्रेज़ी में कमेंट्री होती, बाद में अन्य भाषाओं में भी होने लगी। बॉबी तलयारखान की कमेंट्री ख़ासकर रोचक होती, और वह किसी के साथ कमेंट्री बॉक्स अमूमन साझा नहीं करते। भविष्य के लिए एक इकोसिस्टम तैयार होना शुरू हो गया था। साठ के दशक तक लोग रणजी ट्रॉफ़ी के रिकॉर्ड पर पैनी नज़र रखते थे, और उन मैचों को देखने हज़ारों की भीड़ जमा होती थी। जब क्षेत्रवादी आन्दोलन शुरू हुए, और नये राज्य बनने लगे तो रणजी ट्रॉफ़ी भी एक दंगल में तब्दील हो गयी। वहाँ की जीत, अपने राज्य की जीत। यह हिन्दू, मुसलमान, यूरोपीय और पारसी टीमों के मध्य संघर्ष की पुनरावृत्ति थी। लेकिन, क्या भारत विश्व की अन्य टीमों जैसे–इंग्लैंड, ऑस्ट्रेलिया, या वेस्टइंडीज़ से जीतने के क़ाबिल था? (2)

1947 में जब भारत आज़ाद हुआ, लाला अमरनाथ कप्तान चुने गये। उनकी क़िस्मत ऐसी कि पहला दौरा ऑस्ट्रेलिया का हुआ, जहाँ क्रिकेट के भगवान डॉन ब्रैडमैन की टीम उनका इन्तज़ार कर रही थी। पहले कुछ प्रथम श्रेणी मैच हुए, जिसमें पाँच मैचों में भारत को जीत मिली। दक्षिण ऑस्ट्रेलिया के साथ प्रथम श्रेणी मैच में डॉन ब्रैडमैन पहली बार सामने आये, और उन्होंने पहली पारी में 156 रन बनाये। उनका विकेट जब वीनू मांकड़ ने लिया, तो यह उनके जीवन का सबसे क़ीमती विकेट था।[2] उसी मैच में लाला अमरनाथ ने 144 रन और 94 रन की पारियाँ खेलीं। मेलबॉर्न क्रिकेट ग्राउंड पर मैच विक्टोरिया काउंटी टीम से था। बिल जॉन्सटन की गेंद कहर ढा रही थी। भारत के शून्य रन पर तीन विकेट गिर गये, जिनमें वीनू माँकड़ और विजय हज़ारे जैसे महत्त्वपूर्ण विकेट भी थे। उसके बाद कप्तान लाला अमरनाथ स्वयं आये और टेल-एन्डर्स के साथ साझेदारी करते हुए धुआँधार नाबाद 228 रन ठोक दिये।

इस दोहरे शतक के लिए सर डॉन ब्रैडमैन ने कहा, "जिसने भी यह इनिंग देखी है, वह यह बात तो मानेगा ही कि यह मेलबॉर्न क्रिकेट ग्राउंड पर आज तक की सबसे बेहतरीन पारी थी"

---

[2]वीनू मांकड़ ने दूसरी पारी में भी डॉन ब्रैडमैन को 12 रन पर आउट किया।

डॉन ब्रैडमैन की यह आख़िरी घरेलू शृंखला थी, और उन्होंने अपने जीवन के सर्वाधिक औसत (178.25) से रन बनाये। पहले मैच में वह 185 रन बनाकर लाला अमरनाथ की गेंद पर जीवन में पहली बार हिट विकेट हुए। कहा यह भी जाता है कि उन्हें भारतीय टीम पर दया आ गयी, और जान-बूझकर बल्ला विकेट से लगा दिया। वीनू मांकड़ ने दो शतक लगाए। विजय हज़ारे ने एक मैच की दोनो पारियों में शतक लगाए। दत्तू फडकर ने भी एक शतक लगाया। लेकिन, भारत की टीम चार पारियों में सौ रन से कम में ही सिमट गयी। भारत 4-0 से शृंखला हारकर घर लौटी।

1948-49 में वेस्टइंडीज़ की टीम पहली बार भारत आयी। चार मैच ड्रा हुए, और एक में वेस्टइंडीज़ जीती। भारत ने अब तक एक भी अन्तरराष्ट्रीय जीत नहीं हासिल की थी। यह मौक़ा 1952 में ही मिला, जब इंग्लैंड की टीम आज़ादी के बाद पहली बार भारत दौरे पर आयी। इंग्लैंड ने अपनी मूल टीम न भेजकर बी-टीम भेजी थी क्योंकि भारत को हराना उनके लिए बच्चों का खेल था। लेन हटन और जिम लेकर जैसे खिलाड़ी टीम में थे ही नहीं। यह बी-टीम भी कानपुर में पहले मैच में भारत को नौ विकेट से हरा चुकी थी।

मद्रास[1] के दूसरे टेस्ट में इंग्लैंड ने टॉस जीतकर पहले बल्लेबाज़ी ली, और पहले दिन पाँच विकेट खोकर 224 रन बना लिये। अगले दिन का खेल ब्रिटेन के राजा जॉर्ज छठे (VI) के देहान्त के कारण नहीं खेला गया। उसके बाद जब अलसायी इंग्लैंड की टीम खेलने आयी तो वीनू मांकड़ की गेंदबाज़ी ने उन्हें जल्दी निपटा दिया। भारतीय टीम के ओपनर पंकज रॉय और मध्यक्रम में पाली उमरीगर ने शतक ठोक दिया। भारत ने एक पारी और आठ रन से अपनी पहली टेस्ट जीत दर्ज की!

चेपक स्टेडियम ही नहीं, पूरा भारत झूम उठा। भारतीय क्रिकेट बोर्ड के पास उस वक़्त देने के लिए मात्र ढाई सौ रुपये प्रति खिलाड़ी की फ़ीस थी। जब महेन्द्र सिंह धोनी ने भारत को सौवीं टेस्ट जीत कानपुर में दिलायी, तो हर खिलाड़ी को पच्चीस लाख रुपये देने की घोषणा हुई। ढाई सौ से पच्चीस लाख का सफर भारत ने यूँ ही नहीं तय कर लिया, बल्कि इस किताब के साथ हम वही सफ़र तय करने जा रहे हैं।

उसी साल नवम्बर में भारत की टीम इंग्लैंड दौरे पर गयी, वहाँ दोनों मैच हार गयी। दिसंबर में विभाजन के बाद पहली बार पाकिस्तान की टीम भारत दौरे पर आयी। यह एक भावनात्मक अवसर था। ख़ासकर भारत के कप्तान लाला अमरनाथ

---

[1]इस पुस्तक में मद्रास और चेन्नई, दोनों नाम कालखण्ड और सन्दर्भ के अनुसार प्रयोग किये गये हैं।

के लिए, जो लाहौर से थे।[2] पाँच मैच की शृंखला भारत 2-1 से जीती। यह मुक़ाम दिलाकर लाला ने क्रिकेट को अलविदा कहा। खेल से रिटायर होने के बाद लाला टीम मैनेजर के रूप में 1954-55 में भारतीय टीम को पाकिस्तान ले गये, जहाँ पाँचों टेस्ट ड्रॉ हुए।

लाला पाकिस्तान में इतने लोकप्रिय थे कि उन्होंने एक बार कहा था, "मैं अगर पाकिस्तान से चुनाव में खड़ा हो जाऊँ, मैं चुनाव जीत जाऊँगा।"

बाद में, ज़हीर अब्बास ने कहा, "भारत और पाकिस्तान को आपस में एक नियमित सीरीज़ खेलनी चाहिए, जिसका नाम हो–लाला अमरनाथ ट्रॉफ़ी"। यह स्वप्न आज तक पूरा नहीं हो सका। भारत आस्ट्रेलिया के साथ बोर्डर-गावस्कर ट्रोफ़ी ज़रूर खेलती है, लेकिन अपनी पड़ोसी पाकिस्तान के साथ तो छत्तीस का आँकड़ा ही चल रहा है।

1955-56 में न्यूज़ीलैंड की टीम भारत के दौरे पर आयी, जब भारत ने 2-0 से उन पर शृंखला जीत दर्ज की। इसी शृंखला के पाँचवें मैच में एक इतिहास रचा गया जब पहले दिन का खेल ख़त्म होने तक सलामी जोड़ी आउट ही नहीं हुई, और अगले दिन रिकॉर्ड 413 रन की साझेदारी के बाद ही यह जोड़ी टूटी। वीनू मांकड़ और पंकज रॉय की सलामी साझेदारी का विश्व रिकॉर्ड पचास सालों तक रहा।[3] पचास के दशक के एक मैच की कहानी रोचक है।

1959 में कानपुर में ऑस्ट्रेलिया से मैच था। ऑस्ट्रेलिया इंग्लैंड और पाकिस्तान को हराकर भारत आयी थी, और भारत को पहले मैच में हरा दिया। उस समय लाला अमरनाथ एक ऐसे गुज़राती स्पिनर को लेकर आये, जिनका हाथ पहले किसी दुर्घटना से टेढ़ा हो गया था। ज़ाहिर है, टीम में इसका विरोध हुआ कि एक तो यूँ ही हालत ख़स्ता है, ऊपर से यह चलताऊ स्पिनर! कानपुर में पिच पर नयी घास थी, और वह स्पिनर जादू कर गये। पहली ही पारी में नौ विकेट ले डाले और ऑस्ट्रेलिया चित। यह रिकॉर्ड दशकों बाद अनिल कुम्बले ने दस विकेट लेकर तोड़ा, लेकिन जसु पटेल नामक वह गेंदबाज़ आज भी अपनी उस गेंदबाज़ी के लिए याद किये जाते हैं।

---

[2]उन दिनों विजय हजारे और लाला में कप्तानी की अदल-बदल होती रहती थी, इस शृंखला में लाला को ही मिली।

[3]इसके सबसे क़रीब विरेंदर सहवाग और राहुल द्रविड़ 2006 में पाकिस्तान के ख़िलाफ़ मैच में पहुँचे थे, जब उन्होंने 410 रन की साझेदारी की। 2008 में दक्षिण अफ़्रीका के ग्रीम स्मिथ और नील मकिंज़ी ने यह रेकॉर्ड आख़िर तोड़ा जब बांग्लादेश के ख़िलाफ़ उन्होंने 415 रन की सलामी साझेदारी की।

इन सबके बावजूद देश में क्रिकेट लोकप्रिय नहीं हो पा रहा था। यह मुख्यत: बम्बई और दिल्ली तक सीमित था। उस समय अधिकतर खिलाड़ी ग्रैजुएट थे और किसी न किसी कम्पनी में काम करते थे। नौकरी के बाद शाम को या सप्ताहान्त में ही क्रिकेट खेलते। इसकी वजह थी कि क्रिकेट में धन नहीं था। एक दशक तक भारतीय टीम हारती ही रही। फिर नवाब आये!

मंसूर अली ख़ान पटौदी (नवाब 'टाइगर' पटौदी) अपने पिता की तरह इंग्लैंड में काउंटी क्रिकेट खेल रहे थे। 1961 में कार दुर्घटना में उनकी एक आँख चली गयी। आज का समय होता तो करियर ही ख़त्म हो जाता। एक आँख से कोई कैसे क्रिकेट खेल सकता है? नवाब पटौदी न सिर्फ़ खेले, बल्कि कुछ ही महीनों बाद भारतीय टीम में चुन लिये गये। इंग्लैंड के ख़िलाफ़ मद्रास टेस्ट (1962) में उन्होंने दो छक्के और 16 चौके लगाकर शतक बनाया। भारत को 2-0 से श्रृंखला में जीत मिली। उस समय ऐसी आतिशी बल्लेबाज़ी भारतीय क्रिकेटरों में मात्र सी.के. नायडू की ही देखी गयी थी। यह तो एक आँखवाले नवाब का शतक था।

टाइगर को उसी वर्ष वेस्टइंडीज़ दौरे के लिए उपकप्तान बनाया गया, जहाँ एक और दुर्घटना हो गयी। उस समय बल्लेबाज़ हेलमेट नहीं पहनते थे।[1] भारतीय टीम के कप्तान नारी कॉन्टैक्टर के सर पर चार्ली ग्रिफ़िथ का बाउंसर आ लगा, और वह बुरी तरह घायल हुए। वेस्टइंडीज़ के कप्तान फ्रैंक वारेल ने अपना ख़ून देकर नारी कॉन्ट्रैक्टर की जान बचायी। यह क्रिकेट इतिहास का ख़ूबसूरत लम्हा था जब एक टीम के कप्तान दूसरे टीम के कप्तान के लिए इस तरह रक्त-दान कर रहे थे। इस दुर्घटना की वजह से जहाँ नारी कॉन्ट्रैक्टर का कैरियर हमेशा के लिए ख़त्म हुआ, भारत को सबसे युवा कप्तान मिला। नवाब पटौदी मात्र 21 वर्ष की उम्र में कप्तान बने। हालाँकि उस श्रृंखला में भारतीय टीम 5-0 से बुरी तरह हारकर लौटी।

पटौदी ने देखा कि भारत में तेज़ गेंदबाज़ी का माहौल नहीं। उन्होंने स्पिनरों को भारत की ताक़त बनाने की ठान ली। पहले चन्दू बोर्डे, बापू नाडकर्णी और सलीम दुर्रानी की तिकड़ी हुआ करती। बाद में इरपल्ली प्रसन्ना, बिशनसिंह बेदी, वेंकटराघवन और भागवत चन्द्रशेखर की चौकड़ी तैयार हुई। आज के खेल में कोई

---

[1]पहली हेलमेट जैसी घर में बनायी टोपी 1933 में पैट्सी हेंड्रेन ने पहनी थी। उसके बाद 1977 में डेनिस एमिस ने साइकल हेलमेट पहनकर बैटिंग की, और धीरे-धीरे हेलमेट चलन में आया। सुनील गावस्कर और विवियन रिचड्र्ज़ सरीखों ने कभी पहना ही नहीं। हालाँकि गावस्कर को जब माल्कम मार्शल की गेंद लगी थी, तो कुछ दिन एक टोपी गार्ड पहनना शुरू किया। एक बार पत्रकार के प्रश्न पर उन्होंने कहा, "जब सर के अन्दर कुछ है ही नहीं, तो हेलमेट पहनकर बचाऊँगा क्या?"

चार स्पिनर की सोच भी नहीं सकता। यह तो ख़ैर अकल्पनीय है कि पहला ओवर एक स्पिनर डाले। एक अजीब क़िस्सा है कि पटौदी ने 1967 में विकेटकीपर बुधी कुन्दरन से गेंदबाज़ी करायी। उनको गेंदबाज़ी तो आती थी नहीं, जैसे-तैसे बॉल फेंक आते। उद्देश्य यह था कि गेंद कुछ पुरानी हो जाये, तो स्पिनर फिरकी घुमाना शुरू करें! पटौदी की यह तरकीब सफल रही। आँकड़ों के अनुसार इन चार स्पिनरों ने मिलकर कुल 853 विकेट लिये, जबकि वेस्टइंडीज़ के तेज़ गेंदबाज़ों एंडी राबर्ट्स, जोल गार्नर, कॉलिन क्रोफ़्ट और माइकल होल्डिंग ने मिलकर 835 विकेट लिये। (3)

टाइगर के समय क्रिकेट में ग्लैमर आना शुरू हो चुका था। उस समय की शोख़, ख़ूबसूरत अभिनेत्री शर्मिला टेगोर ने उनसे विवाह किया। एम.एल. जयसिम्हा सुन्दरियों से घिरे रहते। वहीं, अब्बास अली बेग को एक पारसी युवती ने मैदान में दौड़कर चूम लिया था। इस घटना को सलमान रुश्दी ने अपनी पुस्तक 'मॉर्ज़ लास्ट साई' (1995) में वर्णित किया है। हमारे समय में इसी घटना पर आधारित कैडबरी डेरी मिल्क चॉक्लेट का विज्ञापन भी बना–'क्या ख़ास है ज़िन्दगी में', जिसमें एक महिला झूमती-नाचती क्रिकेट मैदान में बल्लेबाज़ तक पहुँचती है। सलीम दुर्रानी ने बाद में परवीन बॉबी के साथ 'चरित्र' (1973) फ़िल्म की। अंजू महिन्द्रू के ग़ैरी सोबर्ज से सम्बन्ध रहे। पाकिस्तान क्रिकेट में मुदस्सर नज़र के पिता नज़र मोहम्मद का क़िस्सा है कि वह मशहूर गायिका-अभिनेत्री नूरजहाँ के साथ थे, और तभी उनके शौहर शौक़त हुसैन रिज़वी आ गये। नज़र मोहम्मद खिड़की से कूदकर भागे, और इसी में ऐसा पैर टूटा कि फिर कभी खेल न सके।

नवाब पटौदी की कप्तानी में भारत ने एक दशक में आठ टेस्ट जीतें दर्ज कीं, जो उस समय एक अच्छा रिकॉर्ड था। 1967 में पहली बार उपमहाद्वीप के बाहर टेस्ट जीत दर्ज की, जब न्यूज़ीलैंड को हराया। एक खिलाड़ी के रूप में 46 टेस्ट मैचों में उनका निजी औसत 35 रन से भी कम रहा, लेकिन ये रन उन्होंने एक ही आँख से बनाये। 1971 में उनकी कप्तानी चली गयी। वह कांग्रेस (इन्दिरा) के ख़िलाफ़ चुनाव लड़ने गये,[2] जिसमें बुरी तरह हारे। (4)

नवाब के जाने के बाद अजीत वाडेकर कप्तान बने, और सुनील मनोहर गावस्कर नामक एक ठिगने खिलाड़ी टीम में आये। सुनील गावस्कर के मामा माधव मन्त्री भारतीय टीम से विकेटकीपर रहे थे, और वह प्रथम श्रेणी क्रिकेट खेलकर

---

[2]इन्दिरा गांधी ने शाही पदवियों और रजवाड़ों को दी जाने वाली धनराशि (प्रिवी पर्स) बन्द कर दी थी। इस कारण नवाब चुनाव में कांग्रेस के ख़िलाफ़ लड़े और शर्मिला टैगोर ने भी प्रचार किया।

ही टीम में आए थे। उनका पहला दौरा वेस्टइंडीज़ का था। उस से पहले जब भी भारतीय टीम वेस्टइंडीज़ जाती, बुरी तरह हारकर आती। छोटे क़द के गावस्कर, वेस्टइंडीज़ की उछाल वाली पिच और लम्बे-तगड़े पेस गेंदबाज़। वेस्टइंडीज़ की टीम पहले से कुछ कमज़ोर ज़रूर हुई थी, लेकिन ग़ैरी सोबर्ज अकेले ही काफ़ी थे।

पहले टेस्ट में गावस्कर नहीं खेले, दिलीप सरदेसाई[1] ने दोहरा शतक लगा दिया। गावस्कर ने दूसरे टेस्ट से खेलना शुरू किया। आख़िरी टेस्ट में उन्होंने पहली पारी में शतक और दूसरी पारी में दोहरा शतक लगा दिया। उस श्रृंखला में गावस्कर ने पाँच मैचों में 774 रन बनाये। भारत पहली बार 1-0 से वेस्टइंडीज़ में श्रृंखला जीतकर घर लौटा। सुनील गावस्कर अपनी पहली ही श्रृंखला में नायक बनकर उभरे।

1971 में ही इंग्लैंड दौरे पर भारतीय टीम 1-0 से श्रृंखला जीत कर आयी। यह इंग्लैंड की ज़मीन पर भारत की पहली जीत थी। इस बार नायक गावस्कर नहीं, बल्कि एक स्पिनर भागवत चन्द्रशेखर थे जिनकी फिरकी ने इंग्लैंड के छह विकेट गिरा दिये। भागवत चन्द्रशेखर का हाथ बचपन में पोलियो की वजह से विकृत हो गया था, और यही उनकी ताक़त बन गयी। उनकी वह जादुई गेंदबाज़ी मैंने यूट्यूब पर देखी है, फ़िलहाल वी. रामनारायण की पंक्तियाँ उद्धृत करता हूँ (5)–

> *किसी में भी चन्द्रा जैसी तेज़ गेंदबाज़ों की तरह दर्शकों की धड़कनें बढ़ाने की (स्पिन चौकड़ी में से) क्षमता नहीं थी। जिस तरह वह गति की माप लेते, अपनी दौड़ की मार्किंग करते, दोनों हाथों से गेंद पकड़कर कुछ क़दम चलते, एक निश्चय के साथ दौड़ते, और फिर पक्की 'साइड-ऑन' समाप्ति के साथ गेंद छोड़ना, बायाँ बाज़ू ऊपर, दाहिना बाज़ू तेज़ गति से घूमकर नीचे आकर जाँघ से टकराता, भीड़ उत्साहित होकर उछल पड़ती कि अब न जाने क्या होगा!*

वेस्टइंडीज़ और इंग्लैंड को उनके घर में मात देकर भारत सातवें आसमान पर था। उसी साल भारत की फ़ौज ने पाकिस्तान पर जीत हासिल की थी, तो यह तिहरी ख़ुशी थी। इंग्लैंड की जीत के बाद लौटती टीम का स्वागत स्वयं प्रधानमन्त्री इन्दिरा गांधी कर रही थीं। बम्बई में फ़िल्म स्टार देव आनन्द के साथ हजारों लोग ब्रेबोर्न स्टेडियम में उत्सव के लिए जमा हुए। (6)

लेकिन भारत की जनता तब तक ही सर पर चढ़ाती है, जब तक टीम जीत रही

---

[1]पत्रकार राजदीप सरदेसाई के पिता

होती है। 1974 में जब भारत की टीम इंग्लैंड से हारकर लौटी, तो अजित वाडेकर के घर पर जूते बरसाये गये। उन्होंने कप्तानी त्याग दी, और नवाब पटौदी को फिर से बुलाया गया। खेल बदल रहा था, खेल के मायने बदल रहे थे, और भारत में क्रिकेट का महत्त्व बदल रहा था। खेल को रोचक बनाने के लिए एक नया फ़ॉर्मैट उभर रहा था–एकदिवसीय क्रिकेट। (7)

'टेस्ट' का तो अर्थ ही था 'टेस्ट' खिलाड़ी के धैर्य और शक्ति की परीक्षा। पहले अनिश्चितकालीन टेस्ट मैच होते थे। लोग घायल होते, पसीने से तर-बतर शुष्क हो जाते। 1939 में दक्षिण अफ्रीका में इंग्लैंड की टीम खेल रही थी। दस दिन तक खेल चलता रहा, और पूरी टीम आउट नहीं हुई। खिलाड़ियों को उस दिन वापस लंदन लौटने के लिए केपटाउन से डरबन की ट्रेन पकड़नी थी, तो खेल आपसी सहमति से रोक दिया गया। उस दिन के बाद से ये अनिश्चितकालीन टेस्ट बन्द हो गये। (8)

वह 'टुक-टुक' क्रिकेट युग था। एक क़िस्सा है कि जमैका में पाकिस्तान के बल्लेबाज़ हनीफ़ मोहम्मद बल्लेबाज़ी कर रहे थे। उस उमस और कड़ी धूप में हनीफ़ पूरे दिन बस गेंद छोड़ते या रक्षात्मक खेलते रहे। एक स्थानीय युवक नारियल के पेड़ पर बैठकर उनको बल्लेबाज़ी करता देख रहा था। उस युवक को नींद आ गयी, और गिरकर उसका सर फूट गया। जब अस्पताल में उसे वापस होश आया तो पूछा, "हनीफ़ अभी भी खेल रहा है?" जवाब मिला, "हाँ!" (9)

1970-71 में इंग्लैंड की टीम औस्ट्रेलिया के दौरे पर गयी। वहाँ मेलबर्न में तीन दिन बारिश की वजह से खेल नहीं हो सका, और आयोजकों के पैसे डूबने लगे। यह तय हुआ कि पाँच दिन के खेल के बजाय एक दिन का खेल हो जाये। आख़िर वही हुआ, और खेल के बाद डोनाल्ड ब्रैडमैन ने कहा, "आज इस मैदान पर इतिहास रचा गया"

इसके बाद कुछ एकदिवसीय मैच खेले गये, लेकिन बात नहीं बनी। प्रूडेंशियल कम्पनी के सहयोग से ICC ने 1975 में पहले एकदिवसीय विश्व कप का आयोजन किया। इंग्लैंड, ऑस्ट्रेलिया, न्यूज़ीलैंड, भारत, पाकिस्तान और वेस्टइंडीज़। इन छह के अलावा श्रीलंका और पूर्वी अफ्रीका को शामिल किया गया, जो उस वक़्त टेस्ट-टीम नहीं थे। सफ़ेद कपड़ों में खिलाड़ी और लाल गेंद।

पहले ही मैच से यह सिद्ध हो गया कि यह टेढ़ी खीर है। भारत और इंग्लैंड की टीम आमने-सामने थी। इंग्लैंड ने तो डेनिस एमिस के शतक की बदौलत चार

विकेट पर 334 रन ठोक दिये। जब भारत की बारी आयी, तो सुनील गावस्कर अन्त तक जमे रह गये और आउट ही नहीं हुए। लेकिन उन्होंने साठ ओवर खेलकर मात्र 36 रन बनाये। भारत की टीम दो सौ से अधिक रन से हारी।

कई लोगों ने इसे इतिहास का सबसे स्वार्थी खेल कहा। गावस्कर पर यह इल्जाम लगा कि वह वेंकटराघवन के कप्तान बनाये जाने से नाराज़ थे। इल्ज़ाम लगते रहेंगे लेकिन मूल बात यह थी कि एकदिवसीय खेलना उस वक़्त किसी को आता ही नहीं था। एक साक्षात्कार में गावस्कर ने कहा, "मुझे उस दिन न ही यह समझ में आ रहा था कि मैं तेज़ रन कैसे बनाऊँ, और न ही यह समझ में आ रहा था कि मैं आउट कैसे हो जाऊँ"। विश्व के महानतम टेस्ट खिलाड़ी में एक रहे सुनील गावस्कर को एकदिवसीय समझते-समझते उम्र लग गयी। उन्होंने अपना इकलौता एकदिवसीय शतक अपने आख़िरी मैच के ठीक पहले 1987 विश्व कप में लगाया। (10)

भारत को इस विश्व कप में मात्र एक जीत मिली, और वह भी पूर्वी अफ़्रीका टीम से। यह टीम कुछ प्रवासी गुज़रातियों की टीम थी, और खेल किसी रणजी मैच के स्तर का ही था। इस टूर्नामेंट में नयी-नवेली श्रीलंका टीम ने भारत से बेहतर खेला, जब उन्होंने ऑस्ट्रेलिया के ख़िलाफ़ 276 रन का स्कोर खड़ा किया। ज़हीर अब्बास की पाकिस्तान टीम ने इन दोनों टीमों से कहीं बेहतर खेला, लेकिन यह इकलौता विश्व कप था जिसमें भारतीय उपमहाद्वीप की एक भी टीम सेमीफ़ाइनल में न पहुँच सकी।

उस समय की दो सर्वश्रेष्ठ टीमें ऑस्ट्रेलिया और वेस्टइंडीज़ फ़ाइनल में पहुँची। क्लाइव लॉय के शतक की बदौलत वेस्टइंडीज़ ने पहला विश्व कप उठा लिया। इस फ़ाइनल मैच में वेस्टइंडीज़ के ओपनर रॉय फ्रेडरिक्स ने हुक कर छक्का लगाया, गेंद ने उधर सीमा-रेखा पार की, इधर फ्रेडरिक्स अपना सन्तुलन खोकर विकेट पर धड़ाम गिर पड़े। उनका छक्का व्यर्थ हुआ और एकदिवसीय में हिटविकेट वाले वह पहले खिलाड़ी बने।

भारतीय टीम की स्थिति अगले कुछ वर्ष भी कमज़ोर ही रही। बिशन सिंह बेदी के रूप में नये कप्तान मिले, जो आक्रामक तो थे, लेकिन उन्हें जीत नहीं मिल पा रही थी। 1976 में पहले वेस्टइंडीज़ दौरे से टीम घायल होकर लौटी। उसी साल इंग्लैंड की टीम दौरे पर आयी, और बुरी तरह हराने लगी। बिशन सिंह बेदी ने खीज में आकर जॉन लेवर पर गेंद पर वैसलीन लगाने का आरोप लगाया। उसके बाद ऑस्ट्रेलिया दौरे पर भी हार मिली।

1978 में भारत की टीम पाकिस्तान पहुँची। वहाँ ज़हीर अब्बास की टीम में अब इमरान ख़ान और सरफ़राज़ नवाज़ जैसे गेंदबाज़ और जावेद मियाँदाद जैसे बल्लेबाज़ थे। पहले टेस्ट में पहली पारी में ज़हीर अब्बास ने जहाँ 176 रन बनाये, मियाँदाद 154 रन बनाकर आउट ही नहीं हुए। जवाब में गुंडप्पा विश्वनाथ ने भी 145 रन बनाये, मैच ड्रा रहा। अगले दोनों टेस्ट में भारत को हार मिली। आख़िरी टेस्ट में गावस्कर ने दोनों पारियों में शतक बनाया था, लेकिन वह मैच बचा नहीं सके। बहरहाल इस मैच में एक नाइट-वॉचमैन बना कर उतारे गये नवयुवक ने चौकों-छक्कों की बरसात कर अर्ध-शतक बना दिया था। अपनी पहली शृंखला खेल रहे वह नवोदित खिलाड़ी थे–कपिल देव!

पाकिस्तान के ख़िलाफ़ एकदिवसीय शृंखला 1-1 की बराबरी पर चल रही थी। तीसरे मैच में भारत ने 205 रन पर पाकिस्तान को ऑल आउट कर दिया। अंशुमन गायकवाड़ और सुरिंदर अमरनाथ के अर्धशतक की बदौलत टीम जीत के क़रीब थी। आख़िरी ओवरों में सरफ़राज़ नवाज़ ऊँची उछाल के साथ बाहर जाती गेंद फेंक रहे थे, लेकिन अम्पायर इसे वाइड नहीं दे रहे थे। बिशन सिंह बेदी भड़क गये। जब मात्र 23 रन शेष रह गये थे, बेदी ने टीम को वॉक-आउट करने को कह दिया। उस वक़्त आठ विकेट और 16 गेंदें बची थीं। भारत मैच जीत सकती थी।

बिशन सिंह बेदी की इस हरकत से बोर्ड नाराज़ हो गयी, उन्हें कप्तानी गँवानी पड़ी। बाक़ी स्पिनरों पर भी गाज गिर गयी। भागवत चन्द्रशेखर, इरपल्ली प्रसन्ना का कैरियर ख़त्म कर दिया गया। 1979 में इंग्लैंड में दूसरे विश्व कप का आयोजन हो रहा था, जिसके कप्तान वेंकटराघवन बनाये गये। इंग्लैंड से लौटने के बाद बेदी हमेशा के लिए टीम से ड्रॉप कर दिये गये।

1979 के विश्व कप में भारत अपने सभी मैच हार गयी। यहाँ तक कि श्रीलंका से भी हार गये। वहीं, पाकिस्तान की टीम सेमीफ़ाइनल तक पहुँच गयी। फ़ाइनल मुक़ाबला इंग्लैंड और वेस्टइंडीज़ के मध्य था। इस मैच में जब च्विंगम चबाते विवियन रिचर्ड्स और कॉलिस किंग आये, तो दोनों ने छक्के-चौके की बरसात कर दी। रिचर्ड्स के शतक की बदौलत वेस्टइंडीज़ फिर से विश्व कप जीत गयी। अब वेस्टइंडीज़ की टीम अजेय थी। अब उसे भला कौन हरा सकता था?

यह सच है कि सत्तर के दशक में भारत की टीम बहुधा हार रही थी, लेकिन सुनील गावस्कर ने 1980 तक 23 शतक लगा लिये थे जिसमें तीन दोहरे शतक भी शामिल थे। 1979 में इंग्लैंड के ख़िलाफ़ आख़िरी ओवल के टेस्ट में गावस्कर कुछ आक्रामक भी हो गये थे और इक्कीस चौके लगाकर 221 रन बनाये। इंग्लैंड

से लौटकर कप्तानी की कमान सुनील गावस्कर को सौंपी गयी। उन्होंने ऑस्ट्रेलिया और पाकिस्तान के ख़िलाफ़ घरेलू श्रृंखला में जीत दिलायी। उसके बाद 1980-81 में ऑस्ट्रेलिया दौरे पर 1-1 से श्रृंखला ड्रा करायी। मेलबर्न के तीसरे टेस्ट में तो कपिल देव की स्विंग की बदौलत ग्रेग चैपल की टीम महज़ 83 रन पर ऑल आउट हो गयी। बिशन सिंह बेदी की तरह गावस्कर की कप्तानी पर भी पाकिस्तान दौरा भारी पड़ा। यह उस मानसिकता को दिखाता है कि भारत को किसी टीम से हार मंज़ूर थी, लेकिन पाकिस्तान से नहीं। 1982-83 में गावस्कर की टीम को पाकिस्तान में 3-0 से शर्मनाक हार मिली। गुंडप्पा विश्वनाथ का कैरियर ख़त्म हो गया और गावस्कर ने भी कप्तानी त्याग दी। चौबीस वर्ष के युवा कपिल देव कप्तान बनाये गये।[1]

कपिल देव का पहला दौरा वेस्टइंडीज़ का था, जिसमें टेस्ट और एकदिवसीय दोनों श्रृंखला में हार मिली। सिर्फ़ एक एकदिवसीय में जीत मिली, जिसमें कपिल देव ने 38 गेंदों में 72 रन की कप्तानी पारी खेली। अब उन्हें विश्व कप के लिए इंग्लैंड जाना था। भारत की टीम विश्व कप में अपने पिछले अनुभवों के कारण आशान्वित नहीं थी। मैनेजर-कोच-अकाउंटेंट के नाम पर सिर्फ़ मान सिंह थे। श्रीकान्त की नयी-नयी शादी हुई थी। उन्होंने बाक़ी खिलाड़ियों और मैनेजर के साथ अमेरिका का टिकट कटा रखा था। उनका अन्दाज़ा था कि टीम ग्रुप मैच से आगे नहीं जा पायेगी। लेकिन इस विश्व कप में शुरू से ही कुछ अप्रत्याशित घट रहा था। पहली बार डंकन फ्लेचर के नेतृत्व में ज़िम्बाब्वे की टीम आयी और उसने ऑस्ट्रेलिया को हरा दिया!

भारत के ग्रुप में वेस्टइंडीज़, ऑस्ट्रेलिया और ज़िम्बाब्वे की टीमें थीं और हर टीम से दो मैच खेलने थे। पहला मैच वेस्टइंडीज़ से था जिसमें सभी ने बीस-तीस रन जोड़े और पाँचवें स्थान पर उतरे यशपाल शर्मा ने नौ चौके लगाकर 89 रन की पारी खेली। उसके बाद रोजर बिन्नी और रवि शास्त्री की गेंदबाज़ी की बदौलत भारत यह मैच जीत गया! यह तो कमाल हो गया।

ऑस्ट्रेलिया के किम ह्यूग्स, वेस्टइंडीज़ के ग़ैरी सोबर्स और भारतीय पत्रकार सुन्दर राजन ने कहा कि यह टीम विश्व कप जीत सकती है। भारतीय टीम में कपिल देव के अलावा यह बात अब भी कोई कह नहीं पा रहा था। कपिल पर अंग्रेज़ी और कप्तानी का नया-नया नशा चढ़ा था। वह अपनी टूटी-फूटी अंग्रेज़ी में मैच से पहले जोश दिलाते। बाक़ी खिलाड़ी उनकी बातों को भाव नहीं देते।

---

[1]कपिल देव पाकिस्तान दौरे से पहले 1982-83 के श्रीलंका दौरे पर कुछ समय कप्तान बनाए गये थे।

ज़िम्बाब्वे के साथ अगले खेल में जीत मिली, लेकिन ऑस्ट्रेलिया और वेस्टइंडीज़ से अगले दो मैच बुरी तरह हारकर भारत वापस औक़ात में आ गयी। अब यह लगभग तय था कि भारत टूर्नामेंट से बाहर हो जायेगी। आगे बढ़ने के लिए उन्हें अगले दोनों मैचों में ज़िम्बाब्वे और ऑस्ट्रेलिया को हराना था। ज़िम्बाब्वे ने तो भारत को घुटनों पर ला दिया।

गावस्कर-श्रीकान्त शून्य पर गये, और सत्रह रन पर भारत के पाँच विकेट! कप्तान कपिल देव और बिन्नी रोजर क्रीज पर थे। कुर्रान और रॉसन की गेंदबाज़ी क़हर ढा रही थी। इन दोनों ने लगभग पन्द्रह ओवर निकालकर साठ रन जोड़े, बिन्नी आउट हुए। रवि शास्त्री आये और एक रन बनाकर आउट। भारत का स्कोर 78/7। बस मदन लाल, किरमानी और संधु का साथ बचा था। उस समय कपिल देव ने कप्तान की कमान सम्भाली और छक्के-चौके की बरसात कर दी। जब मदन लाल का विकेट गिरा, स्कोर 140 था, और खेल ख़त्म होने तक स्कोर 266। कपिल ने छह छक्के और सोलह चौके लगाकर 175 रन बनाये!

यह कहा जाता है कि बी.बी.सी. में आंशिक हड़ताल की वजह से मैच रिकॉर्ड नहीं हुआ। मूल बात यह थी कि भारत के मैचों को कोई भाव नहीं मिल रहा था। इस मैच के बाद यह पहली बार पूरी दुनिया को लगा कि भारत अब विश्व कप उठा सकती है। ऐसी कप्तानी पारी कपिल देव तो क्या, क्रिकेट के अब तक के इतिहास में कम ही खेली गयी।

ग़ौर करने पर लगता है, भारत की टीम बुरी नहीं थी। कपिल और मोहिन्दर अमरनाथ हरफ़नमौला खिलाड़ी थे। संदीप पाटिल, श्रीकान्त, गावस्कर और यशपाल शर्मा अच्छे बल्लेबाज़ थे। दसवें खिलाड़ी तक दस-बीस रन बना लेने वाले लोग थे। रवि शास्त्री नौवें-दसवें स्थान पर उतरते थे। रोजर बिन्नी भी कुछ रन बना लिये करते। तुलना करें तो पाकिस्तान की गेंदबाज़ी बेहतर थी। लेकिन, उनके कप्तान इमरान ख़ान टाँग में चोट की वजह से गेंदबाज़ी नहीं कर सके। उन्होंने एक बेहतरीन शतक और न्यूज़ीलैंड के ख़िलाफ़ अर्धशतक लगाकर टीम को सेमीफ़ाइनल में जगह दिलायी। यह भी अजीब बात थी कि दो शीर्ष गेंदबाज़ कप्तानों कपिल देव और इमरान ख़ान ने गेंद से नहीं, बल्ले से सेमीफ़ाइनल में अपनी टीमों को जगह दिलायी!

भारतीय गेंदबाज़ी को कमज़ोर नहीं कहा जा सकता। आख़िरी ग्रुप मैच तो भारतीय गेंदबाज़ी का शीर्ष-बिन्दु था। यह मैच भारत और ऑस्ट्रेलिया के बीच था। भारत की टीम ने हमेशा की तरह बीस-तीस रन प्रति खिलाड़ी जोड़कर 247 रन बना लिये। यह ऑस्ट्रेलिया के लिए कोई बहुत बड़ा स्कोर नहीं था। उस दिन रोजर

बिन्नी और मदन लाल ने ऐसी गेंदबाज़ी की, ऑस्ट्रेलिया की पूरी टीम महज़ 129 रन पर सिमट गयी। यह भारत के ख़िलाफ़ इतनी बड़ी टीम का न्यूनतम एकदिवसीय स्कोर था।

भारत अब सेमीफ़ाइनल में थी। उसका मुक़ाबला ऐसी टीम से था जिसने सबसे अधिक ग्रुप मैच जीते थे, और जिनका अपना मैदान था। भारत को अब अपने पूर्व शासक इंग्लैंड को इंग्लैंड में हराना था! इंग्लैंड के लिए भारत से हार के मायने अलग थे। ब्रिटिश मीडिया ने मैच से पहले भारतीय टीम को 'बंच ऑफ़ जोकर्स' कहा।

जब फॉलर और टेवर की जोड़ी ने चौके लगाने शुरू किये तो बड़ी आसानी से पन्द्रह ओवर निकल गये। कपिल और सन्धु इनका कुछ नहीं कर पाये। लेकिन ये दोनों गेंदबाज़ यूँ भी इस विश्व कप में सफल नहीं रहे थे। जब रोजर बिन्नी आये तो उन्होंने टेवर को एज कराया और फॉलर का तो मिडलस्टम्प ही उखाड़ दिया। डेविड गोवर ने एक साक्षात्कार में कहा, "मोहिन्दर अमरनाथ की गेंद तेज़ थी या धीमी, मुझे मालूम ही नहीं पड़ा और कैच दे बैठा"। माइक गेटिंग जैसे आला बल्लेबाज़ को अमरनाथ ने क्लीन बोल्ड कर दिया। उन्हें भी गेंद की गति समझ नहीं आयी। सबसे बुरा हाल तो इयान बॉथम का हुआ, जिनका कीर्ति आज़ाद ने एक 'सुर्रा' (फ़्लिपर) गेंद से लेग-स्टम्प उखाड़ दिया। इंग्लैंड जिस खेल की आदी थी, जिस पेस को खेलना जानती थी, वह कहीं थी ही नहीं। भारत ने एक अपारम्परिक हिन्दुस्तानी तरीक़े से इंग्लैंड को पस्त किया। इंग्लैंड का स्कोर रहा–213 रन।

जब भारत बल्लेबाज़ी करने आयी, तो पहले ही निर्णय हो गया कि स्कोर अधिक नहीं है, धीमा खेलना है। श्रीकान्त-गावस्कर ने दस ओवर में कुछ बीस रन बनाये। फिर दोनों ने चौके लगाने शुरू किये, और दोनों ही आउट हुए। अब अमरनाथ और यशपाल शर्मा आये और धीमा खेलने लगे। जब पच्चीस ओवर निकल गये, वह चाय पीने गये, तो सबने घूरकर पूछा, "कब तक धीमा खेलते रहोगे?"

अमरनाथ ने कहा, "यशपाल! मैं तेज़ खेलता हूँ, तुम विकेट सँभालो।"

अमरनाथ ने आगे बढ़कर छक्का लगाया और स्कोर 100 रन तक पहुँचाया। यशपाल शर्मा को भी खुजली हुई, उन्होंने भी स्टम्प छोड़कर छक्का लगा दिया। अमरनाथ ने समझाया, "सँभलकर खेलो। दोनों ऐसे नहीं खेल सकते।"

लेकिन जब अमरनाथ ने फिर से चौके लगाने शुरू किये, यशपाल ने स्क्वायर लेग में छक्का जड़ दिया। अमरनाथ एक बेहतरीन थ्रो पर रनआउट हुए, सन्दीप

पाटिल आये। यशपाल शर्मा और सन्दीप पाटिल[1] ने लगातार चौके लगाने शुरू किये, और खेल अन्त तक ले गये। जब आठ रन बचे थे, तो यशपाल आउट हुए। लेकिन खेल अब भारत के हाथ में था। बराबरी के स्कोर पर हिन्दुस्तानी भीड़ मैदान में आ गयी। सन्दीप पाटिल का चौका लगा और सबने दौड़ना शुरू कर दिया। इंग्लैंड अपनी ज़मीन पर भारत से हार चुका था, और पूरे मैदान में भारत का झण्डा लहरा रहा था। सांकेतिक रूप से उसी दिन यह निर्णय हो गया कि अगला विश्व कप इंग्लैंड में नहीं होगा।

आख़िर वह दिन आ ही गया। लॉर्ड्स का मैदान। 25 जून, 1983। पिछले दो विश्व कपों के विजेता वेस्टइंडीज़ टीम के समक्ष भारत। भारतीय खिलाड़ियों को टीम प्रबन्धन द्वारा कह दिया गया था–"आप लोग हारें या जीतें, आप सबको 25 हज़ार रुपये मिलेंगे ही।"

क्लाइव लॉयड ने टॉस जीतकर भारत को बल्लेबाज़ी का आमन्त्रण दिया। गावस्कर अपनी गति से पहले दो ओवर में दो रन ले चुके थे। तभी एंडी रॉबर्ट्स की गेंद पर गावस्कर के बल्ले का बाहरी किनारा लगा (?) और लिटल मास्टर आउट![2] श्रीकान्त तो लगातार बस चौके लगा रहे थे। उन्होंने सात चौके और एक छक्का लगाये। अपने 38 के स्कोर में मात्र चार रन ही दौड़कर लिये। उन्हें सहवाग की तरह लापरवाह कह सकते हैं। लेकिन, उनकी शैली ही थी, ख़ासकर जब दूसरे छोर पर गावस्कर और अमरनाथ जैसे सँभलकर खेलने वाले खिलाड़ी हों। श्रीकान्त और अमरनाथ, दोनों ही, हुकशॉट बेहतरीन खेलते थे। मैलकम मार्शल और जोएल गार्नर के बाउंस के जवाब के रूप में यूँ भी एक टाँग उठाकर हुक करना ही था। श्रीकान्त के आउट होने के बाद अमरनाथ और यशपाल शर्मा की जोड़ी फिर से पंजाबी में बतियाते खेलने लगी।

पहले तीस ओवर में नब्बे रन बन गये। तभी माइकल होल्डिंग ने मोहिन्दर अमरनाथ का ऑफ़-स्टम्प उखाड़ दिया और यशपाल शर्मा का कैच गस लोगी ने लपक लिया। महज़ 92 रन पर चार विकेट गिर गये थे। कप्तान कपिल देव और सन्दीप पाटिल ने भारत का स्कोर सैकड़ा पहुँचाया। गोम्स की गेंद पर छक्का लगाने

---

[1]इस विश्व कप से ठीक पहले सन्दीप पाटिल की पसलियाँ टूट गयी थीं, और उन्हें मैच से पहले हिदायत थी कि बॉब विलीस से बचकर रहें। हालाँकि पाटिल ने विलीस पर ख़ूब चौके लगाये।

[2]टी.वी. पर देखकर यह कहना कठिन था कि वाक़ई बल्ला लगा था या नहीं, लेकिन गावस्कर इस मामले में सदा से ईमानदारी बरतते रहे और अम्पायर के इशारे से पहले ही पवेलियन की ओर चल देते।

के फेर में कपिल लॉन्ग-ऑन पर लपके गये। कपिल के जाते ही शून्य पर कीर्ति आज़ाद भी लपक लिये गये। भारत की हार अब निश्चित लग रही थी। लेकिन, इस शृंखला में टेल-एंडर्स ने ही भारत को महत्त्वपूर्ण रन बना कर दिये। सन्दीप पाटिल ने पहले एक आइस-ब्रेकर छक्का लगाया। पाटिल और बिन्नी ने बीस रन जोड़े, फिर पाटिल और मदन लाल ने बीस रन जोड़े। आख़िरी के तीस रन मदन लाल, किरमानी और सन्धू ने मिलकर जोड़ लिये। इसमें मदन लाल का स्क्वायर-लेग में लगाया एक छक्का भी शामिल है। भारत का स्कोर रहा–183

वेस्टइंडीज़ जैसी टीम के लिए यह कमज़ोर लक्ष्य था। 262 रन तो भारत ने टूर्नामेंट के पहले मैच में जोड़ लिये थे। यह फ़ाइनल था। यह लॉर्ड्स था। यहाँ की हिन्दुस्तानी भीड़ सीमा-रेखा के किनारे ज़मीन तक बैठी थी। एक कमज़ोर टीम होने के नाते सब भारत को जीतते देखना चाहते थे।

कपिल देव और बलविन्दर सिंह सन्धू ने गेंदबाज़ी शुरू की। सन्धू की गेंद ने ऑफ़-स्टम्प के बाहर टप्पा खाया। गॉर्डन ग्रीनिज ने बल्ला हवा में उठाकर उसे जाने दिया। अचानक गेंद अन्दर की ओर आकर ऑफ़-स्टम्प उड़ा ले गयी। सभी भौंचक्के रह गये कि यह आख़िर था क्या? उसके बाद रिचर्ड्स आये। वह और डेसमंड हेन्स जीत दिलाने के लिए काफ़ी थे। रिचर्ड्स बड़ी सहजता से चौके लगा रहे थे। वेस्टइंडीज़ समर्थकों को बस यह चिन्ता थी कि उनके शतक पूरे होने से पहले ही टीम जीत जायेगी; क्योंकि लक्ष्य ही मात्र 187 रन था। पचास के स्कोर पर रोजर बिन्नी ने डेसमंड हेन्स का कैच लपक लिया। अब क्लाइव लॉयड और रिचर्ड्स साथ थे। उस वक़्त एक ऐसी घटना हुई जिसे क्रिकेट इतिहास का 'टर्निंग प्वाइंट' कहा जाता है।

अकबर-हेमू के मध्य पानीपत की लड़ाई में हेमू का पलड़ा भारी था, लेकिन अचानक एक तीर हाथी पर बैठे हेमू को लग गया। राजा हेमू के गिरते ही पूरी सेना तितर-बितर हो गयी। पानीपत की तीसरी लड़ाई में भी जब मराठा सेनापति को अचानक एक गोली लगी, तो पूरी मराठी सेना ताश के पत्तों की तरह गिर गयी। उस दिन लॉर्ड्स में भी यही हुआ।

मदन लाल ने रिचर्ड्स को अपनी गेंद से ललचाया और रिचर्ड्स ने मिड-विकेट की ओर हुक कर दिया। गेंद गोली की गति से हवा में गयी, और कपिल देव ने दौड़ना शुरू किया। लग रहा था कि कपिल गेंद पकड़ नहीं पायेंगे और यह बाउंड्री के आसपास गिरकर चौका या छक्का होगा। कपिल देव ने कन्धे के ऊपर ही इस

गेंद को सीमा-रेखा के पन्द्रह गज भीतर लपक लिया। भीड़ कपिल की ओर दौड़ी, और कपिल ख़ुद को छुड़ाकर भागे। वेस्टइंडीज़ का सेनापति गिर चुका था।

इस विकेट के बाद जैसे वेस्टइंडीज़ के एकदिवसीय क्रिकेट का सूर्यास्त हो गया। वह टीम फिर कभी विश्व कप नहीं जीत सकी। रिचर्ड्स के गिरते ही क्लाइव लॉयड, गोम्स, और बैकस के विकेट भी बीस रन के अन्दर गिर गये। मात्र 76 रन पर छह विकेट गिर गये थे। डुजॉन और मैलकम मार्शल ने विकेट पर टिककर खेलना शुरू किया, और स्कोर सैकड़ा पार कराया। तभी मोहिन्दर अमरनाथ ने डुजॉन, मार्शल और होल्डिंग के विकेट लेकर भारत को विश्व कप दिला दिया! मोहिन्दर अमरनाथ सेमीफ़ाइनल और फ़ाइनल, दोनों में मैन ऑफ़ द मैच रहे।

मात्र 140 रन पर दुनिया की सबसे ताक़तवर टीम सिमट गयी। यह अविश्वसनीय तो था, लेकिन जब कपिल देव ने विश्व कप उठाया तो पूरे विश्वास से कहा कि वह अगला विश्व कप भी उठायेंगे। उन्हें टूर्नामेंट के शुरू से अन्त तक यह यक़ीन था कि वह कप ज़रूर उठायेंगे। जब टीम ड्रेसिंग रूम में पहुँची तो एक फ़ोन आया। यह प्रधानमन्त्री इन्दिरा गांधी का था। आख़िर यह स्वप्न टीम का ही नहीं, पूरे देश का था। (11)

सन्दर्भ-सूची

1. ब. मजूमदार, 'क्रिकेट इन कलोनियल इंडिया' : द बम्बई पेंटागुलर 1892-1946, 'इंटरनैशनल जर्नल ऑफ़ द हिस्ट्री ऑफ़ स्पोर्ट', संस्क. 19, क्र. 2-3, पृ. 157-188, 2010.
2. ज. अस्टिल्ल, 'द ग्रेट तमाशा : क्रिकेट, करप्शन एंड द टर्ब्युलेंट राइज़ ऑफ़ मॉडर्न इंडिया', ब्लूम्सबरी, 2013.
3. र. सरदेसाई, 'टीम लोकतन्त्र', नयी दिल्ली : वाणी प्रकाशन , 2018. पृ. 73.
4. स. मेनन, 'पटौदी : नवाब ऑफ़ क्रिकेट', हार्पर कॉलिंज़, 2013.
5. व. रामनारायण, 'थर्ड मैन : रेकोलेक्सोंस फ्रॉम अ लाइफ़ इन क्रिकेट', वेस्टलैंड, 2015.
6. व. पूरन्दरे, सचिन तेन्दुलकर : अ डिफ़िनिटिव बायोग्राफ़ी' ईबुक, नयी दिल्ली, रोली बुक्स, 2005.

7. ज. अस्टिल्ल, 'द ग्रेट तमाशा : क्रिकेट, करप्शन एंड द टर्ब्युलेंट राइज़ ऑफ़ मॉडर्न इंडिया', ब्लूम्सबरी, 2013.
8. अ. नारायणन, 'ड्यूरेशन ऑफ़ टेस्ट मैचेज़,' स्पोर्ट्सस्टार, 15 जनवरी 2018. [ऑनलाइन]. [इस दिन देखा गया–6-11-2020].
9. र. गुहा, 'द कॉमन्वेल्थ ऑफ़ क्रिकेट, हार्पर कॉलिंज़', 2020.
10. र. सरदेसाई, 'टीम लोकतन्त्र', नयी दिल्ली, वाणी प्रकाशन, 2018. पृ. 101.
11. स. मेनन, 'देयर एव्रीथिंग चेंज्ड,' ESPN CRICINFO, 25 जून 2008, [ऑनलाइन]. [इस दिन देखा गया–6-11-2020].

बस एक रन से हार गये

लोगों को ऐसा लगता है कि रन बनाने के लिए सिर्फ़ बल्लेबाज़ दबाव में होता है। ये मत भूलिए कि गेंदबाज़ भी मुझे छक्का न मारने देने के लिए उतना ही दबाव महसूस कर रहा होता है।

–महेन्द्र सिंह धोनी

अस्सी के दशक में जब टेलीविज़न कम घरों में होते। पूरा मुहल्ला एक ही घर में नीचे ज़मीन पर बैठकर मैच देखता। आख़िरी ओवरों में भीड़ बढ़ती जाती, और टेलीविज़न का असल मालिक कहीं कोने में दुबका पड़ा होता। एक-एक गेंद पर सभी यूँ चिल्लाते जैसे मैदान में खेल देख रहे हों। राहगीर भी रुककर खिड़कियों को झाँकने लगते। खेल के समय सभी काम बन्द हो जाते। ख़ाना-पीना, उठना-बैठना, चलना-फिरना, साँस लेना। अगर किसी ने ग़लती से कह दिया, "इंडिया हार जायेगा", तो उसे धक्के मारकर बाहर भेज देते।

वह मुस्कुराकर कहता, "यह मेरा टोटका है। जब-जब ऐसा कहता हूँ, भारत जीत जाती है।"

जब भारत की टीम कुछ ही रनों से हार जाती, सभी मायूस हो जाते। टेलीविज़न पर कप्तान अज़हरुद्दीन मन मसोसकर कह रहे होते "हमारे लड़कों ने अच्छा खेला।" टेलीविज़न के मालिक अपनी चुप्पी तोड़ते खीजकर कहते, "क्या ख़ाक अच्छा खेला! हार तो हार ही होती है।"

कई लोग मानते हैं कि भारत-पाकिस्तान के क्रिकेट में आख़िरी गेंद तक रोमांच होता है। लेकिन इस तर्क में अब दम नहीं। कभी पाकिस्तान की टीम मज़बूत रही, और कभी भारत की। बराबरी की टक्कर कम ही रही। 1961 से 1978 के मध्य भारत और पाकिस्तान के मध्य कोई खेल नहीं हुआ। 2004 के बाद भी आपसी

सीरीज़ नगण्य ही खेले। चार दशक तो यूँ ही निकल गये, फिर खेले कब? इनके मध्य जो भी खेल हुआ, वे शारजाह या टोरंटो जैसी जगहों में खेले गये, और कुछ गिने-चुने दौरे हुए। क़िस्मत रही तो विश्व कप जैसे ICC टूर्नामेंट में इक्के-दुक्के मैच हो जाते हैं। यह और बात है कि भारत और पाकिस्तान चाहे दशकों बाद भी आमने-सामने हों, तो लगता है कल ही मिले थे। एक जैसी भाषा और संस्कृति, और कुछ हद तक एक जैसे ही खिलाड़ियों का ढर्रा। ऐसी मिसाल ऑस्ट्रेलिया और न्यूज़ीलैंड की भी मिल सकती है, जिनके मध्य आपसी पड़ोसी क्रिकेट रंजिश चलती रहती है। सुरेश मेनन लिखते हैं, "भारत और पाकिस्तान के वरिष्ठ खिलाड़ी अब इसे महत्त्व नहीं देते। उन्हें अब यह मालूम पड़ गया है कि यह बहु-प्रचारित दंगल दरअसल अधिकारियों और मीडिया के द्वारा बनाया गया है"। (1)

वहीं दूसरी तरफ़, अस्सी के दशक से भारत और ऑस्ट्रेलिया के मध्य सत्ता-संघर्ष चल रहा है। एशेज सीरीज़ का महत्त्व रहा, लेकिन नये विश्व-क्रम में भारत तेज़ी से उभर रहा है। एशेज ट्रॉफ़ी की ही तरह 1996 से बॉर्डर-गावस्कर ट्रोफ़ी खेली जा रही है। भले ही ऑस्ट्रेलिया का पलड़ा लम्बे समय तक भारी रहा, वह भारत को एक दुर्ग मानती रही है जिस पर उन्हें फ़तह पानी थी। कुछ और भी विषमता जुड़ती गयी। एक तरफ़ भारत के धन्नासेठ क्रिकेट खिलाड़ी और बोर्ड, तो दूसरी तरफ़ औसत कमाई वाले ऑस्ट्रेलियाई खिलाड़ी। वहीं भारत की झोपड़-पट्टियाँ, और ऑस्ट्रेलिया की चकाचौंध। भारत के बेजान सपाट पिच और मेलबॉर्न, सिडनी, पर्थ के श्रेष्ठ मैदान! इस संघर्ष का क्रम दशकों का है।

पहली बार 1979-80 में सुनील गावस्कर की टीम ने भारत के दौरे पर आयी ऑस्ट्रेलिया को सीरीज़ हराया था।[1] उसके बाद वापस भारत में विजय पाने में ऑस्ट्रेलिया को एक दशक लग गये जब भारत को 1992 में हराया।[2] उसके बाद से अदल-बदल कर दोनों एक दूसरे को हरा रहे हैं। कुछ अपवादों को छोड़ दें तो भारत में आकर ऑस्ट्रेलिया हार जाती है, ऑस्ट्रेलिया में भारत। भारत को ऑस्ट्रेलिया की ज़मीन पर पहली टेस्ट शृंखला जीतने में सात दशक लग गये जब 2019 में विराट कोहली की टीम ने जीत दिलायी।[3] यह न गावस्कर की टीम कर पायी थी, न कपिल देव की, और न सचिन तेंदुलकर की। कोहली की टीम की जीत की एक वजह यह भी थी कि स्टीव स्मिथ और डेविड वार्नर सरीखों के बिना टिम पेन की ऑस्ट्रेलिया

---

[1] 6 मैचों की शृंखला में भारत ने 3-0 से आस्ट्रेलिया को हराया। तीन मैच ड्रा हुए थे।

[2] 5 मैचों की शृंखला में ऑस्ट्रेल्या ने 4-0 से हराया।

[3] 4 मैचों की शृंखला में भारत ने 2-1 से हराया।

टीम कमज़ोर थी। इसकी तुलना ब्रैडमैन, बॉर्डर या स्टीव वॉ की टीम से नहीं की जा सकती। लेकिन, 2021 की जनवरी में जब भारत की एक बी-टीम कही जा रही टीम ने ऑस्ट्रेलिया को हराया, तो यह कमी भी ख़त्म हो गयी।

एकदिवसीय मैचों में भी ये दो टीमें रस्सा-कशी करती रही हैं। भड़काऊ स्लेजिंग से लेकर निजी द्वन्द्व भी ख़ूब चलते हैं। इन दोनों के मध्य यह खेल, विपरीत संस्कृतियों की एक ख़ूबसूरत तकरार है। 1983 विश्व कप से पहले के मैच मैंने लाइव नहीं देखे। ऑस्ट्रेलिया-भारत के दंगल अस्सी के दशक के बाद ही शुरू हुए।

1986 का वह टेस्ट मैच जो चेपक स्टेडियम (चेन्नई) में हो रहा था, मेरी बाल-स्मृति में दर्ज है। एलन बॉर्डर की टीम एशेज हारकर भारत आयी थी। उसने तीन साल में एक भी श्रृंखला नहीं जीती थी। यूँ लगने लगा कि ऑस्ट्रेलिया का जलवा ख़त्म हो गया। चेन्नई की उस बेजान पिच ने ऑस्ट्रेलिया में जैसे जान डाल दी।

चेपक मात्र एक मैदान नहीं, एक गरम तवा है। उन दिनों स्टेडियम के किनारे एक नाला बहता था, जिसकी दुर्गंध स्टेडियम की उमस में मिलकर एक अलग ही कॉकटेल बनाती थी। भारतीयों के पसीने छूट जाते, ऑस्ट्रेलिया के खिलाड़ी क्या खेल पाते? लेकिन, ऑस्ट्रेलिया अलग जज़्बे के साथ आयी थी।

पहले दिन डेविड बून ने शतक बनाया, तो दूसरे दिन डीन जोन्स ने दोहरा शतक ठोक दिया। बाइस-तेइस साल के डीन जोन्स इस मध्य कभी मैदान पर लेट जाते, कभी उल्टी करते, तो कभी पेशाब से उनकी पतलून गीली होती।

एलन बॉर्डर ने डाँटकर कहा, "अबे तू कमज़ोर विक्टोरियन! मुझे कोई ताक़तवर क्वींसलैंड (बॉर्डर का राज्य) का खिलाड़ी लाकर दो।"

डीन जोन्स टीम में जगह बनाने के लिए खेलते रहे। आख़िर रन बनाते-बनाते थक गये और उनको अस्पताल ले जाना पड़ा। उस एक दिन में डीन जोन्स ने आठ किलो वजन घटाया! 574 के विशाल स्कोर के बाद ऑस्ट्रेलिया ने पहली पारी समाप्त की। जवाब में भारत के विकेट इस गति से गिरे कि फ़ॉलो-ऑन की नौबत आयी। तभी एक पुनरावृत्ति हुई! 1983 के नायक कपिल देव ने अपने जीवन की सबसे शानदार टेस्ट पारी खेली और आख़िरी विकेटों में शतक ठोक दिया।

अस्सी के दशक से पहले टेस्ट ड्रा के लिए खेलते थे। मुझे 1987 का एक पाकिस्तान से टेस्ट मैच याद आता है जब रवि शास्त्री ने 99 रन से 100 रन पहुँचने में एक घण्टा लगा दिया, और खेल ड्रा की तरफ़ बढ़ गया। सुनील गावस्कर के 34 शतकों में मात्र 6 में भारत जीती, 22 शतक ड्रा के निमित्त गये। चेन्नयी में खेल के चौथे दिन जो हुआ, वही क्रिकेट का भविष्य था।

एलन बॉर्डर की टीम ने 170 रन बनाकर पारी समाप्ति की घोषणा कर दी, जो एक साहसिक फ़ैसला था। वह खेल में नतीजा चाहते थे, जो उस समय कम देखा जाता था। पाँचवें दिन सुनील गावस्कर अपने प्रवाह में थे और भारत को जीत की ओर ले जा रहे थे। दूसरी तरफ़ स्पिनर ग्रेग मैथ्यूज़ अपने दस विकेट की ओर बढ़ रहे थे। छह विकेट खोकर 331 रन बन गये। माहौल इस क़दर गरम था कि खिलाड़ी आपस में लड़ रहे थे। मैथ्यूज़ चन्द्रकान्त पण्डित को आउट कर गालियाँ दिये जा रहे थे। चेतन शर्मा ने विकेटकीपर को कहा कि चिल्लाया तो पीछे से बल्ला घुसेड़ दूँगा। एलन बॉर्डर अम्पायर धोतीवाला से भिड़ गये। सब के सब पस्त हो रहे थे। खेल हर तीसरे ओवर में रुक रहा था।

भारत को दिन के आख़िरी पाँच ओवर में सत्रह रन बनाने थे, चार विकेट शेष थे और रवि शास्त्री अभी खेल रहे थे। तभी बॉर्डर ने एक उमस से थके-हारे स्पिनर ब्राइट को वापस बुलवाया। ब्राइट लगभग लँगड़ाते मैदान में आये, और आते ही तीन विकेट झटक लिये।

आख़िरी गेंदों में आया वह मनिन्दर सिंह का पगबाधा (एल.बी. डबल्यू.) विकेट। रवि शास्त्री ने तो अम्पायर पर गालियों की बौछार कर दी। अम्पायर विक्रमराजू सहम गये कि भला क्या अपराध कर दिया। मनिन्दर ने बाद में कहा, "अम्पायर की उँगली मुझ तक गेंद आने से पहले ही उठनी शुरू हो गयी थी। वह खेल के तनाव में इतना घबड़ाया हुआ था, यह देखा ही नहीं कि गेंद बल्ले से लगकर पैड तक गयी।"

उन अम्पायर का कैरियर ही ख़त्म कर दिया गया। खेल बिल्कुल बराबरी के स्कोर पर ख़त्म हुआ। टेस्ट मैच ड्रॉ नहीं हुआ, टाई हो गया। टेस्ट इतिहास में यह सिर्फ़ दूसरी बार हो रहा था। कपिल देव और डीन जोन्स को संयुक्त 'मैन ऑफ़ द मैच' चुना गया। ऐसा उसके बाद फिर कभी नहीं हुआ।[1]

इस मैच के बाद क्रिकेट में रोमांचकता बढ़ती जा रही थी। भारत में पहली बार विश्व कप होने जा रहा था। इसकी भी एक कहानी है। 1983 के विश्व कप फ़ाइनल के समय BCCI के अध्यक्ष एन.के.पी. साल्वे ने दो अतिरिक्त टिकट माँगे थे,[2] लेकिन लॉर्ड्स के आयोजकों ने मना कर दिया। साल्वे ने यह निर्णय कर लिया कि इनके सामने हाथ नहीं फैलायेंगे और अगला विश्व कप भारत में करवाकर रहेंगे। वह पाकिस्तान क्रिकेट बोर्ड के अध्यक्ष नूर ख़ान से मशविरा करने गये कि हम

---

[1]इस पुस्तक के लिखे जाने तक इतिहास में दो ही टाई टेस्ट मैच हुए। एक 1960 में ऑस्ट्रेलिया और वेस्टइंडीज़ के मध्य, और दूसरा 1986 में भारत-ऑस्ट्रेलिया टेस्ट।

[2]यह टिकट बंगाल के पूर्व मुख्यमन्त्री सिद्धार्थ शंकर रे के लिए माँगे गये थे।

भारत-पाकिस्तान मिलकर विश्व कप आयोजित करते हैं। उन्होंने कहा कि इंग्लैंड और ऑस्ट्रेलिया वाले लंगड़ी लगायेंगे। लेकिन साल्वे ने तिकड़म लगाकर उन्हें इस विश्व कप के लिए राज़ी कर लिया।

मेज़बानी तो मिल गयी, लेकिन इतने बड़े आयोजन के लिए धन कहाँ से आता? लंदन के व्यवसायी हिन्दुजा तैयार हुए, लेकिन उस वक़्त विदेशी कम्पनियों को लेकर कुछ कड़े नियम थे। साल्वे ने धीरुभाई अम्बानी के युवा पुत्र अनिल अंबानी से बात की तो उन्होंने कहा, "विश्व कप ज़रूर भारत में होगा, और आयोजक कम्पनी भी भारत की होगी।" यह विश्व कप कहा गया–रिलायंस विश्व कप।

1982 में एशियाड के समय भारत में रंगीन टेलीविज़न आये थे और 1983 में विश्व कप की जीत कुछ लोगों ने रंगीन टेलीविज़न पर देखी। मेरे घर में उस वक़्त टेलीविज़न नहीं था। हमें मैच देखने के लिए पड़ोसियों पर ही आश्रित रहना पड़ता। विश्व कप से लगभग एक महीने पहले जब हम एक दिन सुबह उठे तो घर में कछुए तैर रहे थे। मेरा शहर दरभंगा रातोंरात बाढ़ में डूब गया था। अब क्रिकेट की तो सम्भावना ही ख़त्म। लेकिन, यह विभीषिका जहाँ बिहार में तबाही मचा रही थी, हम बच्चों के लिए एक अजीब ख़ुशी लेकर आयी। एक दिन हमने देखा कि मेरे पिता बाढ़ के पानी में सर पर एक डब्बा उठाये आ रहे हैं। उन्हें आपदा बोनस मिल गया था, और वह हमारी अनकही इच्छा पूरी कर एक सलोरा ब्रांड का टेलीविज़न ले आये थे। बाढ़ का पानी घटता गया और क्रिकेट का माहौल बढ़ता गया।

इंग्लैंड और ऑस्ट्रेलिया जैसे देश भारत को तीसरी दुनिया समझते थे, लेकिन आयोजन ठीक-ठाक चल रहा था। अख़बारों और इश्तिहारों में विवियन रिचर्ड्स, इमरान ख़ान, कपिल देव, एलन बॉर्डर छाये हुए थे। पहली बार ICC ने 60 ओवर के एकदिवसीय को 50 ओवर के एकदिवसीय मैच में बदला था, जो आज तक है।[3] खिलाड़ी भारत के एक शहर से दूसरे शहर में जा कर मैच खेल रहे थे। सुनील गावस्कर अपना आख़िरी विश्व कप खेल रहे थे, और यह अन्देशा था कि वह इसके बाद संन्यास ले लेंगे। मुझे भारत और ऑस्ट्रेलिया का एक लीग मैच याद आता है, जिसमें हमारी साँसें थम गयी थीं।

भारत ने टॉस जीतकर फ़िल्डिंग ली। ज्यॉफ़ मार्श और डेविड बून जब क्रीज़ पर आये, चौके पर चौके लगाते गये। इन दोनों की सलामी साझेदारी एक अलग ही इतिहास रच रही थी। सैकड़े की साझेदारी पूरी कर ही बून आउट हुए। इस साझेदारी

[3]भारत-पाकिस्तान के मध्य पहले भी 40 ओवर के एकदिवसीय खेल हुए थे।

के बाद मार्श और डीन जोन्स की भी साझेदारी अच्छी रही। लगभग सभी गेंदबाज़ों की धुलाई हुई। यहाँ तक कि मो. अज़हरुद्दीन को गेंद दी गयी, बुरी तरह पिटे। ऑस्ट्रेलिया ने 270 रन बनाये।

इस खेल में ऑस्ट्रेलिया ने एक चालाकी की। डीन जोन्स ने मनिन्दर सिंह की गेंद को जब सीमा-रेखा तक पहुँचाया, तो अम्पायर डिकी बर्ड ने चौके का इशारा किया। लेकिन उन लोगों ने ब्रेक में अम्पायर और कपिल देव को मना लिया कि यह चौका नहीं छक्का था। कपिल ने सोचा कि दो रन से क्या फ़र्क़ पड़ता है? लेकिन, यह तो क्रिकेट है। यहाँ एक-एक रन बेशक़ीमती है।

भारत की पारी शुरू हुई। श्रीकान्त और गावस्कर क्रीज़ पर आये।

"टेलर की गेंद। सुनील गावस्कर...और यह छह रन..."

रेडियो की कमेंट्री में शोर इतना था कि समझना मुश्किल था, चल क्या रहा है। एक पड़ोसी ने आवाज़ दी, "गावस्कर ने क्या सचमुच छक्का मार दिया?"

गावस्कर उस दिन अपनी प्रवृत्ति के विरुद्ध आक्रामक अन्दाज़ में थे। छह चौके और एक छक्का लगाकर बत्तीस गेंद में सैंतीस रन बना लिये। उनके बाद नवजोत सिंह सिद्धू नामक एक सिख नवयुवक अपना पहला अन्तरराष्ट्रीय वन डे मैच खेलने आये। वह तो आते ही जैसे भंगड़ा करने लगे। भारतीय टीम के इस तरह के गगनचुम्बी छक्के पहले ढंग से टी.वी. स्क्रीन पर हमने देखे नहीं थे। सिद्धू, श्रीकान्त और गावस्कर ने ऐसी नींव दी कि जीत लगभग तय हो गयी।

फिर शुरू हुआ क्रेग मेक्डरमॉट का करिश्मा। सिद्धू, अज़हर, शास्त्री, वेंगसरकर सबको खा गये। आख़िरी ओवर में पाँच गेंदों पर चार रन बनाने थे। क्रीज पर फिर से थे मनिन्दर सिंह और दूसरी तरफ़ किरण मोरे। गेंदबाज़ थे युवा स्टीव वॉ। मनिन्दर ने दो रन ले लिये। अब बस दो गेंदों में दो रन लेने थे, और मनिन्दर सिंह क्लीन बोल्ड!

सिर्फ़ एक रन से भारत हार गयी।

यह विवियन रिचर्ड्स का आख़िरी विश्व कप था। उन्होंने रिकॉर्ड 181 रन की पारी[1] खेली, लेकिन उनकी टीम सेमीफ़ाइनल में नहीं पहुँच सकी। न्यूज़ीलैंड के ख़िलाफ़ गावस्कर ने अपना इकलौता एकदिवसीय शतक बनाया और चेतन शर्मा ने हैट्रिक ली। भारत, पाकिस्तान, इंग्लैंड और ऑस्ट्रेलिया सेमीफ़ाइनल में पहुँचीं। सेमीफ़ाइनल में भारत और पाकिस्तान की टीमें बाहर हो गयीं। जिन ऑस्ट्रेलिया और इंग्लैंड से लड़कर भारत विश्व कप की मेज़बानी लेकर आया था, वही दोनों

---

[1]विवियन रिचर्ड्स ने श्रीलंका के ख़िलाफ़ 181 रन की पारी खेली थी, जो उस वक़्त एकदिवसीय का उच्चतम व्यक्तिगत स्कोर था।

फ़ाइनल में पहुँचे। कप्तान कपिल देव ने हार की ज़िम्मेदारी लेते हुए हमेशा के लिए कप्तानी त्याग दी।[2]

एलन बॉर्डर को जब कप्तान बनाया गया था, उस समय ऑस्ट्रेलिया रसातल में था। किम ह्यूज़ के नेतृत्व में एक विद्रोही टीम पैसे कमाने के लिए दक्षिण अफ्रीका दौरे पर चली गयी था। उन खिलाड़ियों को ऑस्ट्रेलिया टीम से निकाल दिया गया था। बॉर्डर ने डीन जोंज, स्टीव वॉ, जेफ़ मार्श जैसे नौजवानों की टीम खड़ी की। एलन बॉर्डर को हार बर्दाश्त नहीं थी। वह कहते, "जीतने में जितनी ख़ुशी होती है, उस से अधिक दुःख हारने में होता है।"

दूसरी तरफ़, अस्सी के दशक में हमने भारत को हारते हुए बहुत देखा। कपिल देव की कप्तानी में भारत ने 34 में से मात्र 4 टेस्ट जीते। उनके समानान्तर इमरान ख़ान ने 48 टेस्ट में से 14 में जीत दिलायी। इमरान ख़ान भारतीय खिलाड़ियों को 'अच्छे लोग' (Nice Guy) बुलाते, जिसे आशिस नंदी ने अपनी पुस्तक 'द ताओ ऑफ़ क्रिकेट' में एक बीमारी कहा है। भारतीय टीम में हारना भी बुरा नहीं माना जाता। कपिल देव के जाने के बाद एक 'अच्छे आदमी' दिलीप वेंगसरकर कप्तान बने, जिनकी मुस्कान में कहीं कोई छल-कपट दिखता ही नहीं। इस लहजे से शायद रवि शास्त्री बेहतर कप्तान होते, क्योंकि उनमें कुछ कूटनीतिक सामर्थ्य दिखता। एक उदाहरण देता हूँ। वेस्टइंडीज़ के भारत दौरे पर तीसरे टेस्ट में वेंगसरकर चोट की वजह से नहीं खेल सके, तो रवि शास्त्री कप्तान बनाये गये।

उस दिन एक उन्नीस साल के स्पिनर नरेन्द्र हिरवानी ने जादू कर दिया। उन्होंने अपने पहले ही मैच में 16 विकेट ले लिये और भारत को जीत मिली। रवि शास्त्री ने शारजाह में भी एक जीत दिलायी, भले वहाँ श्रीलंका और न्यूज़ीलैंड जैसी कमज़ोर टीमें ही थीं। शास्त्री में प्रबन्धन क्षमता थी, लेकिन उनकी छवि पर प्रश्न-चिह्न रहे। वह 'चैम्पियन ऑफ़ चैम्पियंस' चुने गये, प्रथम श्रेणी में छह गेंद पर छह छक्के लगाकर ग़ैरी सोबर्ज की बराबरी की, लेकिन अमूमन वह धीमा खेलकर बोर ही करते रहे। उनकी गेंदबाज़ी भी स्पिन बस कही ही जाती, ख़ास घूमती नहीं। यूँ भी शास्त्री का कैरियर 1991 में ख़त्म हो गया, तो कप्तान बनकर कितने दिन टिक पाते?

सुनील गावस्कर के जाने के बाद भारत को एक सुनील गावस्कर की ज़रूरत थी। 1989 में भारत को मोहम्मद अजहरूद्दीन के रूप में एक स्थायी कप्तान मिले, और बोनस में सोलह वर्ष के सचिन तेन्दुलकर। यह कहा जा रहा था कि वह भविष्य के सुनील गावस्कर हैं, लेकिन हमें वे किसी भी कोण से गावस्कर तो नहीं

---

[2] 1983 विश्व कप के पूर्व सुनील गावस्कर से कप्तानी कपिल देव को मिली थी, जो 1984 में वापस छीन ली गयी। 1985 में पुन: कपिल कप्तान बनाये गये थे।

ही नज़र आते। वह एक बाल-प्रतिभा थे, जिनकी स्कूल क्रिकेट में रिकॉर्ड पारी के बाद मीडिया में ख़ूब चर्चा हुई थी।

1992 दौरे पर जब अज़हरूद्दीन की टीम ऑस्ट्रेलिया जा रही थी, तेन्दुलकर ने मात्र एक टेस्ट शतक लगाया था। एकदिवसीय शतक तो लगाया ही नहीं था। फिर भी हम उम्मीद लगाये बैठे थे कि सचिन कभी न कभी खेलेंगे। कपिल देव की उम्र हो चली थी, लेकिन इस शृंखला में उन्होंने अपने 400 विकेट पूरे किये। कपिल की गेंद कमाल की स्विंग कर रही थी। पहले मैच की उनकी तीन लगातार ऐतिहासिक गेंदों के सम्बन्ध में वैभव पुरन्दरे लिखते हैं (2)–

पहली गेंद एलन बॉर्डर के लिए थी। ऑफ़-स्टम्प के बाहर गुड-लेंथ पिच हुई और अचानक अन्दर की तरफ़ आकर ऑफ़-स्टम्प उड़ा ले गयी। दूसरी तो कमाल की आउट-स्विंगर थी। एक आदर्श लेंथ की गेंद जो डीन जोंज के स्टम्प से महज़ एक इंच दूरी से गुज़र गयी। तीसरी गोली की गति से अन्दर आयी और डीन जोंज का ऑफ़ स्टम्प उड़ा ले गयी।

फिर भी भारत हार रही थी। तीसरे मैच में रवि शास्त्री ने कहा कि अब जो हो जाये, मैं पिच पर जमा रहूँगा। उन्होंने लगभग दस घण्टे खेलकर अपना दोहरा शतक बनाया। हम उनके 'टुक-टुक' से हताश हो गये होते, अगर दूसरी छोर पर सचिन न आते। क्रेग मक्डर्मट, मर्व ह्यूज़ और ब्रूस रीड जैसे लम्बे गेंदबाज़ और उनको कलात्मक अन्दाज़ में चहुँदिशा में शॉट लगाते सचिन। स्क्वथ कट की मधुर ध्वनि, स्ट्रेट ड्राइव में अपना पूर्ण रूप दिखता बल्ला, लेग स्टम्प पर आती गेंद को नज़ाकत से फ़्लिक करना, वह बैक-फ़ुट पर जाकर ड्राइव। सचिन विकेटों के मध्य अपने छोटे-छोटे पैरों से दौड़ भी ख़ूब लगाते, और शास्त्री अपनी लम्बी डेग से इस मुम्बइया युवक का साथ देते।

जब वे ऑस्ट्रेलियाई ज़मीन पर शतक मारने वाले सबसे कम उम्र के बल्लेबाज़ बने तो कमेंटेटर बिल लॉरी ने कहा, "इस लड़के की हर शॉट पर खड़े होकर ताली बजाने का मन करता है।"

सचिन ने उस दिन नाबाद 148 रन से ऑस्ट्रेलिया में अपना आग़ाज़ किया। उसी मैच में दो युवक अपना पहला मैच खेलने उतरे थे। एक तो सुब्रतो बनर्जी, जिनका यह पहला और आख़िरी टेस्ट मैच था। दूसरे थे शेन वार्न, जिनका सचिन तेन्दुलकर से लम्बा रिश्ता होने वाला था।

मुझे निजी तौर पर सचिन का पर्थ में लगाया शतक पसन्द है। पर्थ दुनिया की सबसे तेज़ और सबसे अधिक उछाल वाली पिच है। यह तेज़ गेंदबाज़ों का स्वर्ग है।

इस पिच पर मात्र चार भारतीय खिलाड़ियों ने शतक लगाया है।[1] उस दिन जब सभी खिलाड़ी धड़ाधड़ आउट हो रहे थे, सचिन धैर्य से चौके लगाते रहे।

मैच के बाद रिची बेनो ने कहा, "इस बच्चे का शतक देखने लाखों लोगों को आना चाहिए था। लेकिन, हाय रे ऑस्ट्रेलिया! गिनती के लोग दिख रहे हैं।"

इस शृंखला में सचिन के शतकों के बावजूद भारत 4-0 से हार गयी। इसके बाद एकदिवसीय विश्व कप (बेन्सन एंड हेजेज़ कप) ऑस्ट्रेलिया में ही था। अब तक क्रिकेट का शुरूर मुझ पर ही नहीं, पूरे देश पर हावी हो चुका था। क्रिकेट सम्राट जैसी पत्रिका हर दूसरे घर में मिल जाती। सचिन तेन्दुलकर के पोस्टर ख़ूब बिकने लगे थे। विश्व कप में भारत और ऑस्ट्रेलिया की भिड़ंत ब्रिस्बेबन में हुई, और हमारी नज़र सचिन पर थी।

ऑस्ट्रेलिया ने अपनी जोड़ी में मामूली बदलाव किया था। डेविड बून की उम्र हो रही थी, तो युवा मार्क टेलर को ओपनिंग का मौक़ा दिया जा रहा था। सलामी जोड़ी को कपिल देव ने जल्दी ही निपटा दिया। फिर से डेविड बून और डीन जोन्स ने मिलकर गेंदबाज़ों की धुलाई शुरू की। उस दिन मनोज प्रभाकर, जवागल श्रीनाथ, यहाँ तक कि सचिन तेन्दुलकर भी गेंदबाज़ी पर आये; लेकिन इन दोनों के पैर तो अंगद की तरह जम गये थे। मुझे डीन जोंज का बिना क़दमों को हिलाए लॉन्ग-ऑन बाउंड्री पर छक्का याद आता है। उन्हें भारतीय टीम से जैसे मुहब्बत थी। यह एक संयोग ही रहा कि उन्होंने 2020 में अपनी अन्तिम साँसें मुम्बई में ही ली।

उस दिन अज़हरुद्दीन के हैदराबादी दोस्त वेंकटपति राजू ने यह साझेदारी तोड़ी। डेविड बून तैयार थे कि राजू की गेंद स्पिन करेगी, लेकिन गेंद सीधी चली गयी और वह शास्त्री को कैच दे बैठे। डीन जोन्स नब्बे रन बनाकर आउट हुए। इस मैच में लिया गया एक कैच उन दिनों टी.वी. पर 'बेस्ट कैच कॉन्टेस्ट' में दिखता था। एलन बॉर्डर का कैच जिस तरह दौड़ लगाकर डाइव कर लिया गया, वह भारतीय टीम में कम ही नज़र आता था। यह कैच अपना दूसरा ही मैच खेल रहे अजय जडेजा ने लिया, जो बाद में अपने बेहतरीन क्षेत्र-रक्षण के लिए जाने गये। ऑस्ट्रेलिया ने 237 रन का लक्ष्य दिया।[2]

यह खेल मात्र मोहम्मद अज़हरुद्दीन के लिए देखा जा सकता है। बिना क़दमों के उपयोग के, मात्र कलाई के दम पर क्या हैदराबादी नज़ाकत! उस दिन सभी खिलाड़ी एक-एक कर आउट हो रहे थे, लेकिन अज़हरुद्दीन जमे

---

[1] 1977 में सुनील गावस्कर और मोहिन्दर अमरनाथ ने, 1992 में सचिन तेन्दुलकर ने, और 2018 में विराट कोहली ने। एकदिवसीय इतिहास में तो मात्र रोहित शर्मा ने यहाँ 2017 में शतक लगाया।

[2] बाद में बारिश की वजह से लक्ष्य 235 रन कर दिया गया।

रहे। जब वह आउट हुए, तो भारत जीत से 41 रन दूर था। आख़िरी ओवरों में आये संजय मांजरेकर मुख्यत: टेस्ट खिलाड़ी कहे जाते। सचिन तेन्दुलकर के आने के बाद वह किसी दबाव में अपनी तकनीक बदलने लगे थे। उस दिन तो मर्व ह्यूज की गेंद पर मांजरेकर ने आगे बढ़ कर छक्का जड़ दिया, और अगले ही गेंद पर चौका।

मांजरेकर के आउट होने के बाद खेल आख़िरी ओवर तक पहुँच गया। तेरह रन बनने थे, और किरण मोरे ने पहली दो गेंदों पर चौका जड़ दिया। मुझे 1987 विश्व कप का वह मैच याद आ गया, जब कपिल देव और किरण मोरे न्यूज़ीलैंड के ख़िलाफ़ आख़िरी ओवर खेल रहे थे और उनके चौकों को देख कमेंटेटर रवि चतुर्वेदी ने कहा था, "बड़े मियाँ तो बड़े मियाँ, छोटे मियाँ सुभान अल्लाह!"

हमें उस दिन भी लगा कि किरण मोरे मैच जिता देंगे, कि तभी एक स्कूप लगाने के चक्कर में बोल्ड हुए। आख़िरी गेंद पर चार रन बनाने थे। पतले-दुबले वेंकटपति राजू पवेलियन से चलकर आ रहे थे, ब्रिस्बेन की भीड़ बारम्बार फ़ील्ड में घुस रही थी। श्रीनाथ ने हवाई रास्ते से गेंद सीमा-रेखा की ओर पहुँचाने की कोशिश की। स्टीव वॉ कैच लेने दौड़े। वेंकटपति राजू गेंद को जाते हुए देख रहे थे और ख़ुश हो रहे थे कि हम जीत गये। गेंद स्टीव वॉ से छूटी, लेकिन सीमा-रेखा नहीं पार कर सकी।

श्रीनाथ पहले से चिल्ला रहे थे, "राजू! दौड़!"

राजू के ढीले-ढाले रवैये से तीसरा रन लेना असम्भव हो गया। भारत फिर एक बार मात्र एक रन से मैच हार गयी। इस एक रन की गूँज मुझे आज तक सुनाई दे रही है।

1992 विश्व कप का भारत-पाकिस्तान मैच भी रोचक था। जैसे भारत को सचिन मिले, पाकिस्तान को इंजमाम-उल-हक़ मिले थे। उस दिन सचिन की गेंदबाज़ी पर जावेद मियाँदाद ने लेग-ग्लान्स करना चाहा। गेंद पीछे किरण मोरे के दस्ताने में गयी और वह उछल-उछलकर अपील करने लगे। अम्पायर डेविड शेफर्ड ने भाव नहीं दिया। जावेद मियाँदाद किरण मोरे से भिड़ गये, अम्पायर से शिकायत की। डेविड शेफर्ड ने उन्हें भी भाव नहीं दिया और खेल जारी रखने को कहा। अगली गेंद मियाँदाद ने मिड-ऑफ़ में खेली और रन लेने को दौड़े, लेकिन थ्रो आते ही वापस अपनी क्रीज़ पर भागे। मोरे ने गिल्लियाँ उड़ायीं, लेकिन मियाँदाद सुरक्षित क्रीज़ में लौट चुके थे। वह मोरे को चिढ़ाने के लिए दोनो हाथों से बल्ला पकड़कर बन्दर की भाँति उछलने लगे। कमेंटेटर और सभी दर्शक हँसने लगे। भारी-भरकम

मियाँदाद का यूँ उछलना मख़ौल बन गया। आज का समय होता तो यह वीडिओ ज़रूर ट्विटर पर वाइरल हो रहा होता।

भारत-ऑस्ट्रेलिया के मध्य तकरार के कुछ और लम्हे अगले अध्याओं में साझा करूँगा। इस बात में कोई दो राय नहीं कि एक टीम के रूप में ऑस्ट्रेलिया भारत से हमेशा दो क़दम आगे रही। 2023 तक भारत ने तिहाई से भी कम टेस्ट मैचों में जीत दर्ज की है, और 2020-21 के एडिलेड टेस्ट में तो भारत अपने न्यूनतम स्कोर 36 रन पर सिमट गयी। लेकिन उसके बाद जिस तरह एक चोटिल टीम ने ऑस्ट्रेलिया को मात दी, वह क़ाबिल-ए-तारीफ़ है।

2008 में अनिल कुम्बले भारत की टीम लेकर ऑस्ट्रेलिया गये। कुम्बले ने आख़िरी समय में बमुश्किल एक साल कप्तानी की, जिसमें एक ऑस्ट्रेलिया दौरा भी था। इस दौरे पर भी एक धब्बा लग गया।

मेलबर्न में पहले मैच में हार के बाद सिडनी में भारत आक्रामक मूड में थी। नवयुवक गेंदबाज़ आर. पी. सिंह और हरभजन सिंह ने बेहतरीन गेंदबाज़ी करते हुए 134 रन पर 6 विकेट गिरा दिये थे। उसके बाद आये एंड्रयू साइमंड्स! उनके बल्ले का किनारा लगकर गेंद विकेट कीपर धोनी के हाथ में गयी। भारतीय टीम अपील करती रही, लेकिन अम्पायर स्टीव बकनर ने आउट नहीं दिया। साइमंड्स ने उसके बाद 162 रन की नाबाद पारी खेल दी। जवाब में भारतीय टीम बल्लेबाज़ी करने आयी तो तेन्दुलकर और लक्ष्मण ने शतक ठोक दिया। ऑस्ट्रेलिया का गुस्सा तब उबला जब हरभजन सिंह ने आठवें स्थान पर बल्लेबाज़ी करते हुए अर्धशतक लगा दिया।

ऑस्ट्रेलिया ने इल्ज़ाम लगाया कि हरभजन सिंह ने खेल के दौरान साइमंड्स को 'मंकी' कहा, जो एक नस्लीय टिप्पणी है। हरभजन ने एक साल पहले ऑस्ट्रेलिया के भारत दौरे पर यह शब्द प्रयोग किया था। उस समय यह मामला आपसी समझौते से सुलझ गया था। इस बार भी हरभजन और साइमंड्स में नोक-झोंक तो हम सबने देखा। सचिन तेन्दुलकर मैदान में हरभजन का साथ दे रहे थे। मैथ्यू हेडन, रिकी पोंटिंग और माइकल क्लार्क ने शिकायत कर दी। मैच रेफ़री माइक प्राक्टर ने हरभजन पर अगले तीन मैच बैन की कारवाई कर दी। यह खेल घिनौना होता गया, अम्पायर भी ग़लत निर्णय देते रहे, और भारत अन्त में हार गया।

कुम्बले ने मैच के बाद कहा, "आज यहाँ बस एक टीम खेल भावना से खेल रही थी"।

यही पंक्ति बॉडीलाइन सीरीज में ऑस्ट्रेलिया की टीम ने कही थी, अब पक्ष बदल गये थे (विशेष अध्याय 8 में)। BCCI ने टीम वापस बुलाने की बात कह दी, लेकिन जैसे-तैसे समझौता कराया गया। पर्थ के आख़िरी टेस्ट में भारत ने इस मंकीगेट का बदला लिया और इरफ़ान पठान की कमाल गेंदबाज़ी की बदौलत जीत हासिल की। (3)

अगले वर्ष 2009 में ऑस्ट्रेलिया की टीम भारत दौरे पर आयी। इस बार कप्तान महेन्द्र सिंह धोनी थे। हैदराबाद के मैच में ऑस्ट्रेलिया ने 350 रन का लक्ष्य दे दिया। हमें 2003 का विश्व कप फ़ाइनल याद आ गया जब रिकी पोंटिंग ने यही लक्ष्य दिया था, और भारत बुरी तरह हारी थी। यह मैच सचिन तेन्दुलकर बनाम ऑस्ट्रेलिया के आख़िरी मैचों में है। यह वो समय था, जब सचिन के रिटायर होने की बात चलने लगी थी। सचिन अब क्रिकेट के विद्यार्थी से अनुभवी प्रोफ़ेसर में तब्दील हो चुके थे, जो पावर-पोइंट पर एक-एक शॉट पढ़ा रहा हो। संगीत के चरणों की तरह धीमा अलाप, मध्यम लय में जोड़, द्रुत में झाला, और प्रयोग में तराना। उन्होंने चार छक्कों, और उन्नीस चौकों के साथ 175 रन बनाये। एक स्कूप में कुछ नवीन प्रयोग करते हुए वह आख़िरी वक़्त में आउट हुए, और भारत तीन रन से हार गया।

अस्सी के दशक में एकदिवसीय मैचों में 250 रन का पीछा करना कठिन होता था। नब्बे के दशक में 300 रन एक अच्छा स्कोर था। भारत ने जब 1998 ढाका इंडिपेंडेंस कप फ़ाइनल में 315 रन का पीछा कर मैच जीता, तो वह उस वक़्त का रिकॉर्ड था। 2005 में पावरप्ले आने के बाद कोई भी लक्ष्य अप्राप्य नहीं। 2006 में दक्षिण अफ़्रीका ने ऑस्ट्रेलिया के 434 रन का लक्ष्य पूरा कर मैच जीता। 2013 में जब ऑस्ट्रेलिया भारत के दौरे पर आयी, तो धोनी की कप्तानी में भारत ने दो बार 350 से ऊपर का लक्ष्य पूरा कर मैच जीता। एक मैच जयपुर में था।

सवाई मानसिंह स्टेडियम बल्लेबाज़ों के लिए आदर्श स्टेडियम रही ही है। मुझे याद है 2003 में जब श्रीलंका के कुमार संगकारा ने शतक लगाकर भारत को 299 रन का लक्ष्य दिया था। बदले में महेन्द्र सिंह धोनी ने 183 रन की नाबाद और आतिशी पारी खेल मैच जिता दिया था। उस समय उस नवोदित खिलाड़ी ने अपने हेलिकॉप्टर शॉट और अन्य हुनरों से दस छक्के लगाये थे। एक दशक बाद यहाँ धोनी स्वयं कप्तान थे। ऑस्ट्रेलिया ने 360 रन का लक्ष्य दिया।

रोहित शर्मा और शिखर धवन जब बल्लेबाज़ी करने आये, तो शुरुआती ओवरों से ही गेंद मैदान में कम, सीमा पार अधिक नज़र आती। मिचेल जॉनसन, क्लिंट मैके, शेन वॉट्सन किसी को भी नहीं बख़्सा गया। ऐसा लग रहा था, ये रिकी पोंटिंग

की टीम से मिली हार का बदला दस वर्षों बाद ले रहे थे। इन्होंने 176 रन की सलामी साझेदारी कर दी। उसके बाद विराट कोहली आये और शतक लगाया। ऑस्ट्रेलिया के छह गेंदबाज़ मिलकर भारत का मात्र एक विकेट गिरा सके। भारत ने जब यह विशाल लक्ष्य पूरा किया, उस वक़्त छह ओवर शेष थे। अगर 400 का लक्ष्य होता, वह भी पूरा हो जाता।

इस नये भारत की टीम तक पहुँचने में कई मील के पत्थर हैं, कई ठोकरें हैं, कई मंज़िलें हैं, और कई आशाएँ हैं। समय के साथ भारत को हार बुरी लगने लग गयी, और टीम आक्रामक होने लगी। कहावत है कि 'नायक वह है जो एक मिनट अधिक टिक सके'। भारत ने एक-दो रन से हारना छोड़ दिया।[1] इमरान ख़ान शायद इस नयी टीम को 'अच्छे लोग' का तंज़-भरा तमग़ा नहीं देते।

सन्दर्भ-सूची

1. आ. नंदी, 'ताओ ऑफ़ क्रिकेट', ऑक्सफ़ोर्ड यूनिवर्सिटी प्रेस, 2001. पृ. xiv.
2. व. पूरन्दरे, 'सचिन तेन्दुलकर : अ डिफ़िनिटिव बायोआग्रफ़ी' ईबुक, नयी दिल्ली : रोली बुक्स, 2005.
3. ब. मजूमदार, 'इलेवन गॉड्स एंड अ बिलियन इंडियंस', एस एंड एस इंडिया, 2018. पृष्ठ 180-189.
4. क्रिकेट मैचों के वीडियो और पत्रिकाओं से संस्मरण.

[1]बस एक बार 2006 में राहुल द्रविड़ की कप्तानी में वेस्टइंडीज़ से 1 रन से हार मिली थी।

जब सिंह आये

क्या श्रीलंका को अधिक अध्यापकों और सैनिकों की ज़रूरत है या विकेटकीपरों की? समाज के लिए क्या अधिक आवश्यक है? एक मध्य-क्रम का खिलाड़ी या एक बैंक मैनेजर? एक विशेषज्ञ गली फ़ील्डर या एक सिविल इंजीनियर? एक खब्बू स्पिनर या एक प्लम्बर?

–शहन करुणातिलका

(पुस्तक 'चाइनामैन : द लेजेंड ऑफ़ प्रदीप मैथ्यू' में)

क्रिकेट कभी कलाकारों का खेल था। हवा में शॉट लेने पर कोच डाँटते थे। गेंदबाज़ का आदर करना होता कि हेडली या मैलकम मार्शल गेंद डाल रहे हैं, उल्टे-सीधे शॉट न मारे जायें। पहले चालीस ओवर धीरे-धीरे एक आधार बनाया जाये और आख़िरी दस ओवर में कुछ जोखिम लिये जायें। 1996 के बाद क्रिकेट की दुनिया कुछ कम हसीन हो गयी। वह नज़ाकत से लिये ड्राइव, वह बैक-फ़ुट पर गुड-लेंथ गेंद खेलना, वह क़दमों की ताल, वह सीधे बल्ले से गेंद की दिशा में खेलना, वह घास पर दौड़ती गेंद। सब जैसे धुँधले पड़ने लगे। समय के साथ क्रिकेट ही क्या, टेनिस भी ताक़त का खेल बनता चला गया, जब तकनीक से अधिक बाज़ुओं में दम की ज़रूरत होने लगी।

1996 में टेस्ट मैचों की स्थिति कुछ कमज़ोर थी, लेकिन एकदिवसीय खेल के जादूगर अपने चरम पर थे। सचिन तेन्दुलकर विश्वपटल पर छा रहे थे, ऑस्ट्रेलिया और दक्षिण अफ़्रीका की टीमें एकदिवसीय क्रिकेट में नये मुक़ाम स्थापित कर रही थीं। सोने पर सुहागा यह था कि विश्व कप एक बार फिर से भारत-पाकिस्तान (और लंका) में था। उस वक़्त के विशेषज्ञ भारत, पाकिस्तान और ऑस्ट्रेलिया में से एक विजेता चुन रहे थे। न्यूज़ीलैंड के रिचर्ड हेडली ने जुमला फेंका कि श्रीलंका

विश्व कप जीत सकती है। भला ऐसी टीम जो कभी सेमीफ़ाइनल तक पहुँचने के ख़्वाब न देख सकी, विश्व कप जीत जायेगी?

श्रीलंका को हमने जीतते हुए कम ही देखा था। बांग्लादेश की टीम उस वक़्त नहीं आयी थी, सबसे कमज़ोर टीमें श्रीलंका और ज़िम्बाब्वे की मानी जाती। हालाँकि श्रीलंका का क्रिकेट इतिहास भारत जितना ही पुराना है। उन्नीसवीं सदी में ही अंग्रेज़ों ने कोलम्बो क्रिकेट क्लब बना लिया था। 1975 के पहले विश्व कप से वह अन्तरराष्ट्रीय एकदिवसीय खेल रहे थे। 1981 में उन्हें टेस्ट खेलने की भी वैधता मिल गयी। वह शारजाह भी जाते रहे, लेकिन उनके साथ खेल किसी प्रैक्टिस मैच की तरह देखे जाते और वे अक्सर हारते। मेरी स्मृति में उनकी पहली ठीक-ठाक जीत 1988 के एशिया कप में थी जब वे भारत को हराकर फ़ाइनल में पहुँचे। उसके बाद एशिया कप में ही फ़ाइनल खेलते रहे, जिसमें यूँ भी भारत और पाकिस्तान ही होते। ऑस्ट्रेलिया जैसे देश श्रीलंका को वर्षों तक पिद्दी ही मानते रहे, और उनके साथ शृंखला खेलकर समय नहीं बर्बाद करना चाहते। सच भी था, कि श्रीलंका टेस्ट खेलने लायक़ हुई ही नहीं थी। फिर भी, इस देश के साथ एक आत्मीयता महसूस होती। उनके खिलाड़ियों के नाम भी भारतीयों जैसे ही थे–रोशन, अर्जुन, अरविन्द, दिलीप, मुरली।

अर्जुन रणतुंगा ने बाद में कहा, "हम ऊपर आ चुके थे, पर किसी ने माना ही नहीं, हमें दबाते रहे। शायद इसलिए कि हम सीढ़ियाँ चढ़कर आये थे, औरों की तरह लिफ़्ट लेकर नहीं।"

1995 में 'बॉक्सिंग डे' के दिन श्रीलंका ऑस्ट्रेलिया में खेल रही थी। उस दिन तेईस वर्षीय युवा स्पिनर मुरलीधरन को चार ओवर में सात बार 'चक' करने के कारण नो-बॉल दिया गया। रोकने वाले ऑस्ट्रेलियाई अम्पायर थे–डैरेल हायर। हज़ारों दर्शकों के मध्य एक अन्तरराष्ट्रीय गेंदबाज़ को अगर यह कहकर रोका जाये कि आपको गेंद फेंकना नहीं आता, तो यह शर्मनाक स्थिति है। मुरलीधरन गेंद फेंकते वक़्त अपनी केहुनी कुछ मोड़कर सीधा करते थे। यह बाद में मालूम पड़ा कि यह एक जन्मजात दोष था।[1] इस बेइज़्ज़ती से पहले, श्रीलंका टीम पर गेंद से छेड़छाड़ का इल्ज़ाम भी लगा। आग में घी डाल दिया विकेटकीपर इयान हीली ने। रणतुंगा के पैर में मोच थी, और उन्हें रनर की ज़रूरत थी।

---

[1]भारत की ओर से सय्यद किरमानी पर 1983 में वेस्टइंडीज़ के ख़िलाफ़ मैच में चक (थ्रो) करने का आरोप लगा था। हालाँकि वह विकेट कीपर थे, और गेंदबाज़ी यूँ भी कभी ढंग से की नहीं।

उनकी यह माँग ठुकराने के बाद हीली ने कहा, "तुम मोटे साँडों के थक जाने पर अब घोड़े तो नहीं जुगाड़े जा सकते।"

श्रीलंका के अन्दर यह आग तो थी कि जल्द ही उन्हें कुछ सिद्ध करना है। लेकिन कैसे करना है, यह उन्हें भी नहीं पता था। टीम मैनेजर दिलीप मेंडिस को लगा कि ऑस्ट्रेलिया को हराने के लिए उन्हें ऑस्ट्रेलिया से भी ख़ूँख़ार बनना होगा। लेकिन यह बनायेगा कौन? कोई ऐसा हो जिसमें ख़ून लंका का हो, और फ़न ऑस्ट्रेलिया का। ऐसा तो दुनिया में एक ही आदमी था। कोलम्बो में जन्मे-पढ़े, लंका मूल के ऑस्ट्रेलियाई खिलाड़ी डेव व्हाटमोर। लेकिन क्या वह अपनी मातृभूमि का बदला अपनी कर्मभूमि से लेंगे? उन्हें जो भी करना था, उसके लिए मात्र एक साल था।

जब डेव व्हाटमोर जैसे औसत ऑस्ट्रेलियाई टेस्ट क्रिकेटर इस ग़रीब और ढुलमुल शरीर वाले टीम के कोच बनकर आये, उन्होंने कुछ बातें भाँप लीं। हर खिलाड़ी को बदलना मुमकिन नहीं, लेकिन खिलाड़ी के खेल को तो बदला जा सकता है। उन्होंने ग़ौर किया कि इस टीम में छह ऐसे खिलाड़ी हैं जो सौ से अधिक वन-डे खेल चुके। इनसे अधिक अनुभवी तो दुनिया की कोई टीम थी ही नहीं; बस इन्हें आक्रामक बनाना था यानी 'अच्छे लोग' से 'बुरे लोग'?

पहले तो उन्होंने रोज़ दो घण्टे उन्हें दौड़ाना शुरू किया, स्विमिंग पुल में व्यायाम करवाये। इतना दौड़ना-भागना आज तक इस सुस्त टीम ने किया नहीं था। मुझे तो इस प्रक्रिया में दौड़ते हुए रणतुंगा के पीछे डेव व्हाटमोर 'शागिर्द' फ़िल्म (1967) के उस गीत की याद दिला रहे हैं–"इस्टाइल से उठे क़दम सीना ज़्यादा तो पेट कम..."

विश्व कप से पहले पाकिस्तान के ख़िलाफ़ श्रीलंका जब एक टेस्ट हारी[1] तो सबके मुँह लटक गये। मैनेजर दिलीप मेंडिस चकरा गये कि यह क्या हो गया? पहले तो श्रीलंका हारने के बाद सहज रहती थी; हारना तो रोज़ की बात थी। डेव ने पहली बार श्रीलंका को हार का मतलब समझाया।

वह कहते, "तुम्हें विरोधी टीम की आँखों में थूकना है, तभी जाकर बीयर पीना है। जो खिलाड़ी खेलने जायेगा, वह अगले के लिए कुछ बाक़ी न छोड़ेगा।" (1)

इस कंगारु ने एक बौद्ध देश की शान्तिप्रिय टीम को उनका मूल नाम वापस दिला दिया–सिंहलद्वीप के सिंह! अंग्रेज़ी में कहें तो 'लायंस ऑफ़ लंका!'

[1]सितम्बर 1995 में श्रीलंका पाकिस्तान के दौरे पर गयी थी। श्रीलंका पहला टेस्ट हारने के बाद टेस्ट और एकदिवसीय शृंखला दोनों में पाकिस्तान को हराकर लौटी।

श्रीलंका बाहर से शान्तिप्रिय तो था, लेकिन अन्दर से उबल रहा था। विश्व कप से दो हफ़्ते पूर्व लिट्टे नामक उग्रवादी संगठन ने कोलम्बो में बम विस्फोट कर दिया। यह श्रीलंका की टूटी हुई गरिमा पर आख़िरी प्रहार था जब ऑस्ट्रेलिया और वेस्टइंडीज़ ने आने से मना कर दिया।

शेन वार्न ने कहा, "भला लंका क्या शरीफों की जगह है? मैं अगर बाज़ार निकला, तो लिट्टे वाले मुझे बम से उड़ा देंगे।"

ऐसे वक़्त में वह हुआ, जो अकल्पनीय था। श्रीलंका का साथ उन्हीं ने दिया जो उनके अपने थे। जिस देश के प्रधानमन्त्री को लिट्टे ने बम से उड़ा दिया था, उस देश के जगमोहन डालमिया ने कहा, "जिन्हें मैच न खेलना है न खेलें, विश्व कप तो श्रीलंका में होकर रहेगा।"

हद तो तब हो गयी, जब अन्यथा कट्टर शत्रु भारत और पाकिस्तान ने अपनी-अपनी तैयारी छोड़ हाथ मिला लिया; श्रीलंका का मनोबल बढ़ाने एक टीम बनाकर खेलने गये। वह भी तब जब पिछले छह वर्षों से उन्होंने एक भी द्विपक्षीय खेल आपस में नहीं खेला था। अज़हरुद्दीन कप्तान बने, कुम्बले और अकरम ने गेंदबाज़ी की कमान सँभाली।

अज़हर ने कहा, "यह खेल है और इस खेल में हम सब एक हैं।"

कोलम्बो के एयरपोर्ट पर बड़ा बैनर लटक रहा था, "हम भारत और पाकिस्तान के सुनहरे बेटों का स्वागत करते हैं।"

जब ओपनिंग करने सचिन तेन्दुलकर और सईद अनवर एक साथ उतरे तो पूरा कोलम्बो मैदान झूम उठा,[2] अर्जुन रणतुंगा की आँखें भर आयीं। तेन्दुलकर और अनवर के मध्य पचास रन की साझेदारी हुई। सब यूँ बतियाते खेल रहे थे, जैसे कब से साथ खेल रहे हों। वह क्या ख़ूबसूरत मंजर था जब हसन तिलकरत्ने का विकेट लेने के लिए कुम्बले और आमिर सोहैल साथ रणनीति बना रहे थे! इस मैच ने यह सिद्ध कर दिया कि कोलम्बो सुरक्षित है। यह उस विश्व कप से जुड़ा इकलौता मैच था, जिसमें श्रीलंका हारा और ख़ुशी-ख़ुशी हारा।

मुझे स्मरण है, 1993 में हीरो कप का एक मैच पटना के मोईन-उल-हक़ स्टेडियम में हो रहा था। यह एक अजूबी बात थी क्योंकि पटना में कभी अन्तरराष्ट्रीय मैच होते नहीं थे। यह मैच भी श्रीलंका और ज़िम्बाब्वे जैसे कमज़ोर टीमों के मध्य

[2]सचिन तेन्दुलकर ने अपना पहला अन्तरराष्ट्रीय मैच इमरान ख़ान की पाकिस्तान एकादश (बनाम CCI चैलेंजर एकादश) में पाकिस्तान की तरफ़ से वैकल्पिक फ़ील्डर के रूप में खेला था।

रखा गया था। इसी मैच में पहली बार सनत जयसूर्या नामक खिलाड़ी को ओपनिंग करने भेजा गया था। उन्होंने उस दिन आते ही चार चौके लगाये, लेकिन मात्र 23 रन बना सके। हमें भी आभास नहीं था कि यह खिलाड़ी क्रिकेट में एक नयी मिसाल क़ायम करेंगे।

इस खेल के दो साल बाद एक सुबह मेंडिस और डेव ने बैठे-बैठे कहा, "कालू को ऊपर भेजते हैं, और कहते हैं कि ताबड़तोड़ बल्ला घुमाओ। बाक़ी तो पीछे वाले सँभाल ही लेंगे।"

सनत जयसूर्या और रोमेश कालूवितरना के कुछ शुरुआती प्रयास असफल रहे। विश्व कप में श्रीलंका का पहला मुक़ाबला फ़िरोज़शाह कोटला मैदान में भारत के ख़िलाफ़ था। सचिन तेन्दुलकर ने 137 रन की अपनी उस वक़्त की सबसे शानदार पारी खेली, तो लगा कि श्रीलंका की तो ओपनर जोड़ी ही फुस्स है।

डेव व्हाटमोर ने तंज़ किया, "271 के जवाब में 230-40 बनाकर लौट आओ, बहुत है।"

रोशन महानामा सुनते ही भड़क गये और कहा, "हम कब तक 250 का स्कोर देख बल्ला पटकते रहेंगे? जाओ सनत! और पूरे रन तुम दोनों ही बनाकर लौटना।"

रणतुंगा ने मज़ाक़ में कहा, "मैं भी सोने जा रहा हूँ। ख़त्म हो जाये तो उठा देना।"

फिर तो वह हुआ, जो उस वक़्त के क्रिकेट में अकल्पनीय था। मनोज प्रभाकर जैसे अनुभवी गेंदबाज़ की पहली गेंद से जो धुनाई शुरू हुई, लोग काँप गये कि यह हो क्या रहा है? न कोई तकनीक, न कोई क़दमों का इस्तेमाल, बस छक्के-चौके? यह भी पहली बार हुआ कि मध्यम-तेज़ गेंदबाज़ प्रभाकर को दो ओवर के बाद ही ऑफ़-स्पिन करने भेजा गया। अगले दो ओवर में जब कुछ बरसात थमी, तो प्रभाकर को लगा होगा मैं ख़्वाह-म-ख़्वाह इतने दिन दौड़ता रहा। यह बातें तब नयी थीं, बल्कि यूँ कहिए कि असम्भव थीं। विवियन रिचर्ड्स आक्रामक खेलते थे, लेकिन वह ओपनिंग नहीं करते थे। पहले पन्द्रह ओवर में जीत पक्का करना इस खेल के बाद औपचारिक रूप से शुरू हुआ। यही खेल अब दशकों तक हर टीम खेलने वाली थी। जयसूर्या और कालूवितरना ने एक अलग तरह के खेल को आगे बढ़ाया–पिंच हिटिंग। इस खेल ने क्रिकेट को बदसूरत भी बनाया, और रोमांचक भी। एक शाही ब्रिटिश खेल क्रिकेट को बच्चों का खेल बनाकर रख दिया।

हम उस समय सोच रहे थे, श्रीलंका को आख़िर ऐसी कौन सी बूटी मिल गयी है? ये एक दिन पूरे के पूरे ही कैसे बदल गये? जैसे मनुष्य नहीं, तितली हों? जब

सनत जयसूर्या 1996 विश्व कप में आये तो सलामी बल्लेबाज़ के रूप में उनका औसत तीस रन था। उनका आज भी रिकॉर्ड छान मारें तो 28 शतक के बावजूद उनका औसत मात्र बत्तीस रन है। वह औसत से भी कमज़ोर ऑलराउंडर थे। लेकिन उनकी मिसाल आज भी वीरेन्द्र सहवाग, क्रिस गेल और एडम गिलक्रिस्ट जैसे आतिशी बल्लेबाज़ों की पंक्ति में दी जाती है।

मैंने जब यह पुस्तक लिखनी शुरू की तो उसमें भारत के क्रिकेट पर ही मन केन्द्रित था। लेकिन, एक टीस रही कि बिहार या अन्य ग़रीब राज्यों से भारतीय क्रिकेट में कम लोग पहुँचे। यह टीस पुस्तक के अन्त तक उभरकर सामने आ जायेगी। जिस राज्य में ग़रीबी हो, उनका ध्यान क्रिकेट जैसे शाही खेल पर भला कैसे हो सकता है? वेस्टइंडीज़ और श्रीलंका इसी सिक्के के एक पहलू हैं। दोनों ही देशों में अशान्ति और ग़रीबी रही। इस खेल ने उनके अन्दर एक अलग आत्मविश्वास भर दिया। मुम्बई के दर्जनों क्रिकेटर भला मुम्बई जैसे सम्पन्न शहर को क्या दे सकते हैं? लेकिन एक महेन्द्र सिंह धोनी, एक विवियन रिचर्ड्स, या एक सनत जयसूर्या किसी प्रदेश के डूबते भविष्य को नयी चेतना दे सकते हैं।

सनत और पूरी श्रीलंका टीम के लिए क्रिकेट एक साधारण जीविका थी। कुछ तो इसलिए खेलने आते कि वहाँ भोजन मुफ्त मिलता। कुछ बैंक या बीमा कम्पनी में पार्ट-टाइम नौकरी करते। जब जयसूर्या कोलम्बो आये तो मकान के भाड़े लायक़ पैसे भी नहीं थे; रणतुंगा ने उनके खर्राटों को सहते हुए भी अपने घर में रखा। इस तरह अरविन्द डिसिल्वा ने रवीन्द्र पुष्पकुमार को शरण दे रखा था।

रणतुंगा ने एक साक्षात्कार में कहा, "हमारे घर में कोई ऐसा विशेष भोजन नहीं था। माँ साँभर, मछली बनाती, हम साथ खाते।"

युवा मुरलीधरन जब 'चकिंग' प्रकरण के बाद तनाव में रहते, उनको भी रोज़ रणतुंगा घर बुलाकर साथ खिलाते। यह एक बॉन्डिंग थी, जो रणतुंगा और डिसिल्वा ने टीम में बनायी। उनकी व्यक्तिगत इच्छाएँ ऊँची नहीं थीं।

भारत को हराने के बाद जब इंग्लैंड से खेलने सनत जा रहे थे तो सेलेक्टर ने पूछा, "तुम्हें क्या चाहिए, सनत!"

उन्होंने कहा, "मुझे बस 1 लाख 75 हज़ार मिल जाये, गाँव में माँ के लिए घर बन जाये, और कुछ नहीं चाहिए।"

"जीत गये तो पक्का समझो। और कुछ चाहिए?"

सनत हवाई जहाज़ की पत्रिका पलटते बोले, "यह घड़ी चाहिए जो इस पत्रिका में है।"

"अगर अगले मैच में पन्द्रह ओवर खेल गये, घड़ी मैं ख़रीद दूँगा।"

अगले खेल में इंग्लैंड के ख़िलाफ़ जयसूर्या ने चौके-छक्के की बरसात कर दी। उस घड़ी के चक्कर में 44 गेंद में 82 रन बना बैठे। लेकिन तेरहवें ओवर में आउट हो गये। श्रीलंका मैच तो जीत गया, लेकिन सनत घड़ी की शर्त हार गये। अगर शतक पूरा हो जाता, तो कपिल देव के सबसे तेज़ विश्व कप शतक[1] का रिकॉर्ड टूट जाता।

यह क्रिकेट के स्वर्ण-युग की भी शुरुआत थी। यूँ तो वेश-भूषा 1992 विश्व कप में ही बदल गयी थी, लेकिन इस विश्व कप में फ़िज़ा ही रंगीन थी। इसकी सबसे बड़ी वजह थी कि यह विश्व के सबसे विशाल जनसमुद्र भारत में थी। यह 'विल्स वर्ल्ड कप' था। भारत की अपनी सिगरेट कम्पनी ITC का अपना वर्ल्ड कप। छोटे-छोटे शहरों में क्रिकेट के टी-शर्ट बिक रहे थे। तमाम अख़बारी प्रतियोगिताएँ हो रही थीं। भाँति-भाँति के कमेंटेटर। टोनी ग्रेग द्वारा खिलाड़ियों को दिये जा रहे छद्मनाम–जैसे ठिगने कालूवितरना को 'लिटल कालू'। पहली बार टी.वी. अम्पायर इसी विश्व कप में आये।[2] उस वक़्त मैं पटना में था, और पहली बार वहाँ विश्व कप मैच हो रहा था। भले ही केन्या-ज़िम्बाब्वे सही, पर उसे देखने पूरा पटना उमड़ पड़ा था। पहले दिन जब बारिश हो गयी, तो मुख्यमन्त्री लालू प्रसाद यादव ने हेलिकॉप्टर मँगवाकर पिच सुखाया था, और कहा, "एक दिन के टिकट में आप लोग दो दिन मैच देखिए"।

कहीं न कहीं यह भी मन में था कि ऑस्ट्रेलिया न जीते। सचिन तेन्दुलकर और मार्क वॉ में रनों की ऐसी जंग चल रही थी कि एक शतक मारता, तो दूसरे का अगला शतक आ जाता। उस समय सचिन अपनी बल्लेबाज़ी की चरम-बिन्दु की ओर बढ़ रहे थे। पूरे टूर्नामेंट में सबसे अधिक रन तेन्दुलकर ने बनाये, और सबसे अधिक विकेट अनिल कुम्बले ने लिये। शेन वार्न का जादू पहली बार ढंग से लोग देख रहे थे, और अकरम-यूनुस की जोड़ी ने स्विंग और रिवर्स-स्विंग से अलग ही रंग बिखेर रखा था। जोन्टी रोड्स की तो फील्डिंग देखने लोग बैठ जाते। कैसे बाज की तरह हवा में उछलकर गेंद अपने पंजे में ले लेते।

आयोजकों ने यह तय किया कि भारत और पाकिस्तान इस विश्व कप में नहीं

---

[1]2023 में यह रिकॉर्ड आस्ट्रेलिया के ग्लेन मैक्सवेल के नाम है, जिन्होंने नीदरलैंड के ख़िलाफ़ 2023 विश्व कप में 40 गेंद में शतक बनाया.

[2]विश्व कप से पहले 1992 में भारत-दक्षिण अफ़्रीका टेस्ट सिरीज़ में पहली बार टेलीविज़न अम्पायर आये। सचिन तेन्दुलकर पहले ऐसे बल्लेबाज़ बने जिन्हें इस पद्धति से रनआउट दिया गया।

भिड़ेंगे। बाल ठाकरे ने पहले ही घोषणा कर दी थी कि मैच हुआ तो पिच खोद देंगे। दोनों ने अपने-अपने लीग मैच अपने-अपने देश में खेले; अलग-अलग ग्रुप में डाले गये। लेकिन होनी को कौन टाल सकता है? सभी तिकड़म लगाकर भी खेल का समीकरण यूँ बना कि क्वाटर फ़ाइनल में इन दोनों को भिड़ना ही पड़ा। ग़नीमत यह थी कि मैच बम्बई में न रखकर बेंगलुरु के चिन्नास्वामी स्टेडियम में रखा गया।

टीम के तीनों मुख्य गेंदबाज़ बेंगलुरु से जुड़े थे और मुझे वहाँ के मित्रों ने बताया कि उस दिन पूरा बेंगलुरु या तो स्टेडियम में था या टी.वी. सेट के आगे। वसीम अकरम उस दिन नहीं खेल रहे थे, और आमिर सोहैल कप्तानी सँभाल रहे थे। भारत-पाकिस्तान के मैच में दबाव बस बल्लेबाज़ और गेंदबाज़ पर ही नहीं, मैदान पर भी होता है। नवजोत सिंह सिद्धू जब बल्लेबाज़ी करने आये तो दर्शकों ने ऐसे हंगामा मचाया कि वकार यूनुस की पहली गेंद ही वाइड हो गयी।

सिद्धू, जो उस समय कुछ अनिश्चित खेलने लगे थे, ने उस दिन ग्यारह चौकों के साथ 93 रन की पारी खेली। दूसरे छोर पर एक-एक कर विकेट गिर रहे थे, और ओवर निकलते जा रहे थे। अज़हरुद्दीन ने कुछ रन जोड़कर जैसे-तैसे स्कोर 200 तक पहुँचाया। मुश्किल से दस ओवर बचे थे, और सभी मुख्य बल्लेबाज़ साफ़ हो गये। 236 का स्कोर; चार ओवर और चार आख़िरी विकेट बचे थे। गेंदबाज़ थे वकार यूनुस, जो तीन के औसत से रन दे रहे थे। उस वक़्त अजय जडेजा बल्लेबाज़ी करने आये और वकार यूनुस का सारा दम्भ एक झटके में तोड़ दिया। उन्होंने दो ओवर में छक्के-चौके की बरसात कर चालीस रन ठोक दिये। वकार यूनुस हताश तो थे ही, क्रोध से आग-बबूला हो गये। पूरा स्टेडियम हुंकार भर रहा था। 287 रन पर भारत की पारी समाप्त हुई।

भूतपूर्व विजेता पाकिस्तान के लिए यह लक्ष्य विशाल नहीं था और आमिर सोहैल-सईद अनवर जम गये थे। आमिर सोहैल ने एक चौका लगाकर वेंकटेश प्रसाद को बल्ला दिखाकर कहा कि जाओ गेंद लेकर आओ। वेंकटेश प्रसाद की आँखों में ख़ून साफ़ नज़र आ रहा था। अगली ही गेंद में उन्होंने आमिर सोहैल को बोल्ड कर दिया और ग़ुस्से में उँगली दिखाकर पवेलियन जाने को कहा। यह लम्हा भी जैसे उपमहाद्वीप के क्रिकेट इतिहास में सदा के लिए दर्ज हो गया। उसके बाद बूढ़े शेर मियाँदाद और सलीम मलिक तो अपना अन्तिम समय देख रहे थे। उस दिन उन जावेद मियाँदाद का अन्तिम खेल था, जिन्होंने कभी चेतन शर्मा की गेंद पर छक्का जड़कर भारत का आत्मविश्वास तोड़ा था। जब वह आउट हुए, तो पूरा

स्टेडियम 'हो-हो' कर उनको बेइज़्ज़त करने लगा। उनके जैसे कद्दावर खिलाड़ी के लिए यह एक शर्मनाक विदाई थी।

पाकिस्तान में हंगामा हो गया। एक व्यक्ति ने पहले टी.वी. पर तीन गोलियाँ दाग़ी, और फिर ख़ुद को गोली मार ली। पाकिस्तान टीम की फ़्लाइट लाहौर की थी, जिसे हवा में ही बदलकर चुपके से कराची ले जाया गया। वसीम अकरम को हत्या की धमकी मिली। खिलाड़ियों के पुतले सामूहिक रूप से जलाये गये। बेनजीर भुट्टो तक पर नारेबाज़ी हुई कि कमज़ोर महिला प्रधानमन्त्री को बरख़ास्त करो! भारत में सब इसकी निंदा कर रहे थे। लोग कह रहे थे, "क्या जाहिल देश है जो खिलाड़ियों को इस क़दर बेइज़्ज़त करता है। यह असभ्यता भारत में तो क़तई नहीं। आख़िर खेल ही तो है"। ईडन गार्डन का अगला खेल अभी बाक़ी था, और वहाँ खेल बस खेल नहीं रहा। (2)

ईडन गार्डन भारत का रोमन ग्लैडिएटर मैदान है। हर खिलाड़ी इस मैदान में खेलना चाहता है, लेकिन कोई खिलाड़ी यहाँ हारना नहीं चाहता। यही वह मैदान है जहाँ सुनील गावस्कर तक पर दो-दो बार अण्डे फेंके गये, उनकी पत्नी पर बोतल फेंके गये और खिलाड़ियों के बस में तोड़-फोड़ की गयी। उसके बाद इस मैदान पर खेलने से देश के सर्वश्रेष्ठ टेस्ट क्रिकेटर ने हमेशा के लिए तौबा कर ली।[1] लेकिन यहाँ खेल बन्द नहीं हुआ। जब भारत और श्रीलंका विश्व कप सेमीफ़ाइनल खेलने ईडन गार्डन में उतरी, तो यहाँ की हुंकार पूरे भारत में स्पष्ट सुनायी दे रही थी। उस वक़्त केबल टी.वी. नहीं आया था, लेकिन दिन-रात का खेल शुरू हो गया था। उस वक़्त कलकत्ता कोलकाता नहीं बना था। महँगे टिकट ख़रीदकर लोग यह मैच देखने आये थे। पाकिस्तान को हराने के बाद भारत का जोश 'हाई' था।

जैसे ही जयसूर्या और कालूवितरना बल्लेबाज़ी करने उतरे तो एक लाख लोग उनके ख़ून के प्यासे हो गये। उनके प्रलय से ही तो भारत पिछली मैच हारी थी। पहले ओवर में ही जवागल श्रीनाथ ने उनको पैवेलियन भेज दिया, और ख़ूनी भीड़ में 'ये दिल माँगे मोर' की ललकार शुरू हो गयी। असंका गुरुसंघे भी इस ललकार के ग्रास बन गये। उसके बाद तो ऐसे लोग आये जो भारत के इस मैदान की नस-नस से वाक़िफ़ थे। भीड़ चिल्लाती रही, डिसिल्वा-महानामा शान्ति से खेलते रहे। आख़िर महानामा पसीने से तर-ब-तर हुए और बेहोश होकर मैदान छोड़ गये। ऐसे रिटायर्ड हर्ट हुए कि वापस ही न लौटे। एकदिवसीय मैच में इतना अनुभवी दक्खिन के देश

[1]1983 के भारत-वेस्टइंडीज़ टेस्ट में सुनील गावस्कर के साथ नाराज़ भीड़ द्वारा बदसलूकी हुई, जिसके बाद से उन्होंने वहाँ खेलने से मना कर दिया

का खिलाड़ी गर्मी से पस्त हुआ या भीड़ से, यह कहना कठिन है। फिर भी श्रीलंका ने 251 रन जोड़ ही लिये।

तेन्दुलकर अपने प्रवाह में थे, और विकेट पर यूँ जमे कि लगा यह अकेले ही मैच पार लगा देंगे। बीस ओवर में अस्सी रन तो आराम से जुड़ गये। सब कुछ सही चल रहा था। तभी तेन्दुलकर अपने खेल के विपरीत असाधारण ग़लती कर बैठे और स्टम्प हो गये। उसके बाद जब अज़हरुद्दीन शून्य पर आउट हुए तो भीड़ बेक़ाबू होने लगी और ज़ोर-ज़ोर से गालियाँ देने लगी। अब जो भी खेलने आता, वह इस भीड़ से भयभीत उतरता, चार-छह रन बनाकर पवेलियन जाता। पिच भी साथ नहीं दे रही थी। बेंगलुरु मैच के नायक अजय जडेजा भी शून्य पर गये। मात्र बाईस रन के अन्दर भारत के सात विकेट गिर गये।

अब तो जो हुआ, उसे मैं अप्रत्याशित नहीं कहूँगा। ईडन गार्डन अपने रंग में आ गया। दर्शक कुर्सियाँ जलाने लगे, मैदान में बोतल फेंकने लगे। अनिल कुम्बले और विनोद कांबली यह भयानक मंजर देख रहे थे, और श्रीलंका के खिलाड़ी मैदान के बीच में आकर मुस्किया रहे थे। विश्व कप के मुख्य आयोजक 'भारत' की गरिमा कलकत्ता में नैतिक रूप से चूर-चूर हो रही थी। यह बेइज़्ज़ती उस समय चरम पर पहुँच गयी, जब विनोद कांबली मैदान में ही फूट-फूट कर रो पड़े। खेल रोक दिया गया, और मैच रेफ़री क्लाइव लायड ने श्रीलंका को विजेता घोषित कर दिया।

श्रीलंका को इस जीत की ख़ुशी शायद कुछ अधिक होती, अगर यह हंगामा न हुआ होता। भारतीय टीम को तो इस खेल ने झकझोर कर रख दिया। विनोद कांबली के बेहतरीन कैरियर का यह अवसान बिन्दु था। वह मानसिक रूप से टूट गये। उनका टेस्ट कैरियर तो ख़त्म हो चुका था, एकदिवसीय कैरियर भी धीरे-धीरे ख़त्म हो गया।

विनोद कांबली ने 2011 में कहा कि यह विश्व कप सेमीफ़ाइनल फ़िक्स था। अज़हर के मित्र साद बिन ज़ंग ने कहा कि अज़हर बेंगलुरु मैच से पहले सलीम मल्लिक से मिले थे। बाद में इन दोनों पर मैच फ़िक्सिंग के इल्ज़ाम लगे। लेकिन यह फ़िक्सिंग नज़र आये, ऐसी कोई बात नहीं दिखती। पहले मैच में मनोज प्रभाकर का पिटना अप्रत्याशित था, लेकिन पीटने का तरीक़ा भी तो अप्रत्याशित था। जिन टीमों पर फ़िक्सिंग के इल्ज़ाम लगते, वे तो सेमीफ़ाइनल में पहुँच गये थे। पुणे के मैच में केन्या द्वारा वेस्टइंडीज़ को 93 पर ऑलआउट करना अप्रत्याशित था। इसके पीछे लारा और रिचर्डसन का अन्दरूनी कलह कहा गया, लेकिन लारा ने शतक मारकर सेमीफ़ाइनल में जगह दिलवायी। दक्षिण अफ़्रीका शानदार खेल रही थी, हडसन और

कर्स्टन ने ज़ोरदार शतक जड़े थे। श्रीलंका तो अजेय थी। पाकिस्तान अपने लीग में शीर्ष पर थी, और ऑस्ट्रेलिया ने भी कोलम्बो-विस्फोट की वजह से ही वाक-ओवर दिया था। ऐसा कहीं से नहीं लगता कि कोई हारने के लिए खेल रहा हो।

श्रीलंका को इस विश्व कप की दिल से चाहत थी, यह तो तय है। भारत और पाकिस्तान एक-एक विश्व कप जीत चुकी थी। महाद्वीप से बस यह छोटा भाई ही बचा था, जिसके सर पर ताज न आया। कहीं न कहीं, मैच इस तरह से बन गये थे कि फ़ाइनल में इनकी आपस में भिड़न्त न हो। 'स्टेज़्ड' नहीं था, लेकिन अगर आप पलटकर देखें तो बिसात ऐसी ही बिछी थी कि भारत, पाकिस्तान और लंका में एक ही फ़ाइनल तक जायेगा।

बात फ़िक्सिंग की नहीं थी, भारतीय टीम पुराने ढर्रे पर चल रही थी। रणनीति और विश्लेषण में अव्वल ऑस्ट्रेलिया और दक्षिण अफ़्रीका की टीमें थीं। श्रीलंका के लिए यह सब नया ज़रूर था, लेकिन उन्होंने भी श्रमपूर्वक प्रशिक्षण लिया। उन्होंने हर खिलाड़ी के आँकड़े इकट्ठा किये, उनकी तकनीक पर काम किया। इंग्लैंड के रॉबिन स्मिथ किस तरह की बल्लेबाज़ी करते हैं, इस पर बाक़ायदा उनकी क्लास हुई थी। इंग्लैंड को हराने के लिए हर मोहरे पहले से तैयार कर लिये गये थे। ऑस्ट्रेलिया टीम पर तो डेव व्हाटमोर पूरा शोध-पत्र और गुप्त सूचनाएँ भरकर फ़ाइल लाये थे। ईडन गार्डन में भी उन्हें यह अन्दाज़ा था कि पिच बाद में बदल जायेगी, और स्पिनर बेहतर करेंगे। अन्दाज़ा तो अज़हर को भी रहा होगा, और टॉस जीतने की स्थिति में बल्लेबाज़ी का फ़ैसला भी ड्रेसिंग रूप में लिया गया। सिद्धू ने पैड भी पहन लिये थे। अन्तिम वक़्त में अज़हर ने गेंदबाज़ी का निर्णय ले लिया। क़यास लगते रहे कि फ़िक्सिंग थी।

अज़हरुद्दीन फ़ील्ड रणनीति में कम और क्रिकेट राजनीति में अधिक रुचि लेने लगे थे। सचिन तेन्दुलकर अपने खेल के लिए अकेले ही बैठ योजना बनाते। उनकी हालत अपने क्लास के उस टॉपर की तरह होती जिसे सब पढ़ाकू कहकर मज़ाक़ बनाते हैं। कुछ तो उम्र में बड़े थे, कुछ से ख़ास जमती नहीं। उनके स्कूली मित्र विनोद कांबली भी अलग ही दुनिया में रहते। यह एक प्रतिभाशाली जमात ज़रूर थी, लेकिन दिशाहीन थी।

वहीं दूसरी ओर, यह ऐसा विश्व कप था जिसमें पहली बार धन लुटाया जा रहा था। खिलाड़ियों को महँगे विज्ञापन कॉन्ट्रैक्ट मिल रहे थे। यह तय था कि जो इस विश्व कप में अच्छा खेलेगा, करोड़पति-अरबपति बनेगा। सबसे बड़ी बात कि

मैच क्रिकेट-फ़िक्सिंग के गढ़ भारत-पाकिस्तान में हो रहे थे। श्रीलंका जैसी टीम पर पैसे लगाने वाले कम थे और सट्टेबाज़ी का फ़ायदा ऊँचा था। सट्टेबाज़ बेख़ौफ़ घूम रहे होंगे और खिलाड़ियों को भी मिल ही रहे होंगे; लेकिन ऐसा न सिद्ध हुआ और न कभी किसी खिलाड़ी ने ऐसी खुलकर हरकत की, कि लगे मैच फ़िक्स है।

फ़िक्स भले न हो, अन्धविश्वास तो हो सकते हैं। दिलीप मेंडिस का एक अन्धविश्वास था कि पूरी टीम पारी ख़त्म होने तक चाय पीने के लिए भी हिलेगी नहीं। सब बैठकर देखेंगे।

एक बार रवीन्द्र पुष्पकुमार चाय पीने जाने लगे तो उन्हें बोला, "अभी अगर जयसूर्या आउट हुआ तो तू ही ज़िम्मेदार होगा।"

वो बिचारे चुपचाप बैठ गये। सिर्फ़ एक आदमी था जो गहरी नींद में सो रहा होता–अर्जुन रणतुंगा! वे यह कहकर जाते कि जब मेरी बारी आने वाली हो तो उठा देना। सब चकरा जाते कि भला कप्तान इतना कूल कैसे हो सकता है? वह चौथे-पाँचवें विकेट पर आते और खेल के अन्त तक खेलते रहते। ऐसा कई मैचों में हुआ कि रणतुंगा और तिलकरत्ने या डिसिल्वा अन्त तक खेले। कभी चौके लगा दिये, कभी एक-दो रन बना लिये, लेकिन अधिक कलाबाजी नहीं की। चाहे गेंदबाज़ी हो या बल्लेबाज़ी, रणतुंगा निश्चिन्त नज़र आते। इसमें यह सन्देह बेतुका है कि कप्तान ने मैच फ़िक्स कर रखा है। बल्कि ऐसे कप्तान को तो अब 'कैप्टन कूल' कहा जाता है।

सेलेक्टर सिद्धात वेत्तिमुनि ने बाद में कहा, "अर्जुन राणातुंगा के हाव-भाव देखकर यह नज़र आता जैसे किसी अघोरी बाबा ने उन्हें यह बात कह दी थी। वह जानते थे कि वह विश्व कप जीतने वाले हैं।" (3)

लाहौर के फ़ाइनल की बात से पहले उस व्यक्ति की बात करना ज़रूरी है, जिसके बस टीम में होने से रणतुंगा चैन की नींद सो रहे थे। अमूमन लोग सलामी जोड़ी का नाम साथ लेते हैं, जैसे तेन्दुलकर-गांगुली, या सोहैल-अनवर या ग्रीनिज-हेंस। श्रीलंका की रणतुंगा-डिसिल्वा जोड़ी में किसी ने ओपनिंग नहीं की, लेकिन यह नाम साथ ही लिये जाते हैं। जितने मोटे-ताजे अर्जुन रणतुंगा, उतने ही दुबले-पतले अरविन्द डिसिल्वा। जितने बहिर्मुखी अर्जुन, उतने ही अन्तर्मुखी अरविन्द। जितने ही एकरूपी अर्जुन रणतुंगा, उतने ही प्रयोगधर्मी अरविन्द डिसिल्वा। अगर किसी खिलाड़ी को उस दौर में हर रोज़ बदलते देखा है, तो वह हैं अरविन्द डिसिल्वा। वह जयसूर्या की तरह एक झटके में नहीं बदले; बीस-तीस रन की पारियों से तीस-चालीस, चालीस-पचास और फिर शतकीय पारी तक पहुँचे। जैसे रणतुंगा

की धोनी में, सनत जयसूर्या की सहवाग में छवि दिखती है, अरविन्द डिसिल्वा के एकदिवसीय स्वभाव और खेल में राहुल द्रविड़ से समानता है।

इस विश्व कप में रणतुंगा और डेव व्हाटमोर ने हर खिलाड़ी को एक ख़ास काम दे रखा था। कालूवितरना बल्ला भाँजेंगे, गुरुसिंघे गति बनाये रखेंगे, मुरली पहला स्पिन आक्रमण करेंगे, चामिंडा वास के लिए आख़िरी ओवर बचाये जायेंगे। अरविन्द डिसिल्वा के लिए कोई मास्टरप्लान नहीं था।

उन्हें रणतुंगा ने सिर्फ़ इतना कहा, "आरा! हम अन्त तक शायद थक जायें। तुम उस वक़्त तक ऊर्जा सँभालकर रखना और उस दिन शतक ज़रूर मारना। हमें विश्व कप दिला देना, आरा! तुमसे और कुछ नहीं चाहिए।"

जब 1995 में श्रीलंका की टीम ऑस्ट्रेलिया से टेस्ट-सीरीज़ हारकर आयी थी, तो पूरी टीम चिन्ता में डूबी थी। अरविन्द डिसिल्वा केंट काउंटी के लिए खेलकर एक बदले हुए खिलाड़ी बनकर लौटे थे। वह क्रिकेट के एक मेधावी छात्र थे, जिनकी उम्र के साथ भी सीखने की इच्छा रहती। वह कुछ मैचों में 'बैक-फ़्लिक' प्रयास करते और फिर असफल होकर कुछ और अपनाते। यहाँ तक कि विश्व कप के क्वाटर फ़ाइनल के बाद वह नया बल्ला लेकर आ गये।

उन्होंने कहा, "सचिन भारी बल्ले से बल्लेबाज़ी करता है, तो उसके चौके बढ़िया दिखते हैं। मैं भी सोचता हूँ, इसी बल्ले से बल्लेबाज़ी करूँ तो धड़ाधड़ चौके जायेंगे।"

उनके साथी चौंक गये कि बढ़िया तो खेल रहे हैं, अब इस वक़्त कहाँ बल्ला बदलेंगे? सचिन का बल्ला तो बस सचिन ही उठा सकता है। दुबली-पतली बाँहों से भला यह कैसे उठेगा? लेकिन वे यह जानते थे कि अरविन्द ने ठान लिया है तो मानेगा नहीं। सेमीफ़ाइनल में वाक़ई उनके चौके इस गति से सीमा-रेखा पार करते कि सभी हैरान थे। सचिन के बल्ले ने अरविन्द को सचिन बना दिया। जब सभी खिलाड़ी देर-रात मस्ती कर रहे होते, अरविन्द डिसिल्वा वहीं होटल के गलियारे में बैट लेकर अकेले काल्पनिक शॉट ले रहे होते।

लोग मज़े लेने के लिए पूछते, "आरा! कौन बॉलिंग कर रहा है?"

"वसीम!"

"क्या डालने वाला है?"

"बाउंसर!"

वसीम अकरम की गेंद खेलने का मौक़ा तो नहीं मिल सका, लेकिन वह समय आ ही गया जब उन्हें रणतुंगा को दिया वचन पूरा करना था। गद्दाफ़ी स्टेडियम

में शतक मारकर उन्हें अर्जुन के हाथ में विश्व कप थमाना था। कोई अप्रत्याशित धुआँधार पारी नहीं, बस एक सीधी-साधी सेंचुरी।

अब एक राज से पर्दाफाश करता हूँ। दरअसल खेल के मैदान के बाहर की दुनिया जितनी क्रूर है, उतनी ही खेल के अन्दर की दुनिया मधुर।

'ऑस्ट्रेलिया से रंग-भेदी बेइज़्ज़ती के शिकार श्रीलंका ने बदला लिया'

ऐसी हेडलाइन कितनी आकर्षक लगती है! लेकिन सच क्या है? सच तो यह है कि ऑस्ट्रेलिया महाद्वीप न होता, श्रीलंका शायद विश्व कप न जीत पाती। यह एक फ़िल्मी पटकथा की तरह है। ऑस्ट्रेलिया ने एक वर्ष पूर्व मैदान में मुरलीधरन को बेइज़्ज़त कर श्रीलंका का खोया अहम् लौटा दिया। जब रणतुंगा ने मैदान से पूरी टीम को वाक-आउट करवा दिया, यह पहला मौक़ा था जब कप्तान पर सबकी अगाध श्रद्धा हो गयी। श्रीलंका टीम का कुल बजट तीन लाख रुपये था, जिसमें डेव व्हाटमोर की फ़ीस भरना असम्भव था। यह बात जब ऑस्ट्रेलिया क्रिकेट बोर्ड को पता लगी, उन्होंने मैच फ़ीस दोगुनी कर दी। इस तरह उनके कोच डेव व्हाटमोर का ख़र्च ऑस्ट्रैलिया ने ही वहन किया था। श्रीलंका को एक लाख डॉलर के बदले दो लाख डॉलर देते हुए ऑस्ट्रेलिया बोर्ड के चीफ़ ने कहा, "डेव का ख़र्च इससे निकाल लेना और अगर कम पड़े तो हम और भी मदद को तैयार हैं।"

तो यह जो ख़ूँख़ार, स्लेज़िंग करती, च्विंगम चबाते गोरों की टीम नज़र आती है, वह क्रिकेट की सबसे बड़ी संरक्षक भी है। चाहे किसी देश का खिलाड़ी हो, अगर उसे छात्रवृत्ति चाहिए तो यह सहयोग देती है। यह वाक़ई एक कंगारू की तरह विश्व क्रिकेट को गोद में रखती है और मौक़े पर आक्रामक छलांग भी लगाती है। श्रीलंका का साथ और भी लोग दे रहे थे, जो उनकी जीत पक्की कर रहे थे।

1986 के विश्व कप फ़ुटबाल में डिएगो माराडोना ने हाथ से गोल किया, जिसे 'हैंड ऑफ़ गॉड' कहा गया। जब उनसे इस विषय में पूछा गया तो उन्होंने कहा, "फ़ुट्बॉल बेईमानी का खेल है। यहाँ आप गेंद को विपक्षी खिलाड़ी की तरफ़ ले जाते हैं, और वह जैसे ही आपके पास गेंद लेने आता है, आप छकाकर गेंद चुरा ले जाते हैं। मैंने भी वही किया। अगर दुबारा ज़रूरत पड़ी, दुबारा करूँगा।"

क्रिकेट भी थोड़ी-बहुत बेईमानी का खेल है ही। जब इतने कैमरे नहीं आये थे, तो गेंद के धागे निकालकर 'रिवर्स-स्विंग' कराना आम था। बिना गेंद से छेड़छाड़ के यह असम्भव ही था। वकार यूनुस तो नाख़ून रगड़-रगड़ गेंद का नक़्श बदल देते। ख़ैर, लाहौर में ऐसा कुछ नहीं हुआ। यह तो श्रीलंका के लिए अनजानी जगह ही थी। कम से कम तब तक, जब तक वे यहाँ पहुँचे नहीं थे!

जब वे लाहौर पहुँचे, उन्हें लगा कि वापस श्रीलंका आ गये। हर तीसरा लाहौरी श्रीलंका की टी-शर्ट पहने घूम रहा था। दुकानों में श्रीलंका के पोस्टर लगे थे। रिक्शेवाले और ठेले तक श्रीलंका का झण्डा लगाये हुए थे। रवीन्द्र पुष्पकुमार एक दुकान में अपनी माँ के लिए क़ालीन ख़रीदने गये, तो एक लाल क़ालीन पसन्द आयी। वह पच्चीस हज़ार रुपये की थी, और इतने पैसे थे नहीं।

दुकानदार ने कहा, "आप श्रीलंका के खिलाड़ी हो, यह क़ालीन मुफ़्त लेते जाओ।"

लाहौर में उनका शब्दश: 'रेड कार्पेट वेलकम' हुआ। दूसरी ओर भारत में भी ईडन गार्डन के काण्ड के बाद क्रिकेट रोमांच वापस आ चुका था। मोहाली के सेमीफ़ाइनल में स्टेडियम खचाखच भरा था और सभी वेस्टइंडीज़ को समर्थन दे रहे थे। कुल मिलाकर ऑस्ट्रेलिया के साथ न भारत के लोग थे, न पाकिस्तान के। श्रीलंका को पाकिस्तान में समर्थन मिलने की एक वजह तो यह भी रही होगी कि वे भारत को हराकर आये। रही बात धर्म की तो वह मध्य-मार्गी बौद्ध बहुल देश से थे। लाहौर में बैनर लटक रहा था–

"There was an umpire named Hair
Who has a body of an overgrown bear
With a brain as small as a Hare
Who treated Sri Lankans unfair"

ऑस्ट्रेलिया टीम को लग गया कि यहाँ उन्हें धेला भी सपोर्ट नहीं मिलने वाला। मार्क टेलर ने मज़ाक़ में कहा, "हमने कोलम्बो जाने से मना किया, ये तो कोलम्बो ही लाहौर उठाकर ले आये।"

मैच से पहले की शाम एक व्यक्ति रणतुंगा से मिलने आये, जो बाइस साल बाद पाकिस्तान के प्रधानमन्त्री बने! इमरान ख़ान रणतुंगा के होटल पहुँच गये। यह कुछ ऐसा था जैसे पिछली बार के टॉपर गेस-पेपर बताने आये हों। अब इन सब पर बहुत सख़्ती है, लेकिन उस समय आसान था। इमरान ख़ान की तो यूँ भी बहुत चलती थी।

नेट सेशन में इमरान ने कहा, "अर्जुन! टॉस जीत कर बल्लेबाज़ी ही लेना। आज तक कोई 'चेज' कर विश्व कप नहीं जीता।"

श्रीलंका विश्व कप से पहले एक कमज़ोर 'चेजर' थी। ढाई सौ के स्कोर का पीछा गिने-चुने मैच में ही कर पायी थी। इस विश्व कप में वह न जाने क्यों, जान-बूझ कर 'चेज' ही करती रही और जीतती रही।

लाहौरी रमीज राजा भी टहलते आ गये और पूछा, "पिच कैसा चाहिए, अर्जुन?"

रणतुंगा ने कहा, "भाई! स्पिन ख़ूब हो, तेज़ पिच हो और बाउंस ज़्यादा न हो।"

लीबिया के तानाशाह के नाम पर बने गद्दाफ़ी स्टेडियम को आसिफ़ ज़रदारी (प्रधानमन्त्री बेनजीर भुट्टो के पति) ने ख़ुद अपनी देख-रेख में सजवाया था। वाक़ई अगले दिन पिच वैसी ही तैयार थी। अम्पायर डेविड शेफर्ड और स्टीव बकनर ने टॉस करवाया, और रणतुंगा ने टॉस जीतकर...ऑस्ट्रेलिया को बल्लेबाज़ी दे दी!!

क़िस्सा है कि रमीज़ राजा ने इमरान ख़ान को कहा, "भाई! इसको इतना समझाया, यह तो सब गड़बड़ कर गया। हारेगा!"

इमरान ख़ान ने लम्बी साँस लेकर मुस्कुराते हुए कहा, "नहीं रमीज़! अब इसको कोई नहीं हरा सकता। अर्जुन अपने मन में यह खेल जीत चुका है।"

जैसे इस खेल के मुख्य पात्र एक वर्ष पूर्व ही तय हो गये थे, बाक़ियों का काम इनको क्लाइमैक्स तक पहुँचाना था। टूर्नामेंट में पहली बार रणतुंगा और मार्क टेलर ने जब हाथ मिलाया, तो यूँ लगा जैसे जीवन में पहली बार मिल रहे हैं। विश्व कप की आपाधापी में जैसे सारे ग़म भुला दिये। रणतुंगा ने उनकी टीम को बल्लेबाज़ी के लिए आमन्त्रित किया। टॉनी ग्रेग ने फिर से कमेंट्री में याद दिलाया कि पहले बल्लेबाज़ी करने वाली टीम हमेशा जीतती आयी है।

रही बात पाकिस्तानी भीड़ के उन्माद की, तो ऑस्ट्रेलिया की टीम का दिमाग़ कुछ ऐसा बना है कि उन्हें ऐसे मैदान में खेलने में आनन्द आता है जहाँ भीड़ उनके ख़िलाफ़ हो। कप्तान मार्क टेलर और मार्क वॉ की जोड़ी ने आते ही चौके लगाने शुरू किये। मार्क वॉ गये तो पोंटिंग आये। पोंटिंग उस वक़्त नवयुवक थे, मूँछ और छोटी दाढ़ी रखते थे; लेकिन उनकी छोटी तिरछी आँखें देखकर लगता कि आने वाले समय में चालाक खिलाड़ी बनेंगे। दोनों ने शतकीय साझेदारी कर ली। तभी इस खेल के नायक पधारे!

अरविन्द डिसिल्वा ने अपनी गेंद से एक साथ टेलर और पोंटिंग दोनों को निपटा दिया। मुझे न जाने क्यों 1983 के मोहिन्दर अमरनाथ याद आ गये। यूँ लगता कि डिसिल्वा भी औसत गेंदबाज़ हैं, जिन्हें भाव न देकर बल्लेबाज़ ग़लती कर बैठता है। लेकिन इयान हीली का जो उन्होंने विकेट लिया, वैसे स्पिन मैंने जीवन में कम ही देखे। गेंद अच्छी-ख़ासी ऑफ़-स्टम्प के बाहर जा रही थी; अचानक गोली की गति से हीली के बल्ले और पैड के बीच से निकलकर लेग-स्टम्प उड़ा गयी। मुरलीधरन ने बाद में कहा कि डिसिल्वा ने वह स्पिन इतनी सहजता से डाल दिया, जिसके लिए मुझे कई वर्ष लगे। और तो और मिड-ऑन पर दौड़ते हुए अरविन्द डिसिल्वा ने एक

लाजवाब कैच भी पकड़ा। तीन महत्त्वपूर्ण विकेट और दो कैच लेकर अरविन्द हीरो तो ख़ैर बन ही चुके थे, लेकिन उनका मुख्य खेल तो बचा ही था।

फ़ाइनल के लिए 241 का लक्ष्य कोई कम न था, वह भी तब जब जयसूर्या-कालूवितरना की जोड़ी उतरते ही आउट हो गयी। उसके बाद अरविन्द डिसिल्वा के साथ असंका गुरुसिंघे उतरे। असंका गुरुसिंघे इंज़माम की तरह ही भारी-भरकम थे, घनी मूँछ-दाढ़ी भी थी।

जब रणतुंगा ने जयसूर्या को खुलकर छक्के-चौके मारने की ज़िम्मेदारी दी थी, गुरुसिंघे ने टोका, "मैं भी छक्के लगा सकता हूँ।"

रणतुंगा ने कहा, "मुझे मालूम है। लेकिन इस टूर्नामेंट में तुम लम्बी पारी खेलना ताकि गेंदबाज़ों को घूर-घूरकर डरा सको।"

गुरुसिंघे ने रणतुंगा के हनुमान की तरह इस आदेश का पालन किया। वह च्विंगम चबाते ऑस्ट्रेलिया के तेज़ गेंदबाज़ों को ऐसे घूरते कि बिचारे स्लेजिंग करना भूल गये। जब शेन वार्न आये, तब तो उन्होंने उस ख़ून-भरी तिरस्कार की नज़र से देखा कि वार्न ने चुपचाप सर झुका लिया। दूसरी ओर, डिसिल्वा तो चौके पर चौके लगाये जा रहे थे। दोनों यूँ खेल रहे थे जैसे लाहौर में पार्टी चल रही हो।

सबसे बुरा हाल था बारहवें खिलाड़ी रवीन्द्र पुष्पकुमार का। उनको हर पाँच-दस मिनट में पानी लेकर दौड़ा दिया जाता। जाने से पहले रणतुंगा ज्ञान देते कि आरा-गुरा[1] को यह समझाना। इतने में महानामा आकर कुछ और समझाते। जब वह सीढ़ी से उतर रहे होते तो डेव व्हाटमोर ऐसी अंग्रेज़ी में समझाते, कि रवीन्द्र के मत्थे तो कुछ लगता नहीं, पुराना समझाया भी भूल जाते।

बाद में डिसिल्वा ने बताया कि रवीन्द्र बस आता और कहता, "वेल प्लेड, अय्या!" हम पूछते कि कोई सन्देश लाये हो? तो कहता कि सब भूल गया, फिर पूछकर आता हूँ।

जब यह पार्टी ख़त्म हुई तो दूसरी पार्टी शुरू हुई। गुरुसिंघे गये; कप्तान अर्जुन स्वयं पाजामा खुजाते पधारे और पहली ही गेंद पर चौका जड़कर पिच पर डिसिल्वा से कन्धा मिलाया तो डिसिल्वा बुदबुदाये, "आयुबोवन अर्जुनैय्या!" (अर्जुन भाई को नमस्कार)

94 रन बनाने अभी और बचे थे, गेंद और मैदान पुराने हो चले थे। स्पिन के बादशाह शेन वार्न गेंद फेंकने वाले थे। लेकिन यह खेल एक परीकथा बन चुका था। रणतुंगा ने विश्व कप से पहले अपने प्रेस-कांफ्रेंस की शुरुआत यह कहकर

[1] अरविन्द डिसिल्वा और असंका गुरुसिंघे

नहीं की थी कि वे विश्व कप जीतेंगे। उन्होंने बस यह कहा था कि वह ऑस्ट्रेलिया को हरायेंगे। ऑस्ट्रेलिया का फ़ाइनल में होना तो एक संयोग था। वह जब मैदान में पहुँचे, तो उन्हें वही लोग नज़र आ रहे थे जो एक वर्ष पूर्व उन्हें चिढ़ा रहे थे। पीछे इयान हीली खड़े थे जिन्होंने 'मोटा साँड़' कहा था। प्वाइंट पर मार्क टेलर खड़े थे। स्क्वायर-लेग में रिकी पोंटिंग खड़े थे। सामने गेंदबाज़ी कर रहे थे शेन वार्न जिन्होंने खुलकर श्रीलंका को एक ख़तरनाक देश कहकर आने से मना कर दिया था। शेन वार्न की ओवर में पहले चौका और फिर एक लम्बा छक्का लगाकर अर्जुन रणतुंगा ने एक हिसाब तो निपटा दिया। हाँ! एक गेंदबाज़ का आदर वह करते रहे, जो आने वाली क्रिकेट पीढ़ियों ने भी की। ग्लेन मैकग्राथ की एकरूपी कसी गेंदबाज़ी पर डिसिल्वा का एक फ़्लिक ही याद आता है।

टोनी ग्रेग ने उछलकर कहा, "लिटल लंकंस ने ऑस्ट्रेलिया को मुँह छुपाने की भी जगह नहीं छोड़ी।"

इयान चैपल टका-सा मुँह लेकर उन्हें देखते रहे कि इन्हें क्या हो गया। अरविन्द डिसिल्वा ने अन्तिम समय में फ़ाइन-लेग में चौका लगाकर अपना शतक पूरा किया। ऐसा आज तक बस विवियन रिचर्ड्स और क्लाइव लाइड ने किया था कि विश्व कप फ़ाइनल में शतक लगाये।[2] कुछ सेकण्ड दोनों हाथ उठाकर डिसिल्वा वापस क्रीज़ पर आ गये। शतक तो औपचारिकता थी, उन्हें अब बल्ला रणतुंगा को पकड़ा कर विजयी शॉट लगवाना था। ठीक 241 के बराबरी स्कोर पर उन्होंने कप्तान को कमान दे दी।

अब चार ओवर शेष थे, और एक आख़िरी विजयी रन बचा था। मुरलीधरन सीमा-रेखा पर बच्चों की तरह दौड़कर आ गये, और उनके पीछे बाक़ी की टीम भी जमा हो गयी। रणतुंगा ने भी देर नहीं की, और अपना पेटेंट शॉट मारा–थर्ड मैन पर ग्लाइड और सीमा-रेखा पार!! उसके बाद टीम तो दौड़ती हुई आ गयी, लेकिन रणतुंगा अपने भारी क़दमों से हिलते-डुलते विकेट उखाड़ने में लगे थे। चेहरे पर एक अजीब शान्ति और गम्भीरता थी। कोई अति उत्साह नहीं। बड़े आराम से वह ऑस्ट्रेलिया टीम के सदस्यों से हाथ मिलाकर धन्यवाद ज्ञापन कर रहे थे। लंका विश्व कप जीत चुकी थी। सनत जयसूर्या मैन ऑफ़ द सीरीज चुने गये। मैन ऑफ़ द मैच तो आपको पता ही है।

---

[2]2003 में रिकी पोंटिंग, 2007 में एडम गिल्क्रिस्ट, 2011 में महेला जयवर्धने, और 2023 में ट्रैविस हेड ने विश्व कप फ़ाइनल में शतक लगाया।

जब बेनज़ीर भुट्टो ने ट्रॉफ़ी पकड़ाई तो अर्जुन रणतुंगा ने कहा, "अज़हर और वसीम अकरम ने मेरी उस वक़्त मदद की, जब हमारा देश बुरी स्थिति में था। अज़हर और अकरम का शुक्रिया। मैं लाहौर को धन्यवाद देता हूँ। अब मैं यह कप लेकर जल्द लंका लौटना चाहता हूँ।"

लंका के लिए यह विश्व कप कैसी सौगात लेकर आया? श्रीलंका को जैसे नया जीवन मिल गया। आज तक हिन्दी में क्रिकेट आधारित उपन्यास शायद ही लिखा गया, लेकिन शहन करुणातिलका का बहुचर्चित उपन्यास 'चाइनामैन' क्रिकेट के सहारे श्रीलंका की गाथा कहता है। खेल कैसे एक छोटे से देश को इतना बड़ा बना देता है। एक गृहयुद्ध झेल रहे देश में उल्लास ला देता है।

विश्व कप के बाद तो सनत जयसूर्या छा चुके थे। वह शतक पर शतक लगाते गये, और मैकग्राथ तक ने उन्हें सबसे ख़ौफ़नाक बल्लेबाज़ कहा। उन्होंने एक युद्ध-त्रस्त ग़रीब देश को सर उठाने की एक वजह तो दी ही। आठ वर्ष बाद सुनामी में उनके गाँव का घर डूब गया, और उनकी माँ जल-समुद्र में बाकियों की तरह एक टहनी के सहारे लटकी थी।

जब राहत टीम आयी तो सब चिल्लाए, "हमसे पहले इन्हें बचा लो! यह हमारे सनत जयसूर्या की माँ हैं।" (4)

सनत जयसूर्या की माँ! जैसे देश की ही माँ हो। मुझे ईडन गार्डन के सेमीफ़ाइनल में नाराज़ भारतीय फ़ैन का वह पोस्टर याद आता है, "क्या भारत की इतनी माँएँ एक सनत जयसूर्या नहीं पैदा कर सकतीं?"

उस वक़्त दिल्ली के नज़फ़गढ़ में अठारह वर्ष के युवा वीरेन्द्र सहवाग शायद यह पोस्टर पढ़ रहे होंगे।

कई वर्षों बाद रणतुंगा ने कहा, "एक देश के रूप में यह हमारे लिए सबसे अच्छी चीज़ थी, लेकिन क्रिकेट के लिए यह सबसे बुरी चीज़ थी। इससे क्रिकेट प्रशासन में संदिग्ध लोगों का प्रवेश बढ़ गया। विश्व कप के बाद हमारी व्यवस्था में बहुत सारा धन आ गया। खिलाड़ियों का दिमाग़ ख़राब हो गया। वे खेल के आदर्शों को ताक पर रखने लगे....इसका फल हम अब भुगत रहे हैं।" (5)

श्रीलंका जैसी छोटी टीम इस सफलता को ढंग से पचा नहीं पायी। रणतुंगा-डिसिल्वा के जूनियर सेनानी धन-लोलुपता में भटकते गये, और क्रिकेट बोर्ड भ्रष्ट होता गया। स्वयं सनत जयसूर्या सुपारी की तस्करी में पकड़े गये। श्रीलंका की टीम पर मैच-फ़िक्सिंग का ऐसा दाग़ लगा कि धोने के लिए भारतीय प्रधानमन्त्री नरेन्द्र मोदी से अर्जुन रणतुंगा ने सी.बी.आई. की मदद माँगी।

यह अध्याय क्रिकेट के खेल के एक 'टर्निंग-प्वाइंट' पर आधारित था। खेल न सिर्फ़ शैली में बदला कि जयसूर्या की शैली आज टी-20 में तब्दील हो गयी। खेल में अकूत धन का संचार हुआ। इसी विश्व कप के बाद मैच-फ़िक्सिंग के भी ख़ुलासे होते गये। दक्षिण अफ्रीका की तो आधी टीम ही लपेटे में आ गयी। भारतीय कप्तान अज़हरुद्दीन को बेइज़्ज़त होकर खेल से विदा लेना पड़ा। विश्व कप '96 के हीरो अजय जडेजा भी अपना सम्मान खो बैठे और बेआबरू होकर कूचे से निकले। पाकिस्तान के खिलाड़ी भी मैच-फ़िक्सिंग में फँसते गये और बेनजीर भुट्टो के पति आसिफ़ अली ज़रदारी पर विश्व कप में करोड़ों के ग़बन के मुक़दमे अब तक चल रहे हैं।

इन तमाम बदनामियों से उबरकर श्रीलंका और भारत नव जागृत भी हुए, और वानखेड़े स्टेडियम में ये दोनों टीमें विश्व कप फ़ाइनल 2011 में भिड़ीं, जिसमें महेला जयवर्द्धने के शतक के बावजूद भारत जीती। वहीं वीडियो अनालिटिक्स, रणनीति और संयोजित खेल से ऑस्ट्रेलिया की टीम ऐसी सशक्त बनी कि 2023 तक कुल छह विश्व कप जीती।

सन्दर्भ-सूची

1. र. ब्रिजनाथ, '1996 वर्ल्ड कप,' इंडिया टुडे , 30 नवम्बर 1999. [ऑनलाइन]. [इस दिन देखा गया–3-11-2020].
2. आ. नंदी, 'ताओ ऑफ़ क्रिकेट', ऑक्सफ़ोर्ड यूनिवर्सिटी प्रेस, 2001. पृ. xvii.
3. ऐ.फ. फ़र्नांडो, 'द लाइयंज़ फ़ेरी टेल,' क्रिकेट मन्थली, मार्च 2015. [ऑनलाइन]. [इस दिन देखा गया–4-11-2020].
4. सी.एन.एन., 'सनत जयसूर्या,' CNN, 17 दिसंबर 2008. [ऑनलाइन]. [इस दिन देखा गया 5 11 2020].
5. स. तौफ़ीक़, "1996 वर्ल्ड कप वज़ बैड फ़ोर श्रीलंका क्रिकेट," ESPN CRICINFO, 4 मार्च 2007. [ऑनलाइन]. [इस दिन देखा गया–5-11-2020].

सचिन गया क्या?

सचिन बल्लेबाज़ी के 'वन-स्टाप शॉप' हैं। अगर आपको स्ट्रेट ड्राइव देखना है तो सहवाग को देखिए, ऑन ड्राइव देखना है तो द्रविड़ को, स्क्वायर-कट के लिए गांगुली को, स्क्वायर-कट ड्राइव के लिए लक्ष्मण को, हवा में लगाए शॉट के लिए धोनी को। लेकिन सभी एक साथ देखना चाहें तो सचिन को खेलते देख लें।

–सुरेश मेनन

जिस उम्र में हम क्रिकेट की बारीकियों को थोड़ा-बहुत समझने लगे थे, सचिन तेन्दुलकर टीम में आ गये। उनकी मूँछें भी नहीं आयी होंगी। मैंने उनके पहले पाकिस्तान दौरे की एक तस्वीर देखी है, जिनमें मसखरी करने के लिए 'चिकने' तेन्दुलकर को घनी नक़ली मूँछें लगा दी गयीं, और संजय मांजरेकर को लिप्स्टिक। उस समय सचिन में बचपना मौजूद था, और वह जोखिम लेना चाहते थे। सचिन के आउट होने के अगर शुरुआती वीडिओ देखें, तो कई विकेट उन्होंने जैसे यूँ ही गँवा दिये। पहले वह मध्यक्रम में खेलते थे, तो जल्दी रन बनाने का दबाव रहता था। लेकिन सलामी बल्लेबाज़ी करते वक़्त पहले दो ओवर में ही सचिन का विकेट एक बेतरतीब शॉट से गिर जाये, तो?

हमारी उम्मीदें शायद उनकी उम्र से अधिक तेज़ी से बढ़ने लगी थीं। उनके जोखिम न जाने कितनों का दिल तोड़ देते। ऐसे कई क्रिकेट-प्रेमी थे, जो सचिन के आउट होते ही टेलीविज़न या रेडियो बन्द कर देते। मैंने अपनी डॉक्टरी की पढ़ाई पुणे से की है। वहाँ हम मैच देख रहे होते, और कोई लड़का अचानक कमरे में आकर पूछता, "सचिन गेला का?" अगर हमारा जवाब 'हाँ' होता, तो वह सर पर हाथ मारकर आगे निकल जाता। सचिन गया तो मैच गया। यही सचिन की ख़ासियत भी है कि वह मूलतः भगवान थे नहीं, उन्होंने यह पदवी मानवों की तरह ग़लतियाँ करके ही हासिल की।

सचिन की कहानी शारजाह से शुरू करता हूँ।

शारजाह! वह मैदान जहाँ 2023 तक के आँकड़ों के अनुसार सबसे अधिक मैच हुए। जहाँ की दाऊद अब्राहिम की तस्वीरें और मैचफ़िक्सिंग की अफ़वाहों ने इसे ऐसा बदनाम किया कि यहाँ मैच ही होने बन्द हो गये। शारजाह उस ज़माने का IPL था। रंगीन वस्त्र में खिलाड़ी, दिन-रात के मैच, सफ़ेद गेंद, संगीत, बॉलीवुड, पार्टियाँ, और पैसा। सबसे बड़ी बात कि भारत और पाकिस्तान के मैच। विश्व कप तो चार साल में एक बार आता, शारजाह हर साल आता।

इसकी शुरुआत 1981 में हुयी, जिसका उद्देश्य रिटायर हो गये क्रिकेट खिलाड़ियों हनीफ़ मोहम्मद और आसिफ़ इक़बाल की आर्थिक मदद थी। उस समय सुनील गावस्कर के मामा माधव मन्त्री से बात कर गावस्कर एकादश और मियाँदाद एकादश के मध्य प्रदर्शनी मैच रखा गया। यह मैच मियाँदाद एकादश ने जीता, और उसी रात आयोजक अब्दुर रहमान बुखातिर ने एक वार्षिक शृंखला की बात कही। भारत और पाकिस्तान के मध्य क्रिकेट मैच से बड़ा उत्सव कम से कम भारतीय या पाकिस्तानी क्रिकेट प्रेमियों के लिए कुछ नहीं। आज भी जब मैं किसी पाकिस्तानी से नॉर्वे में मिलता हूँ तो कहते हैं–"भाई! सियासी ज़ंग चलती रहेगी, हमारा क्रिकेट मैच शुरू करवा दो।"

एक-एक गेंद के साथ जैसे सबकी धड़कनें जुड़ी होती हैं। खेल कब रोमांचक मिसाइल युद्ध में बदल जाता है, पता ही नहीं लगता। आशिस नंदी अपनी पुस्तक 'ताओ ऑफ़ क्रिकेट' में लिखते हैं, "क्रिकेट दक्षिण एशिया का धर्म है और भारत-पाकिस्तान के मध्य मैचों ने वार्षिक रामलीला की अपील हासिल कर ली है। लोगों को पाकिस्तान टीम में असुर की एक छटा दिखती है। रावण बुराई का प्रतीक है, लेकिन रामलीला बिना रावण के कैसे सम्भव है?" (1)

इनके आपसी खेल के दौरान भारत के मुसलमानों को भी कटघरे में खड़ा किया जाता रहा कि वे पाकिस्तान की जीत पर पटाखे फोड़ते हैं। खिलाड़ी भी इससे बच नहीं सके। 1960-61 में भारतीय खिलाड़ी अब्बास अली बेग को नफ़रती चिट्ठियाँ भेजी गयीं, क्योंकि पाकिस्तान के ख़िलाफ़ भारत जीत नहीं सकी थी। वर्षों बाद सैयद किरमानी के साथ भी ऐसी घटना हुई। यहाँ तक कि 1982-83 के पाकिस्तान दौरे के लिए मोहम्मद अज़हरुद्दीन को इस कारण नहीं चुना गया क्योंकि वह मुसलमान थे।

शारजाह के शुरुआती रोथमांस कप टूर्नामेंट में भारत को जीत मिली, जिनमें 1985 का एक मैच स्मरणीय है। इमरान ख़ान की घातक गेंदबाज़ी के कारण भारत

की टीम महज़ 125 रन पर सिमट गयी और जवाब में भारत ने पाकिस्तान को 87 रन पर ऑलआउट कर दिया! इसका बदला अगले साल मियाँदाद ने लिया। उस दिन भारत की तरफ़ से श्रीकान्त और गावस्कर ने 117 रन की सलामी साझेदारी की थी और वेंगसरकर ने भी अर्धशतक लगा दिया था। वहीं पाकिस्तान के लगातार विकेट गिरते जा रहे थे, सिवाय जावेद मियाँदाद के। जावेद मियाँदाद ने उस दिन शतक तो मारा ही, चेतन शर्मा के आख़िरी फुलटॉस गेंद पर छक्का जड़कर सभी समीकरण बदल दिये। उसके बाद भारत पर ऐसा मानसिक दबाव बना कि वह पाकिस्तान से हारता गया। 1991 में आक़िब जावेद ने रवि शास्त्री, अज़हरुद्दीन और तेन्दुलकर का हैट्रिक विकेट लिया। इन बुरी यादों के बावजूद शारजाह का वह मनोरम सूर्यास्त, उस समय लगे दर्जनों कैमरे, चिश्ती मुजाहिद की कमेंट्री, बॉलीवुड अभिनेत्रियाँ, और वे भारत-पाकिस्तान के लहराते झंडे भूले नहीं भुलाते।

1994 में सलीम मलिक की टीम का मुक़ाबला मोहम्मद अज़हरुद्दीन की टीम से था। एक महीने पहले ही सचिन तेन्दुलकर ने अजय जडेजा के साथ सलामी बल्लेबाज़ी करनी शुरू की थी। सचिन के खेलते हुए पाँच साल हो गये थे, और हमने उनका एक भी एकदिवसीय शतक नहीं देखा था। अब ओपनिंग करने पर उम्मीद जगी थी कि शायद एक शतक जल्द ही दिख जायेगा।

सचिन ने आकर कुछ देर पिच को परखा। तीसरे ओवर में गेंद मिड-विकेट सीमा के पार। आक़िब लम्बी दौड़ लगाकर ऊँची उछाल की गेंद डालते, जिसे तेन्दुलकर बड़ी सहजता से लेग-साइड में हुक कर देते। अता-उर-रहमान की गेंद पर ज़रा-सा फ़्लिक और छक्का! सलीम मलिक को आगे बढ़कर सीधा छक्का। वसीम अकरम की गेंद को मिडल-स्टम्प से उठाकर मिड-विकेट पर छक्का। दस चौकों और तीन छक्कों के साथ वह 73 रन पर थे। हमें यक़ीन था कि आज वह शतक पूरा कर ही लेंगे। तभी अकरम राजा की गेंद पर उन्होंने हवा में शॉट मारा और सीमा रेखा के पास लपक लिये गये। इस तरह यह सपना वहीं टूट गया। उस साल भी भारत शारजाह नहीं जीत सका।

उसी वर्ष सिंगर कप, 1994 में सचिन ने अपना पहला एकदिवसीय शतक ऑस्ट्रेलिया के ख़िलाफ़ लगाया। दूसरे छोर पर उनके स्कूल के दोस्त विनोद कांबली थे। उस दिन सचिन अपने अर्धशतक के बाद सँभलकर खेलने लगे। सचिन के शतक पूरा होते ही दोनों दोस्त मैदान में गले मिले, जैसे किसी स्कूल के मैच में शतक लगाया हो। एक साल पहले जब विनोद कांबली ने अपने जन्मदिन पर पहला

एकदिवसीय शतक लगाया था, तो दूसरे छोर पर उनका साथ सचिन तेन्दुलकर दे रहे थे।[1]

मैं 19 जनवरी 1989 को लिया गया सचिन तेन्दुलकर का पहला टेलीविज़न साक्षात्कार देख रहा था, जो अभिनेता टॉम ऑल्टर ने लिया था। सचिन मैदान में ही खड़े एक स्टील के कप में चाय पी रहे होते हैं।

उस समय वह भारतीय टीम में नहीं आये थे।

टॉम पूछते हैं, "क्या आप इस वक़्त वेस्टइंडीज़ के तेज़ गेंदबाज़ों को खेलने को तैयार हैं।"

सचिन कहते हैं, "मुझे तेज़ गेंदबाज़ों को खेलना अच्छा लगता है क्योंकि उनकी गेंद सीधे बल्ले पर आती है।"

"सुना है, आपको कपिल देव ने नेट में गेंदबाज़ी की?"

"हाँ! उन्होंने भी अच्छी गेंद डाली।"

सचिन किसी पूर्वाग्रह से नहीं खेलते कि अमुक गेंदबाज़ इमरान ख़ान है या कपिल देव। मैदान के बाहर अवश्य आदर देते लेकिन मैदान पर वे गेंदबाज़ होते और सचिन बल्लेबाज़। सचिन की सबसे पुरानी स्मृति में मुझे वह पेशावर का मैच याद आता है, जो रिकॉर्ड बुक में दर्ज ही नहीं।

उस साल जब भारत पाकिस्तान के दौरे पर गयी तो चारों टेस्ट ड्रा हुए। सियालकोट में चौथे टेस्ट की दूसरी पारी में सोलह साल के सचिन जब बल्लेबाज़ी करने आये, तो भारत का स्कोर चार विकेट खोकर 38 रन था। इमरान ख़ान, वकार यूनुस और वसीम अकरम की तिकड़ी क़हर ढा रही थी। जब सचिन 30 रन के स्कोर पर थे, तो वकार यूनुस की गेंद सीधे उसके नाक पर आकर लगी, और ख़ून बहने लगा। पाकिस्तानी खिलाड़ियों ने आकर घेर लिया।

जावेद मियाँदाद ने आकर कहा, "अरे! यह तो बहुत कट हुआ है।"

सिद्धू ने सचिन से कहा, "वापस जाकर आराम करना है तो कर ले।"

सचिन ने रूमाल से अपनी नाक दबाए हुए कहा, "मैं खेलेगा!"

अगली ही गेंद पर कवर ड्राइव और चौका। सचिन ने उस दिन अर्धशतक

---

[1]सिंगर कप (1994) में कोलम्बो में अपने 79वें एकदिवसीय मैच में सचिन तेन्दुलकर ने पहला शतक लगाया। उस दिन विनोद कांबली ने नाबाद 41 रन बनाये। 1993 में जयपुर में इंग्लैंड के ख़िलाफ़ मैच में विनोद कांबली ने अपना पहला शतक लगाया। उस दिन सचिन ने 82 रन बनाये, और दोनों खिलाड़ी अन्त तक आउट नहीं हुए। वह विनोद कांबली का इक्कीसवाँ जन्मदिन भी था।

बनाया, और आख़िर इमरान ख़ान ने उन्हें आउट किया। इस मैच के बाद एकदिवसीय शृंखला थी, और पहला मैच पेशावर में था।

पेशावर पठानों का इलाक़ा है, जहाँ तीस हज़ार की भीड़ पहुँच चुकी थी। बारिश और बुरे मौसम की वजह से मैच नहीं हो सका। लेकिन, पठान कहाँ मानने वाले! आख़िर एक 20-20 ओवर का अनौपचारिक मैच रख दिया गया, जो टेलीविज़न पर भी दिखाया गया। यह मेरा देखा पहला टी-20 मैच था, और वह भी भारत पाकिस्तान के मध्य। उस समय ऐसा खेल आया नहीं था, लेकिन कमाल की बात कि पाकिस्तान ने ताबडतोड़ 157 रन बना लिये। भारत जब बल्लेबाज़ी करने आयी, अस्सी रन पर तीन विकेट गिर गये। उस समय श्रीकान्त का साथ देने सचिन तेन्दुलकर आये। मुश्किल से आख़िरी 6-7 ओवर बचे थे। मैच तो हाथ से जा चुका था। तभी हमने देखा कि सचिन ने मुश्ताक़ अहमद को दो छक्के और एक चौका जड़ दिया। अब्दुल क़ादिर सचिन के पास आये और कहा, "इस बच्चे को क्या मारता है लड़के? मुझे मार के दिखा" (2)

अब्दुल क़ादिर के हम फ़ैन थे। वह पहले उँगली चाटते, फिर कुछ सेकंड बल्लेबाज़ की आँखों में देखते, उसके बाद टेढ़ी-मेढ़ी चाल चलते, बाल झटकाते एक आख़िरी उछाल लेकर गेंद फेंकते। उनकी हर गेंद एक दूसरे से अलग होती। पहली लेग-ब्रेक, दूसरी गूगली, तीसरी टॉप स्पिन, तो चौथी फ़्लिपर। वह ऐसे स्पिनर थे जो आख़िरी ओवरों में गेंदबाज़ी करते। बाद में तो स्वयं सचिन तेन्दुलकर भी अब्दुल क़ादिर की तरह बहुरूपी स्पिन गेंदबाज़ी करने लगे।

उस दिन अब्दुल क़ादिर की पहली ही गेंद पर तेन्दुलकर ने छक्का लगाया। तीसरी गेंद पर चौका, आख़िरी तीन गेंदों पर तीन छक्के। श्रीकान्त और अब्दुल क़ादिर एक दूसरे को देखकर मुस्कुरा रहे थे। अठारह गेंदों में सचिन का अर्धशतक पूरा हो चुका था। भारत यह मैच हार गया, लेकिन पेशावर के पठानों और हमने उस दिन क्रिकेट का बेहतरीन तमाशा देखा। हमारी उम्मीद भी तभी से बँधनी शुरू हो गयी। सात साल बाद कोलम्बो में विश्व कप प्रदर्शनी मैच में सचिन और अब्दुल क़ादिर मिले, जिसमें उनकी मुस्कुराती तस्वीर इंटरनेट पर मिल जायेगी।

जिस वक़्त सचिन तेन्दुलकर टीम में आये, लगभग उसी समय इंज़माम-उल-हक़ और ब्रायन लारा भी क्रमशः पाकिस्तान और वेस्टइंडीज़ टीम में आये। इनमें सर्वश्रेष्ठ टेस्ट बल्लेबाज़ चुनना हो तो ब्रायन लारा चुने जायेंगे। उन्होंने रिकॉर्ड नाबाद 400 रन बनाये। इसके अलावा एक तिहरा शतक, सात दोहरे शतक मिलाकर कुल 34 शतक बनाये। इंज़माम ने एक तिहरा शतक और एक दोहरा शतक मिलाकर

कुल 25 टेस्ट शतक लगाये। सचिन तेन्दुलकर ने अपने जीवन में एक भी तिहरा शतक नहीं लगाया, छह दोहरे शतक मिलाकर कुल 51 शतक लगाये। अब उनके आसपास भी कोई नहीं नज़र आता। दक्षिण अफ्रीका के जाक़ कालिस 45 टेस्ट शतक लगाकर रिटायर हुए, लेकिन उनकी तुलना सचिन से नहीं होती। इंज़माम के विषय में रामचन्द्र गुहा लिखते हैं कि उनकी स्थिति इंग्लैंड के वाली हैमंड जैसी हो गयी, जो पूरा जीवन डॉन ब्रैडमैन के छाया में ही रह गये। (3)

अभी खेल रहे भारतीय खिलाड़ियों में विराट कोहली 2023 तक 29 टेस्ट शतक लगा चुके हैं, और उनसे उम्मीद है कि शायद सचिन तक पहुँचे। लेकिन, यह दो कारणों से सम्भव नहीं लगता। एक तो टेस्ट मैच के अलावा भी अब कई तरह के खेल चल रहे हैं। IPL के बाद खिलाड़ी पूरे साल व्यस्त रहते हैं, उन्हें पर्याप्त अवकाश नहीं मिलता। इसलिए सचिन जितने टेस्ट खेलना कठिन होगा।

1990 में सचिन ने ओल्ड ट्रैफ़र्ड के मैदान में अपना पहला टेस्ट शतक लगाया, उसके बाद 1992-93 के दौरान पाँच टेस्ट शतक लगाये। उन्हें एकदिवसीय शतक की भूख थी, जो बिना ओपनिंग के कठिन था। पाँच साल खेलने के बाद ही सचिन को ओपनिंग का मौक़ा मिला। 1994 में भारत न्यूज़ीलैंड के दौरे पर गयी थी। पहले एकदिवसीय में हार मिली। दूसरे मैच में नवजोत सिंह सिद्धू की गर्दन अकड़ गयी। सचिन किसी उत्साही बच्चे की तरह कोच अजित वाडेकर के पास पहुँच गये।

"सर! आज मुझे ओपनिंग करने दीजिए", सचिन ने कहा (मराठी में ही कहा होगा)

"तुमने कभी ओपनिंग नहीं की है, और हम तुम्हारा विकेट जल्दी खोना नहीं चाहेंगे"

"मैं नयी गेंद अच्छी खेलूँगा सर, आप एक बार मौक़ा तो देकर देखिए।"

"ठीक है। तुम्हारी मर्ज़ी।"

"आपको मुझसे कितने रन चाहिए?"

"जिस तरह तुम खेलते हो, शतक से कम क्या माँगूँ?" (4)

सचिन ने उस दिन डैनी मोरिसन और गेविन लार्सेन जैसों को चौकों और छक्के लगाकर 82 रन बना लिये। 142 का लक्ष्य था, और सचिन की बदौलत तेरहवें ओवर में ही भारत के सौ रन पूरे हो गये थे। शतक तो नहीं पूरा हुआ, लेकिन सचिन ने साबित किया कि वह नयी गेंद के साथ बेहतर खेलते हैं। अगले मैच से सिद्धू नीचे आए, और तेन्दुलकर-जडेजा की सलामी जोड़ी बन गयी। टेस्ट मैच में उस वक़्त भी मनोज़ प्रभाकर, सिद्धू और जडेजा ही ओपनिंग करते रहे। प्रभाकर ने ज़िन्दगी

में एक ही टेस्ट शतक बनाया, फिर भी पहले उतरते। उस वक़्त यह रणनीति क्यों थी, उसे वाडेकर के प्रश्न से समझा जा सकता है। नयी गेंद से हर कोई खेलना नहीं चाहता। वी. वी. एस. लक्ष्मण जैसे खिलाड़ी कभी ओपनिंग के लिए तैयार नहीं हुए। चेतन चौहान ने कभी एक भी शतक नहीं बनाया, लेकिन गावस्कर के साथ सलामी बल्लेबाज़ी करते। उनका काम था बीस-तीस रन बनाना, और बल्ला गावस्कर को पकड़ाते रहना ताकि वह शतक बना सकें। यह कहा जा सकता है कि भारत की टीम एक नाइट-वॉचमैन ही नहीं एक डे-वॉचमैन भी रखती थी।

सचिन के ओपनर बनते ही सचिन का ब्रांड बनने लगा था। उनमें लड़कियाँ अपना पति ढूँढ़ें न ढूँढ़ें, माएँ अपना बेटा देखने लगी थीं। सचिन की छवि विश्वास और भविष्य की थी। 1995 की एक शाम बेंगलुरु में रवि शास्त्री ने सचिन को एक व्यक्ति से मिलाया। उन्होंने एक ऑफ़र दिया, जिसे सचिन ठुकरा न सके। वह सचिन के नाम पर 7.5 मिल्यन डॉलर (31.5 करोड़ रुपये) लगाना चाहते थे। उस समय किसी भी भारतीय खिलाड़ी को ऐसे प्रस्ताव नहीं मिलते थे। ऐसे प्रस्ताव टेनिस या यूरोपीय फ़ुटबॉल में ही हुआ करते थे। शतरंज में विश्वनाथ आनन्द को लाखों डॉलर का पुरस्कार ज़रूर मिला था, लेकिन सचिन ने कोई ऐसा मुक़ाम नहीं हासिल किया था। सचिन के सामने शर्त बस इतनी थी कि वह टीम में रहें। यह भी भारतीय क्रिकेट बोर्ड के रवैये को देखते हुए जोखिम-भरी शर्त थी। लेकिन, जिस व्यक्ति ने यह दाँव लगाया था, वह कोई साधारण व्यक्ति नहीं थे। वह वर्ल्ड टेल कम्पनी के मुखिया मार्क मस्करेन्हास थे।

जल्द ही सचिन की प्रगति उन्हें अल्पकालिक कप्तानी तक भी ले गयी, जो ख़ास सफल नहीं रही (विशेष अध्याय 7 में)। 1998 से सचिन का स्वर्ण-युग औपचारिक रूप से प्रारम्भ होता है। सचिन ने अपने पहले आठ वर्ष में कुल 26 शतक लगाये। अगले आठ वर्ष (1998-2005) में 47 शतक लगाये। आख़िरी आठ वर्ष में 27 शतक लगाकर शतकों का सैकड़ा बना लिया। स्वाभाविक है, उन्होंने सबसे अधिक शतक सलामी बल्लेबाज़ी करते हुए अपने खेल जीवन के मध्य में लगाये।

ब्रायन लारा और शेन वार्न, जो लगभग सचिन के साथ ही आये थे, उनका भी स्वर्ण-युग यही समय था। उनकी तुलना इसी कालखण्ड में होती थी। उसके पहले या बाद में कम हुई। लारा और वार्न, दोनों ही 2007 में रिटायर हो गये, सचिन तो उसके बाद भी पाँच साल खेले।

1997-1998 में जब ऑस्ट्रेलिया की टीम भारत के दौरे पर आयी, तो सचिन तेन्दुलकर और शेन वार्न के मध्य दंगल को मीडिया में ख़ूब हवा दी गयी। सचिन के सर से कप्तानी का बोझ हट गया था, और अज़हर ने वापस कप्तानी सम्भाल ली थी। लक्ष्मण, राहुल द्रविड़, और सौरभ गांगुली के रूप में ऐसे खिलाड़ी मिल गये थे कि अब सचिन को अकेले बल्लेबाज़ी सँभालनी नहीं पड़ती। वहीं दूसरी ओर, ऑस्ट्रेलिया की टीम उस समय की सबसे मज़बूत टीम थी। 1998 के बाद के अगले तीन विश्व कप उन्होंने आसानी से जीते।

ऑस्ट्रेलिया की टीम अपना पहला मैच रणजी चैम्पीयन मुम्बई से खेल रही थी। शेन वार्न की एक गेंद उनके मोटे हाथों से छूटकर सुदर्शन चक्र की तरह हवा में घूमती हुई आयी, सचिन ने अपने क़दम जमाकर एक ज़ोरदार प्रहार किया। गेंद लॉन्ग-ऑन सीमा-रेखा के पार छक्का! शेन वार्न जो दक्षिण अफ़्रीका में क़हर मचाकर लौटे थे, वह एक प्रथम श्रेणी टीम से खेलते हुए 16 ओवरों में 111 रन दे बैठे। सचिन दोहरा शतक लगाकर नाबाद रहे। यह ज़ाहिर है जान-बूझकर किया गया एक मानसिक प्रहार था कि वार्न भारत में अपनी औक़ात जान लें। सचिन उस समय छोटी फ़्रेंच-कट दाढ़ी-मूँछ रखने लगे थे, जो उनकी देखादेखी मैंने भी रखना शुरू किया।

चेन्नई में जब पहला टेस्ट खेला गया, तो पहली पारी में शेन वार्न ने सचिन को मात्र चार रन पर चलता किया। दूसरी पारी में इनके मध्य असल जुगलबन्दी शुरू हुई। आप इस खेल को देखेंगे तो लगेगा इस खेल के मात्र दो ही पात्र थे, और एक का उद्देश्य दूसरे को मात देना था। शेन वार्न ने 30 ओवर डाले, हर तरह की गेंद डालने का प्रयास किया। चौथे दिन के खुरदरे पिच पर गेंद ग़ज़ब की घूम भी रही थी। सचिन कभी क़दम आगे बढ़ा कर तो कभी स्पिन के उलट मिड-विकेट दिशा में चौका लगा रहे थे। यह दूरदर्शन पर प्रसारित 'रामायण'-'महाभारत' जैसा लग रहा था कि एक अस्त्र आया, तो दूसरे अस्त्र से उसे परास्त कर दिया। उस दिन एक तरफ़ से तेन्दुलकर चौके लगा रहे थे, और दूसरी तरफ़ से अज़हरुद्दीन। शेन वार्न की सभी कोशिशें नाकाम रहीं और सचिन 155 रन बनाकर क्रीज़ पर जमे रह गये।

इस गेंद-बल्ले के उस्तादों की जुगलबन्दी का चरम दिखा उसी वर्ष शारजाह में। शारजाह के उस टूर्नामेंट में ऑस्ट्रेलिया, न्यूज़ीलैंड और भारत शामिल थे। भारत को फ़ाइनल में पहुँचने के लिए 237 रन का लक्ष्य पार करना था।[1] जब ऑस्ट्रेलिया बल्लेबाज़ी कर रही थी, तो मार्क वॉ के चौकों को देखते हुए मनोबल गिरने लगा।

---

[1]पहले यह लक्ष्य 254 रन का था, जो बाद में 237 रन हो गया।

आख़िरी ओवरों में माइकल बेवन ने शतक लगाकर 284 रन का लक्ष्य दे दिया। भारत की गेंदबाज़ी ऐसी थी कि मात्र कुम्बले अपने दस ओवर पूरा कर सके। वी. वी. एस. लक्ष्मण तक से गेंदबाज़ी करायी गयी।

भारत के बल्लेबाज़ भी एक-एक कर आउट होते रहे, लेकिन सचिन तेन्दुलकर जमे रहे। शारजाह की तपती ज़मीन और उमस में खड़े रहना ही बड़ी बात है। तेन्दुलकर ने बाद में कहा कि खेल के बाद मुझे लगा जल्दी से कहीं बर्फ़ में पैर डुबो दूँ। उन्होंने 43 ओवर तक बल्लेबाज़ी की, हर गेंदबाज को अलग-अलग दिशा में चौके लगाये। कास्प्रोविच उन्हें आँखें दिखाकर धमकाते, और वह बड़ी सहजता से कभी स्क्वायर-लेग, और कभी स्ट्रेट छक्का लगाते।

तेन्दुलकर के रनों की बारिश देखकर शायद प्रकृति भी उत्साहित हो गयी, और शारजाह में रेतीला तूफ़ान आ गया। खेल लगभग बीस मिनट रोकना पड़ा। जीत के लिए अब भारत को 46 ओवर में 237 रन बनाने थे। तूफ़ान रुकते ही तेन्दुलकर ने 237 का लक्ष्य पार कर भारत को फ़ाइनल में पहुँचा कर ही दम लिया। हालाँकि तेन्दुलकर के आउट[1] होते ही लक्ष्मण और कानिटकर मैच नहीं जिता सके। तेन्दुलकर की यह 143 रन की पारी उस रेतीले तूफ़ान की वजह से 'डेज़र्ट स्टॉर्म' कहलायी।

फ़ुटबॉल खिलाड़ी सुनील छतरी ने विराट कोहली को एक लाइव में पूछा कि आप क्रिकेट इतिहास की कौन सी पारी दुहराना चाहेंगे, तो उन्होंने कहा, "डेज़र्ट स्टॉर्म!"

शारजाह से उन दिनों खिलाड़ियों को दुबई के होटल जाना पड़ता, जो लम्बा सफ़र था। रात दो बजे ही टीम होटल पहुँची, और एक दिन बाद फ़ाइनल था। फ़ाइनल मैच में ऑस्ट्रेलिया की पारी में मुझे यही याद आता है कि अजित अगरकर गेंदबाज़ी कर रहे थे, स्टीव वॉ और डरेन लेमन चौके लगा रहे थे। फिर से ऑस्ट्रेलिया ने 274 रन का ऊँचा लक्ष्य दे दिया।

भारत की पारी में कासप्रोविक्ज तेन्दुलकर से भिड़ गये, और स्लेजिंग करने लगे। अमूमन तेन्दुलकर ऐसी स्थिति में जवाब नहीं देते, अपना पैड सँभालने लगते, या थोड़ा झुककर शर्ट ठीक करने लगते। उस दिन वह भी कास्प्रोविच की आँखों में

[1]फ़्लेमिंग की वह गेंद काफ़ी ऊँची बाउंस लेकर आयी थी, जिसे तेन्दुलकर हुक कर रहे थे, और गेंद पीछे विकेटकीपर गिल्क्रिस्ट के दस्ताने में गयी। यह पक्की तौर पर नहीं कहा जा सकता कि गेंद उनके बल्ले से लगी थी, बल्कि अम्पायर ने भी उँगली नहीं उठायी थी। लेकिन तेन्दुलकर ने चलना शुरू कर दिया, और स्वयं ही ख़ुद को आउट क़रार दिया।

गुस्से से घूरने लगे। मोहम्मद अज़हरुद्दीन भी दूसरे छोर से यदा-कदा चौके लगा रहे थे। स्टेडियम में किसी दर्शक ने एक पोस्टर लगाया, "बड़े मियाँ तो बड़े मियाँ, छोटे मियाँ सुभान अल्लाह"। इस बार क्रीज़ पर कपिल-मोरे नहीं, अज़हर-सचिन थे।

तेन्दुलकर ने उस दिन अपने पच्चीसवें जन्मदिन पर 134 रन की पारी खेली। उनको कास्प्रोविच ने ही पगबाधा आउट किया जो हम क्रिकेट फ़ैन आज तक ग़लत निर्णय मानते हैं। गेंद लेग-स्टम्प पर पिच होकर बाहर जा रही थी। ख़ैर, अज़हर और उनके बाद अजय जडेजा ने जीत के लिए आख़िरी रन बड़े आराम से बना लिये। यही वह वक़्त था जब शेन वार्न ने कहा कि मुझे तेन्दुलकर के छक्कों के बुरे सपने आते हैं।

मैच के बाद शेन वार्न तेन्दुलकर के कमरे में आये, और एक टी-शर्ट पर हस्ताक्षर करने का अनुरोध किया। सचिन ने पूछा, "यह किसके लिए?" शेन वार्न ने कहा, "ऑफ़ कोर्स, मेरे लिए"

सचिन के लिए सबसे बड़ा मौक़ा तब आया जब 27 अगस्त, 1998 को अपने 90वें जन्मदिन पर सर डॉन ब्रैडमैन ने उन्हें और शेन वार्न को आमन्त्रित किया।[2] दोनों खिलाड़ी सज-धजकर एडिलेड के केंज़िंटॉन पार्क में डॉन से मिलने पहुँचे।

ब्रैडमैन ने सचिन को कहा, "तुम्हारा खेल मुझे पसन्द है। तुम ग़ैरी सोबर्ज और बैरी रिचर्ड्स की श्रेणी के खिलाड़ी हो।"

सचिन ने झेंपकर मुद्दे पर आते हुए पूछा, "हम सब तो आपको खेल का भगवान मानते हैं। आप अपने खेल की शुरुआत कैसे करते थे?"

ब्रैडमैन ने कहा, "मैं तेज़ गेंदबाज़ों को कुछ पीछे जाकर अक्रॉस आकर खेलता था, और स्पिनर को क़दम आगे बढ़ाकर। लेकिन, मैं गेंदबाज़ों के लिए कुछ भी निश्चित नहीं रखता था।"

"अच्छा। एक बड़े मैच की तैयारी के लिए आप क्या करते थे?"

"मैं स्टॉक ब्रोकर था। मैदान में आने से पहले तीन घण्टे वहाँ काम कर के आता था, और खेल के बाद वापस कुछ देर काम पर लौट जाता था। अगर मैच मेरे शहर में नहीं होता, तो मैं खेलने से पहले टहलने निकल जाता था। तुम बताओ, तुम गेंद आने से पहले क्या करते हो?"

"मुझे पता नहीं, मैं क्या करता हूँ।"

"तुम ज़रूर कुछ करते होगे, अन्यथा ऐसे शॉट खेलना मुमकिन नहीं।"

---

[2]सबसे पहले 1996 विश्व कप में ऑस्ट्रेलिया-भारत मैच के दौरान सचिन को देखते हुए डॉन ब्रैडमैन ने अपनी पत्नी को बुलाकर कहा था कि देखो! यह बिलकुल मेरी तरह खेलता है।

"हाँ, मैंने प्रशिक्षण तो लिया है।"

"तुमने वाक़ई किसी प्रशिक्षक से सीखा है? प्रशिक्षक हमेशा सिखाते हैं कि गार्ड लेते समय केहुनी मिड-ऑफ़ की तरफ़ रहे। लेकिन तुम्हारी नहीं रहती। तुम बिल्कुल मेरी तरह गार्ड लेते हो।" (5)

डॉन से मुलाक़ात के बाद भारतीय मीडिया ने सचिन को भगवान बनाना शुरू कर दिया था। सचिन मैदान में आते तो 'सचिन! सचिन!' की गूँज ऐसी रहती कि वह अपना ध्यान केन्द्रित रखने के लिए कान में वाकमैन लगाये दौड़ते रहते। 2001 में मैथ्यू हेडन ने यह बात खुलकर कही कि भारत के लिए तेन्दुलकर भगवान हैं। ब्रेट ली ने तेन्दुलकर के विषय में कहा, "वह अपना भारी बल्ला किसी टूथ-पिक की तरह लहराते हैं"

बाद में महेन्द्र सिंह धोनी ने जे. पी. यादव के हवाले से कहा, "हम सभी खिलाड़ी यही सोचते रहते कि तेन्दुलकर क्या खाता है, कैसे सोता है, क्या सोचता है, और उस फेर में हम ख़ुद खेल नहीं पाते"। धोनी ने राँची में अपने कमरे में पोस्टर लगा रखे थे, और उन्हें भगवान मानते थे। बाद में सचिन ने उनकी कप्तानी में खेला, लेकिन सचिन पा'जी के लिए आदर बना ही रहा।[1] (6, 7)

भगवान का यह दौर बदनाम भी रहा। मैचफ़िक्सिंग के धब्बे खेल पर आये (विशेष अध्याय 6 में)। सचिन अकेले भारत के लिए कई मैचों में लड़ते रहे। कुछ महत्त्वपूर्ण मैचों में वह जल्दी आउट भी हो जाते। ख़ासकर ग्लेन मैकग्राथ को खेलने में वह चूकते रहे।[2] सचिन का दौर व्यक्तिगत सफलताओं का, और टीम की असफलताओं का दौर कहा जाता है। लेकिन यह बात सांख्यिकी के हिसाब से सही नहीं। सचिन ने 49 एकदिवसीय शतक लगाये, जिसमें 33 शतकों में भारत को जीत दिलायी, और एक मैच टाई हुआ। वहीं 51 टेस्ट शतकों में मात्र 11 में हार मिली।[3]

उन्होंने 1998 में नौ शतक लगाकर 1874 रन बनाये, जो आज तक का रिकॉर्ड है। अगले वर्ष सौरभ गांगुली, राहुल द्रविड़ और सचिन तेन्दुलकर, तीनों ने 1600 से अधिक रन बनाये। एक वर्ष में इतने एकदिवसीय रन बनाना आज के धुआँधार क्रिकेट में भी कठिन है। उदाहरण के लिए 2023 में शुभमन गिल ने सबसे अधिक

---

[1]एक मराठी क्रिकेटर सचिन को पंजाबी सम्बोधन पा'जी कहना हरभजन सिंह ने शुरू किया था।

[2]सचिन के कैरियर में ब्रेट ली ने उन्हें सबसे अधिक 14 बार आउट किया। मुरलीधरन और मैकग्राथ ने 13-13 बार आउट किया।

[3]सचिन के 20 शतक हारे हुए टेस्ट मैच में लगे, और 20 ड्रा मैच में।

1584 रन बनाये, लेकिन वह भी 1600 रन का आँकड़ा नहीं पार कर सके। यह भी कड़वा सच है कि विश्व के तीन रन मशीनों सचिन तेन्दुलकर, सौरभ गांगुली और राहुल द्रविड़ के होने के बावजूद भारत 1999 विश्व कप के सेमीफ़ाइनल में भी नहीं पहुँच सका। सचिन वापस कुछ समय कप्तान बनाये गये और इस बार भी असफल रहे। 1999-2000 के ऑस्ट्रेलिया दौरे पर जब उनकी कप्तानी में भारत एक भी मैच नहीं जीत सकी, तो सचिन ने घोषणा की–

> *हमने पूरी कोशिश की, लेकिन हम असफल रहे। मैं कोई बहाना नहीं बनाना चाहता। मैं हार की नैतिक ज़िम्मेदारी लेता हूँ। मैं दक्षिण अफ्रीका के साथ अगले दो टेस्ट के बाद कप्तानी छोड़ना चाहूँगा। इससे नये कप्तान को कुछ तैयारी के लिए वक़्त भी मिलेगा। मैं यह वचन देता हूँ कि मैं किसी भी कप्तान के लिए अपना सर्वोत्तम देने का प्रयास करूँगा*

ब्रैडमैन से तुलना का वैश्विक प्रभाव भी हुआ। जब 2001 में नासिर हुसैन के नेतृत्व में इंग्लैंड टीम आयी, तो उन्होंने तेन्दुलकर के लिए वही तरकीब लगायी जो कभी ब्रैडमैन को क़ाबू करने के लिए किया गया था। यानी बॉडीलाइन। इंग्लैंड के स्पिन गेंदबाज़ एश्ले जाइल्स को यह निर्देश दिया गया की लेग-स्टम्प के बाहर गेंद पिच करायें। यह तरीक़ा कारगर रहा। तेन्दुलकर के लिए खेलना कठिन हो रहा था। बेंगलुरु के टेस्ट में तो नब्बे रन बनाने के लिए तेन्दुलकर ने लगभग 200 गेंदे खेलीं।

जब वीरेन्द्र सहवाग सचिन के साथ सलामी बल्लेबाज़ी करने आए, तो यह हमारे लिए एक नया अनुभव था। 2002 में इंग्लैंड के ख़िलाफ़ इन्होंने शतकीय साझेदारी के साथ शुरुआत की। सहवाग के डील-डौल और खेलने के तरीक़े से लगता कि एक साथ दो-दो सचिन खेल रहे हैं। एक जैसे ही अपर-कट, एक जैसे ही हुक। भले ही सहवाग क़दमों का इस्तेमाल नहीं करते। उसी वर्ष वेस्टइंडीज़ के ख़िलाफ़ एकदिवसीय मैचों में तेन्दुलकर को क्रम में नीचे भेज दिया गया और सहवाग-गांगुली ओपनिंग करने लगे।[4] 2003 विश्व कप में पुनः सचिन और सहवाग सलामी जोड़ी के रूप में आये। सचिन उस विश्व कप में मैन ऑफ़ द टूर्नामेंट बने, लेकिन विश्व कप हाथ न आया।

सचिन के साथ नयी समस्यायें आने लगी थीं। सचिन पूरे विश्व कप में दर्द से गुज़र रहे थे, जिसकी जड़ें पुरानी थीं। वह बचपन से ही अपना भारी बल्ला

---

[4]सचिन एकदिवसीय मैच से पहले वेस्टइंडीज़ के ख़िलाफ़ टेस्ट सिरीज़ में तीन पारियों में शून्य पर आउट हुए थे। इस कारण सौरभ गांगुली ने उन्हें क्रम में नीचे किया था। ऐसा पिछले आठ साल में पहली बार हुआ था कि सचिन चौथे स्थान पर बल्लेबाज़ी करने लगे।

अपारम्परिक अन्दाज़ में हैंडल के बिलकुल नीचे पकड़ते थे। इससे पुल करना सुलभ होता। उनके कोच रमाकान्त आचरेकर इसे बदलना चाहते थे। उन्हें लगता था कि ऑफ़ साइड में खेलना कठिन होगा, सन्तुलन के लिए आगे झुकना होगा, नहीं तो उनका कन्धा आगे जाकर जवाब दे देगा। उनकी भविष्यवाणी सही निकली। कन्धा ही नहीं, केहुनी भी जवाब दे गयी। तेन्दुलकर को 2006 में ऑपरेशन कराना पड़ा। उसके बाद काफ़ी हद तक उनके पुल और हुक खो गये, और उन्होंने स्ट्रेट ड्राइव और कलात्मक शॉट पर अधिक ध्यान दिया।

सचिन की कभी तेज़ गेंदबाज़ बनने की ख़्वाहिश थी। उन्हें एक हरफ़नमौला के तौर पर टीम में जगह मिली थी और पहले मैच से ही गेंदबाज़ी कर रहे थे। 1991 में शारजाह में उन्हें गेंदबाज़ी के लिए मैन ऑफ़ द मैच भी मिला, जब उन्होंने चार विकेट लिये। इनमें लैम्बर्ट, रिचर्ड्स और गस लोगी जैसे महत्त्वपूर्ण विकेट थे। 1993 के हीरो कप में सचिन की बल्लेबाज़ी ख़ास नहीं रही थी। एक अर्धशतक भी नहीं लगा पाये थे। ईडन गार्डन में दक्षिण अफ्रीका के साथ सेमीफ़ाइनल था। सचिन ने बल्ले से मात्र 15 रन बनाये। उस दिन दक्षिण अफ्रीका को आख़िरी ओवर में सात रन बनाने थे। ईडन गार्डन की वह ख़ून की प्यासी भीड़। गेंद डालेगा कौन? श्रीनाथ और प्रभाकर की काफ़ी धुलाई हुई थी। कपिल देव को गेंद दी जा सकती थी, लेकिन कपिल स्वयं हिचक रहे थे। ईडन गार्डन का खलनायक कौन बनना चाहेगा? उस समय सचिन ने अजहर से कहा, "मैं गेंद डालूँगा"।

पहली गेंद को फ़ेनी डी विलियर्स ने ऑफ़ साइड में खेला और दो रन भागे। सलिल अंकोला के थ्रो से वह रन आउट हुए। आख़िरी खिलाड़ी एलन डोनाल्ड सामने थे। तेन्दुलकर ने तीन बहुत ही हल्की गति की गेंद फेंकी, जिसे वह खेल ही नहीं पाये। पाँचवी गेंद पर एक रन दौड़े। मैकमिलन ने आख़िरी गेंद खेली, लेकिन वह भी एक रन ही दौड़ पाये। भारत दो रन से जीत गया!

टाइटन कप (1996) में मोहाली में ऑस्ट्रेलिया के साथ मैच था। आख़िरी ओवर में ऑस्ट्रेलिया को मात्र 6 रन बनाने थे। इस बार सचिन कप्तान थे, और ख़ुद ही गेंद ले ली। उनकी पहली ही गेंद पर ब्रैड हॉग रन-आउट हो गये, और भारत जीत गया। कमाल की बात है, कि दोनों ही मैचों में सचिन ने पूरे खेल में बस आख़िरी ओवर ही डाला। तभी एक तरह का अन्धविश्वास हमारे मन में बैठ गया कि सचिन के हाथ में कुछ जादू है। जब भी आख़िरी ओवर में ऐसी स्थिति होती तो जनता 'सचिन, सचिन!' चिल्लाने लगती।

सचिन पर यह इल्ज़ाम लगता रहा कि वह अपने रिकॉर्ड के चलते खेल को आख़िरी समय में खींच रहे थे। 2005-2007 के दौरान तीन वर्षों में सचिन ने किसी बड़ी टीम के ख़िलाफ़ टेस्ट शतक नहीं लगाये।[1] यह उनका बुरा वक़्त था, जिस समय वह अपनी चिकित्सीय समस्याओं से भी जूझ रहे थे। लेकिन, सचिन धीरे-धीरे फ़ॉर्म में लौटे। 2008 में उन्होंने ऑस्ट्रेलिया के ख़िलाफ़ तीन बेहतरीन शतक लगाये। 2009 में जब उनकी रिटायर होने की बात चल रही थी, उन्होंने न्यूज़ीलैंड के ख़िलाफ़ नाबाद 163 रन बनाकर मैच जिता दिया। अगले वर्ष तो उन्होंने विश्व के सर्वाधिक एकदिवसीय स्कोर 200 रन का जादुई आँकड़ा छू लिया।[2]

सचिन भले न थके हों, दर्शक अब थकने लगे थे। 2011 के विश्व कप जीत के बाद हमें लगा कि वह रिटायर हो जायेंगे। आख़िर वह छठा विश्व कप खेल रहे थे, जिसमें जीत मिल गयी थी। विजय मर्चेंट ने एक बार कहा, "संन्यास लेने का सही वक़्त वह है जब लोग यह न पूछें कि कब जा रहे हो, बल्कि यह पूछें कि क्यों जा रहे हो।"

इस मानक से यह सही वक़्त था, क्योंकि सचिन एक अच्छे शीर्ष बिन्दु पर थे। लेकिन अब उन्हें अपने 100 शतक पूरे करने थे। इस लक्ष्य को पाने में पूरे एक साल लग गये जब बांग्लादेश के ख़िलाफ़ उन्होंने शतक बनाया।[3] सचिन ने एकदिवसीय से तो संन्यास लिया, लेकिन टेस्ट खेलते रहे। उन्हें अपने 200 टेस्ट मैच भी पूरे करने थे, जो 2013 में ही पूरा हो सका। अपने जीवन के सभी क्रिकेट लक्ष्य उन्होंने योजनाबद्ध तरीक़े से पा लिये। अगर सचिन कुछ नहीं पा सके तो वह रहा टेस्ट में तिहरा शतक।[4]

'सचिन गया क्या?' अब कोई नहीं पूछता। भगवान की छवि भी अब धुँधली पड़ने लगी है। लेकिन वे दिन ज़रूर याद करते हैं जब सचिन मैदान में कैच पकड़ने के बाद किसी बच्चे की तरह दोनों हाथों से गेंद की जग्लिंग करते दिखते।

---

[1]2005 में श्रीलंका के ख़िलाफ़ एकमात्र शतक, 2006 में एक भी शतक नहीं लगाया, 2007 में बांग्लादेश के ख़िलाफ़ दो शतक लगाये।

[2]यह 2010 के दक्षिण अफ़्रीका के ख़िलाफ़ मैच में हुआ। 2023 तक दस अन्य खिलाड़ियों ने 200 का आँकड़ा पार किया। रोहित शर्मा ने तो तीन दोहरे शतक लगाये।

[3]हालाँकि भारत वह मैच हार गया।

[4]सचिन का सर्वाधिक टेस्ट स्कोर रहा 248 रन, जो उन्होंने बांग्लादेश के ख़िलाफ़ 2004 में बनाये।

सन्दर्भ-सूची

1. आ. नंदी, 'ताओ ऑफ़ क्रिकेट', ऑक्सफ़ोर्ड यूनिवर्सिटी प्रेस , 2001. पृ. xiv.
2. र. सरदेसाई, 'टीम लोकतन्त्र', नयी दिल्ली, वाणी प्रकाशन, 2018.
3. र. गुहा, 'द कॉमनवेल्थ ऑफ़ क्रिकेट', हार्पर कॉलिंज़, 2020.
4. व. पूरन्दरे, 'सचिन तेन्दुलकर : आ डिफ़िनिटिव बायोग्राफ़ी', ईबुक, नयी दिल्ली, रोली बुक्स, 2005. पृ. 244.
5. वही, पृ. 371-75.
6. र. सरदेसाई, 'टीम लोकतन्त्र', नयी दिल्ली, वाणी प्रकाशन, 2018.
7. व. पूरन्दरे, 'सचिन तेन्दुलकर : आ डिफ़िनिटिव बायोग्राफ़ी' ईबुक, नयी दिल्ली, रोली बुक्स, 2005. पृ. 428.

लगता है मैच फ़िक्स था

यह दुनिया हमारी ज़रूरतों के लिए पर्याप्त है, लेकिन हमारी लालच के लिए पर्याप्त नहीं।

–मोहनदास करमचन्द गांधी

11 अप्रैल 2000, देर रात तीन बजे, दक्षिण अफ़्रीका

(अली बाकर, दक्षिण अफ़्रीका क्रिकेट बोर्ड चीफ़ का फ़ोन बजता है)

"हेलो! अली! अली! क्या तुम सुन रहे हो?" एक काँपती हुई आवाज़ आयी।

"इतनी रात गये? हैन्सी? क्या हुआ?"

"मुझे कुछ कहना है।"

"हाँ हैन्सी! मुझे पता है तुम तनाव में हो। हम तुम्हारे साथ हैं। तुम बिल्कुल मत घबराओ। सुबह बात करेंगे।"

"नहीं! मुझे अभी कहना है।"

"हैन्सी! हम सुबह बात करेंगे।"

"मैंने कुछ बेईमानी की है, अली!"

"क्या कह रहे हो तुम? कैसी बेईमानी?"

"जब मैं भारत में था तो कुछ ग़लत कर गया।"

"तुमने तो कहा था कि पैसे नहीं लिये?"

"मैंने फ़ादर को कन्फ़ेश कर दिया है, अली! मुझसे कुछ बेईमानी हो गयी। सॉरी, अली!"

फ़ोन कट जाता है और अली बाकर की नींद उड़ जाती है। वह उसी वक़्त एक आपातकालीन बैठक बुलाते हैं और सूर्योदय होते ही क्रिकेट की दुनिया बदल चुकी होती है। दिलों पर राज करता रोचक खेल एक ही दिन में दाग़दार हो गया, और

पिछले सभी खेलों पर एक काली छाया पड़ गयी। अब किसी का यह कहना कि उसने ग़लती नहीं की, यह मायने नहीं रखता था। सवाल यह था कि इसमें कितनी बड़ी-बड़ी मछलियाँ फँसेगी? दक्षिण अफ्रीका के कप्तान के गिरते ही कितने कप्तान गिरेंगे? आख़िर कौन है जो क्रिकेट के महारथियों को कठपुतली बना रहा है?

मुझे निजी तौर पर खेल में बेईमानी कोई अजूबी बात नहीं लगती। गली क्रिकेट तो समाप्त ही तभी होता, जब कोई आउट होकर भी मानने को तैयार नहीं होता। जिसका बल्ला होता, ख़ासकर वह कभी राज़ी नहीं होता। पहली गेंद में आउट तो कहेगा 'ट्राई बॉल' थी, दूसरी गेंद में कैच हुआ तो 'नो बॉल'। पगबाधा आउट का तो ख़ैर कोई नियम ही नहीं था। ग़ुस्से में गेंद तालाब में फेंक दी जाती या आपस में मार-पीट हो जाती। यह भी एक वजह थी कि मेरे जैसे पढ़ाकू क़िस्म के लोग इन मैचों में जाने से बिदकते। खेल लफ़ंगों का अड्डा माना जाता, और कुछ हद तक था भी।

अधिकांश क्रिकेट खिलाड़ी पढ़ाई-लिखाई से दूर ही रहे। सचिन तेन्दुलकर ने हाई स्कूल पूरा नहीं किया। मुझे पटना के स्कूल क्रिकेट के अव्वल दर्जे के खिलाड़ी याद आते हैं, जिनकी अक्सर पिटाई होती। उनकी संगति भी बिगड़ने लगी थी, और बाद में थाने के चक्कर लगाते रहे। मेरे लिए यह घोर आश्चर्य की बात नहीं थी, कि पैसे के लिए मैच हारे जा सकते हैं। लेकिन, अन्तरराष्ट्रीय क्रिकेट में मैच को फ़िक्स करना एक मिथक लगता। ग्यारह खिलाड़ी कैसे एक मैच हारने के लिए तैयार हो सकते हैं? विपक्षी टीम भी तो है? वह कैसे किसी पटकथा से खेलेगी? दक्षिण अफ्रीका जैसी जुझारू टीम और हैंसी क्रोन्ये जैसे अनुशासित कप्तान से ऐसी उम्मीद नहीं थी।

दक्षिण अफ्रीका का क्रिकेट इतिहास पुराना है। यह दुनिया की तीसरी क्रिकेट खेलने वाली टीम थी। इंग्लैंड, ऑस्ट्रेलिया और दक्षिण अफ्रीका ने साथ मिलकर 1906 में इम्पीरियल क्रिकेट काउंसिल बनायी थी। लेकिन, हमने अस्सी के दशक में जैसे कोका कोला नहीं देखा, वैसे ही दक्षिण अफ्रीका की टीम भी नहीं देखी। उनकी रंगभेद नीति के कारण भारत ने आज़ादी के बाद दक्षिण अफ्रीका से सभी सम्बन्ध तोड़ लिये थे। 1970 में दक्षिण अफ्रीका पर अन्तरराष्ट्रीय क्रिकेट बैन लग गया। इस वजह से वहाँ के खिलाड़ियों टॉनी ग्रेग, एलन लैंब और केपलर वेसल्स सरीखों को अफ्रीका छोड़कर इंग्लैंड या ऑस्ट्रेलिया जाना पड़ा। बैरी रिचर्ड्स जैसे खिलाड़ी ने सिर्फ़ चार ही टेस्ट खेले, और चारों में ऑस्ट्रेलिया को हराया। 1991 में जब रंगभेद हटा, नेल्सन मण्डेला पहले अश्वेत राष्ट्रपति बने, तो यह क्रिकेट बैन हटाया गया।

उस समय माइक गैटिंग की इंग्लैंड टीम अफ्रीका पहुँची, तो उनका काले

झण्डों से विरोध हुआ। कारण यह था कि दक्षिण अफ़्रीका की टीम अब भी गोरों की ही थी। ऐसे में पहला मैच खेलेगा कौन? तभी पाकिस्तान-भारत के मध्य एक सीरीज रद्द हुआ, और जगमोहन डालमिया ने अफ़्रीका के मैनेजर अली बाकर को फ़ोन मिलाया। अफ़्रीका के खिलाड़ी भारत का नाम सुनकर ही डर गये क्योंकि इस रंगभेद की लड़ाई तो भारत के ही एक व्यक्ति ने कभी शुरू की थी।

नेल्सन मण्डेला ने कहा, "यह एक संयोग है कि हमारे खेल से अपार्थीड का अन्त गांधी के देश में हो रहा है। आप लोग ज़रूर जाइए।"

हम सभी उत्साहित थे कि दक्षिण अफ़्रीका की टीम भारत आ रही है। यह वैसा ही उत्साह था जैसे कोका कोला भारत में आ रही थी। कई वर्षों से बैन हुई चीज़ जब अचानक सामने आती है तो कौतूहल होता ही है। कलकत्ता के दमदम एयरपोर्ट पर क्लाइव राइस के नेतृत्व में दक्षिण अफ़्रीका की टीम जब उतरी, दस हज़ार लोगों ने फूल मालाओं से स्वागत किया। जवागल श्रीनाथ याद करते हैं कि यह किसी उत्सव का माहौल था। अफ़्रीका की टीम यह देखकर भाव-विभोर हो गयी। दक्षिण अफ़्रीका पहली बार किसी ऐसे टीम के साथ खेल रही थी, जिन्हें वह कभी 'क़ुली' बुलाते थे; लेकिन यहाँ कोई विरोध नहीं था।

बाईस वर्षीय हैन्सी क्रोन्ये भी उस पहली टीम के सदस्य थे। उनको एक अश्वेत खिलाड़ी के साथ कमरा दिया गया था कि लगे रंगभेद ख़त्म हो गया। भारत को देखकर उन्हें लगा कि यह कितना ख़ूबसूरत देश है जहाँ हर रंग, हर धर्म के लोग सौहार्द से रहते हैं। उन्हें भारत में जैसे निर्वाण मिल गया। उन्होंने वापस लौटकर एक टी.वी. विज्ञापन में कहा, "खेल और जीवन में कभी किसी को बेईमानी नहीं करनी चाहिए।"

उस समय इस युवा क्रोन्ये को नहीं पता था कि वह क्रिकेट इतिहास में बेईमानी के लिए याद किये जायेंगे।

दरअसल खेल के बाहर की दुनिया बुरी है, खेल का मैदान नहीं। पहले क्रिकेट एक जुए का खेल था। अठारहवीं सदी तक अख़बारों में स्कोर के बदले यही छपता था कि किस टीम पर कितना सट्टा लगना है। इंग्लैंड के रईस सट्टा लगाते थे, और खिलाड़ी बस खेलते थे। वे घुड़सवारी के घोड़े थे। उस वक़्त लंदन के हाइड पार्क इलाक़े में सट्टे का केन्द्र हुआ करता था। सदी के महान खिलाड़ियों में रहे बिली बेल्डहैम और विलियम लैम्बर्ट उस वक़्त के हैन्सी क्रोन्ये थे। वे जितने बेहतरीन खिलाड़ी रहे, उतने ही बेहतरीन मैच फ़िक्सर। एक-एक गेंद कैसी खेली जायेगी,

सब तय होता और वाक़ई उनमें यह क़ाबिलियत थी कि फ़लाँ गेंद पर चौके लगा दें और फ़लाँ गेंद पर कवर-ड्राइव लगाकर दो रन ले लें। यह कहना जितना आसान है, करना उतना ही मुश्किल। क्रिकेट आख़िर कोई विडियो गेम तो नहीं। (1)

यह भी एक संयोग है कि लगभग डेढ़ सौ साल बाद उसी हाइड पार्क पर एक भारतीय खेल की सट्टेबाज़ी का सरताज बना। संजय चावला की कभी दिल्ली के जंगपुरा में कपड़ों की दुकान हुयी करती, और अब वही धन्धा लंदन तक पहुँच चुका था। संजय चावला से भी पहले एक दूसरा नाम उभरा–मुकेश गुप्ता। यह जनाब अस्सी के दशक से ही सट्टेबाज़ी कर रहे थे। ये लोग तो ख़ैर सट्टेबाज़ थे, लेकिन एक सफ़ेद रंग की 'कूकाबुर्रा सन हैट' पहने छोटे कद के खिलाड़ी का नाम भी उछला जिनके न्यूज़ीलैंड में घुटने पर बैठकर मारे छक्के आज भी याद आते हैं। उनका प्रथम श्रेणी रिकॉर्ड सर डॉन ब्रैडमैन के बराबर है।[1] अब तो वह इस दाग़ से काफ़ी हद तक मुक्त हैं, लेकिन अगर सट्टेबाज़ी की दुनिया को सच माना जाये तो इसकी एक महत्त्वपूर्ण कड़ी बनते हैं–अजय शर्मा। ये सभी एक विशाल उद्योग के कलपुर्ज़े थे। (2)

यह सब कब शुरू हुआ?

मैच-फ़िक्सिंग पर जस्टिस क़यूम के रिपोर्ट में पाकिस्तान के कप्तान आसिफ़ इक़बाल का नाम सबसे पहले आता है। आसिफ़ इक़बाल की पैदाइश हैदराबाद की थी, उनके चाचा ग़ुलाम अहमद भारतीय टीम के कप्तान रहे थे। आसिफ़ स्वयं हैदराबाद से रणजी खेलते थे, और 1960-61 में जब पाकिस्तान भारत के दौरे पर आयी थी, तो वह भारत के साउथ ज़ोन से उनके ख़िलाफ़ खेल रहे थे। लेकिन, क़िस्मत ऐसी पलटी कि वह 1961 में पाकिस्तान चले गये और पहले दोनों विश्व कप में पाकिस्तान टीम के कप्तान रहे। उनको सट्टेबाज़ी का शौक़ था। डॉ. नरोत्तम पुरी एक 1979 का वाक़या बताते हैं कि आसिफ़ इक़बाल और गुंडप्पा विश्वनाथ टॉस करने गये। जब टॉस जीत कर गुंडप्पा आये तो नरोत्तम पुरी उनके पास माइक लेकर आये।

गुंडप्पा विश्वनाथ उनके कान में कहते हैं, "लगता है मेरी आँखें ख़राब हो गयी हैं। भाई! टॉस हुआ कहाँ? सिक्का उछला, और अभी नीचे गिरा भी नहीं था कि आसिफ़ ने टॉस जीतने की मुबारकबादी देकर मुझे भेज दिया!" (3)

---

[1]अजय शर्मा ने प्रथम श्रेणी में 10 हज़ार से अधिक रन 60.00 से अधिक औसत से बनाये। ऐसा करने वाले अन्य खिलाड़ी हैं–डॉन ब्रैडमैन, विजय मर्चेंट, डब्ल्यू.एम. पोंसफ़ोर्ड और डब्ल्यू.एम. वुडफ़ुल

बाद में आसिफ़ शारजाह में सट्टा लगाते रहे। शारजाह के तार तो सीधे दाऊद से जुड़े थे। दिलीप वेंगसरकर ने सार्वजनिक रूप से एक क़िस्सा सुनाया है। यह अप्रैल 1987 के शारजाह कप की बात है। टीम के प्रेस कांफ्रेंस से पहले (अभिनेता?) महमूद एक अजनबी के साथ दाख़िल हुए। वह व्यक्ति सूट-बूट और काले चश्मे में था। वहाँ दिलीप वेंगसरकर, मनिन्दर सिंह, मनोज प्रभाकर, रवि शास्त्री, जयवन्त लेले आदि बैठे थे, और कपिल अभी आये नहीं थे।

"आप लोग इनसे मिलिए। यह यहाँ के बहुत बड़े बिज़नेसमैन हैं।" महमूद ने मुस्कुराकर कहा।

उस आदमी ने रोबीले अन्दाज़ में कहा, "मैं बस यह बोलने के वास्ते आया कि आप लोग कल पाकिस्तान को हराया तो सबको एक-एक टोयोटा कोरोला गाड़ी बम्बई में घर तक पहुँच जायेगी।"

टीम मैनेजर जयवंत लेले ने पूछा, "बस खिलाड़ियों को? मैनेजर को कुछ नहीं?"

"टीम के हर आदमी को। मैनेजर या कोई भी। सबको एक टोयोटा गाड़ी।"

कप्तान कपिल देव कुछ देर से प्रेस कांफ्रेंस में आये। आते ही कपिल ने कहा, "मुझे खिलाड़ियों से बात करनी है। महमूद साब! आप ज़रा बाहर निकलो। ये कौन हैं आपके साथ? चल! बाहर निकल! चल चल!"

उसने बाहर निकलते हुए कहा, "कार कैंसिल! कार कैंसिल!"

कपिल ने डाँटकर कहा, "निकल बाहर इधर से!"

कुछ देर में जावेद मियाँदाद कमरे में आये। उन्होंने कहा, "यार! उसको (कपिल को) पता नहीं है, वो कौन है। ये आदमी कुछ प्रॉब्लम करेगा।"

वेंगसरकर ने कहा, "मेरे को मालूम है वो कौन है। कपिल देव को इधर या उधर, कोई छू भी नहीं सकता।"

वहीं बैठे एक खिलाड़ी ने पूछा, "भाई! कौन है वो?"[2]

वेंगसरकर ने कहा, "दाऊद! दाऊद अब्राहीम। डॉन है बम्बई का।"

पाकिस्तान की टीम और दाऊद का रिश्ता कितना गहरा था, यह बताने की ज़रूरत नहीं। जावेद मियाँदाद तो बाद में दाऊद के समधी हुए। यह बात कई लोग मानते हैं कि अगर इमरान ख़ान न होते तो पाकिस्तान टीम क्रिकेट खेलना छोड़ सट्टेबाज़ी का अड्डा बन चुकी होती। मेरा क़यास है कि मैचफ़िक्सिंग शारजाह

---

2 यह वाक़या दिलीप वेंगसरकर ने ABP न्यूज पर सुनाया है, जो उनके यू-ट्यूब चैनल पर 28 अक्तूबर, 2013 को प्रकाशित है। उसी आधार पर संवादों का नाटकीकरण किया गया।

में चली होगी, लेकिन शायद यह हार-जीत के लिए नहीं चली हो। एक-दो गेंदों में अदल-बदल की जा सकती है, जिसे 'स्पॉट-फ़िक्सिंग' कहते हैं। पूरे मैच को फ़िक्स करने के लिए टीम को ही फ़िक्स करना होगा। यह ख़ुलासा आख़िर ऑस्ट्रेलिया के मार्क वॉ और शेन वार्न ने ही किया।

यह याद करिए कि '96 विश्व कप में शेन वार्न ने कोलम्बो आने से इनकार कर दिया था कि उन्हें लिट्टे से ख़तरा है। पूरी टीम ही लंका नहीं गयी। क्या यह सम्भव है कि ख़तरा किसी और से था?

1994 में सिंगर कप टूर्नामेंट श्रीलंका की राजधानी कोलम्बो में हो रहा था। यूँ ही रात को अपने होटल से टहलते हुए मार्क वॉ सामने वाले कैसिनो में चले गये। वहाँ कुछ शराब पीने के बाद उन्हें एक भारतीय व्यक्ति मिला।

"मैं जॉन! आपका पुराना फ़ैन हूँ।"

"यह जानकर ख़ुशी हुई।"

"कल जीतने की उम्मीद है? पिच कैसी है, कुछ ख़बर है?"

"हाँ। बिल्कुल जीतेंगे"।

"अच्छा। टीम में कोई बदलाव तो नहीं?"

यह बतियाते हुए जॉन ने पाँच हज़ार डॉलर मार्क वॉ को पकड़ा दिये। अगले दिन शेन वार्न उसी कैसिनो में जुआ हारे बैठे थे। वह एक बड़ी रक़म हार चुके थे, और उसकी भरपाई के लिए आगे खेलना चाहते थे पर पैसे नहीं थे। मार्क वॉ ने उन्हें जॉन से मिलाया।

जॉन ने कहा, "आपकी स्पिन का तो मैं दीवाना हूँ। यह पैकेट पकड़िए और खुलकर खेलिए।"

"इतनी सारी रक़म! मैं तुम्हें कैसे लौटाऊँगा?"

"वह मैं ले लूँगा। आपको कभी-कभार फ़ोन करता रहूँगा। इतने बड़े खिलाड़ी से बात हो जाये, यह क्या कम क़ीमत है?"

उसी साल कराची में पाकिस्तान के साथ टेस्ट के पहले शेन वार्न और मार्क वॉ को फ़ोन आता है, "आप अमुक कमरे में आकर मिलें। आपको दो लाख डॉलर मिल सकते हैं।"

वह सोचते हैं कि जॉन होगा। जब कमरे में पहुँचते हैं तो चौंक जाते हैं

"सलीम मलिक? आप?" (4)

पाकिस्तान के न्यायाधीश जस्टिस क़य्यूम के रिपोर्ट में सलीम मलिक का नाम

कई मैच-फ़िक्सिंग में आता है। बल्कि रिपोर्ट पढ़कर तो लगता है, वह इसके सरग़ना थे। राशिद लतीफ़ ने कहा कि सलीम मलिक पूरी योजना बनाकर दे देते थे कि कब कितने रन बनाने हैं, कब आउट होना है। कथित रूप से सलीम मलिक ख़ुद ही ब्रीफ़केस लेकर खिलाड़ियों से मिलते थे, ख़ुद ही डीलिंग करते थे, और ख़ुद ही सट्टा भी लगाते थे। जहाँ बाक़ी देशों में फ़िक्सिंग एक संयोग था, पाकिस्तान ड्रेसिंग रूम में हाल यह था कि सब एक-दूसरे को घूरते कि किसने कितने पैसे उठा लिये?

शोएब अख़्तर ने एक बार कहा, "मैं फ़िक्सिंग नहीं करता था लेकिन मैं ऐसे लोगों से घिरा हुआ था। यह समझना कठिन था कि इनमें कौन-कौन फ़िक्सिंग कर रहा है।"

आज भी सबसे अधिक फ़िक्सिंग के इल्ज़ाम पाकिस्तानी खिलाड़ियों पर हैं। तीन खिलाड़ी हॉन्ग-कॉन्ग की ओर से खेलने गये, वहाँ भी मैच फ़िक्स कर आ गये। लंदन में मज़हर मजीद नामक पंटर ने पाकिस्तान के कप्तान सलमान बट्ट, गेंदबाज़ मो. आसिफ़ और मो. आमिर को डेढ़ लाख पाउंड पकड़ा दिये कि टेस्ट मैच में 'नो-बॉल' फेंकने हैं। जहाँ टी-20 में 'नो-बॉल' पर फ्री-हिट मिलता है, टेस्ट मैच में 'नो-बॉल' से मामूली फ़र्क़ पड़ता है। इस तरह की छोटी-मोटी 'स्पॉट-फ़िक्सिंग' बड़े स्तर पर होती ही नहीं। यह साफ़ तौर पर उल्लू बनाया गया था और खिलाड़ी उल्लू बन भी गये। (5,6)

नवयुवक मो. आमिर ने पैसे तो ले लिए लेकिन हड़बड़ी में एक फ़ीट, और डेढ़ फ़ीट आगे जाकर गेंद फेंक आये। खिलाड़ी तो खिलाड़ी, दर्शकों को भी दिख गया कि इसने पैसे खाये हैं। वहीं खेले-खिलाये अनुभवी मो. आसिफ़ ने आधे इंच से नो-बॉल फेंका कि किसी को शक न हो। लेकिन यह तो एक ख़ुफ़िया ऑपरेशन था। मैच के बाद ही स्कॉटलैंड यार्ड ने धर लिया। डेल स्टेन के समकक्ष कहे जाने वाले बेहतरीन गेंदबाज़ मो. आसिफ़ कुछ साल पहले तक नॉर्वे में गली क्रिकेट सरीखे क्लब में खेल रहे थे। (7)

पाकिस्तान की यह स्थिति देखकर अपने समय के शानदार स्पिनर अब्दुल क़ादिर एक प्रेस कांफ्रेंस में चिल्लाये, "इस इंज़माम, इस अकरम। सब को फाँसी पर चढ़ा दो। सब के सब चोर हैं।" (8)

फ़िक्सिंग भले पाकिस्तान में होती, सट्टे का सबसे बड़ा बाज़ार भारत ही था। एक अंग्रेज़ सट्टेबाज़ एड हॉकिन्स ने भारतीय क्रिकेट सट्टेबाज़ी पर ख़ासा शोध किया, और इसकी जड़ तक गये। उनके अनुसार, भारत में लाख से अधिक छोटे-बड़े सट्टेबाज़ हैं। वे ट्विटर, फ़ेसबुक हर जगह मौजूद हैं। क्रिकेट से जुड़े हर

आदमी पर उनकी पैनी नज़र है कि क्या पता कुछ पैसे लगा दें। अगर आप गेंद-दर-गेंद खेल में रुचि ले रहे होते हैं, तो वह निजी सन्देश में पूछ सकते हैं कि आपको मैच फ़िक्स तो नहीं करना? यह पूछने वाले इस पूरी कड़ी में कहीं नीचे बैठे हैं। असल खेल बम्बई (और दुबई) में खेला जा रहा है, जहाँ इनका 'सिंडिकेट' बैठता है। इस सिंडिकेट के नीचे सैकड़ों लोग किसी मार्केटिंग चेन की तरह जुड़े होते हैं। पिरामिड में सबसे नीचे भारत के नगरों जैसे भोपाल, बेंगलुरु, कलकत्ता, चेन्नई, लखनऊ में इनके 'फ़र्स्ट-टीयर बुकी' अपना ऑफ़िस चलाते हैं। यह एक बाक़ायदा कॉल-सेंटर की तरह ऑफ़िस होता है जहाँ दो-ढाई सौ युवक फ़ोन लेकर बैठे होते हैं। हर युवक लगभग छह सौ ग्राहक से जुड़े होते हैं। हर ग्राहक एक 'भाव लाइन' से भी जुड़ा होता है, जिसमें लगातार सट्टा अपडेट किया जाता रहता है। अगर भारत पर पैसे लगाना है तो कहना होता है, 'पन्द्रह लगाना भारत पर 85'। यानी पन्द्रह लाख 0.85 के सट्टे पर। अगर हारने पर लगाना है तो 'पन्द्रह ख़ाना भारत पर 85'। यह 'लगाना' और 'ख़ाना' ही हार-जीत का निर्णय करती है।

लेन-देन नगद में हवाला के माध्यम से होता है, और ईमानदारी से होता है। आज मैच हुआ, तो कल सुबह नगद पहुँच जायेगा। यह सब विश्वास की बुनियाद पर है। जिसने अधिक सवाल पूछे, उसे ग्राहक बनाते ही नहीं। इन सभी का अपना एक समानान्तर धंधा जैसे कपड़े की दुकान, प्रॉपर्टी का व्यवसाय चलता रहता है जिससे किसी को शक न हो। फ़ोन नंबर भी ये हर तीसरे महीने बदलते रहते हैं। एड वाटसन और इन सट्टेबाजों की मानें तो लगभग पचास प्रतिशत मैच फ़िक्स होते हैं। लेकिन ये सट्टेबाज़ मैच फ़िक्स नहीं करते। फ़िक्स करने वाले लोग इस पूरे धन्धे से अलग ऑपरेट करते हैं, और अगर पता लग जाये कि मैच फ़िक्स है तो सट्टेबाज़ बाज़ार से हाथ निकाल लेता है (या बाज़ार का रुख़ बदल देता है)।

ऐसा नहीं कि सट्टेबाज़ी बुरी ही है। नॉर्वे जैसे देश में तो सरकार ही क़ानूनी तौर पर सट्टेबाज़ी कराती है, और उससे हुई करोड़ों की आय से खिलाड़ियों को वेतन मिलता है। ऑस्ट्रेलिया में भी सट्टेबाज़ी क़ानूनी रही है, और वहाँ के कप्तान रहे रिकी पोंटिंग को अपनी इसी शौक़ की वजह से पंटर कहा जाता रहा है। हालाँकि वह क्रिकेट सट्टेबाज़ी नहीं करते थे।

एक भोपाल के सट्टेबाज़ से लेकर सी.बी.आई. के बेटिंग विशेषज्ञ तक कहते हैं, "भारत में सट्टेबाज़ी क़ानूनी कर दो, फ़िक्सिंग बन्द हो जायेगी"।

मैच 'फ़िक्सर' संजय चावला या मुकेश गुप्ता जैसे लोग सट्टेबाज़ नहीं थे। वे

'पंटर' थे। पंटर वे लोग हैं जो सट्टेबाज़ी का मूल यानी 'क़िस्मत', उसी के साथ छेड़छाड़ कर देते हैं। वह क़िस्मत ख़रीद लेते हैं। जहाँ सट्टेबाज़ मौसम, पिच-कंडिशन, सांख्यिकी, खिलाड़ियों के फ़ॉर्म इत्यादि के आधार पर सट्टा तय करता है; पंटर इन सभी चीज़ों के साथ छेड़छाड़ करता है। वह खिलाड़ी ही ख़रीद लेता है, खेल ख़ुद तय करता है, और फिर सट्टा लगाकर सारी रक़म जीत लेता है। वह एक बेईमान जुआरी है जो तिकड़म लगाकर जुआ जीत जाता है। लंदन में यह नियम है कि जो बार-बार सट्टा जीते, उसे खेलने ही नहीं देते या उसकी जासूसी करते हैं। भारत में इतने सट्टेबाज़ हैं कि एक को ठगकर दूसरे सट्टेबाज़ के पास निकल लिये। पैसे को इतने अलग-अलग नामों से लगाया कि किसी को शक ही न हो। (9)

एक पंटर थे, जो वसन्त विहार में शानदार रेस्तराँ चलाते थे; पाकिस्तानी टीम को ख़ूब खिलाते-पिलाते और उन पर आरोप था कि एक खिलाड़ी से ख़ास सम्बन्ध थे। वहीं दूसरे पंटर पीतमपुरा के मशहूर फ़ोटोग्राफ़र थे जिनको क्रिकेट खेल के दौरान फ़ोटो खींचने का कॉन्ट्रैक्ट मिल गया; खिलाड़ी दोस्त बन गये, और पाकिस्तानी अदाकारा बीना मलिक ने आरोप लगाया कि वह मोहम्मद आसिफ़ से मैच फ़िक्स करा रहे थे। एक और सट्टेबाज खिलाड़ियों को बॉलीवुड अदाकारों से मिलवाते थे। प्रश्न तो यह है कि भारतीय खिलाड़ी मैच-फ़िक्सिंग में कहाँ तक डूबे थे। मनोज प्रभाकर ने इस पिटारे को खोला। (10)

मनोज प्रभाकर 1984 में भारतीय टीम में शामिल हुए, जब कपिल देव को कुछ समय के लिए ड्रॉप किया गया था। उस दिन पहली पारी में अंशुमान गायकवाड़ को चोट लग गयी थी तो दूसरी पारी में गावस्कर के साथ प्रभाकर ओपनिंग करने आ गये। उन्होंने उस दिन गेंदबाज़ी की भी शुरुआत की। इस तरह वह ऐसे खिलाड़ी बने जिसने सलामी बल्लेबाज़ी और गेंदबाज़ी दोनों की।[1] उसके बाद वह पाँच साल तक टेस्ट टीम से बाहर ही रहे क्योंकि कपिल देव वापस लौट आये थे। जब मियाँदाद ने चेतन शर्मा का आत्मविश्वास कमज़ोर किया[2] और धीरे-धीरे उनकी गेंदबाज़ी कमज़ोर पड़ती गयी तो वापस प्रभाकर टीम में आये। 1996 विश्व कप में सनत

---

[1]मनोज प्रभाकर ने अपने खेल जीवन में कुल 39 टेस्ट मैच खेले जिसमें 21 में उन्होंने सलामी बल्लेबाज़ी और गेंदबाज़ी की।

[2]अप्रैल 1986 के ऑस्ट्रल-एशिया कप (शारजाह) में भारत-पाकिस्तान मैच में पाकिस्तान को आख़िरी गेंद पर चार रन बनाने थे। जावेद मियाँदाद स्ट्राइक पर थे, और चेतन शर्मा गेंदबाज़ी कर रहे थे। उस वक़्त मियाँदाद ने छक्का लगाकर मैच जिता दिया था, जो बरसों तक स्मृति में रह गया। हालाँकि इसके बाद चेतन शर्मा ने 1987 विश्व कप में हैट्रिक ली थी।

जयसूर्या ने मात्र 32 वर्ष की उम्र में उनका करियर ख़त्म कर दिया। फिर वह क्रिकेट में वापसी न कर सके।

टीम से बाहर होते ही प्रभाकर ने 1997 में आउट्लुक पत्रिका में लिखा कि 1994 के सिंगर कप के दौरान उनको मैच फ़िक्स करने के लिए 25 लाख रुपये का लालच दिया गया। उन्होंने किसी का नाम नहीं लिया। सिंगर कप वही टूर्नामेंट था, जिसमें शेन वार्न और मार्क वॉ की भी एक सट्टेबाज़ 'जॉन' से मुलाक़ात हुई थी। उस समय 'तहलका' और स्टिंग ऑपरेशन का नया-नया फ़ितूर चला था। मनोज प्रभाकर और पत्रकार अनिरुद्ध बहल ने गुप्त कैमरा लगाकर स्टिंग ऑपरेशन किये, और नाम रखा– 'द फॉलेन हीरोज़'! हमने उस वक़्त यह स्टिंग टेलीविज़न पर देखा। अब यह तहलका टीवी के यूट्यूब चैनल पर मौजूद है और पुस्तक रूप में भी है। एक खिलाड़ी उस स्टिंग में कहते हैं, "मुझे लगा तू अज़हर का नाम लेगा। चाचा चौधरी के बारे में मैं कुछ न कहूँगा। उनके मेरे कैरियर में बहुत एहसान है। उनकी वजह से मैं टीम में आया। वह कमरे में आये थे, तुमसे बात की, लेकिन क्या कहा–यह मैनूँ नहीं पता।" , और फिर दोनों 'चाचा पच्चीस लाख!' कहकर हँसने लगते हैं। (11)

मुम्बई के पुलिस कमिश्नर रहे राकेश मारिया अपनी किताब में एक भारत-न्यूज़ीलैंड मैच का ज़िक्र करते हैं, जब उन्हें पहली बार मैचफ़िक्सिंग का पता लगा। 15 फरवरी 1995 को उन्होंने सुनील सावन्त 'सौत्या' नामक व्यक्ति को गिरफ़्तार किया, जिसने कहा कि वह मैचफ़िक्सिंग से पैसे कमाता है। उस वक़्त उन्होंने इस विषय में कुछ सुना नहीं था, तो डपट लगायी। उसने कहा कि वह सच कह रहा है और अगली सुबह मैचफ़िक्सिंग दिखा सकता है। उन्होंने अपने एक पुलिस कांस्टेबल दिनेश क़दम को साथ भेजा। राकेश मारिया लिखते हैं (12)–

> *सुबह को नेपियर में वह मैच भारतीय समय के हिसाब से अल 1995 फरवरी 16 को था...मेरा दिल यही कह रहा था कि 'फ़िक्सर' की बात ग़लत हो...मैच शुरू होने से ठीक पहले मुझे दिनेश क़दम का फ़ोन आया कि भारत यह खेल हारने वाली है। मैंने टी. वी. ऑन किया। भारत के जीतने की आशाएँ थीं। लेकिन आशाओं के विपरीत भारत की टीम 45.5 ओवर में 160 रन पर सिमट गयी। न्यूज़ीलैंड ने मात्र 32.2 ओवर में 162 रन बनाकर मैच जीत लिया। मैं अचम्भित रह गया।*

हम उस दिन नवजोत सिंह सिद्धू के 73 रन बनाकर आउट होने पर बहुत उदास हुए थे। अब वापस लौटकर देखने पर अज़हरुद्दीन के 66 गेंदों में 28 रन पर शक की सुई जाती है, लेकिन यूँ कुछ भी कहना कठिन है। 1996 के टाइटन कप फ़ाइनल

में फ़िक्सिंग की बात भी राकेश मारिया लिखते हैं, जो बाद में सी. बी. आई. रिपोर्ट में भी कही गयी। यह सब सोचकर मेरे जैसे व्यक्ति, जिसने अपने सबसे अज़ीज़ खेल नब्बे के दशक में देखे, उसे धक्का लगता है। राकेश मारिया की तो किताब ही 2020 में आयी है। अब तक तो कई बातें दबी पड़ी थीं।

जब मनोज प्रभाकर ने पहली बार मैचफ़िक्सिंग के इल्ज़ाम लगाये, तो हमें यही लग रहा था कि यह विश्व कप में बुरी तरह पिटे खिलाड़ी की हताशा है। 'आउट्लुक' पत्रिका में पाकिस्तान के पूर्व खिलाड़ी राशिद लतीफ़ ने भारत के चार खिलाड़ियों का नाम उछाला–मोहम्मद अज़हरुद्दीन, नयन मोंगिया, वेंकटपति राजू और नवजोत सिंह सिद्धू। बाद में उन्होंने ऐसा कहने से इंकार कर दिया। उस समय जस्टिस चन्द्रचूड़ की एक जाँच कमिटी बिठायी गयी। उन्होंने तो जैसे इस फ़िक्सिंग को वैधता दे दी। कमिटी की रिपोर्ट में न्यायाधीश चन्द्रचूड़ लिखते हैं, "सट्टेबाज़ी शराब पीने की तरह एक ऐसी कमज़ोरी है जो दुनिया की शुरुआत से ही चली आ रही है...बेशक भारत में बड़े स्तर पर क्रिकेट बेटिंग चल रही है लेकिन यह क़ानून व्यवस्था की समस्या है।" (13)

उस समय कई अपुष्ट ख़बरें आयी थी। एक ख़बर थी की 1998 में कोलम्बो में देर रात 12 बजे भारतीय कोच को फ़ोन आया, "कल आप लोग हारने वाले हैं। अमुक और अमुक खिलाड़ी जल्दी-जल्दी आउट हो जायेंगे।"

कोच उसको गाली देते हुए फ़ोन काटते हैं, लेकिन नींद उड़ जाती है। देर रात दो बजे वह एक प्रमुख बल्लेबाज़ के कमरे में जाकर पूरी बात बताते हैं। वह उन्हें भरोसा देते हैं, "आप जाकर सो जाइए। मैं भारत को हारने नहीं दूँगा।"

अगले दिन सलामी जोड़ी ने 251 रन की रिकॉर्ड पार्टनरशिप कर ली। बाक़ी खिलाड़ियों का नंबर आते-आते ओवर ही लगभग ख़त्म हो गये। भारत यह फ़ाइनल जीत गया। जयवंत लेले ने एक बार कहा, "तेन्दुलकर जब टीम में आया, तो सब के सब गड़बड़ लोग थे। यह अकेला ईमानदार आदमी इनके बीच फँस गया।"

सचिन तेन्दुलकर की हालत समझी जा सकती है। वह ऐसी टीम में थे, जिसमें अज़हर, जडेजा, नयन मोंगिया, मनोज प्रभाकर तो क्या, फ़िज़ियोथेरापिस्ट अली ईरानी तक पर फ़िक्सिंग के इल्ज़ाम थे। उन्ही दिनों मार्क मस्करेन्हास ने सचिन से करोड़ों का क़रार कर लिया था। उनके ब्रांड की ही इतनी क़ीमत थी, कि उन्हें ऐसे लालच छू भी नहीं सकते थे। अन्य खिलाड़ियों की कमाई उनके मुक़ाबले काफ़ी कम थी, इसलिए उन्हें लालच देना आसान था। मैचफ़िक्सिंग के रिपोर्ताज

पढ़कर यही मालूम पड़ता है कि सचिन तेन्दुलकर के आउट होने के बाद ही डील शुरू होती।

सचिन ने शिकायत क्यों नहीं की? सचिन शायद उस दिन का इन्तज़ार कर रहे थे, जब यह सारा भाण्डा अपने-आप फूट जायेगा। या वह अपने खेल में मग्न थे, और इस राजनीति में अपना कैरियर तबाह नहीं करना चाहते थे।

आत्मकथा में सचिन लिखते हैं, "हाँ! मैं फ़िक्सिंग से आहत था। मैं ग़ुस्से में, बहुत अधिक ग़ुस्से में था। लेकिन जब लोग मुझसे पूछते हैं कि मैंने शिकायत क्यों नहीं की, नाम क्यों नहीं लिये, तो उत्तर यही है कि मुझे नहीं मालूम था कि यह (फ़िक्सिंग) कर कौन रहे हैं।" (14)

सचिन का उत्तर शोएब अख़्तर के उत्तर से मिलता है कि उन्हें मालूम ही नहीं था कि फ़िक्सिंग कर कौन रहा है। जब चन्द्रचूड़ कमिटी ने इसे क़ानून व्यवस्था की समस्या बताया तो गेंद सी.बी.आई. के पाले में गिरी। सी.बी.आई. में ऐसा कौन था, जो यह काम ईमानदारी से करता और सख़्ती से करता। जिस पर नेताओं का दबाव भी कम हो। माधवन और गणपति नामक दो दक्षिण भारतीय चुने गये। यह दोनों इस विद्या में पारंगत थे कि हाई-प्रोफ़ाइल लोगों से कैसे पूछताछ करनी है। जल्द ही माधवन को एक अवसर मिल गया।

1999 में अहमदाबाद में भारत न्यूज़ीलैंड के ख़िलाफ़ टेस्ट खेल रही थी, और कप्तान सचिन तेन्दुलकर थे। एड हॉकिंज़ अपनी किताब में एक रोमांचक क़िस्सा लिखते हैं।

मैच से पहले बम्बई के सबसे बड़े सट्टा सिंडीकेट शोभन मेहता को दिल्ली से मि. पुरी का फ़ोन आया, "मेहता साहब! एक मेरे दोस्त रत्तन मेहता के लिए पाँच लाख लगाने हैं। मैच ड्रॉ पर।"

"अरे, पागल है क्या? ये तो इंडिया जीत रही है। तू अपना आदमी है। ऐसी ग़लती मत कर।"

"नहीं भाई! मैं नहीं लगा रहा। मेरे दोस्त को ड्रॉ पर लगाना है।"

"फिर तो कुछ गड़बड़ आदमी है रे तुम्हारा दोस्त।" (15)

यह मैच हम क्रिकेट-प्रेमियों के लिए दिलख़ुश मैच था। तेन्दुलकर के दोहरे शतक, गांगुली और रमेश के शतक के साथ भारत ने 583 का पहाड़ स्कोर खड़ा कर पारी समाप्ति की घोषणा की, जिसके जवाब में न्यूज़ीलैंड महज़ 308 बनाकर ऑल आउट हो गयी थी। कप्तान सचिन तेन्दुलकर ने न्यूज़ीलैंड के कप्तान स्टीफन

फ़्लेमिंग को फ़ॉलो-ऑन का न्यौता दिया। जवागल श्रीनाथ और वेंकटेश प्रसाद को गेंद चुनने के लिए कहा। गेंदबाज़ काफ़ी थक गये थे।

जयवन्त लेले के अनुसार कोच कपिल देव ने आकर कहा, "कैप्टन! क्या कर रहा है? सभी गेंदबाज़ थक गये हैं। फ़ॉलो-ऑन कैंसिल करो।"

जयवन्त लेले और सेलेक्टर चन्दू बोर्डे बीच में आकर कहते हैं, "क्या कह रहे हो? कोई बॉलर थका है क्या? कौन बोला ऐसा? फ़ॉलो-ऑन करने दो।"

कोच ज़ोर से कहते हैं, "मैं कह रहा हूँ न?"

कप्तान आदर के लिहाज़ में कहते हैं, "हाँ! ठीक है, पाजी! लेकिन मैंने उनको बोल दिया है कि हम फ़ॉलो-आन दे रहे हैं।"

"तो फिर से जा के बोल दो। वो मान जायेंगे।" कोच ने कन्धे पर हाथ रख कर कहा। (16)

यह जयवन्त लेले का वर्ज़न है, जिसकी वैधता पर सन्देह है।

तेन्दुलकर अपनी आत्मकथा में लिखते हैं, "यह सर्वसम्मति से और तेज़ गेंदबाज़ों से बात कर लिया गया फ़ैसला था। वे पहली पारी में गेंदबाज़ी के बाद थक गये थे और फिर से गेंदबाज़ी के पहले आराम करना चाहते थे। हमने 1-0 से शृंखला जीती और बाद में 3-2 से एकदिवसीय शृंखला भी जीती।"

यह मैच आख़िर ड्रॉ हो गया। हम सभी क्रिकेट फ़ैन मायूस हुए। इससे भी शर्मनाक स्थिति तब हुई जब सी.बी.आई. के माधवन को आख़िर वह करना पड़ा जो वह कभी न चाहते थे। सचिन तेन्दुलकर को इस मामले की पूछताछ में बुलाना पड़ा। सचिन जब अपनी पत्नी के साथ उनके कमरे में दाख़िल हुए, माधवन ने उनकी आँखों में पढ़ लिया।

माधवन ने बाद में कहा, "सचिन तेन्दुलकर पर मुझे ज़रा-सा भी शक नहीं था।" (17)

माधवन की लम्बी-चौड़ी रिपोर्ट में इस पूछताछ के बाद भी, सचिन तेन्दुलकर का कहीं नाम नहीं। उनके भी हाथ इस नाम को लिखते हुए काँप गये होंगे। माधवन के हाथ भी बँधे थे, क्योंकि अगर मैच-फ़िक्सिंग सिद्ध भी हो जाये, तो भारतीय क़ानून धाराओं में कोई मुकम्मल सज़ा नहीं थी। यूँ भी इस खेल के पीछे कोई और था।

माइकल होल्डिंग ने एक बार कहा, "खेल के पीछे का खेल बहुत ख़तरनाक है, जनाब! इसमें सीधे-साधे लोग नहीं, छँटे हुए गुण्डे और माफ़िया बैठे हैं।"

माइकल होल्डिंग 1999-2000 में इंग्लैंड-दक्षिण अफ़्रीका शृंखला की कमेंट्री कर रहे थे। सेंचुरियन का आख़िरी टेस्ट मैच था। दक्षिण अफ़्रीका पहले ही 2-0 से

शृंखला जीत चुकी थी, और इस आख़िरी मैच में बारिश हो गयी। खेल का पाँचवाँ दिन था, और इंग्लैंड अभी पहली पारी ही खेल रही थी। तभी हैंसी क्रोन्ये ने एक अद्वितीय प्रस्ताव रखा, "क्या हम दोनों अपनी एक-एक पारी निरस्त कर दें? हम सिर्फ़ एक ही पारी खेलेंगे, और इस तरह मैच पूरा हो जायेगा।"

हैंसी ऐसे व्यक्तित्व थे, जो खेल-भावना को सर्वोपरि रखते थे। हमें लगा कि वह इंग्लैंड को जीत का मौक़ा देना चाहते हैं। ऐसे पारी त्यागना (forfeiture) प्रथम श्रेणी खेलों में पहले हुआ था। अन्तरराष्ट्रीय खेलों में कभी ऐसा नहीं हुआ। न इस मैच से पहले, न बाद में।

होल्डिंग ने अपने साथी कमेंटेटर को कहा, "मैं तो समझ गया, तुम लोग क़यास लगाते रहो।" (18)

नासिर हुसैन की टीम मैच जीत गयी। उस वक़्त क्रोन्ये पर किसी को शक नहीं हुआ। यह भाण्डा अनजाने एक दिन फूट गया। मार्च, 2000 में करोलबाग के एक व्यापारी की शिकायत पर, दिल्ली पुलिस एक फिरौती केस के लिए फ़ोन टेप कर रही थी। अचानक उन्होंने कुछ अजीब सी बातचीत सुनी, जो दक्षिण अफ्रीका टीम के कप्तान हैंसी क्रोन्ये और लंदन के संजय चावला के मध्य हो रही थी।

संजय चावला : "स्ट्राइडम खेल रहा है?"

हैन्सी क्रोन्ये : "हाँ! खेल रहा है।"

"बोये (निकी)?"

"हाँ! बोये भी।"

"और कौन खेल रहा है? गिब्स?"

"हाँ! और बस गिब्स और मैं"

"और कोई?"

"नहीं। और कोई न हो पायेगा।"

"नहीं हो पायेगा?"

"नहीं।"

"अच्छा। तो बस तुम चार? और कोई नहीं?"

"नहीं।"

"क्लूसनर?"

"नहीं। असम्भव है। बाक़ी लोग भी कोचीन के पैसे माँग रहे हैं।"

"मैंने साठ दे दिये।"

"ठीक है।"

"कल बाक़ी के पैसे तुम्हारे एकाउंट में डाल दूँगा। कुछ समय का अन्तर है न लंदन और वहाँ में।"

"हाँ! कोई बात नहीं। मैंने गिब्स, स्ट्राइडम और विलियम्स से बात कर ली है।"

"गिब्स के कितने रन?"

"बीस से कम"

"बीस से कम?"

"हाँ"

"लेकिन तुमने 270 बनाये तो डील ख़त्म समझो"

"ठीक है। लेकिन सबको 25 चाहिए।"

"ठीक है।"

"उनके हुए 751 मुझे कितने दोगे?"

"तुम बोलो।"

"सब मिलाकर मुझे 140 दे दो। मैं सबको दे दूँगा"

"ठीक है। और एक बात..."

"क्या?"

"अगर भारत पहले खेला और 250 में आउट हुआ तो गिब्स को बोलना अपना विकेट दे दे।"

"ठीक है। मैं बोल दूँगा।"

"तुरन्त नहीं गिराना। पाँच-छह ओवर धीरे-धीरे खेलने कहना। बस रन न बने।"

"ठीक है" (19)

यह बातचीत जिस मैच के विषय में थी, वह नागपुर में होने वाला था। यह श्रृंखला भारत 3-1 से जीत चुकी थी और यह आख़िरी खेल था। सचिन ने कप्तानी त्याग दी थी, और अब सौरभ गांगुली ने कप्तानी सँभाली थी।

सौरभ ने उस दिन मोहम्मद अज़हरुद्दीन से कहा, "क्या आप इस मैच में आराम कर सकते हैं? हम श्रीधरन या मोहम्मद कैफ़ जैसे खिलाड़ियों को मौक़ा देना चाहते हैं।"

मुझे यह नहीं मालूम कि सौरभ को पुलिस से कोई ख़बर मिली थी या नहीं। लेकिन उस दिन श्रीधरन ही खेलने आये।[1] सौरभ गांगुली ने टॉस जीतकर अपना हाथ हवा में लहराकर कलाई रगड़ी। यानी भारत गेंदबाजी करेगा। हर्शेल गिब्स ओपनिंग

---

[1]हैंसी क्रोन्ये ने भी आश्चर्यजनक रूप से जाक़ कालिस, शॉन पोलॉक और निकी बोए को आराम करवा दिया था।

करने आये, और डील के मुताबिक़ उन्हें बीस रन से कम में आउट होना था। पता नहीं कब वह चौके लगाते हुए तीस रन पर पहुँच गये। दूर स्टैंड से हैंसी क्रोन्ये ग़ुस्से में देख रहे थे। गिब्स को अपना वचन याद आया और कुम्बले को एक आसान कैच दिया, जिसे कुंबले ने छोड़ दिया। वह वापस खेलने लगे।

कुछ विकेट गिरने पर दूसरी छोर पर हैंसी क्रोन्ये आए और कहा, "डील अब शायद ख़त्म हो जाये। पैसे नहीं मिलेंगे। चलो! खेलते ही हैं।"

दोनों ने मिलकर ताबड़तोड़ साठ रन जोड़े। आउट होकर ड्रेसिंग रूम में क्रोन्ये की संजय चावला से बात हुई कि अगर 270 रन पर खेल बन्द हो, तो पैसे मिल सकते हैं। अब लांस क्लूसनर क्रीज़ पर थे। क्लूसनर ने धुआँधार तीन छक्के और आठ चौके के साथ 74 रन ठोककर स्कोर 320 रन तक पहुँचा दिया।

क्रोन्ये ने अपनी पारी ख़त्म होने पर गिब्स से कहा, "अब तो एक धेला न मिलेगा। सब डूब गया। बशर्ते कि भारत अब भी जीत जाये?"

उस दिन वाक़ई भारत की पारी अद्वितीय थी। सचिन तेन्दुलकर और राहुल द्रविड़ ने 180 रन की पार्टनरशिप की। यह खेल कमाल का था जब एक छोर पर मास्टर ब्लास्टर कलात्मक ड्राइव कर रहे थे और दूसरी ओर द्रविड़ अपने खेल के विपरीत शुरू से ही आक्रामक थे। जैसे दोनों के रोल बदल गये हों। द्रविड़ ने सत्तर गेंद में 79 रन ठोक दिये। अन्त में रॉबिन सिंह और सबा करीम भारत को जीत की तरफ़ ले ही जा रहे थे कि क्लूसनर ने दोनों को ही आउट कर दिया।

इस श्रृंखला में क्लूसनर बिल्कुल ही आक्रामक नहीं थे। इस आख़िरी खेल में जी-जान लगा बैठे। अफ्रीका दस रन से यह खेल जीती और 'मैन ऑफ़ द मैच' रहे—क्लूसनर। अफ़वाह यह थी कि क्लूसनर और क्रोन्ये में सीरीज के दौरान मैच-फ़िक्सिंग को लेकर विवाद हुए। मैच के ठीक बाद किसी ने दिल्ली पुलिस को फ़ोन किया कि यह मैच फ़िक्स करने की कोशिश हुई है और हैंसी क्रोन्ये इसमें शामिल हैं। मुमकिन है वह फ़ोन लांस क्लूसनर का ही था! (20, 21)

हैंसी क्रोन्ये ने उस समय सभी इल्ज़ामों को धत्ता बताया, लेकिन दक्षिण अफ्रीका पहुँचकर उनका ईमान लौट (?) आया। उन्होंने पहले पादरी के सामने और फिर मैनेजर अली बाकर के सामने स्वीकार लिया। ईसाई धर्म में 'कंफ़ेशन' का अलग ही महत्त्व है। उनका समर्पण उनके लिए कुछ सहानुभूति भी लेकर आया। उन पर जीवन भर के लिए बैन तो लग गया लेकिन बोर्ड ने यह वादा किया कि अगर वह सभी नाम बता दें तो इससे अधिक कुछ सज़ा न होगी। हैंसी क्रोन्ये मुख़बिर बन गये। एक-एक कर गुत्थियाँ खोलने लगे। दिल्ली पुलिस उनके बयानों पर नज़र

लगाये बैठी थी, या यूँ कहिए कि बस इन्तज़ार में बैठी थी कि सबूत पक्के हो जायें। सट्टेबाज़ी व्यवसाय पर पुलिस की पकड़ तो मज़बूत थी, लेकिन इसमें इतने बड़े लोग थे कि बात बन नहीं रही थी। इस सिंडिकेट का मुख्य सरग़ना ऐसा आदमी था जो दुनिया का चौथा 'मोस्ट वान्टेड' आदमी था।[1]

हैंसी क्रोन्ये ने किंग कमीशन को दिये अपने बयान में कहा, "1995 में पाकिस्तान के साथ मण्डेला कप के फ़ाइनल के पहले मुझे एक भारतीय या पाकिस्तानी मूल का व्यक्ति जॉन मिला (मुमकिन है यह वही जॉन हो जिसने शेन वॉर्न और मार्क वॉ से मुलाक़ात की थी)। उसने मैच में हारने के लिए दस हज़ार डॉलर का प्रस्ताव रखा। मैंने पैट सिम्कॉक्स से इस विषय में बात की। हमने यह निर्णय लिया कि इस बात को आगे नहीं बढ़ायेंगे। हम वह मैच जीत भी गये। मुझे याद है, जब मैं मैदान में जा रहा था तो सलीम मलिक ने पूछा कि जॉन से बात हो गयी।"

आगे 1996 के भारत दौरे के विषय में हैंसी ने कहा, "कानपुर टेस्ट के तीसरे दिन से पहले की शाम को मोहम्मद अज़हरुद्दीन का फ़ोन आया। उन्होंने होटल के एक कमरे में बुलाकर मुझे मुकेश गुप्ता नाम के व्यक्ति से मिलवाया। अज़हरुद्दीन हम दोनों को कमरे में छोड़कर निकल गये। मुकेश ने मुझसे पूछा कि क्या हम मैच हार सकते हैं, और उसने मुझे तीस हज़ार डॉलर नगद दे दिये...मैंने किसी खिलाड़ी से इस विषय में बात नहीं की, न ही कोई विशेष प्रयास किये लेकिन हम मैच हार गये।"

अज़हरुद्दीन का नाम आते ही भारत में खलबली मच गयी। यह वही खिलाड़ी थे जिन्होंने टीम में आते ही तीन लगातार शतक जड़ दिये और 'जादुई लड़का' (Wonder Boy) कहलाये। सबसे तेज़ शतक मारने की कपिल देव के रिकॉर्ड की बराबरी की। टीम के सर्वोत्तम फ़ील्डर रहे। उनकी कलाई से लगाये चौकों की धमक अब भी सबके कानों में थी। मुझे 1990 के इंग्लैंड दौरे के उनके वे धुआँधार शतक याद हैं, ख़ासकर मैनचेस्टर के वे 179 रन जिसकी बदौलत उन्होंने फ़ॉलो-ऑन बचाया था। अज़हरुद्दीन साधारण खिलाड़ी नहीं, भारत के पूर्व कप्तान थे, जिनकी कप्तानी में भारत ने उस वक़्त सबसे अधिक (51 %) मैच जीते थे।

अज़हर को सी.बी.आई. ने बुलावा भेजा। एड हॉकिंज़ अपनी किताब में लिखते हैं (22)–

माधवन से रमाडा मनोहर होटेल में मिलने तीन घण्टे को अज़हरुद्दीन 16 नवम्बर 2000 को विलम्ब से पहुँचे। माधवन याद करते हैं, 'वह घबराये

---

[1]बिन लादेन के मरने के बाद दाऊद प्रोमोट होकर तीसरा 'मोस्ट वान्टेड' बन गया था

हुए थे। पकड़े जाने पर शर्मिंदा थे। जब मैंने पहले बुलाया तो उन्होंने आने से मना कर दिया। फिर एक सन्देश-वाहक से मैंने कहलवाया कि मैं स्पष्ट पूछ-ताछ करना चाहता हूँ, किसी को फँसाना नहीं चाहता'। अज़हरुद्दीन को आराम से बिठाने के बाद माधवन का पहला सवाल था, 'और तुम देश कब से बेचने में लगे हुए हो?' अज़हरुद्दीन ने अपना चेहरा अपनी हथेलियों से ढक लिया।"

यह बात सच थी कि कप्तान बनने के बाद अज़हरुद्दीन के पास बहुत अधिक सम्पत्ति आ गयी थी। बम्बई के रिहायशी इलाक़े में दो महँगे फ़्लैट, तमाम अय्याश शौक़, गाड़ियाँ, महँगी घड़ियाँ और एक रईस अभिनेत्री गर्लफ्रेंड। तहलका स्टिंग में दो खिलाड़ियों ने कहा कि उन्हें कहीं एक महँगी घड़ी पसन्द आ गयी, तुरन्त एक सट्टेबाज़ को फ़ोन किया और हज़ारों डॉलर हवाला से आ गये। यह बातें तो ख़ैर उन पर बनी एक बॉलीवुड फ़िल्म में भी दिखायी गयी, जिस फ़िल्म का उद्देश्य उनको काफ़ी हद तक बरी करना था।

माधवन की रिपोर्ट के अनुसार 1995 में क्रिकेटर अजय शर्मा ने अज़हरुद्दीन की मुलाक़ात एक सट्टेबाज़ मुकेश गुप्ता से, दिल्ली के ताज होटल में करायी थी। उन्हें 1996 के टाइटन कप फ़ाइनल हारने के लिए 50 लाख रुपये दिये गये थे।[1] रिपोर्ट के अनुसार इसी टूर्नामेंट के राजकोट मैच और पेप्सी कप के एक मैच के लिए अज़हर ने रक़म लिये थे, और यह उन्होंने स्वीकारा भी। इसके बाद उन्होंने मुकेश गुप्ता की मुलाक़ात हैंसी क्रोन्ये से करायी। यह रिपोर्ट सार्वजनिक है, और उस वक़्त से हमारी स्मृतियों में भी है। हम जैसे क्रिकेट-प्रेमी तो इतने आहत हुए, कि कुछ महीनों तक खेल देखना भी छोड़ दिया। प्रश्न तो यही है कि अगर मैच फ़िक्स हो रहे थे, तो हम मैच जीत कैसे रहे थे? अगर यह क्रोन्ये प्रकरण नहीं हुआ होता, तो शायद हमें कभी शक नहीं होता। 1996 में जब भारत इंग्लैंड से लौटी, तो मोहम्मद अज़हरुद्दीन से कप्तानी छीनकर सचिन तेन्दुलकर को दी गयी। ऐसा नहीं कि अज़हर में कोई कमी थी, लेकिन उनकी और अभिनेत्री संगीता बिजलानी के अफ़ेयर की खबरों के बाद उनकी गम्भीरता घटने लगी थी। इंग्लैंड से नवजोत सिंह सिद्धू भी सन्देहास्पद रूप से लौटे थे, तो अज़हर पर उँगलियाँ उठने लगी थीं। मात्र 23 वर्ष की उम्र में, सचिन नवाब पटौदी के बाद दूसरे सबसे युवा कप्तान बने थे। हम सभी क्रिकेट फ़ैन उस वक़्त बहुत ख़ुश हुए थे। (23)

---

[1]हालाँकि अनिल कुम्बले की धारदार गेंदबाज़ी की बदौलत भारत मैच जीत गयी थी।

तेन्दुलकर की कप्तानी में भारत की टीम 'फ्रेंडशिप कप' खेलने टोरंटो गयी। उस वक़्त भारत और पाकिस्तान के सम्बन्ध ऐसे ही थे, कि किसी तटस्थ स्थान पर ही खेल सम्भव था। इसलिए कनाडा चुना गया। यह भी शारजाह की तरह ही एक प्रयोग था, और इस बार क्रिकेट अमेरिका महाद्वीप पहुँच गया था। लेकिन, भारत को 2-3 से पराजय का सामना करना पड़ा। तेन्दुलकर ने टाइटन कप में जीत दिलाकर कुछ सँभाला, लेकिन कुछ अन्य दौरों में हार के बाद उन्हें कप्तानी छोड़नी पड़ी। अगर मैच-फ़िक्सिंग की अटकलें ठीक थीं, तो यूँ भी अज़हर का कप्तान बनना फ़िक्सरों के लिए ज़रूरी था। 1998 में बांग्लादेश के 'इंडेपेंडेन्स कप' में अज़हर ही कप्तान बनकर गये।

यह टूर्नामेंट तो भारत-पाकिस्तान की वजह से रोमांचक था ही, इसकी ख़ासियत थी कि तीन-तीन फ़ाइनल होने थे। पहले में भारत जीता, दूसरे में पाकिस्तान और अब यह तीसरा खेल था। मैं उस वक़्त पुणे के मेडिकल कॉलेज में था, और अस्पताल में मरीज़ से डॉक्टर तक सभी क्रिकेट ही देख रहे थे। एक तो महाराष्ट्र में यूँ भी क्रिकेट का शुरूर है, तो इस खेल के सामने रोग कहाँ टिक पायेगा?

पाकिस्तान पहले बल्लेबाज़ी करने आयी। हरविन्दर सिंह ने आमिर सोहैल और शाहिद अफ़रीदी का विकेट लेकर भारत की स्थिति मज़बूत कर दी। उसके बाद एजाज़ अहमद और सईद अनवर ऐसे जमे, कि भारतीय गेंदबाज़ों की हालत ख़स्ता कर दी। अनवर ने पिछले ही वर्ष चेन्नई में उस वक़्त के रिकॉर्ड 196 रन बनाये थे। भारत की तरफ़ से एक नये गेंदबाज़ राहुल संघवी चुने गये थे, जिनका प्रथम श्रेणी में विश्व रिकॉर्ड था।[2] सईद अनवर और इजाज़ अहमद ने उनकी ऐसी धुलाई की, वह भारतीय क्रिकेट से ग़ायब ही हो गये। पाकिस्तान ने 314 रन का लक्ष्य दिया।[3]

उस समय इतने बड़े स्कोर का पीछा किसी टीम ने नहीं किया था। सचिन तेन्दुलकर ने उस दिन अज़हर महमूद को एक ओवर में चार चौके और फिर सकलैन मुश्ताक़ को ज़ोरदार छक्का लगाया। उनके आउट होने के बाद रॉबिन सिंह और सौरभ गांगुली ने कमान सँभाल ली। गांगुली ने उस दिन शाहिद अफ़रीदी की गेंद पर आगे बढ़ कर छक्का लगाया, तो वहाँ के बंगाली दर्शक भी झूमने लगे। गांगुली 124 रन बनाकर आउट हुए। इन दोनों के जाने के बाद रहस्यमय तरीक़े से

[2]राहुल संघवी ने प्रथम श्रेणी में 15 रन देकर आठ विकेट लिये थे। यह रिकॉर्ड 2019 में शाहबाज़ नदीम ने 10 रन देकर 8 विकेट लेकर तोड़ा।

[3]यह 48 ओवर में ही बनाने थे, क्योंकि दो ओवर पहले ही घटा दिये गये थे।

सभी खिलाड़ी आउट होने लगे। अज़हरुद्दीन 4 रन, अजय जडेजा 8 रन, नयन मोंगिया 9 रन, नवजोत सिंह सिद्धू 5 रन।

आख़िरी ओवर में 9 रन बनाने थे। एक युवा खिलाड़ी हृषिकेष कानिटकर अपने दूसरे ही मैच में बैटिंग कर रहे थे, और साथ थे जवागल श्रीनाथ। पहली गेंद पर 1 रन, दूसरी पर 2 रन, तीसरी पर 2 रन। अगली गेंद पर श्रीनाथ एक रन दौड़े और स्ट्राइक कानिटकर के पास आयी। आख़िरी दो गेंदों में 3 रन बनाने थे। कानिटकर ने सकलैन मुश्ताक़ की उस गेंद पर बल्ला घुमाया और गेंद मिड-विकेट की सीमा-रेखा पार कर गयी। भारत ने मियाँदाद के छक्के का बदला बारह साल बाद ले लिया।

इस ख़ूबसूरत मैच पर भी सट्टेबाज़ी के इल्ज़ाम लगे। एक फ़िल्म अभिनेत्री अंजू महिन्द्रू ने तहलका टेप में कहा कि बिचारे कानिटकर ने चौका मार दिया, अज़हर और जडेजा तो सकते में आ गये। यह मुमकिन है कि इस मैच में बहुतों के पैसे डूबे होंगे, फ़िक्सिंग से भी इनकार नहीं किया जा सकता, लेकिन हमें एक क्रिकेट-प्रेमी के लिहाज़ से तो कानिटकर का वह चौका हमेशा याद रहेगा। (24)

एक सट्टेबाज को भारत के हारने पर कमाई हो सकती है, और भारत के जीतने पर घाटा। लेकिन वह भी एक क्रिकेट-प्रेमी होता है, और मन से भारत का समर्थन ही कर रहा होता है। एक सट्टेबाज भारत की टी-शर्ट और कैप पहनकर ग्राउंड में 'इंडिया इंडिया' चिल्ला रहा था।

उससे जब पूछा गया, "आप यह क्या कर रहे हैं? भारत जीता तो आप बुरी तरह घाटे में जायेंगे।"

उसने कहा, "अगर भारत जीतेगी तो देश जीतेगा। जब हारने के पैसे आते हैं, वह भी तो देश को ही जाते हैं।" (25)

यह अजीबोग़रीब मानसिकता है, जो देशभक्ति और भ्रष्टाचार का सन्तुलन बिठाती है। मनोज प्रभाकर के इल्ज़ामों को दुबारा आँकते हुए मेरे मन में ऐसे कई ख़याल आये। क्रिकेट भारत का धर्म है, और इस लिहाज़ से भगवानों पर आक्षेप रहे। यह लिखते-पढ़ते या कुरेदते नैतिक रूप से असंगत लगता है। लेकिन यह बताना ज़रूरी है क्योंकि इस परिस्थिति के बाद ही भारतीय टीम का पुनर्जीवन हुआ। उस समय करन थापर ने अपने शो 'हार्ड टॉक' में जब कपिल देव से असहज सवाल पूछे, तो हम उदास भी थे और क्रोधित भी।

कपिल देव अकेले ऐसे खिलाड़ी थे, जो उस वक़्त साक्षात्कार के लिए तैयार हुए थे। वह एक ख़ाकी शर्ट्स पहन कर BBC के इस शो में आये। उन्हें भी यह

उम्मीद नहीं थी कि यह उनके जीवन का सबसे भावरंजित साक्षात्कार होगा। करन थापर एक मँजे हुए प्रश्नकर्ता थे, जो हलक़ से बातें निकाल लेते थे। यह एक पुलिसिया अन्वेषी पूछताछ थी, जो कैम्ब्रिज में पढ़े एक व्यक्ति कर रहे थे। कपिल भी धारा-प्रवाह अंग्रेज़ी में बात कर रहे थे।

करन पहले भूमिका बाँधते रहे, कपिल सहजता से जवाब देते रहे। उन्होंने अपने बचाव में दलीलें दीं। करन सभी रिपोर्ट लेकर बैठे थे, और एक-एक कर तीर निकाले जा रहे थे। ये तीर सिर्फ़ कपिल को ही नहीं, सभी क्रिकेट-प्रेमियों को चुभ रहे थे।

करन ने सीधा सवाल दाग़ा, "आज तक जब लोग कपिल देव का नाम लेते थे, तो भारत के महानतम हरफ़नमौला खिलाड़ी का नाम मन में उभरता था। ऐसे कप्तान का, जिसने विश्व कप जिताया। जिसने 434 विकेट लिया। आज लोग जब कपिल देव का नाम सुनते हैं, तो यह भी पूछते हैं कि क्या उसने पैसे बनाये? क्या उसने मैच फ़िक्स किये हैं?"

हम यह सवाल सुनते ही भौचक्के रह गये। कपिल देव फूट-फूटकर रो पड़े। उनके पास कहने के लिए शब्द नहीं थे। हमें लगा कि साक्षात्कार रुक जायेगा। हमारे नायक, जिनकी अदम्य शक्ति के हम फ़ैन थे, वह असहाय रोये जाये रहे थे। करन अब भी रुके नहीं थे, बल्कि कैमरा उन पर फ़ोकस कर सवाल पूछ रहे थे। करन ने कहा कि आप अपने दिल पर हाथ रखकर करोड़ों लोगों को यह विश्वास दिलायें कि आपने कुछ भी ग़लत नहीं किया। कपिल ने अश्रुपूरित नयनों से कहा कि अगर यह सिद्ध हो जाये तो मैं यह दुनिया छोड़ने के लिए तैयार हूँ। यह साक्षात्कार एक तरह से कपिल देव को बरी कर गया। फ़ाइल अनौपचारिक रूप से बन्द ही कर दी गयी। करन थापर की इसके लिए निंदा हुई, लेकिन यह जो भी हुआ, खेल के लिए अच्छा ही हुआ। (26)

मनोज प्रभाकर के स्टिंग के बाद मनोज पर भी फ़िक्सिंग के आरोप और बैन लगे, जो अब ख़त्म हो गया है। 2018 में जब महिला क्रिकेट टीम के कोच के लिए मनोज साक्षात्कार देने गये तो साक्षात्कार पैनल में कपिल देव भी थे। जब प्रभाकर से पूछा गया कि क्या वे दोनों इस साक्षात्कार में असहज थे, उन्होंने कहा, "नहीं। ऐसी कोई बात नहीं" (27)

99 टेस्ट खेल चुके मोहम्मद अज़हरुद्दीन ने अपने आख़िरी टेस्ट में शतक लगाया था। वर्ष 2000 में उनके खेल पर आजीवन पाबन्दी लग गयी। उनको अपना

सौवाँ टेस्ट नहीं खेलने दिया गया। इस तरह वह ऐसे खिलाड़ी बने जिसने पहले और आख़िरी खेल में शतक लगाया। वह मुम्बई के ज़मीन-जायदाद बेचकर भाड़े पर चन्द्रबाबू नायडू के पड़ोसी बनकर रहे, और 2009 में मुरादाबाद से लोकसभा चुनाव जीतकर सांसद बने। 2012 में आंध्र प्रदेश उच्च न्यायालय ने उन पर लगाये बैन को ग़ैरक़ानूनी कहा। हालाँकि क्रिकेट के हलक़ों में अज़हर काफ़ी हद तक बहिष्कृत ही रहे। उदाहरणस्वरूप बोरिया मजूमदार अपनी पुस्तक में चैम्पियंस ट्रोफ़ी (2017) के भारत-पाकिस्तान मैच का ज़िक्र करते हैं, जिसमें अज़हरुद्दीन को विशेषज्ञ के रूप में टेलीविज़न पर आना था। लेकिन उन्हें मैच के टिकट ही नहीं मिल पाये।

मजूमदार लिखते हैं, "सत्य यह है कि ICC ने अनुमति सिर्फ़ इसलिए नहीं दी क्योंकि यह मोहम्मद अज़हरुद्दीन की बात थी"। (28)

न्यायालय द्वारा बरी होने के बाद भी एक ऐसे व्यक्ति को क्रिकेट मैच के टिकट नहीं मिले, जो न सिर्फ़ भारतीय टीम का सफल कप्तान रहा है, बल्कि देश का चुना हुआ सांसद भी रहा। यह दाग़ तो उन पर हमेशा के लिए रह ही गया।

अजय जडेजा की स्थिति कुछ बेहतर रही। अज़हर के साथ उन पर भी बैन लगा था, लेकिन 2003 में दिल्ली उच्च न्यायालय ने बैन हटा दिया। भले ही वह भारत के लिए नहीं खेल सके, क्रिकेट कमेंट्री में अक्सर दिख जाते। अजय शर्मा पर जीवन भर का बैन लगा, लेकिन उन्हें भी 2014 में दिल्ली उच्च न्यायालय ने मैच-फ़िक्सिंग इल्ज़ामों से बरी किया। (29)

हैंसी क्रोन्ये खेल से बाहर होने के बाद बेल कम्पनी में एक अकाउंटेंट की नौकरी कर रहे थे। 31 मई 2002 को उन्होंने काम के बाद एक कार्गो हवाई जहाज़ में लिफ़्ट ली। जहाज़ एक क्रैडोक पीक नामक पहाड़ से टकराकर दुर्घटनाग्रस्त हो गया, और उनकी मृत्यु हो गयी। हैंसी क्रोन्ये की मृत्यु को एक राजकीय शोक का दर्जा मिला, और उनका स्मारक भी बनाया गया। इस मृत्यु पर हमें संदेह होता रहा। वह भी तो फ़िक्स नहीं था?

जनवरी 2003 के एक इतवार को दुबई के अल-क़रामा रिहायशी इलाक़े में रोज़ की तरह चहल-पहल थी। व्यवसायी बैठ नये प्रोजेक्ट की बातें कर रहे थे। उसी वक़्त कुछ बीस गोलियों की आवाज़ आयी होगी, पर किसी ने सुनी नहीं। एक स्पोर्ट्स-क्लब में स्नूकर पूल का टेबल और उस पर रखी सफ़ेद-काली बॉल रक्त-रंजित हो गयी। टेबल पर एक व्यक्ति औंधा पड़ा था। दाऊद का ख़ास-म-ख़ास और मैच-फ़िक्सिंग का सबसे बड़ा सरग़ना शरद शेट्टी मर चुका था।

कभी जोगेश्वरी के चॉल में रहने वाला शेट्टी दाऊद के साथ-साथ सोने की तस्करी और तमाम धन्धे करते हुए दुबई तक पहुँचा था। उसने क्रिकेट के खेल को मोहरों का खेल बना दिया। शेट्टी हर खिलाड़ी, हर सट्टेबाज़, हर लेन-देन का हिसाब, हर डील अपने दिमाग़ में रखता था। कभी कुछ लिखकर नहीं रखता था। माफ़िया डॉन छोटा राजन ने 'तहलका' को साक्षात्कार में कहा कि उसी ने शेट्टी को मरवाया । यह कोई साधारण मृत्यु नहीं थी। यह एक दाग़दार युग का अन्त था। दाऊद के करोड़ों का धन्धा एक पल में ख़त्म हो गया। कई राज कुछ महीने पहले हैंसी क्रोन्ये की हवाई दुर्घटना में मृत्यु के साथ गये। बाक़ी बचे राज शरद शेट्टी के साथ दफ़्न हो गये।

दो महीने बाद दक्षिण अफ़्रीका में विश्व कप होने वाला था। उसी दक्षिण अफ़्रीका में, जिनकी आधी टीम मैच-फ़िक्सिंग में लिप्त पायी गयी थी। शरद शेट्टी की मौत के ठीक अगले दिन दक्षिण अफ़्रीका में प्रेस कांफ्रेंस हुआ और प्रधान आयोजक ने कहा, "इस बार का विश्व कप पिछले दशक का सबसे ईमानदार और साफ़-सुथरा खेल होगा।" (30)

क्या पिछले तीनों विश्व कप में पाकिस्तान, लंका और ऑस्ट्रेलिया की जीत बेईमानी की नींव पर थी? इस माफ़िया-जंग के बाद शारजाह में लगने वाला क्रिकेट का रंगीन मेला ख़त्म हो गया। जब वर्षों बाद 2020 के IPL में लौटा तो शायद ये दाग़ धुल चुके थे। इसी कड़ी में एक और रहस्यमय मृत्यु हुई थी।

2007 विश्व कप के दौरान किंग्स्टन (जमैका) के पेगासस होटल के बारहवीं मंज़िल के कमरे के बाथरूम में इतवार की सुबह एक नग्न लाश पड़ी मिली। यह लाश हैंसी क्रोन्ये के समय दक्षिण अफ़्रीका कोच और उस वक़्त के पाकिस्तान कोच बॉब वूल्मर की थी। पिछली रात पाकिस्तान अप्रत्याशित रूप से आयरलैंड से हारकर विश्व कप से बाहर हो गयी थी। सम्भव है इस सदमे से उनकी मृत्यु हो गयी हो?

पाकिस्तान ने तीन दिन बाद ज़िम्बाब्वे के ख़िलाफ़ मैच जीतकर अपने कोच को समर्पित किया। उसके ठीक अगले दिन शिल्ड्स की जाँच रिपोर्ट आयी कि वूल्मर की हत्या की गयी थी! उस वक़्त पाकिस्तान की टीम घर लौटने के लिए हवाई अड्डे पर थी। वहाँ पुलिस ने इंज़माम-उल हक़, मुश्ताक़ अहमद और तलत अली को रोक लिया।

पत्रकार चिल्लाने लगे, "क्या आपने वूल्मर को मारा?"

मुश्ताक़ अहमद के चेहरे पर कुछ खरोंचें थी। पता लगा कि तलत अली अपने होटल में नाम बदलकर रह रहे थे। इंज़माम-उल-हक़ का बॉब वूल्मर के साथ नमाज़ को लेकर झगड़ा हुआ था। सट्टा-बाज़ार के हिसाब से आयरलैंड के ख़िलाफ़ बड़े स्टेक का मैच था, और मैच-फ़िक्सिंग के अनुमान थे। बाद में ऑटोप्सी के बाद हत्या की अटकलें ख़त्म कर दी गयीं। सिद्ध यही हुआ कि यह एक स्वाभाविक मृत्यु थी। संयोग था। (31)

बॉब वूल्मर से भारत का भी रिश्ता था। उनकी पैदाइश कानपुर की थी, और उनके पिता संयुक्त प्रान्त (अब उत्तर प्रदेश) से रणजी खेल चुके थे। उनकी मृत्यु षड्यंत्र की कई अफ़वाहें चल रही थीं। हमारे शक करने की तब तक ऐसी आदत बन चुकी थी, कि हर खिलाड़ी, हर नो बोल, हर छूटे कैच पर शक होता, यह तो ख़ैर एक सन्देहास्पद मृत्यु थी। शक अगले विश्व कप 2011 में भी जारी रहा।

मुम्बई ताज शूटिंग के बाद पहला मौक़ा था जब भारत और पाकिस्तान की टीमें सेमीफ़ाइनल में आमने-सामने थीं। उस वक़्त इन देशों के मध्य सभी कूटनीतिक सम्बन्ध और व्यापार सन्धियाँ टूट चुकी थीं। पाकिस्तानी सीमा से मात्र डेढ़ सौ मील दूर मोहाली में जब इस मैच का संयोग बना, तो इसे पुन: संवाद का एक ज़रिया बनाया गया। दोनों देशों के प्रधानमन्त्री वहीं मैदान में मिले। तनाव इस हद तक था कि पाकिस्तान के खिलाड़ियों के साथ पंजाब पुलिस के तीन अफ़सरों ने ख़ाना खाया कि ज़हर तो नहीं मिलाया। संसद की कार्यवाही ढाई बजे ही बन्द कर दी गयी और सभी सांसद एक बड़े स्क्रीन पर मैच देखने लग गये।

सट्टा-बाज़ार में स्थिति साफ़ थी कि भारत ही जीतेगी। भारत में मैच, विश्व कप का मैच और धोनी की टीम। इसमें और कोई सम्भावना थी ही नहीं। सट्टा-बाज़ार में भारत का दर एक रुपये पर साठ पैसे था, और पाकिस्तान का डेढ़ रुपया। रही बात मैच फ़िक्स की, तो कम से कम इस मैच में कोई भी खिलाड़ी ईमान न बेचना चाहेगा। उस दिन तेन्दुलकर का कैच पहले मिस्बाह-उल-हक, फिर यूनुस ख़ान और अन्त में कामरन अकमल ने जब छोड़ा तो लंदन में हलचल हुई कि 'स्पॉट-फ़िक्सिंग' (या स्प्रेड बेटिंग) चालू है।

रमीज़ राजा ने कमेंट्री बॉक्स में हँस कर कहा, "तेन्दुलकर ने आज नाश्ते में क्या खाया है कि सभी फ़ील्डरों के उँगलियों में मक्खन लग गया और गेंद फिसल रही है?"

लंदन में बैठे एड हॉकिन्स को भारतीय सट्टेबाज़ पार्थिव का मेसैज आया, "पहले पन्द्रह ओवर में भारत के तीन विकेट गिरेंगे। भारत 260 से ऊपर रन

बनायेगी। पाकिस्तान सौ रन तक जायेगी, फिर दो विकेट जल्दी-जल्दी गिरेंगे। डेढ़ सौ के आसपास पाँच विकेट। बीस रन के अधिक के अन्तर से पाकिस्तान हारेगी।"

भारत ने ठीक 260 रन बनाये। पाकिस्तान की परिणति लगभग इसी स्क्रिप्ट पर हुई। मिस्बा और यूनुस ख़ान की बल्लेबाज़ी पर भी शक किया जाता रहा। यह एक सट्टेबाज़ का क़यास भी हो सकता है। जब 'ब्यूटीफ़ुल माइंड' फ़िल्म आयी थी, तो हमने जाना कि 'गेम-थ्योरी' से शायद ऐसे क़यास लगाने मुमकिन हैं, लेकिन सम्भावना लाखों में एक है। पार्थिव ने स्वयं इस मेसैज के विषय पर एड हॉकिंज़ से बात करने से इनकार कर दिया। पाकिस्तानी सेना के एक जासूस ने बेवकूफ़ाना क़यास लगाया कि यह मैच जीतकर अगर पाकिस्तान ताज होटल के शहर बम्बई में खेलती तो सब किया-कराया मटियामेट हो जाता। पाकिस्तान को चार सौ सन्धियों और MFN स्टेटस की वापसी चाहिए थी, इसलिए जान-बूझकर हार गये। (32)

अर्जुन रणतुंगा ने बाद में यह इल्ज़ाम लगाया कि फ़ाइनल मैच फ़िक्स था, और श्रीलंका जान-बूझकर हारी। यह भी बेतुकी बात लगती है, क्योंकि महेला जयवर्धने ने शानदार शतक लगाया था। किसी भी कोण से उस मैच का फ़िक्स होना नहीं नज़र आता।

राकेश मारिया अपनी किताब में लिखते हैं, "मैं क्रिकेट-प्रेमी की नज़र से देखूँ तो एक भी खेल फ़िक्स नहीं लगता और पुलिस की नज़र से देखूँ तो हर मैच लगता है। मैं एक भारतीय होने के नाते क्रिकेट-प्रेमी पहले बना, और पुलिस बाद में।"

इस अध्याय में लिखी कुछ बातें संदेहास्पद तरीक़े से किये गये स्टिंग ऑपरेशन, खिलाड़ियों और सम्बन्धित लोगों के अप्रमाणित अफ़वाहों पर आधारित हैं। मैंने यथासम्भव सन्दर्भ दिये हैं, लेकिन उनको प्रमाणित करने का कोई ज़रिया नहीं। जाँच कमिशन और सी. बी. आई. रिपोर्ट पर आधारित अभियुक्तों को भी न्यायालयों ने बरी कर दिया है। शायद दाऊद की पकड़ अब भारतीय सट्टेबाजी पर कमज़ोर पड़ गयी है। यूँ भी अब भारतीय खिलाड़ियों के पास इतना धन है कि चन्द पैसों के लिए कोई यह ग़लती नहीं करेगा। ICC ने एक एंटी-करप्शन स्क्वाड बना लिया, जो इस पर नियन्त्रण रख रहा है। हालाँकि आई.पी.एल. पर इनका नियन्त्रण नहीं है।

IPL आने के बाद मुझे यह अन्देशा हुआ कि बन्द पिटारा फिर से खुलेगा। इस टूर्नामेंट में नैतिक ताना-बाना कम था। यहाँ खिलाड़ी किसी सर्कस की तरह करतब दिखाते, नाच-गाना, पार्टियाँ होतीं। इनमें शामिल टीमों के मालिक भारत के धन्ना सेठ थे। जुआ और सट्टेबाज़ी इनके जीवन का अंग होना कोई आश्चर्य की बात नहीं थी। गोवा के बीच समुद्र में स्थित डेलटिन रॉयल या कसिनो गोवा जैसी जगहों

पर जाकर यह देखा जा सकता है। करोड़ों का सट्टा इस देश में कैसे लगता है, और हमारे देश में कितना धन है, यह देखकर मध्यवर्गीय आँखें तो फटी ही रह जायें।

2013 के सीज़न में भारतीय टीम के प्रतिभाशाली गेंदबाज़ एस. श्रीसंत राजस्थान रॉयल से खेल रहे थे। मुम्बई इंडियंस के ख़िलाफ़ मैच के दौरान एक समय श्रीसंत ने टांगें सीधी कर, अपनी पतलून से तौलिया लटकाया। यह एक साधारण घटना थी, जिस पर मैच के दौरान नज़र नहीं गयी। अगले ही दिन दिल्ली पुलिस ने श्रीसंत और उनके दो साथी खिलाड़ियों अंकित चव्हाण और अजित चन्दिला को गिरफ़्तार कर लिया!

पुलिस के अनुसार, श्रीसंत की उनके पुराने दोस्त जीजू जनार्दन और एक सट्टेबाज़ चन्द्रेश पटेल से डील हुई थी। उन्हें उस ख़ास ओवर में 14 रन देने थे। इशारा था वह तौलिया। अंकित चव्हाण ने ऐसी ही डील के तहत एक ओवर में 15 रन दिये। राजस्थान रॉयल्स के ही भूतपूर्व खिलाड़ी अमित सिंह को एक सट्टेबाज़ होने के आरोप पर गिरफ़्तार किया गया। मुम्बई पुलिस ने अभिनेता बिन्दु दारा सिंह को सट्टेबाज़ों से सम्पर्क के लिए गिरफ़्तार किया। राजस्थान रॉयल्स के मालिक राज कुन्द्रा पर सट्टेबाज़ी के आरोप लगे। हद तो तब हो गयी जब BCCI के अध्यक्ष और चेन्नई सुपर किंग्स टीम के मालिक एन. श्रीनिवासन के दामाद गुरुनाथ मेयप्पन से पूछताछ की गयी। एक बार फिर से जैसे इतिहास ख़ुद को दोहराने लगा।

श्रीसंत और अंकित चव्हाण को लगभग एक महीने के कारावास के बाद छोड़ा गया, और अजित चन्दिला को लगभग चार महीने क़ैद में रखा गया। श्रीसंत और अंकित पर तो आजीवन बैन ही लग गया। 10 फरवरी 2014 को जस्टिस मुकुल मुद्गल की जाँच कमिटी ने सुप्रीम कोर्ट को एक बन्द लिफ़ाफ़ा देते हुए बताया कि इसमें कुछ खिलाड़ियों के नाम हैं, जिनमें से एक अभी भी भारतीय टीम में है और वह 2011 की विश्व कप टीम में शामिल था। BCCI ने कोर्ट से अर्ज़ी लगायी कि यह लिफ़ाफ़ा नहीं खोला जाये। उस लिफ़ाफ़े में किनके नाम था, ये आज तक कोई नहीं जानता। (33)

सच तो यह है कि आज भी भारत में मैचफ़िक्सिंग एक दण्डनीय अपराध नहीं है। 2013 में संसद में एक प्रस्ताव आया था, जो आज तक पारित नहीं हुआ। 2019 में श्रीलंका पहला क्रिकेट खेलने वाला देश बना जिसने मैचफ़िक्सिंग को दण्डनीय अपराध बनाया। भारत में भले ही खेलने पर पाबन्दी लगा दी जाये, लेकिन मैचफ़िक्सिंग सिद्ध होने के बाद भी जेल नहीं भेजा जा सकता। श्रीसंत को जेल में डालने के लिए मक़ोका (MCOCA) अधिनियम को प्रयोग में लाया गया था। मुझे

10 सितम्बर 2020 को श्रीसंत का एक ट्वीट दिखा, जिसमें लिखा था, "अब मुझ पर लगे अभियोग ख़त्म हो गये हैं, मैं खेल को समर्पित रहूँगा। मेरे पास 5-7 साल ही खेलने को बचे हैं, जिसमें मैं अपना सर्वश्रेष्ठ देना चाहता हूँ"। (34)

भारत में सट्टा लगाना ज़रूर ग़ैरक़ानूनी है, लेकिन दुनिया में सट्टा बन्द नहीं हुआ। अमेरिका के कई राज्यों, यूरोप और ऑस्ट्रेलिया में बेटफ़ेयर (betfair.com) पर क्रिकेट पर सट्टा लगाना क़ानूनी है। बेटफ़ेयर का ही सट्टा भारतीय बुकी भी काफ़ी हद तक प्रयोग करते हैं, और नियन्त्रित करते हैं। सट्टा तो चलता रहेगा लेकिन यह कहना ग़लत न होगा कि 2000 का हैंसी क्रोन्ये प्रकरण भारतीय क्रिकेट की गन्दगी को काफ़ी हद तक ख़त्म कर गया। कपिल देव के कोच पद छोड़ने के बाद पहली बार भारत में एक विदेशी कोच आये। सौरभ गांगुली कप्तान बने। भारतीय क्रिकेट का 'भाई-युग' ख़त्म हुआ, 'दादा-युग' शुरू हुआ।

सन्दर्भ-सूची

1. म. विल्यम्सॉन, 'क्रिकेट्स अरिजिनल सिन,' 18 अप्रैल 2009. [ऑनलाइन].
2. ए. हॉकिंज़, 'बुकी गैम्ब्लर फ़िक्सर स्पाई', ब्लूम्सबरी, 2013, पृ. 13-15.
3. म. प्रभाकर एवं अन्य, 'फ़ॉलेन हीरोज़–द इनसाइड स्टोरी ऑफ़ अ नेशन बिट्रेड', बफ़लो बुक्स, 2000.
4. म. एंजल, 'हाउ द स्कैंडल हैज़ अनफ़ोल्डेड अराउंड द वर्ल्ड,' 2 मई 2000. [ऑनलाइन].
5. ESPN, 'जस्टिस क़य्यूम रिपोर्ट,' ESPN CRICINFO, मई 2000. [ऑनलाइन]. [इस दिन देखा गया–09-11-2020].
6. इंडिया टुडे वेब डेस्क , 'शोएब अख़्तर सेज़ ही वुड हेव किल्ड वसीम अकरम,' 'इंडिया टुडे', 21 अप्रैल 2020. [ऑनलाइन].
7. ए. हॉकिंज़, 'बुकी गैम्ब्लर फ़िक्सर स्पाई', ब्लूम्सबरी, 2013
8. क्रिकेट कंट्री स्टाफ़, 'हैड वसीम अकरम इंज़माम-उल-हक़ हैंगड,' क्रिकेट कंट्री , 19 मार्च 2017. [ऑनलाइन]. [इस दिन देखा गया–8-10-2020].
9. ए. हॉकिंज़, 'बुकी गैम्ब्लर फ़िक्सर स्पाई', ब्लूम्सबरी, 2013
10. अ. मुखोपाध्यय, 'अक्यूज़्ड फ़ोटोग्राफ़र सेज़ ही इस बीइंग फ्रेम्ड,' 'हिन्दुस्तान टाइम्स', 31 अगस्त 2010. [ऑनलाइन]. [इस दिन देखा गया–5-11-2020].
11. म. प्रभाकर ए अन्य, 'फ़ॉलेन हीरोज़–द इनसाइड स्टोरी ऑफ़ अ नेशन बिट्रेड', बफ़लो बुक्स , 2000.

12. र. मारिया, 'लेट मी से ईट नाउ', वेस्टलैंड , 2020.
13. अ. दमोदरन, 'चन्द्रचूड़ रिपोर्ट,' 'इंडिया टुडे', 24 अप्रैल 2000. [ऑनलाइन]. [इस दिन देखा गया–5-11-2020].
14. स. तेन्दुलकर, 'प्लेइंग इट माई वे', हाडर, 2016.
15. ए. हॉकिंज़, 'बुकी गैम्ब्लर फ़िक्सर स्पाई', ब्लूम्सबरी, 2013.
16. ज. लेले, 'आई ईज़ देयर', मरीन स्पोर्ट्र्स , 2011.
17. ESPN स्टाफ़ , 'तेन्दुलकर इग्जैमिंड,' ESPN CRICINFO, 2 जुलाई 2001. [ऑनलाइन]. [इस दिन देखा गया–5-11-2020].
18. ए. हॉकिंज़, 'बुकी गैम्ब्लर फ़िक्सर स्पाई', ब्लूम्सबरी, 2013, पृ. 24-25.
19. अ. भारद्वाज, 'हाउ बुकी संजीव चावला, किंपिन ऑफ़ 2000 मैच-फ़िक्सिंग स्कैंडल फ़ेल इंटू पुलिस नेट', 13 फरवरी 2020. [ऑनलाइन]. [इस दिन देखा गया–5-11-2020].
20. न. मंथोरप, 'गिब्ज़ सेज़ आई अग्रीड टू फ़िक्स मैच', गार्डीयन , 9 जून 2000. [ऑनलाइन]. [इस दिन देखा गया–5-11-2020].
21. ह. तुबेरविल्ल, 'हाउ हँसी क्रोन्ये बीकेम मोस्ट फ़ेमस विल्लांस इन क्रिकेट फ़िक्सिंग स्कैंडल,' टेलीग्राफ़, 26 मई 2010. [ऑनलाइन]. [इस दिन देखा गया–5-11-2020].
22. ए. हॉकिंज़, 'बुकी गैम्ब्लर फ़िक्सर स्पाई', ब्लूम्सबरी, 2013, पृष्ठ 154.
23. ESPN स्टाफ़ , 'CBI रिपोर्ट,' ESPN CRICINFO, 2 नवम्बर 2000. [ऑनलाइन]. [इस दिन देखा गया–5-11-2020].
24. म. प्रभाकर ए. अन्य, 'फ़ॉलेन हीरोज़–द इन्साइड स्टोरी ऑफ़ अ नेशन बिट्रेड', बफ़लो बुक्स , 2000.
25. ए. हॉकिंज़, 'बुकी गैम्ब्लर फ़िक्सर स्पाई', ब्लूम्सबरी, 2013.
26. क. थापर, हार्ड टॉक. [साक्षात्कार]. 10 मई 2000.
27. र. मंदनी, 'कपिल देव मनोज प्रभाकर,' इंडिया टुडे , 20 दिसंबर 2018. [ऑनलाइन]. [इस दिन देखा गया–5-11-2020].
28. ब. मजूमदार, 'इलेवन गाड्ज़ एंड बिल्यन डियंस', एस एंड एस इंडिया , 2018. पृ. 20-22.
29. ESPN स्टाफ़ , 'अजय शर्मा क्लीर्ड,' ESPN CRICINFO, 5 सितम्बर 2014. [ऑनलाइन]. [इस दिन देखा गया–5-11-2020].

30. ए. हॉकिंज़, 'बुकी गैम्ब्लर फ़िक्सर स्पाई', ब्लूम्सबरी, 2013.
31. म. टाउंज़ेंड, 'द मर्डर दैट नेवर वास,' गार्डियन, 1 जुलाई 2007. [ऑनलाइन]. [इस दिन देखा गया–5-11-2020].
32. ए. हॉकिंज़, 'बुकी गैम्ब्लर फ़िक्सर स्पाई', ब्लूम्सबरी, 2013.
33. न.प. वैद्य, 'IPL स्पॉट फ़िक्सिंग,' क्रिकेट कंट्री , 24 अगस्त 2014. [ऑनलाइन]. [इस दिन देखा गया–5-11-2020].
34. न. गोल्लापुडी, 'मैच-फ़िक्सिंग लॉ गेम चेंजर,' ESPN CRICINFO, 24 जून 2020. [ऑनलाइन]. [इस दिन देखा गया–3-11-2020].

कोरबो लोड़बो जीतबो रे

"सौरभ गांगुली ने मुझे सिखाया कि देश से बाहर कैसे जीतते हैं।"
-अनिल कुम्बले *(गांगुली के फ़ेयरवेल वक्तव्य में)*

हम पुणे में एक कॉलेज क्रिकेट खेल रहे थे। यह मैच उत्तर भारतीय और मराठी मेडिकल विद्यार्थियों के मध्य था। मेरी टीम के कप्तान राजस्थान के तेज़ गेंदबाज़ थे, जिनकी कमाल की तराशी हुई दशा-दिशा होती। वह लम्बी दौड़ लगाकर आते और बाँहों को एक पूरे चक्र में घुमाकर गेंद छोड़ते, जो तेज़ गति से ऑफ़ स्टम्प के कुछ बाहर से गुज़रती विकेटकीपर के दस्ताने में। बल्लेबाज़ों के पास बहुत कम जगह होती। उस दिन उन्होंने पहले तीन विकेट जल्दी ही गिरा दिये। उसके बाद विपक्षी टीम के कप्तान आये। हमारे कप्तान ने उनका स्वागत पहली ही गेंद यॉर्कर डाल कर किया, जिसे उन्होंने बड़ी सहजता से सीधा खेला और गेंद सीमा-रेखा पर ऊपर लगे एक बिल-बोर्ड से टकरायी। उसके बाद तो छक्कों-चौकों की बरसात हो गयी। मेरी हाल में अपने कप्तान से बात हो रही थी। उन्होंने कहा कि आज भी वह छक्का सपनों में आता है। कहते हैं, मराठियों के ख़ून में क्रिकेट है।

हमने पहले अध्याय में देखा कि यह खेल संगठित रूप में सबसे पहले मुम्बई आया। देश में आज तक 30 प्रतिशत क्रिकेट खिलाड़ी इसी राज्य से रहे। भारत ने आज तक जितने रन बनाये, उसके तिहाई से अधिक रन मुम्बई के खिलाड़ियों ने बनाये। मुम्बई की टीम 41 बार रणजी ट्रोफ़ी जीती, जब कि उनके निकटतम प्रतिद्वन्द्वी रहे कर्नाटक ने मात्र 8 बार। पन्द्रह साल तक (1958-1973) मुम्बई रणजी ट्रॉफ़ी की एक भी मैच नहीं हारी। राज सिंह डूंगरपुर ने राजस्थान की तरफ़ से सात रणजी फ़ाइनल खेले, और सातों में उन्हें मुम्बई से हार मिली। उनका एक क़िस्सा है कि वह मुम्बई टीम को हराने के लिए झाड़-फूँक करने वाला ओझा लेकर

आये थे, फिर भी हार गये। टी-20 मुम्बई लीग का टैग-लाइन 'आम्ही मुम्बईकर, आम्ही क्रिकेटकर' जो ट्रोल किया गया, ग़लत नहीं है। मांजरेकर (विजय और संजय), गावस्कर, वेंगसरकर, वाडेकर, तेन्दुलकर, अगरकर, कानिटकर जैसे नाम तो क्रिकेट में रहे ही हैं जिनमें दो नाम शीर्ष पर रहे। पद्माकर शिवालकर का नाम प्रथम श्रेणी के महानतम गेंदबाज़ों में है। वसीम जाफ़र और अमोल मजूमदार रणजी के हीरो रहे, हालाँकि भारतीय टीम में पक्की जगह नहीं बना सके।

मकरन्द वैगनकर संगीत के तर्ज़ पर मुम्बई के 'बैटिंग घराना' की बात करते हैं। संगीत के उस्तादों की तरह ही वहाँ दशकों से रियाज़ चल रहा है, और वहाँ के मानक बहुत कड़े हैं। ऐसा भी हुआ कि खिलाड़ी भारत से खेलते, लेकिन मुम्बई रणजी टीम में जगह नहीं मिलती। उस्तादों वाली बात तो थी। विजय मर्चेंट की नज़र गावस्कर पर होती, वेंगसरकर की नज़र तेन्दुलकर पर, तेन्दुलकर की नज़र रोहित शर्मा पर। हर उस्ताद अपने शिष्य को कुछ ज्ञान दे रहा होता है। अगर कोई खिलाड़ी ग़लत शॉट खेलते हुए आउट होता है, तो उसे उस्ताद फ़ोन कर समझाते हैं। सुनील गावस्कर ने वेस्टइंडीज़ के ख़िलाफ़ जब दोहरा शतक लगाया तो विजय मर्चेंट ने शाबाशी दी। सुनील ने कहा, "आपने खेल देखा? 197 रन पर एक नॉर्बर्ट फ़िलिप्स का बाउंसर आया था। मैंने डीप फ़ाइन लेग पर हुक कर दिया था, और गेंद बाउंड्री पार कर गयी थी। लेकिन, विजय भाई! मुझे लगता है, वह शॉट ग़लत था। आपको क्या ग़लती लगती है?" (1,2)

दो दशक बाद सचिन तेन्दुलकर ने जब 17 वर्ष की अवस्था में अपना पहला टेस्ट शतक मैंचेस्टर में लगाया तो ख़ुशी से उछलने के बजाय माधव मन्त्री से मिलने गये और पूछा, "आज मैंने क्या-क्या ग़लतियाँ कीं?" वह भी चौंक गये कि यह लड़का अभी वयस्क भी नहीं हुआ, इंग्लैंड में शतक लगा दिया, फिर भी ख़ुश होने के बजाय कमियाँ पूछ रहा है। जब सचिन 1992 में ऑस्ट्रेलिया गये, और पहले दो टेस्ट में ख़ास नहीं खेले तो निराश थे। उस वक़्त सुनील गावस्कर ने उनसे मिलकर कुछ बिन्दुवार बातें कहीं–

1. आप अपने पुराने अनुभवों से खेल रहे हैं, जबकि ऑस्ट्रेलिया की पिच और कंडिशन अलग है।
2. आप गेंद बहुत जल्दी देखकर शॉट के लिए बल्ला पहले घुमाते हैं। इन्तज़ार कम करते हैं।
3. आप गेंद पर बहुत कड़ा प्रहार करने का प्रयास करते हैं।

4. फ़ॉर्म की चिन्ता न करें। फ़ॉर्म आता-जाता रहेगा, लेकिन क्लास हमेशा साथ रहेगा।

इसका असर यह हुआ की अगले ही सिडनी टेस्ट में सचिन तेन्दुलकर ने नाबाद 148 रन की पारी खेल ली।

लेकिन, भारत का अर्थ मुम्बई तो नहीं है। यह तो एक राज्य भी नहीं, शहर मात्र है। भारतीय टीम का प्रतिनिधित्व पूरे देश से होना चाहिए। 1973-74 में पन्द्रह साल से रणजी चैम्पियन मुम्बई को जब कर्नाटक ने हराया, तो यह एक बदलाव की घण्टी थी। 1977-78 में मुम्बई फ़ाइनल में भी नहीं पहुँच सकी। धीरे-धीरे क्रिकेट के तीन ख़ेमे बने–मुम्बई, दिल्ली और कर्नाटक-तमिलनाडु। कपिल देव की 1983 की टीम को देखें तो उसमें इन तीन ख़ेमों का बैलेंस था। दिल्ली ख़ेमे (मदन लाल, मोहिन्दर अमरनाथ, कपिल, यशपाल, कीर्ति आज़ाद, बलविन्दर सन्धू) ने अपना सिक्का इसी दौर में ज़माना शुरू किया। हालाँकि उस समय भी मुम्बई के गावस्कर-वेंगसरकर-शास्त्री एक मज़बूत और मुखर ख़ेमे से थे। यह रहते भी एक ही इमारत में। इनमें वाडेकर, सन्दीप पाटिल, मोरे को भी मिला लें जिनका बाद में बोर्ड में दबदबा रहा। कलकत्ता भले खेल का तीर्थ हो, लेकिन क्रिकेट खिलाड़ियों में कलकत्ता नदारद था।

एक थे पंकज रॉय और एक थे अरुण लाल! लेकिन वे बस 'थे'। अरुण लाल तो यूँ भी दिल्ली से खेलते थे। एक गोपाल बोस हुए, जिन्होंने कभी सुनील गावस्कर के साथ 194 रन की साझेदारी की थी, लेकिन उन्हें फिर कभी खेलने का मौक़ा नहीं दिया गया। सुनील गावस्कर के पुत्र रोहन गावस्कर बंगाल से खेलते रहे, लेकिन वह भी भारतीय टीम में पक्की जगह नहीं बना सके। कुछ समय दीप दासगुप्ता टीम में दिखे और अब रिद्धिमान साहा जैसे खिलाड़ी कभी-कभार दिख जाते हैं। पुरुष क्रिकेट से कहीं अधिक तो महिला क्रिकेट में बंगाल से खिलाड़ी रहे।

जब जगमोहन डालमिया का क़द बढ़ने लगा, तो इसका असर बंगाल क्रिकेट पर भी हुआ। सौरभ गांगुली के पिता बंगाल क्रिकेट बोर्ड के सचिव थे। उनके बड़े बेटे स्नेहाशीष गांगुली भारतीय टीम में आने के लिए संघर्ष कर रहे थे। उनकी तो जगह नहीं बन पायी, उनके छोटे भाई सौरभ की जगह बनी। सौरभ गांगुली को 1992 में भारतीय टीम में जगह मिली, लेकिन वहाँ उनके अक्खड़ रवैये की शिकायत रही। कथित रूप से वह ग्राउंड पर कभी ड्रिंक्स वग़ैरा नहीं लाते, प्रैक्टिस सेशन में नहीं आते। सौरभ ड्रॉप कर दिये गये।

उनके पिता ने सहानुभूति दिखायी और कहा, "तुम्हें निराश होने की ज़रूरत नहीं।"

सौरभ ने बॉल्कनी में बल्ले से हवा में शॉट लेते हुए कहते हैं, "नहीं, मैं निराश नहीं। मुझे विश्वास है कि मैं एक दिन भारत का कप्तान बनूँगा!" (3)

सौरभ ने कह तो दिया कि वह कप्तान बनेंगे, लेकिन भारतीय टीम का कप्तान बनना कोई बच्चों का खेल नहीं। राजदीप सरदेसाई अपनी पुस्तक 'टीम लोकतन्त्र' (डिमॉक्रेसी इलेवन) में लिखते हैं कि देश के प्रधानमन्त्री के बाद भारत में सबसे महत्त्वपूर्ण जनता का प्रतिनिधि भारतीय क्रिकेट टीम का कप्तान है। यह तो ख़ैर अतिशयोक्ति है, लेकिन कुछ दशकों तक यह हाल था कि देश में पाँच साल टिकने वाला कोई कप्तान न हुआ।

आज़ादी से पहले एक अघोषित नियम था कि राजा-महाराजा ही कप्तान होंगे, चाहे उन्हें खेलना आता हो या न आता हो। जब 1932 में पहली टीम इंग्लैंड के दौरे पर गयी थी, तो पोरबन्दर के महाराज कप्तान बनकर गये, और पूरी शृंखला में मात्र 2 रन बनाये। राजदीप सरदेसाई लिखते हैं, "इससे ज़्यादा तो उनके गैराज में रोल्ज़ रोयस हुआ करती थी"।

विजयनगरम के महाराजकुमार विज्जी का क़िस्सा तो मैं पहले लिख ही चुका हूँ। आज़ादी से ठीक पहले 1946 में विजय मर्चेंट की जगह नवाब इफ़्तिख़ार अली ख़ान पटौदी को कप्तान बनाया गया।[1] आज़ादी के समय आए लाला अमरनाथ का रिकॉर्ड अच्छे कप्तानों में नहीं रहा। उस समय हालात ये थे कि अगर एक शृंखला हारते तो उन्हें हटाकर विजय हज़ारे को कप्तान बनाया जाता। फिर हज़ारे हारकर आते तो अमरनाथ। 1958-59 का एक वाक़या है, जब एक मैच में भारत को चार कप्तान मिले!

वेस्टइंडीज़ की टीम भारत के दौरे पर आयी थी। जब यह टीम आती थी, तो हार का ख़तरा मँडराता रहता था। पहले मैच में पाली उमरीगर ने कप्तानी ली, मैच ड्रॉ रहा। अगले दो मैचों में ग़ुलाम अहमद कप्तान रहे, और दोनों में भारी हार मिली। चौथा मैच मद्रास में था, जिसके लिए पाली उमरीगर को पुनः माला-वाला पहनाकर कप्तान बनाया गया। उमरीगर सेलेक्टरों के सामने रोने लगे कि उन्हें मनचाही टीम नहीं मिल रही। उनसे कप्तानी तो छीनी ही गयी, गले से माला भी उतार ली गयी। उनकी जगह वीनू मांकड़ को कप्तानी मिली, लेकिन खेल के दौरान मांकड़ को खुजली होने लगी तो कप्तानी मिली जी. एस. रामचन्द को। उसके बाद रामचन्द को चोट लग गयी, तो उसी मैच में हेमू अधिकारी को कप्तान बनाया गया। हुए न एक मैच में चार कप्तान? हालाँकि यह मैच भी हारकर भारत शृंखला हार गयी। (4)

---

[1]उससे पहले सिनीयर पटौदी (इफ़्तिख़ार अली ख़ान पटौदी) इंग्लैंड की टीम से खेलते थे।

1962 में नारी कॉन्ट्रैक्टर को चोट लगने की वजह से नवाब मंसूर अली ख़ान पटौदी कप्तान बने। क्रिकेट की राजनीति के शिकार पटौदी भी हुए। एक समय उनके पिता की वजह से विजय मर्चेंट कप्तान नहीं बन पाये थे। 1971 में पासा पलट चुका था। चयन कमिटी के अध्यक्ष विजय मर्चेंट थे। नवाब पटौदी से कप्तानी छीनकर अजित वाडेकर को दे दी गयी। अजित वाडेकर एक महान क्रिकेटर भले न कहलाएँ, एक कप्तान के रूप में उनके नाम कुछ महत्त्वपूर्ण जीतें दर्ज हैं। अज़हरुद्दीन की तरह उनकी गिनती भी सफल कप्तानों में हो सकती है। जिस तरह अज़हरुद्दीन को कप्तानी के साथ सचिन तेन्दुलकर बोनस में मिले, अजित वाडेकर को 'लिटल मास्टर' सुनील गावस्कर मिल गये। एक दिन जैसे अज़हरुद्दीन की कप्तानी तेन्दुलकर को चली गयी, वाडेकर से भी घूम-फिरकर गावस्कर तक चली गयी थी। गावस्कर की कप्तानी सचिन तेन्दुलकर की कप्तानी से कुछ बेहतर रही, लेकिन वह भी लम्बी नहीं टिक पायी।

बिशन सिंह बेदी आज़ाद भारत के पहले सिख कप्तान बने और वह भी एक गेंदबाज़ कप्तान। वह विवादों से ही घिरे रहे। उन्होंने खिलाड़ियों के मानदेय के लिए लड़ाई लड़ी, और बोर्ड को नाराज़ किया। उनकी बदौलत मैच फ़ीस बढ़कर 16000 रुपये प्रति मैच हो गयी थी। क्रिकेट न सिर्फ़ सम्माननीय बल्कि एक ठीक-ठाक कमाऊ खेल भी बन गया। मोहिन्दर अमरनाथ के अनुसार, "बिशन पा' जी ने हमें ताक़तवर बनाया। उन्होंने हमें इस आशा से भरा कि हम सिस्टम से लड़ सकते थे।" (5)

सिस्टम से लड़ाई, अपने गिरते फ़ॉर्म और कुछ हद तक सुनील गावस्कर से मनमुटाव के कारण वह अपनी कप्तानी और टीम में जगह खो बैठे। उनके कुछ समय बाद आए कप्तान कपिल देव ने विश्व कप ज़रूर उठाया, लेकिन उनकी भी आगे की कप्तानी की सफलता सीमित रही। इमरान ख़ान ने जहाँ अकीब जावेद, वसीम अकरम, इंज़माम, एजाज़ अहमद, आमिर सोहैल जैसे युवाओं की फ़ौज खड़ी कर दी; कपिल देव के समय युवा प्रतिभाएँ कम ही चमकीं। यह बात रवि शास्त्री भी कहते रहे कि कपिल जैसे बेहतरीन गेंदबाज़ में 'पेस बैटरी बनाने की क्षमता थी, लेकिन उन्होंने इसके प्रयास नहीं किये।'

अज़हरुद्दीन एक 'ऐक्सिडेंटल कप्तान' थे। कपिल देव के कप्तानी छोड़ने के बाद वेंगसरकर से बोर्ड की शिकायतें रहीं। श्रीकान्त कप्तान बनाये गये। वह जब पाकिस्तान से सभी टेस्ट ड्रॉ कराकर लौटे (जो उस समय अच्छा माना जाता था), तो उनको हटाकर अज़हर को कप्तान बनाना एक आश्चर्यजनक घटना थी। यह सही है

कि श्रीकान्त मैदान पर खिलन्दड़ी मूड में रहते, उल्टे-सीधे स्वीप और रिवर्स-स्वीप के करतब टेस्ट में भी दिखाते। फिर भी, अज़हर में कप्तानी लायक़ कोई गुण उस वक़्त नज़र नहीं आता। उनको तो एक दिन राज़ सिंह डुंगरपुर ने पूछा, "क्यों मियाँ? कप्तान बनोगे?", और उन्होंने सर हिला दिया। अज़हर मैदान में गुम रहते कि जो चल रहा है, चलने दो। यह क़िस्मत थी कि तेन्दुलकर आये और अज़हर का रिकॉर्ड ठीक-ठाक मैच जिताने वाले कप्तानों में एक रहा।

अज़हरुद्दीन की कप्तानी पर भी तेन्दुलकर के करिश्मे का ग्रहण लगना शुरु हो गया था। लोग तेन्दुलकर में एक नया कप्तान देखने लगे। अज़हर को कप्तानी से हटाने की कोई वजह नहीं मिल रही थी। तभी एक दिन 1996 में नवजोत सिंह सिद्धू लंदन में अज़हर पर भड़क उठे। अफ़वाह थी कि उन्होंने कहा, जब भी मिलता है, गाली देकर बात करता है। वह लंदन से बोरिया-बिस्तर बाँध भारत आ गये। पहले टेस्ट से सिद्धू निकले,[1] उनकी जगह सौरभ गांगुली को खेलने का मौक़ा मिला।

विश्व कप (1996) की शर्मनाक हार के बाद अज़हर की कप्तानी गयी और मात्र तेईस वर्ष की उम्र में सचिन तेन्दुलकर कप्तान बने। एक साल तक गाड़ी चली, लेकिन फिर उनकी अपरिपक्वता झलकने लगी। तेन्दुलकर मेहनत तो करते, लेकिन भारत एक-एक कर सीरीज हारने लगी। 1996 के डरबन टेस्ट में भारत की पारी मात्र 66 रन पर सिमट गयी। अगले साल श्रीलंका ने पहले एशिया कप में भारत को हराया, फिर 3-0 से एकदिवसीय शृंखला हराया। टेस्ट में एक पारी में तो श्रीलंका ने 952 रन का रिकॉर्ड स्कोर बनाया, जिसमें सनत जयसूर्या और रोशन महानामा ने 576 रन की रिकॉर्ड साझेदारी की।[2] बारबाडोस (वेस्टइंडीज़) में भारतीय टीम 120 रन के स्कोर का पीछा भी नहीं कर सकी, और मात्र 81 रन पर पूरी पारी सिमट गयी।

अज़हर ने वेस्टइंडीज़ में (कथित तौर पर) कहा, "नहीं जीतेगा। छोटे की नसीब में जीत है ही नहीं।" (6)

अज़हरुद्दीन अपनी कप्तानी खोने के बाद टीम में तो थे, लेकिन उनके अन्दर नकारात्मकता साफ़ दिखती। एक वरिष्ठ खिलाड़ी और पूर्व कप्तान के रूप में उनकी ज़िम्मेदारी सचिन से अधिक होनी चाहिए थी। मध्यक्रम बल्लेबाज़ के रूप में वह पारी सँभालने का ज़िम्मा उठा सकते थे। वेस्टइंडीज़ में वह ग़ैर-ज़िम्मेदाराना खेले। यह और बात है कि बाक़ी खिलाड़ी भी सँभाल नहीं पाये, लेकिन उनके जितना

---

[1]सिद्धू क्यों भागे, यह भी कुछ हद तक एक रहस्य ही रहा.

[2]2006 में महेला जयवर्धने और कुमार संगक्कारा ने दक्षिण अफ़्रीका के ख़िलाफ़ 624 रन की साझेदारी कर मैच जीता। यह 2023 तक का रिकॉर्ड है।

अनुभव किसी के पास था भी नहीं। सचिन और अज़हर के मध्य कम से कम उस वक़्त तो सब ठीक नहीं था।

आख़िर बड़े मियाँ को वापस कप्तान बनाया गया, और अजय जडेजा उप-कप्तान बने। अच्छी बात यह हुई कि भारत की टीम वापस जीतने लगी। 1999 का विश्व कप अज़हर को फिर से ले डूबा। वापस सचिन तेन्दुलकर आये, और सौरभ गांगुली का क़द उप-कप्तान तक पहुँच गया। ऑस्ट्रेलिया से श्रृंखला हारने के बाद सचिन ने कप्तानी छोड़ दी, और सौरभ का स्वप्न पूरा हुआ। वह कप्तान बने!

सौरभ के साथ समस्या यह थी कि अज़हरुद्दीन और अजय जडेजा जैसे खिलाड़ी टीम में थे, जो कभी भी उनका पत्ता काट सकते थे। जब मार्च 2000 में क्रोन्ये का ख़ुलासा हुआ, रहा-सहा अज़हर-जडेजा का काँटा निकल गया और सौरभ के सर पर स्थायी ताज जम गया। इस पूरी रणनीति में डालमिया का क्या रोल था, यह एक क़यास है। अज़हर उन्हें 'कोटा प्लेयर' कहते कि डालमिया कोटे से आये; और कुछ लोग उनका नाम '033' (कलकत्ता का एस.टी.डी. कोड) बुलाते क्योंकि वह कई बातों पर डालमिया से विमर्श करते। डालमिया-गांगुली की कलकतिया जुगलबन्दी साथ शुरु और साथ ही ख़त्म हुई। वह आये, गांगुली आये। वह गये, गांगुली गये।

मैच-फ़िक्सिंग घोटाले के बाद गांगुली पर पूरी तरह कप्तानी थोप देना चाल भी हो सकती है कि अब इस गडमड टीम को कौन सँभाले। लेकिन इस कप्तान के पास यह लाभ तो था ही, कि टीम अब इस रसातल से नीचे क्या जायेगी? 1999 विश्व कप का यह थीम सॉन्ग शायद इसी पूर्वाग्रह से लिखा गया–

कम ऑन इंडिया, दिखा दो;
दुनिया को हिला दो
ज़रा-सा दिल, ज़रा-सा विल ले आओ

जब सौरभ टीम में नये-नये आये थे, तो उन्होंने देखा कि अर्जुन रणतुंगा मसाज करा रहे हैं। उनके पास जाकर पूछा कि अपनी कप्तानी के बारे में बताइए। रणतुंगा बताने लगे, "एक सीनियर को थिंक-टैंक बनाना चाहिए, नये-नये लड़के ढूँढ़ने चाहिए, उनकी ग़लती में भी साथ देना चाहिए। उनको ऐसे तैयार करना होता है जैसे शेरनी अपने बच्चों को तैयार करती है...लेकिन यह सब तुम क्यों पूछ रहे हो? अभी तो तुम नये-नये टीम में आये हो।" (7)

सौरभ ने कप्तानी से पहले ही कप्तानी के गुर लेने शुरू कर दिये थे। हैंसी क्रोन्ये ने काफ़ी हद तक औसत खिलाड़ियों की टीम को अलग-अलग महादेशों में विजय

दिलायी। वह भी युवाओं को प्रोत्साहित करते, और हमेशा उनका साथ देते। इसी तरह इमरान ख़ान ने भी युवाओं की फ़ौज बनायी थी। जब सौरभ कप्तान बनकर आये, उन पर सबसे बड़ी ज़िम्मेदारी क्रिकेट के ख़ेमों से निपटना था। कप्तान का क्षेत्रवाद से मुक्त होना क्रिकेट की दशा-दिशा तय करता आया है। नवाब पटौदी, अज़हरुद्दीन, सौरभ गांगुली और महिन्दर सिंह धोनी इन ख़ेमों से काफ़ी हद तक मुक्त रहे और इसलिए चार सफल कप्तानों में रहे। बिशन सिंह बेदी कहते हैं, "नवाब पटौदी ऐसे पहले व्यक्ति थे, जिन्होंने कहा कि हम दिल्ली, बम्बई, कलकत्ता, मैसूर या मद्रास के लिए नहीं खेल रहे। हम भारत के लिए खेल रहे हैं।" (8)

क्षेत्रवाद से छुटकारा पाना तभी मुमकिन था जब कोई बाहर का तटस्थ व्यक्ति टीम प्रशासन में दख़ल डाले। अक्तूबर 2000 में, नैरोबी में होने वाली आई.सी.सी. नॉक-आउट की तैयारी शुरु होने वाली थी। कपिल देव ने कोच-पद से इस्तीफ़ा दिया, अंशुमन गायकवाड़ ने अस्थायी कमान सँभाली। राहुल द्रविड़ ने यह प्रस्ताव औपचारिक रूप से रखा कि कोई दूसरे देश का कोच बुलाया जाये। इस प्रस्ताव पर सौरभ, अनिल कुम्बले और सचिन ने सहमति जता दी। लेकिन वह होगा कौन?

सौरभ गांगुली और राहुल द्रविड़ ने कुछ समय पहले ही योजना बना ली थी। उस समय केंट की तरफ़ से राहुल द्रविड़ खेल रहे थे, और उनके विरोधी टीम लंकाशायर से सौरभ गांगुली। मैच के बाद दोनों कॉफ़ी के लिए मिले और इस बात पर मन्थन करने लगे कि अब आगे क्या? अख़बार तो मैच-फ़िक्सिंग की ख़बरों से भरे थे।

राहुल ने कहा, "तुम जॉन से मिलो। वह केंट के कोच हैं। अगर वह भारत आ जायें तो हम सब मिलकर नयी शुरुआत कर सकते हैं।"

एक कॉफ़ी पर 'ब्रेन-स्टॉर्मिंग' ने डूबते जहाज़ को बचा लिया। न्यूज़ीलैंड में अपने घर में बैठे जॉन राइट उस वक़्त बेसब्री से किसी अच्छे प्रस्ताव के इन्तज़ार में थे। उनकी इच्छा इंग्लैंड टीम प्रशिक्षक बनने की थी। इंग्लैंड के क्रिकेट बोर्ड ने चिट्ठी भेज दी, कि वह 'शॉर्ट-लिस्ट' नहीं हुए। भारत ने जब 'फ़र्स्ट-क्लास' के हवाई टिकट भेजे तो उन्हें लगा कि इस तीसरी दुनिया के देश के पास पैसा बहुत है। लेकिन यह भी लगा कि वहाँ के भ्रष्ट बोर्ड, फ़िक्सिंग-घोटाले में फँसे खिलाड़ी और सबसे बड़ी बात–इतनी गर्मी! कैसे झेलेंगे? अपने अनुभव पर लिखी किताब का नाम ही उन्होंने रखा है–'इंडियन समर्स'।

उन्हें इयान चैपल (ग्रेग के भाई) ने पूछा, "क्यों जा रहे हो? न्यूज़ीलैंड छोड़कर भला कोई भारत जाता है?"

जॉन राइट ने उखड़कर कहा, "क्योंकि मैं तुम्हारी तरह नहीं।"

जब जॉन राइट पहली बार बी.सी.सी.आई. के दफ़्तर पहुँचे तो हैरान रह गये। दुनिया की सबसे अमीर बोर्ड का ऑफ़िस अन्दर से ग़रीबख़ाने की तरह नज़र आ रहा था। टीम का माहौल ढीला-ढाला था। पहले बॉबी सिम्पसन खिलाड़ियों को सुबह दौड़ाते थे, वह भी बन्द हो गया था। मेरी स्मृति में कुछ खिलाड़ियों की हल्की-फुल्की तोंद भी निकल आयी थी। जॉन ने जब पहली टीम मीटिंग बुलायी तो सब पसरकर बैठ गये और चाय-समोसे ख़ाने लगे। वह चकरा गये कि क्या यह वाक़ई प्रोफ़ेशनल क्रिकेट टीम है?

प्रैक्टिस का सामान पूछा तो बस तीन स्टम्प और तीस कोन पकड़ा दिये गये। क्लब में बस एक सेट कपड़े थे, वही सुबह-शाम पहनना होता। मैच न हो तो प्रैक्टिस होती ही नहीं थी। सभी खिलाड़ी अपने कपड़े लेकर आते थे। न कोई स्पोर्ट्स ड्रिंक, न कोई हार्ट-मॉनीटर, ना ही किसी तरह का इलेक्ट्रॉनिक उपकरण। जब नेट-प्रैक्टिस के लिए गये, खिलाड़ी अपनी-अपनी बेंत की कुर्सियाँ उठा लाये, और धम्म से बैठ गये। उन्होंने पूछा कि यह क्या है? जवाब मिला कि जो गेंदबाज़ी या बल्लेबाज़ी प्रैक्टिस करते हैं, वे नेट पर होते हैं; और बाक़ी बैठकर देखते हैं। उन्होंने तुरन्त वह कुर्सियाँ हटवायीं, और कहा कि 'फ़िल्डिंग प्रैक्टिस' करेंगे। सभी खिलाड़ी हाथ पर टेप बाँधने लगे कि गेंद से चोट न लग जाये। जॉन राइट को तो लगा किसी अजायबघर आ गये।

उन्होंने डाँटकर कहा, "तुम लोग खिलाड़ी हो भी या नहीं? फ़िल्डिंग करते-करते तो अब तक हाथ सख़्त हो जाने चाहिए। कोई टेप नहीं बाँधेगा।"

इतने में एक सेलेक्टर टहलते आ गये और उन्हें हँसकर समझाया, "जॉन! आप ख़्वाह-म-ख़्वाह इतने सख़्त हो रहे हैं। यह भारत है और यहाँ ऐसे ही खेलते हैं।"

जॉन ने उन्हें ग़ुस्से से देखा। सेलेक्टर को लगा कि खिलाड़ी उनका साथ देंगे। लेकिन जॉन के एक तरफ़ गांगुली, और दूसरी तरफ़ द्रविड़ खड़े होकर उन्हें घूरने लगे। वह निकल लिये।

नया 'टीम इंडिया' तैयार हो रहा था!

जॉन को अब कुछ विशेषज्ञों की ज़रूरत थी। यूँ तो भारत का एक चायवाला भी क्रिकेट विशेषज्ञ है, जो यह सुझाव दे सकता है कि फलाँ खिलाड़ी को इस बाउंसर पर डक कर लेना चाहिए था। मुझे स्कूली लड़के मिलते, जिनको हर सांख्यिकी कण्ठस्थ है। जो 'दूसरा' और टॉप-स्पिन में अन्तर बता देते हैं, भले कभी खेला न हो। इस किताब के लेखक ही कौन से तीसमार ख़ाँ हैं। लेकिन यहाँ बात पेशेवर

लोगों की हो रही है। जब मुल्तान में वीरेन्द्र सहवाग ने अपना तिहरा शतक 'राम्की' नामक व्यक्ति को समर्पित किया तो मुझे लगा उनके कोई कोच या परिवार के सदस्य होंगे। लेकिन वह व्यक्ति दोनों ही नहीं थे।

सुब्रह्मण्यम रामाकृष्णन (राम्की) तो एक बैंक कर्मचारी थे, जो शौकिया क्रिकेट खेलते प्रथम-श्रेणी तक पहुँचे लेकिन आगे न जा सके। उनके पिता ने उन्हें अस्सी के दशक में एक हैंडीकैम ख़रीद दिया, जिसमें वह अपना ही खेल रिकॉर्ड करने लगे। ख़ुद को नेट पर बल्लेबाज़ी करता देखते और ख़ुश होते। फिर उन्होंने कुछ मैच के वीडियो कैसेट टी.वी. पर लगाकर अपने बल्लेबाज़ी से तुलना की। उन्हें यह अहसास हुआ कि उनका कन्धा, उनकी केहुनी, उनकी पकड़ सब-कुछ शीर्ष अन्तरराष्ट्रीय क्रिकेटरों से अलग है। श्रीकान्त का कन्धा जितना उचका होता है, गावस्कर का नहीं होता। वसीम अकरम के टखने ख़ास तरह से मुड़ते हैं। मार्क वॉ के बल्ला पकड़ने का अन्दाज अलग है। राम्की ने ये सारे विडियो जमा करने शुरू कर दिये। यहाँ तक कि स्कूली और रणजी खेलों के भी। उन्ही दिनों एक स्कूली बच्चे का अंडर-19 में चुनाव नहीं हो पा रहा था क्योंकि वे 'चक' करते थे। रामाकृष्णन को जब यह पता लगा, उन्होंने सारे विडियो खंगाले और देखा कि ऐक्शन तो ठीक है। उन्होंने चेन्नई के एम.आर.एफ़. पेस के विशेषज्ञों को विडियो में हाथ और कलाई का कोण दिखा कर सिद्ध कर दिया कि ऐक्शन बिल्कुल ठीक है। बाद में वही स्कूली बच्चा भारतीय टीम में चुना गया। उसका नाम था–एस. श्रीसंत!

उस वक़्त नये खिलाड़ी बस यूँ ही पैरवी या एक-दो अच्छी पारी पर चुन लिये जाते। एक रणजी क्रिकेटर ने मुझे बताया कि नेट पर गेंद फिंकवाकर या शॉट लगाते देखकर भी चुन लिया जाता। उनके आँकड़ों के नाम पर कुछ प्रथम श्रेणी खेलों के प्रदर्शन ज़रूर होते, लेकिन उससे चयन करना टेढ़ी खीर थी। कोई वैज्ञानिक विश्लेषक नहीं था। कोच जॉन राइट तक यह ख़बर पहुँची कि एक सनकी है जिसने हर स्कूली-रणजी मैच की रिकॉर्डिंग और विश्लेषण कर रखा है। उन्होंने राम्की को बुलवाया।

राम्की के उस पैंतालीस मिनट के पावर-प्वाइंट में जब एक-एक शीर्ष खिलाड़ी के मीन-मेख उभरने शुरू हुए तो एक पल यूँ लगा कि यह फ़ोटोग्राफ़र क्या क्रिकेट सिखा रहा है। अनिल कुम्बले और तेन्दुलकर यह ग़ौर से देख रहे थे। उन्हें लगा कि यह काम का आदमी है। कुम्बले तुरन्त ही उन्हें पीछे ले गये और पूछा कि मैं ख़ुद को कैसे सुधारूँ?

जॉन राइट ने कहा, “आपको अभी पैसे अधिक न दे पायेंगे, लेकिन आप आज ही हमसे जुड़ जायें।”

वीरेन्द्र सहवाग रन बनाने में कुछ मशक़्क़त कर रहे थे, तो राम्की के पास आये और मदद माँगी। राम्की ने कुछ ही दिन बाद उनको उनकी सारी कमियाँ विडियो पर दिखा दी, और सहवाग ने मुल्तान में तिहरा शतक ठोक दिया। सचिन तेन्दुलकर जब लंदन से ऑपरेशन कराकर लौटे तो कई महीने बाद राम्की से यूँ ही टकरा गये, और पूछा कि ज्योतिषी जी! मेरी वीडियो क्या कहती है? उन्होंने कहा कि आपके फ़लाँ-फ़लाँ ऐक्शन ग़लत चल रहे हैं। जब तेन्दुलकर ने चौंककर कहा कि पहले क्यों नहीं बताया, राम्की ने झेंपकर जवाब दिया, “क्रिकेट के भगवान् को भला कौन खेलना सिखा सकता है?”

भगवान कोई यूँ ही नहीं बन जाता। वह हर वक़्त यही सोचता रहता है कि पहले से बेहतर कैसे सम्भव है। राम्की से बात कर सचिन ने भी अपना खेल सुधार लिया। राम्की ने शास्त्रीय संगीत आधारित एक संगीत सीडी भी खिलाड़ियों को दी थी, जिससे उनका खेल पर ध्यान बेहतर हो। राहुल द्रविड़ को उन्होंने उनके खेलों का एक पूर्ण संग्रह दिया था, जिसे नियमित देखकर वह समझ सकें कि बेहतर कैसे करें। यह तकनीक अब आम है, लेकिन उस वक़्त ऐसी बातें भारतीय क्रिकेट के लिए तो अनसुनी ही थी।

मैंने पहले लिखा है कि कैसे डेव व्हाटमोर ने इसी तरीक़े से श्रीलंका को जीत दिलायी। 1996 से आज तक के सफ़र में श्रीलंका कहीं पीछे छूट गया, और भारत प्रगति करता चला गया। इसके पीछे जिस व्यक्ति का हाथ है, उनकी अब बड़ी वीडियो अनालिटिक्स कम्पनी है जो अब भारोत्तोलन तक में स्वर्ण पदक दिलवा रही है। वेंकटेश प्रसाद कहते हैं, “अगर राम्की 1996 में हमारे साथ होते तो हम कभी न हारते।”

अगर राम्की होते तो!

क्रिकेट बोर्ड में नयी ऊर्जा का संचार हो रहा था। 2000 में नैशनल क्रिकेट अकेडमी की स्थापना हुई, और 2002 में एक ‘टैलेंट रीसॉर्स डिवलपमेंट विंग’ (TRDW) बनायी गयी। उनका काम होता देश भर में घूम-घूमकर प्रतिभाएँ खोजना। वे इरफ़ान पठान से महेन्द्र सिंह धोनी तक खोज कर ले आये। इसका असर घरेलू क्रिकेट पर भी हो रहा था। मुम्बई से बाहर पूरे देश में अच्छी क्रिकेट खेली जा रही थी। जम्मू-कश्मीर, उत्तराखण्ड, झारखण्ड और सौराष्ट्र जैसी टीम अच्छी बन रही थी। यहाँ तक कि असम और नागालैंड की टीमें ठीक-ठाक बन

रही थीं। मुम्बई का एकछत्र राज़ ख़त्म हो चुका था। अगर 2020 से पिछले 41 रणजी टूर्नामेंट देखें, तो सिर्फ़ 9 में मुम्बई को जीत मिली। दिल्ली, राजस्थान, उत्तर प्रदेश, बंगाल, तमिलनाडु, हरियाणा, विदर्भ, सौराष्ट्र सभी को रणजी जीतने का मौक़ा मिला।

सौरभ ने दीप दासगुप्ता जैसे प्रतिभाशाली खिलाड़ी को कुछ समय टीम में लिया, लेकिन यूँ बंगाली खिलाड़ियों को टीम में नहीं भरा। उन्होंने जो टीम बनायी, वह उनके और जॉन राइट के चुने हुए पूरे भारत से खिलाड़ी थे- बड़ोदा से ज़हीर ख़ान और इरफ़ान पठान, पंजाब से हरभजन सिंह और युवराज सिंह, दिल्ली से वीरेन्द्र सहवाग और आशीष नेहरा, उत्तर प्रदेश से मो. कैफ़, और बाद में झारखण्ड से महेन्द्र सिंह धोनी। इसमें किसी का गांगुली से कोई पुराना रिश्ता नहीं कहा जा सकता।

भारतीय टीम की पुरानी रीति थी कि पहला मैच सबसे 'क्रिटिकल' होता। उस मैच में शतक मार दो, तो टीम में स्थान पक्का। नहीं तो बाहर। यह बहुत ही अप्राकृतिक नियम था। खिलाड़ी को जमने में समय लगता है। कई प्रतिभाशाली खिलाड़ी इसी नीति से बाहर हो गये। रमेश सक्सेना, राजिन्दर गोयल, पंकज धरमानी, डेविड जॉनसन, अभय कुरुविला, सबा करीम, रमन लाम्बा, ज्ञानेन्द्र पाण्डे, राहुल संघवी। ये नाम हमारी स्मृति में आते-जाते रहे। जैसे इंडियन आइडल का टैलेंट हंट हो रहा हो, कि आओ, खेल के दिखाओ, जाओ। गांगुली ने यह नियम बदल डाला। इसकी वजह यह भी रही हो, कि वह स्वयं 1992 में इसी नीति की वजह से चार साल खेल से दूर रहे।

गांगुली ने कहा, "टीम में चुने जाने की कई शर्तें होंगी, लेकिन एक बार चुन लिये गये तो कई मौके दिये जायेंगे। झट से नहीं निकाला जायेगा।"

अगर यह नीति न होती तो एक खिलाड़ी हमें कभी न नसीब होता। वह पहले मैच में शून्य पर गये, दूसरे में बारह रन। चयनकर्ताओं में यह चर्चा हुई, लेकिन गांगुली ने कहा कि अभी खेलने दिया जाये। तीसरे मैच में सात रन, चौथे में तीन रन। अब? गांगुली ने फिर भी कहा कि कुछ मौके और देंगे। फिर आयी विशाखापत्तनम की धुआँधार 148 रन की पारी!

पाँच मैच कौन रुकता है? अगर पुराना समय होता, कोई और प्रतिभा आ जाती। भारत में प्रतिभा की क्या कमी है? सौरभ ने जिस युवा खिलाड़ी में विश्वास रखा, वह खिलाड़ी थे–महिन्दर सिंह धोनी!

खिलाड़ी चुनने के बाद अब टीम निर्माण का ज़िम्मा था। शहन करुणातिलका

ने अपने क्रिकेट उपन्यास 'चाइनामैन' में एक आदर्श टीम की कल्पना की है जिसमें ठोस सलामी जोड़ी हो, तीन आक्रामक बल्लेबाज़ हों, एक फुर्तीला विकेटकीपर हो, दो ऐसे तेज़ गेंदबाज़ हों जिन्हें खेला न जा सके, और एक उत्कृष्ट स्पिनर हो। सौरभ ऐसी ही टीम की ओर बढ़ रहे थे। आशीष नेहरा और ज़हीर ख़ान जैसे तेज़ गेंदबाज़ थे। अनिल कुम्बले के रूप में स्पिनर। वीरेन्द्र सहवाग जैसे आक्रामक बल्लेबाज़। विकेटकीपर की समस्या थी, जिसके लिए पार्थिव पटेल, दिनेश कार्तिक और राहुल द्रविड़ आज़माये गये। सलामी जोड़ी का क्या?

ठोस सलामी जोड़ी तो बहुत हुये। डेसमंड हेंस-गॉर्डन ग्रीनिज, ज्योफ़ मार्श-डेविड बून, गावस्कर-श्रीकान्त, जयसूर्या-कालूवितरना, अनवर-अफ़रीदी, गिब्स-किर्स्टन, हेडन-गिलक्रिस्ट, तेन्दुलकर-सहवाग, सहवाग-चोपड़ा, सहवाग-गम्भीर, हाशिम अमला-कॉक, रोहित शर्मा-शिखर धवन...। मुझे 1989 के नेहरू कप की रमन लाम्बा और श्रीकान्त की वह आक्रामक जोड़ी भी याद आती है, जब ये दोनों सौ-सौ रन की साझेदारी कर रहे थे।

लेकिन, तेन्दुलकर-गांगुली की जोड़ी अलहदा थी। अपने समय की दुनिया की सफलतम जोड़ी कहूँ तो ग़लत न होगा। सौरभ गांगुली उम्र में सचिन से एक साल बड़े हैं। यह दोनों 1988 में कैलाश गट्टानी के एक निजी दौरे पर इंग्लैंड गये, और ससेक्स की जूनीयर टीम के ख़िलाफ़ साथ में पहली बार ओपनिंग की। उसके बाद यह जोड़ी 1996 के टाइटन कप में ही पहली बार ओपनिंग करने आयी। इस श्रृंखला के पहले दो मैच में तेन्दुलकर के साथ सुजीत सोमसुन्दर ओपनिंग कर रहे थे, और ख़ास चल नहीं रहे थे। जयपुर में दक्षिण अफ्रीका के ख़िलाफ़ मैच में सौरभ को ऊपर लाया गया। दक्षिण अफ्रीका ने 249 का लक्ष्य दिया था। इन दोनों ने 126 रन की सलामी साझेदारी कर दी। भारत यह मैच हार गया, लेकिन जोड़ी चल पड़ी। इन्होंने कुल इक्कीस शतकीय साझेदारी की और लगभग पचास के औसत से 6609 रन बनाये। केन्या के ख़िलाफ़ 258 की साझेदारी तो उस वक़्त रिकॉर्ड थी।[1] इन दोनों के नाम आज तक सबसे अधिक 136 पारियाँ खेलने का रिकॉर्ड है। सौ से अधिक पारी खेलने वालों में इनसे बेहतर औसत मात्र ग्रीनिज-डेसमंड हेंस का है।

एक ICC ट्वीट में सचिन ने सौरभ से पूछा, "आज की तरह रिंग से बाहर चार फ़ील्डर, और दो नयी गेंदों के साथ हम कितने रन और बनाते, सौरभ?"

---

[1]इस पुस्तक के लिखे जाने तक यह रिकॉर्ड वेस्टइंडीज़ के जे. डी. कैंपबेल और एस. डी. होप के नाम है, जिन्होंने 2019 में आयरलैंड के ख़िलाफ़ 365 रन की साझेदारी की।

सौरभ ने जवाब दिया, "कम से कम 4000 रन अधिक तो बना ही लेते! मुझे तो पहले ओवर में ही कवर ड्राइव सीमा-रेखा पार करती दिख रही है[2]

दायें-बायें का कॉम्बिनेशन कई टीमों ने अपनाये, लेकिन इनमें एक ग़ज़ब का पूरक सन्तुलन था। गेंदबाज़ आख़िर कितनी लाइन बदले? द्रविड़ ने गांगुली को 'ऑफ़ साइड का भगवान' कहा था, और तेन्दुलकर तो पूरे मैदान के ही भगवान थे। ये पन्द्रह ओवर ख़त्म होने के बाद भी तकनीक बदलकर, स्ट्राइक बदलकर जमे रहते। एक और बात जो मुझे लगती कि उनमें जो अच्छा खेल रहा होता, उसको वह स्ट्राइक देते रहते। यह बड़ा निर्मोही सन्तुलन था। कोई फ़ॉर्म में नहीं चल रहा, तो उसे स्ट्राइक कम दिया लेकिन रखा साथ ज़रूर।

ठिगने सचिन, लम्बे सौरभ। शान्त-चित्त सचिन, उबलते सौरभ। गेंद की लाइन में सीमा-रेखा पहुँचाते सचिन, आगे बढ़कर गगनचुंबी शॉट लगाते सौरभ। सुलझे सचिन, उलझे सौरभ। इन दोनों में कोई समानता नहीं थी, और यही इनकी ताक़त थी।

मैच-फ़िक्सिंग प्रकरण के बाद कप्तान सौरभ ने 2000 में ICC नॉक-आउट में भारत को फ़ाइनल तक पहुँचाया। सेमीफ़ाइनल और फ़ाइनल, दोनों में उन्होंने शतक लगाये जिसमें दक्षिण अफ्रीका के ख़िलाफ़ 141 रन की पारी यादगार है। अब सौरभ की टीम का सामना ऑस्ट्रेलिया से होने वाला था। वानखेड़े (मुम्बई) में हुए पहले मैच में ऑस्ट्रेलिया ने भारत को दस विकेट से हराकर अपनी सोलहवीं लगातार जीत दर्ज की। अनिल कुम्बले और श्रीनाथ जैसे मुख्य गेंदबाज़ चोट की वजह से बाहर थे, और राहुल द्रविड़ के बुरे फ़ॉर्म की चर्चा अख़बारों में थी। हरभजन सिंह 1997 से ही टीम में अपनी जगह बना नहीं पा रहे थे, और उनके गेंदबाज़ी पर 'चक' करने के आक्षेप लगे थे। एक समय उन्होंने सब छोड़कर विदेश में ट्रक चलाने का निर्णय ले लिया था। सौरभ ने चयनकर्ताओं से लड़कर उन्हें इस श्रृंखला में जगह दिलवायी। अगला मैच सौरभ के अपने शहर कलकत्ता के ईडन गार्डन में था।

स्टीव वॉ ने टॉस जीता और मैथ्यू हेडन, स्लेटर, लैंगर ने चाय तक ही लगभग दो सौ रन बना लिये। चार विकेट गिरने के बाद जो हुआ, वह इस इतिहास की पहली कड़ी थी। गांगुली की अनुशंसा पर आये हरभजन सिंह ने रिकी पोंटिंग और एडम गिलक्रिस्ट को लगातार दो गेंदों में पगबाधा आउट (lbw) कर दिया। अब हैट्रिक की सम्भावना थी तो सभी खिलाड़ियों ने शेन वार्न को घेर लिया और रमेश ने उछलकर

---

[2] 12 मई 2020 की ICC की ट्वीट

कैच पकड़ लिया। यह भारतीय टेस्ट इतिहास की पहली हैट्रिक थी![1]

स्टीव वॉ ने बागडोर थामे रखी और अगले दिन भारत में अपना पहला, और जीवन का पच्चीसवाँ शतक बनाकर ही दम लिया। मैकग्राथ और गिलेस्पी जैसे निचले क्रम के खिलाड़ियों के साथ शतक बनाना विपक्षी टीम की छाती पर मूँग दलने जैसा है। इतना ही नहीं, 445 का स्कोर खड़ा कर भारत के मात्र 128 रन पर आठ विकेट उसी दिन गिरा भी दिये। खेल के तीसरे दिन भारत फ़ॉलो-ऑन खेल रहा था। गांगुली के अपने शहर में यह खेल एक शर्मनाक हार की ओर बढ़ रहा था। स्टीव वॉ के शब्दों में वह 'आख़िरी क़िला' ध्वस्त करने आये थे।

पहली पारी में लक्ष्मण छठे स्थान पर उतरे थे और अर्धशतक बनाया था। गांगुली ने फ़ॉलो-ऑन से पहले लक्ष्मण से पूछा, "ओपनिंग करोगे?"

लक्ष्मण ने कहा, "नहीं। पर नं. 3 पर उतर सकता हूँ।"

तीसरे दिन भी शुरुआत ख़ास नहीं रही। लगभग सौ रन पर तीन विकेट गिर चुके थे, जिसमें एक तेन्दुलकर का विकेट था। लक्ष्मण और गांगुली ने दो सौ का आँकड़ा पार कराया, फिर गांगुली भी साथ छोड़ गये। चौथे दिन द्रविड़ और लक्ष्मण के साथ ईडेन गार्डंन में पार्टी शुरू हुई। ये दोनों खेलते गये। लक्ष्मण ने दोहरा शतक पूरा किया। द्रविड़ ने भी शतक पूरा किया, और अपनी पहचान के विपरीत आक्रामक रूप से पत्रकारों की तरफ़ अपना बल्ला दिखाया। इशारा यह था कि मेरे बुरे फ़ॉर्म पर लिखना बन्द करो! ऑस्ट्रेलिया के पास इन दोनों का कोई जवाब नहीं था। ये दोनों पूरे दिन सुबह से शाम तक खेलते रह गये!!

भारत 589/4 का विशाल स्कोर खड़ा कर चुका था, और लक्ष्मण-द्रविड़ अब भी जमे थे। अगले दिन 657 रन पर गांगुली ने अचानक डिक्लेयर कर दिया। अब उद्देश्य ड्रा करना नहीं, जीतना था। 75 ओवर में 384 का लक्ष्य पूरा कर ऑस्ट्रेलिया जीत भी सकता था। जोखिम तो था, लेकिन यही नये कप्तान की फ़ितरत थी।

हेडन-स्लेटर की साझेदारी से ऑस्ट्रेलिया ने 150 का स्कोर आराम से पार कर लिया। उसके बाद हरभजन ने स्टीव वॉ और पोंटिंग का विकेट लिया। इस बार नायक रहे सचिन तेन्दुलकर, जो बल्ले से कुछ ख़ासकर नहीं पाये थे। उन्होंने चालाक गेंदबाज़ी करते हुए गिलक्रिस्ट, हेडन और शेन वार्न का विकेट ले लिया। ऑस्ट्रेलिया हारा ही नहीं, 171 रन से हारा और वह भी भारत के फ़ॉलो-ऑन के बाद हारा! ऐसा पूरे क्रिकेट इतिहास में तीन ही बार हुआ था और तीनों बार ऑस्ट्रेलिया

---

[1]उनके बाद इरफ़ान पठान ने पाकिस्तान के ख़िलाफ़ (2006) और जसप्रीत बुमरा ने वेस्टइंडीज़ के ख़िलाफ़ (2019) टेस्ट हैटट्रिक लिये।

ही हारी।[2] अगले टेस्ट में भी स्टीव वॉ की टीम भारत से पराजित होकर लौटी। यह फ़िक्सिंग के जंजाल से निकली नयी-नवेली 'टीम इंडिया' के लिए विश्व-विजय थी।

एक क्रिकेट विशेषज्ञ सप्तऋषि सरकार लिखते हैं, "गावस्कर ने भारत को दिमाग़ दिया, कपिल ने दिल, तेन्दुलकर ने ताक़त और सौरभ गांगुली ने रीढ़ की हड्डी दी कि भारत तनकर खड़ा हो गया"

स्टीव वॉ ने ईडन गार्डन में कहा, "लक्ष्मण जैसी बैटिंग मैंने जीवन में कभी नहीं देखी।"

लक्ष्मण वाक़ई भारत के ऐसे बल्लेबाज़ थे, जिनमें हैदराबादी करिश्मा भी था, धैर्य भी और आक्रामकता भी। उन्हें एकदिवसीय खेलों में कम मौक़ा मिला। टेस्ट मैचों में भी साठ प्रतिशत मैच उन्होंने पाँचवे या छठे स्थान पर खेले। निचले क्रम के खिलाड़ियों के साथ खेलकर भी उनका रिकॉर्ड बुरा नहीं। उन्होंने सत्रह टेस्ट शतक और छप्पन अर्धशतक लगाये। अगर वह तीसरे स्थान पर नियमित खेलते तो दोगुने शतक लगा सकते थे, लेकिन वह जगह तो राहुल द्रविड़ जैसे बेहतरीन खिलाड़ी के लिए सुरक्षित थी। 2003-04 के ऑस्ट्रेलिया दौरे पर उनके दो यादगार शतक हैं, जब भारत दो दशक बाद पहली बार ऑस्ट्रेलिया में एक टेस्ट जीती थी।[3]

विजयी कप्तान गांगुली स्थापित हो चुका था, लेकिन एक टेस्ट बल्लेबाज़ गांगुली ख़त्म हो रहा था। 2001 की पूरी श्रृंखला में उन्होंने 19 से भी कम के औसत से रन बनाये। वह गावस्कर से अपनी बल्लेबाज़ी में सुधार के लिए मशविरा लेने गये।

सौरभ ने बाद में कहा, "मैंने अपना दु:ख सार्वजनिक रूप से नहीं बताया, ताकि ऑस्ट्रेलिया इसका फ़ायदा न उठाये। मुझे निजी असफलता से निराशा हो रही थी। पूरी टीम योगदान दे रही थी, लेकिन एक बल्लेबाज़ के तौर पर मैं कुछ नहीं दे पा रहा था। मैंने एक ही मैच में रन बनाये, और वह मैच भारत हार गया[4]"।

सौरभ की कप्तानी का अगला महत्त्वपूर्ण लिटमस टेस्ट उसी वर्ष दक्षिण अफ़्रीका में होना था। यहाँ दूसरी लड़ाई थी। रंगभेद के मुद्दे के लिए अफ़्रीका से बेहतर क्या जगह होगी? मंच सजा था। 'क़ुली' कहे जाने वाले भारत की टीम अफ़्रीका खेलने आयी; और एक अक्खड़ स्कॉट अंग्रेज़ माइक डेनेस मैच रेफ़री थे।

---

[2]इस मैच से पहले 1894 और 1981 में एशेज श्रृखलाओं में इंग्लैंड ने ऑस्ट्रेलिया को फ़ॉलो-ऑन के बाद हराया था। 2023 में न्यूज़ीलैंड ने इंग्लैंड पर ऐसी जीत दर्ज की।

[3]1980-81 में भारत ने ऑस्ट्रेलिया में एक टेस्ट जीता था। उसके बाद सीधे 2003-04 श्रृंखला में ही एक टेस्ट जीत मिली।

[4]गोवा में पाँचवें एकदिवसीय मैच में सौरभ ने 74 रन बनाये थे, और भारत वह मैच हार गया था।

हैंसी क्रोन्ये पर बैन लगने के बाद शॉन पोलॉक ने कप्तानी सँभाली थी। भारत की टीम ऑस्ट्रेलिया को हराकर सातवें आसमान पर थी। कुल मिलाकर माहौल गरम था। जब दक्षिण अफ्रीका पहला टेस्ट जीती तो और भी गरम हो गया। (9)

यह मैच जोहान्सबर्ग में था, जहाँ महात्मा गांधी ने अपना समय बिताया था। विडम्बना यह थी कि यहाँ भारतीय टीम अहिंसा के मूड में नहीं थी। खिलाड़ियों के बीच ख़ूब 'स्लेज़िंग' हो रही थी। बल्लेबाज़ों को डराकर घूरना (गाली देना?), विकेटकीपर दीप दासगुप्ता का बल्लेबाज़ को परेशान करना, हरभजन का ज़ोर-ज़ोर से अपील करना। वीरेन्द्र सहवाग ने कैलिस का एक कैच साफ़ तौर पर ड्रॉप-कैच लिया था, लेकिन वह ज़ोर-ज़ोर से अपील करने लगे और अम्पायर से गाली देते हुएं भिड़ गये। सौरभ पर बाद में यह इल्ज़ाम लगा कि उन्होंने टीम को मैदान पर हुड़दंगी और अराजकता की छूट दे दी थी। यह अफ्रीका के ख़िलाफ़ उनकी ही रणनीति उनके ख़िलाफ़ प्रयोग की गयी थी। भारतीयों का यह रूप नया था। भारत अब 'अच्छे लोग' विशेषण से दूर हो चुका था।

इस बार तो भारतीय क्रिकेट के भगवान सचिन तेन्दुलकर भी फँस गये। हुआ यूँ कि उनके पहले चार ओवर तो ठीक डले, और फिर अचानक गेंद अजीबोग़रीब स्विंग करने लगी। टी.वी. कैमरा वालों को कहा गया कि ज़ूम कर देखो कि सचिन क्या कर रहा है? उनको बायें हाथ से गेंद की सीम से छेड़ख़ानी करते हुए देखा गया (उन्होंने अपने बचाव में कहा कि वह घास निकाल रहे थे)। बाक़ी सब तो चल जाता, लेकिन जब सचिन पर उँगली उठी तो पानी सर से ऊपर चला गया।

मैच रेफरी माइक डेनेस ने तेन्दुलकर, गांगुली, शिव सुन्दर दास, सहवाग, दीपदास गुप्ता और हरभजन सिंह पर ज़ुर्माना ठोक दिया। जैसे कभी रणतुंगा ने क्रिकेट-रंगभेद की लड़ाई लड़ी थी, इस बार भारत की बारी थी। विश्व-क्रिकेट गोरे-काले में बँट गया। इंग्लैंड-ऑस्ट्रेलिया एक तरफ़ हो गये, और मैच रेफ़री का साथ देने लगे। भारतीय पत्रकारों ने माइक डेनेस की क्लास ले ली, जिसमें वह उठकर चले गये।

कमेंटेटर रवि शास्त्री दहाड़े, "जब जवाब नहीं है, तो यहाँ कर क्या रहा है? तू दिखता कैसा है, यह पता है हमें (गोरे!)" (10)

'द हिन्दू' अख़बार ने एक तिलमिलाता लेख छापा, "डेनिस उतना ही निष्पक्ष है, जितने 'राज' के समय अंग्रेज़ थे। यह अपने पूर्वजों की ग़लती दोहरा रहा है, लेकिन यह भूल गया है कि अब भारत इन गोरों की ग़ुलाम नहीं।"

डालमिया पिछले ही साल आई.सी.सी. अध्यक्ष पद से उतरे थे, तो उनके कुछ ज़ख़्म ताज़ा थे। उन्होंने विद्रोह छेड़ दिया। कलकत्ता में माइक डेनेस के पुतले जलाये गये। संसद तक में मामला उठ गया। आई.सी.सी. भले डेनिस का साथ दे रही थी, दक्षिण अफ़्रीका बोर्ड को डालमिया ने धमकी दे दी कि सभी आयोजक खींच लूँगा, टीम वापस बुला लूँगा। हालत यह हो गयी कि बोर्ड ने डेनिस को तीसरे टेस्ट में मैदान में घुसने नहीं दिया। आई.सी.सी. ने इस तीसरे टेस्ट को रिकॉर्ड-बुक में नहीं रखा। वैसे अच्छा ही हुआ, क्योंकि भारत वह अनौपचारिक सेंचुरियन टेस्ट भी हार गयी।

ग़लती ज़रूर भारतीय खिलाड़ियों की थी, लेकिन क्रिकेट में भारत की दादागिरी शुरू हो चुकी थी। तेन्दुलकर और गांगुली पर से तो तुरन्त बैन हट गये। सहवाग पर एक टेस्ट का बैन रह गया। बाक़ी को कुछ ज़ुर्माने लगे। माइक डेनिस का भी मैच रेफ़री कैरियर अगले साल ख़त्म कर दिया गया। पीछे मुड़कर देखने पर यह धौंस अनैतिक लगती है, लेकिन अफ़्रीका की धरती पर एक बार फिर आज़ाद और मज़बूत भारत ने नये अन्दाज़ में रंगभेद की लड़ाई लड़ी।

ICC भारत का अधिक समय तक बहिष्कार नहीं कर सकी। बल्कि कुछ ही समय बाद इंग्लैंड की टीम भारत दौरे पर आयी। उसमें भारत ने टेस्ट में 1-0 से श्रृंखला जीती, लेकिन एकदिवसीय श्रृंखला 3-3 की बराबरी पर छूटी। अब अगला सफ़र वेस्टइंडीज़ का था।

वेस्टइंडीज़ की पिच तो भँवर है। कभी धीमी, तो कभी अजीब बाउंस लिये। बल्लेबाज़ों के हाथ-पाँव फूल जाते हैं, जब वेस्टइंडीज़ में वेस्टइंडीज़ के गेंदबाज़ों को झेलना हो। एंटीगुआ टेस्ट में भी कोई नयी बात नहीं थी। मर्विन डिलन का बाउंसर सीधे अनिल कुम्बले के चेहरे पर लगा, और उनका जबड़ा टूटकर दो फाँक हो गया। कुम्बले का शोणित बह रहा था, लेकिन वह मैदान पर डटे रहे और आउट होकर ही पवेलियन गये।

भारतीय पारी में पहले लक्ष्मण और फिर आठवें स्थान पर उतरे अजय रात्रा की शतक की वजह से टीम 513 का विशाल स्कोर खड़ी कर चुकी थी। कुम्बले को वापस ऑपरेशन के लिए बेंगलुरु लौटना था। कप्तान गांगुली ने कहा कि अब वह आराम करें। लेकिन अगले दिन हमने टी.वी. पर देखा कि कुम्बले पट्टी-वट्टी लगाकर गेंदबाज़ी के लिए उतर रहे हैं।

हर ओवर के बीच टीम के फ़िज़ियोथेरापिस्ट उनकी पट्टी ठीक कर रहे थे, और कह रहे थे कि बोलना मत, जबड़ा न हिलाना, और अपनी ट्रेडमार्क दोनों पैर फैलाकर ज़ोर से अपील तो बिल्कुल मत करना। भारतीय टीम के 'जम्बो' बस

दिखावे के लिए नहीं उतरे। चौदह ओवर में मात्र 29 रन दिये और ब्रायन लारा का विकेट ले लिया![1]

एक चिकित्सक होने के नाते और यूँ भी यह कह सकता हूँ कि जबड़े का ताजा फ्रैक्चर एक दर्द से भरी स्थिति है। उसमें दौड़-भाग और तनाव-भरा खेल खेलना आसान नहीं। इसी वेस्टइंडीज़ में कभी बिशन सिंह बेदी के नेतृत्व में टीम यह कहकर मैदान छोड़ गयी थी, कि इस तरह हम नहीं खेलेंगे (विशेष अध्याय 8 में)।

उस दिन एंटीगुआ के लोकल दादा विवियन रिचर्ड्स को कहना पड़ा, "अनिल कुम्बले जैसा साहसी खिलाड़ी मैंने आज तक नहीं देखा।"

कुम्बले ने पूछने पर बिना किसी घमंड के कहा, "ख़ाली बैठकर बोर हो रहा था। देखा तेन्दुलकर की गेंद ग़ज़ब घूम रही है, तो मैं भी लालच में खेलने आ गया। लारा तो मेरे गेंद से अधिक मेरा चेहरा देख डर गयी, वरना गेंद तो साधारण ही फेंकी थी।"[2]

लगभग चौदह साल बाद जब इसी पिच पर वह कोच बनकर भारतीय दस्ता लाये तो विराट कोहली को शायद अपना पुराना वीडियो दिखा दिया हो। कोहली के दोहरे शतक के बाद फ़ॉलो-ऑन से जब भारत जीती, कुम्बले उछल पड़े। कुम्बले के सालों पुराने जज़्बे के बाद भारतीय टीम डरना भूल चुकी थी।

सारी दुनिया घूमकर अब सौरभ की टीम इंग्लैंड जा रही थी। उन्हीं मैदानों में जहाँ से सौरभ का अन्तरराष्ट्रीय क्रिकेट जीवन शुरू हुआ था। हर क्रिकेट-प्रेमी लॉर्ड्स के मैदान की दर्शक-दीर्घा में बैठना ज़रूर चाहता है। जहाँ टेस्ट मैच की हर गेंद पर एक सभ्य थाप बजायी जाती है। क्रिकेट का खेल एक शाही-उत्सव की तरह होता है। सत्तर के दशक में यह रीति रही कि मैच ख़त्म होते ही सब पवेलियन से आक्रमण कर मैदान में दौड़ जाते; खिलाड़ी किसी रग्बी प्लेयर की तरह स्टम्प हाथ में लिए ख़ुशी में बचते-बचाते पवेलियन भागते। यह रस्म 2001 से बन्द हो गयी थी, जब कोई इस भगदड़ में घायल हो गया। शाही डेकोरम भी ख़त्म हो रहा था और भारत-पाकिस्तान मूल की हुड़दंगी भीड़ बढ़ने लगी। आज अगर इंग्लैंड अपनी ज़मीन पर इन दोनों टीम से खेलने उतरे, तो भीड़ में उन्हें अपने समर्थक ढूँढ़ने पड़ते हैं। यूँ लगता है कि वह भारत में खेल रहे हैं, इंग्लैंड में नहीं। इस मैच के कुछ

[1]वैसे इस टेस्ट में दूसरी इनिंग आयी ही नहीं। चन्द्रपॉल ने बारह घण्टे तक धीमा खेलते शतक लगाया। हूपर और जैकब्स ने भी शतक लगाया। दो ही इनिंग पाँच दिन तक नीरस गति से चलती रही।

[2]इस शृंखला में टेस्ट में वेस्टइंडीज़ 2-1 से जीती, जब कि एकदिवसीय में भारत 2-1 से जीती।

ही महीने पहले इंग्लैंड के खिलाड़ी एंड्रयू फ़्लिंटॉफ़ ने वानखेड़े (मुम्बई) में अपना शर्ट खोल लहराया था।

लॉर्ड्स में नैट-वेस्ट सिरीज़ में उस दिन भारत हार की तरफ़ बढ़ रहा था। इंग्लैंड के कप्तान नासिर हुसैन ने जीवन का इकलौता एकदिवसीय शतक बनाया था, और ट्रेस्कोथिक ने भी शतक ठोक दिया था। 325 रन के लक्ष्य का पीछा करने में भारत के डेढ़ सौ रन से पहले ही पाँच विकेट गिर गये। गांगुली के अर्धशतक के अलावा शुरुआती खिलाड़ी कुछ ख़ास नहीं कर सके। वीरेन्द्र सहवाग को सौरभ गांगुली ने एक साल पहले ओपनिंग करानी शुरू की थी। वह अपने ट्रेडमार्क बिंदास अन्दाज़ में तेज़ खेलते, लेकिन जल्दी विकेट फेंककर आ जाते। एक दिन कोच जॉन राइट को गुस्सा आया, तो (कथित रूप से) एक थप्पड़ भी लगा दिया कि तुम शतक तक क्यों नहीं जाते? (11)

यह मध्यक्रम का खेल था, जो अगले दशक तक भारतीय टीम की नींव बनी; जब पाँचवें-छठे बल्लेबाज़ कई मैच जिताने लगे। यह भी सिद्ध हुआ कि भारत का मतलब सिर्फ़ तेन्दुलकर नहीं। उस दिन मुहम्मद कैफ़ और युवराज सिंह ने शतकीय साझेदारी कर भारत को जीत के मुँह तक पहुँचा दिया। भारत यह फ़ाइनल इंग्लैंड को लॉर्ड्स में हराकर जीत गया।

उसके बाद जो जीत का प्रदर्शन हुआ, वह उससे भी अधिक चौंकाने वाला था। ब्रिटिश ग़ौरवशाली इतिहास जैसे एक फूहड़ अन्दाज़ में चूर-चूर हुआ। लॉर्ड्स की बालकनी पर एक भूरे रंग के कप्तान ने अपने काले बालों-भरी छाती दिखाकर शर्ट लहरा दी। विश्व भर की गोरी मीडिया ने इसे किस तरह लिया, यह बताने की ज़रूरत नहीं। लेकिन भारतीय क्रिकेट के दिग्विजय का यह प्रतीक इतिहास में दर्ज हो गया। (12)

बाद में सौरभ से जब उनकी बेटी ने पूछा कि ऐसा क्यों किया। उन्होंने कहा, "यह मेरी बेवकूफ़ी थी। तुम्हारे पापा ने ग़लती से ऐसा कर दिया।"

यह एक भारतीय पिता-पुत्री संवाद था, सभ्यता की सीख थी। लेकिन जब उस दिन मैदान में उनके उत्साह को देख हरभजन सिंह ने पूछा, "दादा! मैं क्या करूँ?"

उनका जवाब था, "तू भी खोल दे"।

खेल के मैदान और घर-परिवार की सभ्यता भिन्न तो होती ही है।

इंग्लैंड से नेट-वेस्ट ट्रॉफ़ी जीतकर आने के बाद भारत और श्रीलंका 2002 के मिनी वर्ल्ड कप के संयुक्त विजेता बने। मैं उस समय पुणे में था, और वहाँ एक चाय के अड्डे पर रोज़ यही चर्चा होती कि भारत कैसे अगला विश्व कप जीतेगा। भारत

की टीम अधिकांश टीमों से बेहतर थी, लेकिन विश्व कप से ठीक पहले न्यूज़ीलैंड से करारी मात मिली थी। मैंने यह जुमला फेंका था कि इस बार न्यूज़ीलैंड विश्व कप जीत सकती है। ऑस्ट्रेलिया तो ख़ैर विश्व चैम्पियन थी ही। वहीं दूसरी ओर, अफ्रीका में विश्व कप हो रहा था और शॉन पोलॉक रैंकिंग के हिसाब से नं. 1 कप्तान थे।

विश्व कप में भारत की शुरुआत ख़ास नहीं हुई। हॉलैंड के ख़िलाफ़ कठिनता से पहला मैच जीत सकी। अगले मैच में ऑस्ट्रेलिया ने सवा सौ रन पर भारत की पारी समेट दी। सौरभ का फ़ॉर्म अच्छा नहीं चल रहा था। उनके आउट होने पर हम तंज़ करते, "सौरभ महाराज की तरह खेलने आते हैं, और महाराज की तरह ही जल्दी आराम करने चले जाते हैं।"

सौरभ ख़ुद क्रम में नीचे आये, सहवाग को सचिन के साथ ओपनिंग भेजा। ज़िम्बाब्वे के साथ खेल में सौरभ की गेंदबाज़ी ने जीत दिलायी। अगला खेल नामीबिया जैसी टीम से ऐसी जगह पर था, जहाँ गांधी को ट्रेन से धक्का दिया गया था। तेन्दुलकर-गांगुली दोनों ने इस गुमनाम टीम के ख़िलाफ़ ख़ूब हाथ साफ़ किये और शतक लगाये। अगले मैच में इंग्लैंड के ख़िलाफ़ आशीष नेहरा ने घातक गेंदबाज़ी की और छह विकेट लेकर भारत को जीत दिलायी। अगला खेल पाकिस्तान के ख़िलाफ़ था!

उस दिन सईद अनवर ने शतक ठोक दिया। जवाब में पहले ही ओवर से सचिन तेन्दुलकर बरस पड़े। वह दूसरे ओवर में लगा अपर कट छक्का भला किसे नहीं याद होगा? सचिन का शतक मात्र दो रन से रह गया। लेकिन उनके पीछे आये राहुल द्रविड़, मोहम्मद कैफ़ और युवराज की वजह से आसान जीत मिली।

यह विश्व कप कुछ अजीब था। बड़ी-बड़ी टीमें सुपर सिक्स से बाहर हो गयीं। इंग्लैंड, वेस्टइंडीज़, पाकिस्तान तो बाहर हुई ही, मेजबान दक्षिण अफ्रीका भी बाहर हो गयी। वहाँ के मौसम की वजह से डकवर्थ-लुइस प्रणाली का कुछ अधिक ही उपयोग हुआ। केन्या के कोच सन्दीप पाटिल को मानना पड़ेगा कि उन्होंने टीम को सुपर-सिक्स में पहुँचा दिया, जहाँ भारत से मुक़ाबला हुआ। केन्या के साथ मैच में आख़िर 'महाराज' ने शतक लगाया और जीत दिलायी।

श्रीलंका के साथ अगले मैच में पहली बार तेन्दुलकर-सहवाग की जोड़ी चमकी और 153 रन की सलामी साझेदारी रही। वहीं, न्यूज़ीलैंड के ख़िलाफ़ राहुल द्रविड़ और मोहम्मद कैफ़ ने जीत दिलायी। राहुल द्रविड़ एक अच्छे टेस्ट खिलाड़ी तो थे ही, इस विश्व कप में मेरे पसन्दीदा एकदिवसीय खिलाड़ी भी बन गये थे। वह अधिकांश मैचों में अच्छा प्रदर्शन कर रहे थे। सेमीफ़ाइनल में भारत का मुक़ाबला

केन्या से था, जिसमें फिर से कप्तान सौरभ ने शतक लगाया और भारत को फ़ाइनल तक पहुँचाया। यहीं घोड़ा रुक गया। रुका ही नहीं चारों ख़ाने चित हो गया।

ऑस्ट्रेलिया के ख़िलाफ़ यह फ़ाइनल शुरू से ही भारत की कमज़ोरियाँ उभारने लगा। गांगुली ने टॉस जीतकर गेंदबाज़ी ली, जब कि फ़ाइनल में पीछा कर जीतना कठिन था। ज़हीर ख़ान ने पहले ओवर में ही दस गेंद फेंके! पहले तो हेडन-गिलक्रिस्ट ने धोया, फिर पोंटिंग के बल्ले ने तो बैंड ही बजा दी। किसी ने बाद में अप्रैल फूल चुटकुला बनाया कि वह स्प्रिंग लगे बल्ले से खेल रहे थे। यह एक मैच बाक़ी सभी जीतों पर भारी पड़ा।

भारत 125 रन से फ़ाइनल हारी!

फिर भी कप्तान गांगुली और कोच राइट के कुछ क़दम महत्त्वपूर्ण रहे। टीम के पास कोई अच्छा विक्केटकीपर नहीं था, तो राहुल द्रविड़ से विकेटकीपिंग करायी गयी। कुम्बले की गेंदबाज़ी चल नहीं रही थी, तो उन्हें बेंच पर बिठाया गया। गांगुली ने ख़ुद नीचे आकर सहवाग को ऊपर भेजा। आशीष नेहरा का चयन भी कारगर सिद्ध हुआ। सौरभ यह कप उठाते-उठाते रह गये, लेकिन उन्होंने अपने आलोचक श्रीकान्त का मुँह बन्द कर दिया जिन्होंने टूर्नामेंट से पहले कहा था, "सौरभ तो चौदहवाँ खिलाड़ी बनकर जा रहा है।" (13)

सौरभ को किस कप्तान के समकक्ष माना जा सकता है? स्टीव वॉ विश्व के महानतम कप्तान कहे जाते अगर वह 'अन्तिम किला' भारत में ध्वस्त कर पाते। गांगुली की टीम ने उनका अश्वमेध रोक दिया, और ऑस्ट्रेलिया की मीडिया के लिए गांगुली खलनायक बन गये। यूँ भी सौरभ और स्टीव वॉ में साम्य नहीं।

इमरान ख़ान ने जावेद मियाँदाद से कप्तानी ली थी, इंग्लैंड और भारत में सीरीज़ जितायी थी। सौरभ गांगुली ने इंग्लैंड और पाकिस्तान में जीत दिलायी, ऑस्ट्रेलिया में टेस्ट शृंखला[1] ड्रा करायी। इमरान ख़ान मूलत: अच्छे गेंदबाज़ थे, और एक औसत बल्लेबाज़। गांगुली इसके विपरीत थे, लेकिन अगर रिकॉर्ड देखा जाये तो गांगुली ठीक-ठाक गेंदबाज़ भी थे। वसीम अकरम ने तो एक बार कहा कि गांगुली को अपनी गेंदबाज़ी पर भी फ़ोकस करना चाहिए, वह औसत से ऊपर हैं। इमरान ख़ान और सौरभ, दोनों ने युवाओं की फ़ौज बनायी। दोनों अपने-अपने अन्दाज़ में 'महाराज' भी थे।

---

[1]2003-04 में भारत ऑस्ट्रेलिया के दौरे पर गयी और चार टेस्ट खेली। शृंखला 1-1 से बराबर पर ख़त्म हुई। चूँकि भारत में हुई बॉर्डर-गावस्कर ट्रॉफ़ी भारत ने जीती थी, इसलिए ट्रॉफ़ी भारत के पास ही रही।

लेकिन, मेरा मानना है कि गांगुली अर्जुन रणतुंगा के ही क़रीब थे। उन्होंने सीनियर की थिंक-टैंक बनायी। द्रविड़, कुम्बले, सचिन, गांगुली सब मिलकर फ़ैसले लेते; जैसे रणतुंगा, महानामा, डिसिल्वा आदि। दोनों ने युवाओं का हद से अधिक साथ दिया। रणतुंगा ने मुरलीधरन के 'चकिंग' एपिसोड में साथ दिया, तो गांगुली ने हरभजन सिंह का।[1] रणतुंगा ने जयसूर्या को ऊपर भेजा तो गांगुली ने सहवाग को। एक बायें तो एक आयें हाथ के बल्लेबाज़ और मीडियम पेसर थे। दोनों ही ऑस्ट्रेलिया टीम और मीडिया के लिए नासूर बने। अगर गांगुली वह विश्व कप फ़ाइनल ऑस्ट्रेलिया को हराकर जीत जाते, तो ये लंका लायन और बंगाल टाइगर कुम्भ के बिछड़े भाई कहलाते।

सौरभ की आख़िरी वर्षों में कप्तानी छवि कुछ-कुछ लाला अमरनाथ से मिलती है। हम भारत-पाकिस्तान की मैदानी जंग में जावेद मियाँदाद, सईद अनवर, अजय जडेजा, शोएब अख़्तर और सचिन तेन्दुलकर को तो याद करते हैं, लेकिन सौरभ गांगुली को अक्सर याद करना भूल जाते हैं। 1997 में टोरंटो के भारत-पाकिस्तान फ्रेंडशिप कप में सौरभ गांगुली ने चार लगातार मैन ऑफ़ द मैच जीते। किसी में बल्ले से, तो किसी में गेंद से। लोग कहने लगे कि कपिल देव लौट आया है। फिर ढाका के इंडिपेंडेंस कप फ़ाइनल (1998) में सौरभ ने शतक लगाया। अगले साल फरवरी-मार्च 1999 में एक एशिअन टेस्ट चैम्पियशिप रखी गयी, जिसमें भारत, पाकिस्तान और श्रीलंका खेलने आये। इसका उद्‌घाटन ईडन गार्डन में हुआ। उस समय अज़हरुद्दीन कप्तान थे, और सौरभ छठे स्थान पर बल्लेबाज़ी करने आते। उस मैच में सचिन तेन्दुलकर तीसरा रन दौड़ते हुए शोएब अख़्तर से टकराये, और आउट हुए। ईडन गार्डन में एक बार फिर हंगामा हो गया। बोतलें फेंकी जाने लगीं। कप्तान अज़हरुद्दीन और स्वयं सचिन तेन्दुलकर को आकर भीड़ को शान्त कराना पड़ा। जब खेल वापस शुरू हुआ, सौरभ बल्लेबाज़ी करने आये और उनके आउट होते ही दर्शक कुर्सियाँ जलाने लगे। यह शृंखला पाकिस्तान जीतकर गयी।

इस शृंखला के ठीक बाद पाकिस्तान की टीम दो टेस्ट खेलने भारत के दौरे पर आयी। दिल्ली में शिवसेना ने पिच खोद दी, तो चेन्नई जाकर खेल हुआ जहाँ पाकिस्तान जीती। वापस जो दिल्ली में पिच बनी, वह ऐसी अजीब बाउंस लिये बनी कि कुम्बले ने दस के दस विकेट लेकर रिकॉर्ड बना दिया। पाकिस्तान की टीम

---

[1]हरभजन सिंह पर 1999 में इंग्लैंड में, और 2005 में ऑस्ट्रेलिया में गेंद चक करने के आरोप लगे थे।

जब घर लौटी, भारत की सीमा पर कारगिल युद्ध छिड़ गया। भारत-पाकिस्तान के मध्य तनाव चरम पर पहुँच गया। लेकिन, क्रिकेट इन सब सियासी ज़ंगों से अलग अपना रास्ता ढूँढ़ लेता है। जनवरी 2000 में ऑस्ट्रेलिया ने भारत और पाकिस्तान को न्योता दिया। वहाँ एडिलेड में हुए मैच में सौरभ ने पाकिस्तान के अकरम और शोएब अख़्तर की धुनाई करते 141 रन ठोके।[2]

अगले साल पाकिस्तान के जनरल मुशर्रफ़ और भारतीय प्रधानमन्त्री अटल बिहारी वाजपेयी आगरा में मिले। यह वार्ता असफल रही, लेकिन क्रिकेट बोर्ड ने यह तय किया कि 2004 में भारत की टीम पाकिस्तान जायेगी। सौरभ और सचिन को प्रधानमन्त्री वाजपेयी ने अपने 7, रेसकोर्स रोड के आवास पर बुलाया और एक बल्ले पर लिख कर दिया,"खेल ही नहीं, दिल भी जीतिए। शुभकामना!"

उस समय भारत में लोकसभा चुनाव की तैयारियाँ चल रही थीं, और सत्ताधारी भाजपा का टैगलाइन था 'इंडिया शाइनिंग'। कुछ दिनों पहले पाकिस्तान ने शाहीन मिसाइल का परीक्षण किया था। माहौल हमेशा की तरह नाज़ुक था। लेकिन उस चालीस दिन के दौरे में भारतीय टीम की राजाओं की तरह आवभगत हुई। टीम ही नहीं, भारतीय मीडिया, कमेंटेटर सब ख़ुश नज़र आ रहे थे।

पाकिस्तान में एकदिवसीय शृंखला में भारत को 3-2 से जीत मिली। इस शृंखला में मुझे रावलपिंडी में सचिन तेन्दुलकर के धुआँधार 141 रन आज भी टीस मारते हैं, जिस मैच में भारत हार गया था। एक कप्तान के रूप में सौरभ ने शृंखला-जीत दिलायी थी, लेकिन राहुल द्रविड़ अब 'मिस्टर डिपेंडेबल' बन चुके थे। उनके खेल में टीम के प्रति समर्पण और जुझारूपन दिखता। मैदान के अन्दर रणनीति बनाने में भी वह आगे रहते। यह बात अब मैदान के बाहर भी लोगों को नज़र आने लगी थी। सौरभ पहले दो टेस्ट पीठ की समस्या के कारण नहीं खेल पाये। मुलतान के पहले टेस्ट में राहुल द्रविड़ ही टॉस पर आये।

इससे पहले के इतिहास में भारतीय टीम पाकिस्तान और दक्षिण अफ़्रीका में एक भी टेस्ट मैच नहीं जीती थी।[3] दक्षिण अफ़्रीका टीम तो ख़ैर आयी ही 1991-92 में थी। पाँच दशकों में पाकिस्तान की ज़मीन पर एक भी टेस्ट नहीं जीतना भारत की टीम पर धब्बा था।

---

[2]हालाँकि भारत फ़ाइनल में नहीं पहुँच सका, और ऑस्ट्रेलिया सीरीज़ जीत गयी।

[3]दक्षिण अफ़्रीका में पहली टेस्ट जीत 2006 में मिली, हालाँकि टेस्ट शृंखला जीत 2023 तक भी नहीं मिली।

मुलतान में दिल्ली के दो खिलाड़ी वीरेन्द्र सहवाग और आकाश चोपड़ा सलामी बल्लेबाज़ी करने आये। वीरेन्द्र सहवाग ने आते ही चौकों की बारिश कर दी। सहवाग के दो बार कैच भी ड्रॉप हुए, लेकिन वह सँभलने के बजाय लगातार प्रहार ही कर रहे थे। जब वह 99 के स्कोर पर थे, तो शोएब अख़्तर ने अपनी पूरी गति से गेंद डाली, और सहवाग ने थर्ड मैन पर छक्का लगाकर शतक पूरा किया। आकाश चोपड़ा और राहुल द्रविड़ के आउट होने के बाद सहवाग का साथ देने सचिन तेन्दुलकर आये।

उसके बाद तो दो उस्तादों की जुगलबन्दी शुरू हुई। तेन्दुलकर गेंदों को तराशकर उसे उनका उचित स्थान दिला रहे थे, जब कि सहवाग के लिए हर गेंद का एक ही स्थान था–सीमा-रेखा की ओर। एक साल पहले मेलबर्न में सहवाग 195 रन तक पहुँचे थे, और दोहरा शतक पूरा नहीं कर पाये थे। इस बार दोहरे शतक से ठीक पहले सचिन ने समझाया, "वीरू! सँभल के खेलना और उल्टे-सीधे शॉट न मारना।"

सहवाग ने उस वक़्त बात मानी, और 199 के स्कोर पर ग्यारह गेंदों तक एक भी रन नहीं बनाया और धैर्य से दोहरा शतक पूरा किया। सहवाग ने उसी दिन यह भी कह दिया कि तिहरा शतक बनायेंगे।[1]

अगले दिन सहवाग जब 294 पर पहुँचे, तो सकलैन मुश्ताक़ गेंद फेंक रहे थे। सहवाग ने पूछा, "पा'जी! कल आपकी बात मानी। अब छक्का लगा लूँ?"

सचिन ने कहा, "चल, लगा ले!" (14)

तिहरा शतक पूरा कर कुछ देर में सहवाग आउट हो गये। चाय के विराम तक सचिन के डेढ़ सौ रन पूरे हो गये। जॉन राइट और राहुल द्रविड़ ने यह निर्णय लिया कि अब पन्द्रह ओवर खेलकर पारी समाप्त कर दी जाये। किसी कारणवश यह बात सचिन तक नहीं पहुँची। जब युवराज सिंह आउट हुए, सचिन अपने दोहरे शतक से महज़ छह रन दूर थे और द्रविड़ ने वापस बुला लिया। अभी 15 ओवर पूरे होने में सात गेंदें बाक़ी थीं, लेकिन यहाँ संवाद-दोष हो गया। ख़ैर, जब फ़ॉलो-ऑन से हराकर भारत की टीम पहली बार पाकिस्तान की ज़मीन पर टेस्ट जीती, तो सभी विवाद ख़त्म हो गये। सहवाग 'मुलतान के सुलतान' कहलाये। (15)

इस हार के बाद इंज़माम-उल-हक़ ने पूरी गेंदबाज़ी ही बदल दी। सकलैन मुश्ताक़ का टेस्ट करियर हमेशा के लिए ख़त्म हो गया। उमर गुल और दानिश कनेरिया के टीम में आते ही लाहौर में पाकिस्तान ने जीत दर्ज कर ली। रावलपिंडी

---

[1]उस वक़्त तक भारतीय खिलाड़ियों में सर्वश्रेष्ठ स्कोर वी. वी. एस. लक्ष्मण के 281 रन थे।

के आख़िरी टेस्ट में सौरभ गांगुली वापस लौटे। उस टेस्ट में राहुल द्रविड़ ने साढ़े बारह घण्टे की भारत की सबसे लम्बी पारी खेलते हुए 270 रन बनाये।[2] उनकी बदौलत भारत की टीम ने पाकिस्तान में एकदिवसीय और टेस्ट, दोनों शृंखलाओं में जीत दर्ज की।

पाकिस्तान बोर्ड अध्यक्ष शहरयार ख़ान ने कहा, "यह अब तेन्दुलकर-कुम्बले की टीम नहीं, वाक़ई टीम इंडिया बन चुका है। हम इसलिए हार गये।"

सौरभ गांगुली ने कहा, "इस सीरीज़ में सचिन से पार्थिव तक ने बराबर योगदान दिया, और यह जीत हम सबकी है...पाकिस्तान को पाकिस्तान में हराना एक बड़ी चुनौती है। हम लोग कई बार हारी हुई टीम पर गुस्सा निकालते हैं। मेरी पाकिस्तान के लोगों से यह गुजारिश है कि अपनी युवा टीम को दोष न दें। एक टीम को तैयार होने का पूरा वक़्त दें, यही खिलाड़ी आपको जीत भी दिलायेंगे।"

यह सुनते ही पाकिस्तान के दर्शक 'गंगोली, गंगोली!' चिल्लाने लगे। गांगुली वाक़ई अटल बिहारी वाजपेयी को किये वादे अनुसार पाकिस्तान का दिल जीत कर आए। कुछ ही महीनों में 'इंडिया शाइनिंग' के यह सभी सूर्य अस्त होने वाले थे। वाजपेयी ने लगभग राजनैतिक संन्यास ले लिया। कप्तान सौरभ को भी यह अंदेशा नहीं था कि दो साल बाद जब वह पाकिस्तान आयेंगे, बारहवें खिलाड़ी बनकर आयेंगे!

पाकिस्तान की जिस टीम को सौरभ दुआएँ देकर आए थे, वही टीम सौरभ के पतन का पहला साधन बनी। जैसे विकेट के मध्य ढीला-ढाला दौड़ने के इल्ज़ाम इंज़माम-उल-हक पर रहे, वैसे ही सौरभ पर भी लगने लगे।[3] जब पाकिस्तान की टीम 2004-05 में भारत आयी, तो एक साल में दूसरी बार सौरभ पर धीमे ओवर रेट का फाइन लगा। इससे पहले भी इंज़माम और सौरभ पर संयुक्त रूप से यह जुर्माना लगा था। अबकी बार क्लाइव लॉयड ने सीधे दो टेस्ट मैच का बैन लगा दिया। पाकिस्तान यह शृंखला जीत कर गयी। इसी शृंखला में महेन्द्र सिंह धोनी नामक खिलाड़ी ने शतक लगाया। कुछ हलक़ों में राहुल द्रविड़ की कप्तानी की चर्चा होने लगी। कोच जॉन राइट जा रहे थे, और सौरभ ने एक नये कोच की पैरवी शुरू की। गुरु ग्रेग (चैपल) की।

---

[2]राहुल द्रविड़ ने 495 गेंद खेली थी, जो रिकॉर्ड 2017 में चेतेश्वर पुजारा ने ऑस्ट्रेलिया के ख़िलाफ़ 525 गेंद खेल कर तोड़ा। पुजारा ने 202 रन बनाये।

[3]राहुल द्रविड़ और सौरभ गांगुली की जोड़ी सबसे अधिक (19 बार) रनआउट होने में शामिल रही। विश्व में सबसे अधिक स्टीव वॉ (104 बार), राहुल द्रविड़ (101 बार) और सचिन तेन्दुलकर (98 बार) रन आउट में शामिल रहे। इंज़माम-उल-हक़ 92 बार रन आउट में शामिल रहे।

गुरु ग्रेग वाक़ई सौरभ गांगुली के गुरु थे। ऐसे गुरु जिनके पास वह ऑस्ट्रेलिया में टेस्ट से पहले टिप्स लेने गये थे। ऐसे गुरु जिन्हें लाने के लिए सौरभ अपने प्रिय डालमिया तक से भिड़ गये। यहाँ तक कि सुनील गावस्कर और स्वयं गुरु ग्रेग के भाई इयान चैपल के मना करने पर भी, सौरभ अड़े रहे। गांगुली ने उनकी किताब 'ग्रेग चैपल ऑन कोचिंग' की प्रस्तावना भी लिखी थी। हम उस वक़्त अख़बार पलटते तो कभी टॉम मूडी, कभी डेसमंड हेंस, कभी डेव व्हाटमोर का नाम उभरता। लेकिन सौरभ के तो बस ग्रेग चैपल ही इष्ट थे, जो न कभी महान कोच रहे, और न भारत-प्रेमी। उन्होंने तो जिस दिन क़दम रखा, भारतीय अव्यवस्था पर अपनी लम्बी-चौड़ी रिपोर्ट रख दी। वह आमूल-चूल परिवर्तन चाहते थे। आमूल-चूल यानी जो भी है, वह नहीं रहेगा। जैसा है, वैसा नहीं रहेगा। बड़ी मुश्किल से बने इस नये घर की हर ईंट हिलाकर रख दी गयी।

चैपल की बात पूरी तरह ग़लत नहीं थी। यह नया घर कुछ समय से ठीक नहीं चल रहा था। चालीस साल बाद पहली बार ऑस्ट्रेलिया भारत की धरती पर टेस्ट शृंखला जीत कर गयी थी।[1] उसके बाद पाकिस्तान भारत में शृंखला हराकर गयी। सौरभ से सहवाग तक की बल्लेबाज़ी अनियमित हो रही थी। मध्यक्रम की बल्लेबाज़ी पर ज़िम्मेदारी बढ़ गयी थी। ग्रेग चैपल ने पहले लक्ष्मण को औपचारिक रूप से एकदिवसीय टीम से निकाला। सचिन तेन्दुलकर अपनी 'टेनिस एल्बो' की समस्या के कारण पाँच महीने की छुट्टी पर थे। सौरभ स्वयं मैच बैन की वजह से बाहर थे। राहुल द्रविड़ कप्तान थे, जो ग्रेग को भा गये।

जब सौरभ 2005 के ज़िम्बाब्वे दौरे पर कप्तान बनकर लौटे, तो ग्रेग ने सीधा ही कह दिया, "सौरभ! आप कप्तानी छोड़ दें। बल्लेबाज़ी पर ध्यान दें। सच कहूँ तो सुरेश रैना, युवराज, कैफ़, वेणुगोपाल राव जैसे बल्लेबाज़ फ़िलहाल आपसे बेहतर हैं, और उनकी जगह टीम में है"।

सौरभ यह सुनकर सकते में आ गये। जिस ग्रेग चैपल को लाने के लिए उन्होंने इतनी मशक़्क़त की, उन्होंने उनका ही पत्ता काट दिया? सौरभ को लगता था कि उन्हें निकालना असम्भव है। वह यूँ ही धूप में लेटे थे, तो चैपल ने कहा कि प्रैक्टिस में चलो। उन्होंने केहुनी दर्द का बहाना (?) बनाया। फिर भी चैपल ने मैच खेलने भेज दिया। गांगुली ने उस दिन शतक बना दिया।

चैपल ने कटाक्ष करते पूछा, "केहुनी अब ठीक है?"

---

[1]अक्तूबर-नवम्बर 2004 में ऑस्ट्रेलिया भारत से 2-1 से टेस्ट शृंखला जीतकर गयी।

सौरभ ने कहा, "तुम्हें उससे क्या मतलब? शतक मिल गये न? ख़ुश रहो।"

उसके बाद जो हुआ, वह शायद नहीं होना चाहिए था। चैपल ने क्रिकेट बोर्ड को लम्बा-चौड़ा ई-मेल लिखा, जिसमें सौरभ की ढेरों बुराई की। बोर्ड से यह ई-मेल लीक हो गया। उसके बाद तो हंगामा हो गया। कलकत्ता में चैपल के पुतले जलने लगे। मीडिया ने इसे एक बड़ा मुद्दा बना दिया। स्वयं सौरभ भी चैपल के ख़िलाफ़ खुलकर आ गये। और तो और, हरभजन सिंह तक उल्टा-सीधा बड़बड़ाने लगे। तेन्दुलकर ने कहा कि घर की बात घर में सुलझानी चाहिए, लेकिन मीडिया तो माइक लिये घूम रही थी। आख़िर, पूरी टीम पर 'गैग-ऑर्डर' लग गया कि वह एक शब्द न बोलेंगे।

जगमोहन डालमिया जा चुके थे। शरद पवार और किरन मोरे के बोर्ड में आने के बाद वापस मुम्बई कुनबा मज़बूत हो रहा था। अजित अगरकर को भी सौरभ गांगुली से बेहतर ऑलराउंडर कहा जाने लगा। 'क्रिकइन्फ़ो', जो बेंगलुरु की वेबसाइट थी, उसने अपने लेख में द्रविड़ को गांगुली से बेहतर कप्तान बताया। सचिन अपनी जीवनी में लिखते हैं कि चैपल एक समय उन्हें भी कप्तान बनना चाहते थे। भारत के कप्तान सौरभ गांगुली नवम्बर 2005 में टीम से ड्रॉप कर दिये गये! (17)

ग्रेग चैपल ने जो भी किया, वह पूरी तरह ग़लत निर्णय नहीं कहा जा सकता। सौरभ का फ़ॉर्म वाक़ई ठीक नहीं चल रहा था, लेकिन इस प्रक्रिया को शायद कुछ बेहतर किया जा सकता था। बक़ौल सचिन तेन्दुलकर, "ग्रेग चैपल भारतीय क्रिकेट को कम से कम चार साल पीछे ले गये।" (20)

राहुल द्रविड़ की कप्तानी से समस्या नहीं थी। वे और सौरभ अंडर-15 के दिनों से अच्छे दोस्त थे। भारत के लिए इन्होंने एक साथ 1996 के इंग्लैंड के ख़िलाफ़ अपने खेल की शुरुआत की थी। दोनों रिज़र्व खिलाड़ी के रूप में उस दौरे पर गये थे, लेकिन उस मैच के ठीक पहले संजय मांजरेकर अस्वस्थ हुए, और नवजोत सिंह सिद्धू का झगड़ा हो गया। उनकी जगह ये दोनों लॉर्ड्स के मैदान में अपना पहला मैच खेलने आये। और क्या खेले! सौरभ ने उस मैच में 131 रन बनाये, वहीं राहुल शतक से महज़ पाँच रन दूर 95 रन पर आउट हुए। दोनों की अपनी ख़ूबियाँ थीं।

सौरभ को चिढ़ाने के लिए 'महाराज' कहा जाता। यह बात सही है कि नवाब पटौदी, इमरान ख़ान, या सौरभ गांगुली जैसों को घर चलाने के लिए क्रिकेट की ज़रूरत नहीं थी। सौरभ के घर में छब्बीस कमरे हैं, एक से एक गाड़ियाँ हैं; और

उनके घर जाने वाले कहते हैं कि वाक़ई लगता है, किसी महाराजा के महल आ गये। घर की हर चीज़ बेशक़ीमती, और वह भी तब से, जब वह खिलाड़ी बने भी नहीं थे। उन पर यह इल्ज़ाम कि फ़ील्ड पर ढीले-ढाले रहते, प्रैक्टिस के समय सो रहे होते, बीमारी के बहाने बनाते, ख़ूब रनआउट होते; यह सब रईसी का साइड-इफ़ेक्ट फ़ौरी तौर पर लगता है। स्टीव वॉ ने इल्ज़ाम लगाया कि एक बार वह टॉस के लिए इन्तज़ार करते रहे, महाराज आराम से आये।[1] मैथ्यू हेडेन ने तो अपनी किताब में यहाँ तक लिख दिया कि 2004 के नागपुर टेस्ट में पिच पर हरी घास देखते ही, बीमारी का बहाना बनाकर सौरभ ने रेस्ट ले लिया। (16)

जिस क्षेत्रवाद के दलदल से क्रिकेट निकला था, कुछ पल के लिए वहीं लौटने लगा। बंगाल हलचलों वाला राज्य रहा है। चाहे चैतन्य महाप्रभु की धार्मिक रिनेशाँ हो, बंकिमचन्द्र से सुभाष चन्द्र बोस तक का राष्ट्रवाद हो, आज़ादी के वक़्त का विभाजन हो, या नक्सलबाड़ी आन्दोलन, बंगाल अशान्त रहा। उसे एक नायक की ज़रूरत थी। 1996 में ज्योति बसु प्रधानमन्त्री बनते-बनते रह गये और बंगाल का कम्युनिस्ट राज भी भड़भड़ाकर गिरने लगा। ऐसे वक़्त में बंगालियों को अचानक एक ऐसा सितारा मिल गया, जिसके लिए पूरा समुदाय एक हो गया। 1998 में अमर्त्य सेन को नोबेल मिलना भी बंगालियों के लिए गर्व का कारण था, लेकिन सौरभ गांगुली के रूप में उन्हें जनप्रिय नायक मिल गये थे। राजदीप सरदेसाई एक बंगाली व्यक्ति का कथन लिखते हैं कि राजनीति में उन्हें अब दीदी और क्रिकेट में दादा पसन्द थे।

सौरभ पक्के बंगाली थे। मुहल्ले के दुर्गापूजा पण्डाल वह ख़ुद ही सजाते रहे, और जब सेलिब्रिटी बने तो एक बार सरदार का भेष बनाकर पण्डाल पहुँचे कि कोई पहचान न ले। बंगाली भोजन, और वही बंगाली लड़ाकापन। उनकी प्रेमिका डोना रॉय का परिवार उनका पड़ोसी और बिज़नेस पार्टनर रहा था, लेकिन वर्षों से कलह के कारण दोनों घरों के मध्य दीवार बन गयी थी। जब सौरभ अपनी पहली टेस्ट शृंखला से लौटे तो 1997 में फ़िल्मी स्टाइल में भागकर मन्दिर में डोना रॉय से शादी की।

जब गांगुली के ड्रॉप होते ही भारत की टीम ईडन गार्डन में दक्षिण अफ़्रीका से खेलने आयी, पूरा स्टेडियम सौरभ के साथ और भारतीय टीम के ख़िलाफ़ था। पिच क्यूरेटर ने द्रविड़ के कहने पर भी घास नहीं कटवायी। द्रविड़ और चैपल

[1]गांगुली ने कहा कि जैकेट भूल गये थे, और कभी यह भी कहा था कि जान-बूझ कर इन्तज़ार कराया।

के ख़िलाफ़ नारेबाज़ी चल रही थी। ग्रेग चैपल ने जब वहाँ की जनता को अपना 'मिडल फ़िंगर' दिखाया, तो भीड़ का ग़ुस्सा और उबल पड़ा। वे दक्षिण अफ्रीका टीम का खुलकर समर्थन करने लगे। बंगाल के वामपन्थी नेता शरद पवार से चिट्ठी लिख-लिख लड़ने लगे। कलकत्ता के अख़बारों में चैपल की निंदा और साज़िश की बातें लिखी जाने लगीं। यह सब चीज़ें गांगुली का भला तो नहीं, बुरा ही कर रही थीं। जनवरी-मार्च 2006 में भारत की टीम एक बार फिर पाकिस्तान दौरे पर गयी, जिसमें गांगुली को बतौर बारहवाँ खिलाड़ी ले जाया गया। उन्हें मात्र तीसरे टेस्ट में बल्लेबाज़ी मिली, और एकदिवसीय सीरीज में जगह मिली ही नहीं। उसके बाद वह पूरी तरह बाहर ही हो गये। हर क्रिकेटर का सपना सौ टेस्ट खेलना होता है। जब सौरभ टीम से निकले, तो वह अपने सौवें टेस्ट से बारह टेस्ट पीछे थे।

सौरभ के धुर-समर्थकों ने भी मान लिया था कि उनका करियर ख़त्म हो गया। न अब डालमिया के पास शक्ति थी, न बोर्ड उनके साथ था और न कोच। उनके मित्र और कप्तान राहुल द्रविड़ भी इस मसले पर चुप थे। सौरभ की उम्र हो चली थी। टीम के वरिष्ठ खिलाड़ियों तेन्दुलकर और द्रविड़ से भी गांगुली छह-सात महीने बड़े थे। ऐसे वक़्त में उनका साथ एक दूसरे देश के खिलाड़ी ने दिया।

पाकिस्तान दौरे पर ही पूर्व क्रिकेटर ज़हीर अब्बास ने एक दिन सौरभ को कहा, "तुम कुछ पीठ सीधी कर बल्लेबाज़ी करो, और स्टांस बदलो। रन आयेंगे।"

सौरभ ने घरेलू क्रिकेट में यह किया, रन आने शुरू हुए। (18)

सौरभ की क़िस्मत थी कि किरण मोरे की जगह कर्नल (दिलीप वेंगसरकर) के हाथ कमान आयी। जब चैपल-द्रविड़ टीम की नाव डूबने लगी तो कर्नल ने पुराने योद्धाओं–लक्ष्मण, ज़हीर ख़ान और...सौरभ गांगुली को वापस बुलाया। नवंबर 2006 में दक्षिण अफ्रीका में टेस्ट सीरीज के लिए सौरभ फिर से चुने गये। यह लौटा हुआ सौरभ गांगुली 'दादा' नहीं था, यह तो वह पुराना खेल के पीछे पागल बच्चा था, जो एयरपोर्ट से उस दिन सीधा भागता प्रैक्टिस सेशन गया।

चैपल ने स्वागत किया, "वेलकम बैक, दोस्त! ख़ुशी हुई तुम लौट आये!"

सौरभ गांगुली अब बहुत ही धीमे और सँभलकर खेलने वाले हो गये थे। रन भले न बनायें, विकेट न गिरने देते। पहले वार्म-अप में ही जब सत्तर रन पर पाँच विकेट थे, गांगुली ने 83 रन की पारी खेली। अगले साल वीरेन्द्र सहवाग और इरफ़ान पठान को टीम से निकाला गया, तो एकदिवसीय में भी गांगुली वापस आये। दिलीप वेंगसरकर फिर से सौरभ के साथ थे, और सौरभ ने नागपुर में 98 रन ठोके।

तेन्दुलकर-गांगुली की वह पुरानी जोड़ी लौट चुकी थी। श्रीलंका के साथ शृंखला में छह साल बाद सौरभ 'मैन ऑफ़ द सीरीज' बने!

सौरभ के समर्थक जेफ्री बॉयकॉट ने तारीफ़ के पुल बाँधे, गावस्कर ने तारीफ़ की। उनके गुरु रणतुंगा ने खुलकर बात कही, "जिस आदमी ने टीम के लिए अपना खेल कमज़ोर कर लिया, वह आदमी टीम के लिए अपना सब कुछ दे सकता है। सौरभ गांगुली को टीम से बाहर रखना ग़लती नहीं, क्राइम (अपराध) है।" (19)

नये भारत के सबसे बुरे विश्व कप 2007 के पहले ही मैच में भारत को बांग्लादेश से हार मिली। उसके बाद बरमूडा जैसी छोटी टीम से जीते, लेकिन श्रीलंका से बुरी तरह हारकर भारत विश्व कप से बाहर हो गयी। वह विश्व कप चैपल-द्रविड़ जोड़ी का अन्त था। राहुल द्रविड़ स्वयं अब कप्तानी से मुक्ति चाहते थे। चैपल ने ही कभी कहा था कि महेन्द्र सिंह धोनी एक अच्छे कप्तान साबित हो सकते हैं। उसी मध्य हुए एक टी-20 विश्व कप में धोनी को कप्तान बनाकर जाँचा गया, और धोनी की युवा टीम जीत गयी। आख़िर टीम को झारखण्ड राज्य का एक लम्बे बालों वाला कप्तान मिला, जिसे सौरभ ने ही चयनित किया था।

अगले वर्ष 10 नवम्बर 2008 को जब सौरभ नागपुर में अपना आख़िरी टेस्ट खेल रहे थे, तो महेन्द्र सिंह धोनी ने उन्हें सम्मान देने के लिए कप्तानी की कमान सौंपी। मैच के बाद उम्रदराज़ और कुछ गंजे हो रहे सौरभ के शब्द थे,

> *मैंने 109 टेस्ट खेले, 300 से अधिक वन डे खेले; देश का चौथा सर्वाधिक रन बनाने वाला खिलाड़ी रहा; टेस्ट एकदिवसीय मिलाकर 18251 रन; विश्व में नौंवा स्थान; विश्व कप फ़ाइनल में टीम को ले गया, ऑस्ट्रेलिया को ऑस्ट्रेलिया में एक टेस्ट हराया, पाकिस्तान को पाकिस्तान में टेस्ट शृंखला हरायी; लेकिन इतना शायद काफ़ी नहीं था। हमें सब कुछ मुकम्मल नहीं मिलता।*

2015 में जगमोहन डालमिया BCCI के अध्यक्ष बनकर कुछ समय के लिए लौटे और कार्यकाल में ही मृत्यु हो गयी। चार साल बाद, 2019 में सौरभ गांगुली भारतीय क्रिकेट कंट्रोल बोर्ड के अध्यक्ष चुने गये।

सन्दर्भ-सूची

1. म. वैगनकर, 'अ मिलियन ब्रोकन विंडोज़', हार्पर कॉलिंस, 2015.
2. व. पूरन्दरे, 'सचिन तेन्दुलकर : अ डिफ़िनिटिव बायोग्राफ़ी', ईबुक, नयी दिल्ली : रोली बुक्स, 2005.
3. स. सरकार, 'सौरभ गांगुली क्रिकेट कैप्टेंसी एंड कांट्रोवर्सी', हार्पर सपोर्ट, 2015.
4. र. सरदेसाई, 'टीम लोकतन्त्र', नयी दिल्ली, वाणी प्रकाशन, 2018. पृ. 54-55.
5. वही. पृ. 76.
6. प. पन्निकर, 'अ टेल ऑफ़ टू कैप्टंस,' रीडिफ़, 5 फरवरी 2000.
7. स. सरकार, 'सौरभ गांगुली क्रिकेट कैप्टेंसी एंड कांट्रोवर्सी', हार्पर सपोर्ट, 2015.
8. ज. अस्टिल्ल, 'द ग्रेट तमाशा : क्रिकेट, करप्शन, एंड द टर्ब्युलेंट राइज़ ऑफ़ मॉडर्न इंडिया', ब्लूम्सबरी, 2013.
9. स. सरकार, 'सौरभ गांगुली क्रिकेट कैप्टेंसी एंड कांट्रोवर्सी', हार्पर सपोर्ट, 2015.
10. अ. सेनगुप्ता, 'रिमेम्बर योर अग्रेसिव क्वेस्चनिंग ऑफ़ माइक डेंनेस, मिस्टर शास्त्री?,' 13 सितंबर 2014. [ऑनलाइन].
11. PTI, 'सचिन स्टेप्ट इन वेन राइट स्लैप्ट सहवाग,' डेक्कन हेराल्ड, 13 नवंबर 2013. [ऑनलाइन].
12. ब. मजूमदार, 'इलेवन गॉड्स एंड बिल्यन इंडियंस', एस एंड एस इंडिया, 2018. पृ. 65-67.
13. स. सरकार, 'सौरभ गांगुली क्रिकेट कैप्टेंसी एंड कांट्रोवर्सी', हार्पर सपोर्ट, 2015.
14. क.म. अली, 'रेमेम्बरिंग सहवाग,' 'आउट्लुक इंडिया', 29 मार्च 2016. [ऑनलाइन].
15. ब. मजूमदार, 'इलेवन गॉड्स एंड बिलियन इंडियंस', एस एंड एस इंडिया, 2018. पृ. 75-77.
16. म. हेडन, स्टैंडिंग माई ग्राउंड, औरम प्रेस, 2011.
17. स. सरकार, 'सौरभ गांगुली क्रिकेट कैप्टेंसी एंड कांट्रोवर्सी, हार्पर सपोर्ट, 2015.
18. ब. मजूमदार, 'इलेवन गॉड्स एंड बिलियन इंडियंस, एस एंड एस इंडिया , 2018. पृ. 80-107.
19. स. सरकार, 'सौरभ गांगुली क्रिकेट कैप्टेंसी एंड कांट्रोवर्सी', हार्पर सपोर्ट, 2015.
20. ब. मजूमदार, 'इलेवन गॉड्स एंड बिलियन इंडियंस', एस एंड एस इंडिया, 2018. पृ. 98-99.

क्रिकेट का किंग कौन?

वे क्रिकेट को कितना जानते हैं, जिन्हें सिर्फ़ क्रिकेट जानता है?

–सी. एल. आर. जेम्स

मुझे मेरे नॉर्वे के सहकर्मी ने एक बार पूछा, "फ़ुटबॉल जैसे खेल दुनिया के हर छोटे-बड़े देश में खेले जाते हैं, लेकिन क्रिकेट पूरी दुनिया के कुछ ही देश क्यों खेलते हैं?"

मैंने कहा, "यह खेल इंग्लैंड में जन्मा और उन्ही देशों में गया, जहाँ इंग्लैंड का साम्राज्य था।"

उसने पूछा, "यह अमेरिका और कनाडा में क्यों नहीं गया? वहाँ तो इंग्लैंड का सबसे बड़ा साम्राज्य रहा।"

यह माक़ूल प्रश्न है। क्रिकेट आख़िर क्यों सिमटकर रह गया? पहला अन्तरराष्ट्रीय मैच इंग्लैंड ने नहीं खेला, बल्कि 1844 में अमेरिका और कनाडा के मध्य खेला गया। लेकिन वहाँ खेल अधिक समय तक लोकप्रिय नहीं रह सका। कनाडा का मौसम प्रतिकूल था। अमेरिका तो इंग्लैंड से हर चीज़ उलट करता रहा है। वहाँ बेस्बॉल देश की धड़कन बन गया, लेकिन क्रिकेट नहीं बन सका।

आज क्रिकेट की दुनिया पसरने के बजाय सिकुड़ती जा रही है। जहाँ 2011 और 2015 विश्व कप में 14 टीमें थी, 2019 और 2023 में मात्र 10 टीमें रह गयी। इसके विपरीत फ़ुटबॉल विश्व कप 2026 में 48 टीमें खेलेगी। फ़ुटबॉल विश्व का सबसे लोकप्रिय खेल बन गया, क्रिकेट नहीं बन सका। सचिन तेन्दुलकर को नॉर्वे या यूरोप में कोई नहीं जानता, मेस्सी को सभी जानते हैं। क्रिकेट अपनी गद्दी शायद किसी को देना ही नहीं चाहता।

अन्तरराष्ट्रीय क्रिकेट काउंसिल अब इतनी सिकुड़ चुकी है, कि इन्होंने 'बिग 3 मॉडल' चलाया। इसके अनुसार भारत, इंग्लैंड और ऑस्ट्रेलिया ही क्रिकेट पर

प्रभुत्व रखेंगे, और आपस में खेलते रहेंगे। पाकिस्तान, बांग्लादेश, वेस्टइंडीज़, श्रीलंका और न्यूज़ीलैंड के साथ इन देशों के खेल घटने की सम्भावना है। भारत जैसी टीम का वार्षिक कलेंडर इस क़दर व्यस्त है कि वे अफ़ग़ानिस्तान और बांग्लादेश से आख़िर खेलें कब?

अगर इतिहास के पन्ने पलटें, लगभग एक सदी तक क्रिकेट पर इंग्लैंड के मेरिलबोन क्रिकेट क्लब (MCC) का राज रहा। विलियम गिल्बर्ट ग्रेस जैसे क्रिकेट के पितामह वहीं से खेले। इंग्लैंड के क्लबों के मध्य ही खेल होता था। दूसरे देश तो यह खेल खेलते ही नहीं थे। जब ऑस्ट्रेलिया के अंग्रेज़ प्रवासियों की एक टीम बनी तो वह इंग्लैंड आकर खेलने लगी। 1882 में पहली बार ओवल के मैदान में ऑस्ट्रेलिया की टीम ने जीत दर्ज की। ब्रिटिश अख़बार 'स्पोर्टिंग टाइम्स' ने व्यंग्य करते हुए एक मृत्यु-सन्देश छापा, "आज 29 अगस्त, 1882 को ओवल के मैदान में इंग्लिश क्रिकेट की मृत्यु हो गयी। मित्र और परिजन इससे आहत हैं"।

इंग्लैंड के कप्तान ईवो ब्लिग ने यह प्रण लिया कि वह क्रिकेट की अस्थियाँ (Ashes) लेकर लौटेंगे। इस तरह 1882-83 के ऑस्ट्रेलिया दौरे को 'एशेज़ टूर्नामेंट' कहा गया। जब इंग्लैंड की जीत हुई तो मेलबर्न की कुछ महिलाओं ने एक कलश में विकेट की गिल्लियों की राख डालकर कप्तान ब्लिग को उपहार रूप में दिया। उनमें से एक महिला ने कप्तान से विवाह ही कर लिया। उसके बाद से यह कलश ट्रॉफ़ी बन गया, और जो भी टीम जीतकर जाती, वह यह कलश लेकर घर जाती। आज भी वह कलश लॉर्ड्स के संग्रहालय में रखा है। (1)

लगभग एक दशक तक इंग्लैंड एशेज जीतती रही, 1897 में पहली बार ऑस्ट्रेलिया को जीत हासिल हुई। 1900 ईस्वी में पहली बार क्रिकेट ओलम्पिक खेलों का भी हिस्सा बना, जिसमें दो ही टीमें खेलीं–इंग्लैंड और फ्रांस। फ्रांस से भी मूलत: अंग्रेज़ प्रवासी खिलाड़ी ही खेले। ज़ाहिर है इंग्लैंड जीत गयी। फिर यह खेल ओलम्पिक का हिस्सा नहीं रहा। 2028 में शामिल होने की सम्भावना है। बहरहाल ऑस्ट्रेलिया टीम अक्सर जीतने लगी और धीरे-धीरे इंग्लैंड की पकड़ कमज़ोर पड़ती गयी।

1930 की शृंखला में एक ऑस्ट्रेलियाई खिलाड़ी डॉन ब्रैडमैन ने 139.14 के औसत से 974 रन बनाये, जो आज तक का विश्व रिकॉर्ड है। डॉन ब्रैडमैन का मुक़ाबला करने के लिए इंग्लैंड के कप्तान डगलस जार्डिन ने एक नयी तरकीब

सोची। उन लोगों ने ग़ौर किया कि ब्रैडमैन को ऊँची उछाल वाली गेंद खेलने में दिक़्क़त होती है। 1932-33 के दौरे पर उन्होंने अपनी टीम के तेज़ गेंदबाज़ों हैरल्ड लारवूड और बिल वोके को कहा कि गेंद इस तरह लेग स्टम्प पर डालें कि बाउंस होकर सीधे शरीर पर लगे। बल्लेबाज़ बचने के लिए सर झुकाकर बल्ला अड़ा देते और लेग साइड में आसान कैच दे बैठते। हमने छुटपन में दूरदर्शन पर 'बॉडीलाइन' आधारित BBC वृत्तचित्र देखा है। उस समय हेलमेट होते नहीं थे, और लारवूड की गेंद 100 मील प्रति घण्टा से अधिक गति की तो होगी। वह गेंद जब उछलकर कन्धे या पेट पर लगती, खिलाड़ी कराह उठते। बर्ट ओल्डफ़ील्ड को एक गेंद सर में लगी, और उनका सर ही फूट गया।[1] डॉन ब्रैडमैन को भी दिक़्क़त आयी लेकिन उन्होंने सर्वाधिक रन बनाये। इस खेल से पहले इंग्लैंड में क्रिकेट आदर्शवादी था, और इस तरह की गेंद अशोभनीय मानी जाती। इंग्लैंड की टीम ने सभी आदर्श ताक पर रख दिये।

नवाब पटौदी सीनियर इस शृंखला में इंग्लैंड की तरफ़ से अपना पहला मैच खेल रहे थे। उन्होंने पाँच घण्टे से अधिक खेलकर शतक बनाया। उन्होंने जब इस बॉडीलाइन का विरोध किया, तो कप्तान डग्लस जार्डिन ने उन्हें टीम से निकालते हुए कहा, "लगता है हिज हायनेस एक सत्याग्रही हैं"।[2]

इस खेल का ऐसा विरोध हुआ कि MCC के टूर मैनेजर को मनाने के लिए भेजा गया। ऑस्ट्रेलिया के कप्तान वूडफ़ुल ने कहा, "यहाँ दो टीमें हैं। एक क्रिकेट खेलने का प्रयास कर रही है, और दूसरी नहीं"। (2)

बॉडीलाइन गेंदबाज़ी पर नैतिक प्रतिबन्ध लग गया। डॉन ब्रैडमैन की वजह से ऑस्ट्रेलिया क्रिकेट के शीर्ष पर बनी रही। ब्रैडमैन जब 1948 में ओवल में अपनी आख़िरी पारी खेल रहे थे, तो उन्हें 100.00 के टेस्ट औसत के लिए मात्र चार रन बनाने थे। उस दिन एरिक हालीज़ की एक गूगली गेंद पर ब्रैडमैन बिना खाता खोले आउट हो गये। इस तरह ब्रैडमैन का टेस्ट औसत 99.94 पर हमेशा के लिए अटक गया, जो आज तक का रिकॉर्ड है।[3] उन्होंने 80 पारियों में 29 शतक और 13 अर्धशतक लगाये।

---

[1]हालाँकि वह गेंद बॉडीलाइन नहीं थी, लेकिन बल्ले के किनारे से लगकर तेज़ी से सर में लगी थी।
[2]जार्डिन ने कहा, "It seems his highness is a conscientious objector."
[3]वेस्टइंडीज़ के खिलाड़ी एंडी गंटीमे ने जीवन में मात्र एक अन्तरराष्ट्रीय पारी 1948 में इंग्लैंड के ख़िलाफ़ खेली और 112 रन बनाये। धीमे खेल की वजह से उन्हें टीम में वापस नहीं लिया गया। लेकिन तकनीकी रूप से 112 के औसत से उनका औसत ब्रैडमैन से भी ऊँचा है।

ब्रैडमैन के जाते ही इंग्लैंड का आत्मविश्वास पुन: लौटा और सत्ता वापस मिली। 1956 में ओल्ड ट्रैफ़र्ड के एक खेल में तो ऐसा रिकॉर्ड बना, जो आज तक न तोड़ा जा सका। इंग्लैंड के गेंदबाज़ जिम लेकर ने उस दिन एक टेस्ट मैच में 19 विकेट ले लिये।[4] हालाँकि जिम लेकर, रिची बेनौड और बॉब सिम्प्सोन स्पिनर थे, लेकिन उस समय तेज़ गेंदबाज़ों का ख़ौफ़ था। अगर इंग्लैंड के पास फ्रैंक टायसन थे, तो ऑस्ट्रेलिया के पास ऐलन डेविड्सॉन। भारत की भी बात करें, तो आज़ादी से पहले मुहम्मद निसार और अमर सिंह जैसे तेज़ गेंदबाज़ हुआ करते। अच्छे तेज़ गेंदबाज़ विभाजन के बाद पाकिस्तान चले गये। पाकिस्तान में तेज़ गेंदबाज़ी पर ज़ोर क़ायम रहा, लेकिन भारत में धीमी गति से ही गेंदबाज़ी होती रही। पचास के दशक में मात्र रमाकान्त देसाई ही ऐसे भारतीय गेंदबाज़ थे, जो तेज़ बाउंसर फेंकते थे। यह एक बड़ी वजह थी कि क़ाबिल टेस्ट बल्लेबाज़ों के बावजूद भारत क्रिकेट की सत्ता से लम्बे समय तक दूर रहा।

पचास के दशक से दुनिया भर में ही खेल ड्रा के लिए खेले जाने लगे। इंग्लैंड और ऑस्ट्रेलिया के मध्य खेल नीरस होते गये। इस मध्य दो टीमें तेज़ी से उभर रही थीं। साठ के दशक में दक्षिण अफ्रीका ने ऑस्ट्रेलिया को हराया, वहीं वेस्टइंडीज़ ने इंग्लैंड और ऑस्ट्रेलिया दोनों को हराया। रंगभेद नीतियों के कारण दक्षिण अफ्रीका टीम पर पाबन्दी लग गयी, लेकिन वेस्टइंडीज़ की चुनौती इन सभी टीमों पर भारी पड़ने वाली थी।

वेस्टइंडीज़ के लिए साठ का दशक बदलाव का दशक था। उनका देश अधिकारों और स्वायत्तता के लिए लड़ रहा था। यह अश्वेतों की गोरों के ख़िलाफ़ लड़ाई थी। ऐसे में क्रिकेट एक महत्त्वपूर्ण हथियार बनने वाला था। 'फ़ायर इन बेबिलोन' नामक वृत्तचित्र (2010) उनकी इस गाथा को ख़ूब बयाँ करता है। 1960-61 के ऑस्ट्रेलिया दौरे के लिए पहली बार वेस्टइंडीज़ को फ्रैंक वॉरेल के रूप में एक अश्वेत कप्तान मिला। वॉरेल, (एवर्टन) वीक्स और (क्लैड) वॉल्काट को वेस्टइंडीज़ के तीन W कहा जाने लगा। बॉडीलाइन खेल वापस लौट रहा था।

सत्तर के दशक में दो गेंदबाज़ों का आतंक दुनिया पर था। ऑस्ट्रेलिया के जेफ़ थॉमसन और डेनिस लिली ने सीधे शरीर पर प्रहार शुरू कर दिया था। क्लाइव लॉयड के नेतृत्व में जब 1975-76 में वेस्टइंडीज़ की टीम ऑस्ट्रेलिया दौरे पर पहुँची,

---

[4]1999 में अनिल कुम्बले ने दूसरी पारी में दस विकेट ज़रूर लिये, लेकिन पहली पारी में उनके 4 विकेट थे।

इन दोनों गेंदबाज़ों ने ऐसी ख़ूँख़ार गेंदबाज़ी की, वेस्टइंडीज़ पस्त हो गयी। कई बल्लेबाज़ घायल हुए। वेस्टइंडीज़ 5-1 से शृंखला हारकर अपने घर लौटी। लॉयड ने ठान लिया कि अब वे बदला लेंगे। उन्होंने वेस्टइंडीज़ की पेस बैटरी बनानी शुरू की, जिनका एक ही उद्देश्य था खिलाड़ियों को पेस और बाउंस से घायल कर देना। शरीर से भी, मन से भी। इसकी प्रैक्टिस शुरू हुई भारत की टीम से, जब मार्च 1976 में बिशन सिंह बेदी के नेतृत्व में भारत की टीम वेस्टइंडीज़ पहुँची।

पहले टेस्ट में भारत को हार मिली, लेकिन त्रिनिदाद के दूसरे टेस्ट में भारत ने ड्रॉ करा लिया। तीसरे टेस्ट में सुनील गावस्कर और गुंडप्पा विश्वनाथ ने इतिहास रच दिया। दोनों ने शतक लगाकर 406 रन का रिकॉर्ड पीछा कर लिया, और भारत जीत गया। क्लाइव लॉयड अब आक्रामक हो गये। उन्होंने चार तेज़ गेंदबाज़ों को टीम में लिया। वहाँ की भीड़ ने लगभग यही माहौल बनाया कि एक भी भारतीय खिलाड़ी ज़िन्दा न बचे। होल्डिंग, जूलियन, होल्डर और डैलियन की भयावह गेंदबाज़ी और जमैका की वह पिच।

फिर भी गावस्कर और अंशुमन गायकवाड़ ने 136 रन की ओपनिंग साझेदारी कर दी। उसके बाद वहाँ की भीड़ 'किल हिम!' चिल्लाने लगी। माइकल होल्डिंग ने बाउंसर डालने शुरू किये। अगले दिन मोहिन्दर अमरनाथ पर बाउंसर हमला हुआ। गायकवाड़ के कान से ख़ून बहने लगा, गुंडप्पा विश्वनाथ की उँगली टूट गयी। छह विकेट गिरते ही भारत की टीम ने घबराकर पारी समाप्ति की घोषणा कर दी। उसके बाद भारत ने गेंदबाज़ी तो की, लेकिन घायल खिलाड़ियों के कारण विरोध में दूसरी पारी पूरा नहीं खेल सके। उन्होंने मात्र 97 रन पर पारी समाप्ति की घोषणा कर दी। क्लाइव लॉयड ने माफ़ी माँगने के बजाय कहा, "यह क्रिकेट है। अगर आपको चोट लगती है, तो आपको झेलना ही होगा।"(4)

मैं पुनः दोहराऊँगा कि जिस ऑस्ट्रेलिया को सबसे कुटिल खिलाड़ियों का देश कहा जाता है, उसी ने खेल को सबसे अधिक बढ़ावा दिया। वेस्टइंडीज़ को ताक़त दिलाने में भी ऑस्ट्रेलिया का हाथ है। उनके भी आत्मसम्मान पर पहले डेनिस लिली और जेफ़ थॉमसन ने ठोकर पहुँचाया। उसके बाद आए केरी पैकर!

केरी पैकर एक व्यवसायी थे। जब उनके चैनल नाइन को क्रिकेट प्रसारण के अधिकार नहीं मिले, तो उन्होंने एक निजी टूर्नामेंट (वर्ल्ड सीरीज) शुरू कर दिया। अधिकांश क्रिकेट बोर्ड ने इसका विरोध किया, लेकिन इसमें धन इतना था कि टोनी ग्रेग, ग्रेग चैपल, ईयान चैपल और इमरान ख़ान जैसे खिलाड़ियों के साथ-साथ

वेस्टइंडीज़ की लगभग पूरी टीम ही आ गयी।[1] 1977-79 के मध्य यह सीरीज खेली गयी, जिसमें वेस्टइंडीज़ के खिलाड़ियों का स्तर बहुत ऊँचा उठ गया।

वेस्टइंडीज़ के खिलाड़ी मानते हैं कि उनकी गेंदबाज़ी और ख़ासकर क्षेत्ररक्षण सुधारने में केरी पैकर का हाथ है। उन्होंने साफ़ तौर पर कह दिया था कि अगर ढीली-ढाली फ़ील्डिंग होगी या खिलाड़ी फ़िट नहीं होंगे तो सबको वापस वेस्टइंडीज़ भेज दिया जायेगा। उन्हें एक फ़िटनेस प्रशिक्षक दिया गया, जिसने युद्ध स्तर पर उन्हें तैयार किया। यह IPL से वर्षों पुरानी बात है, जब वेस्टइंडीज़ के खिलाड़ियों को गुलाबी कपड़ों में मैदान में उतारा गया था।

भले ही भारत ने एकदिवसीय विश्व कप 1983 में वेस्टइंडीज़ को हराया, लेकिन टेस्ट सीरीज वर्षों तक नहीं जीत सकी। होल्डिंग, कोलिन क्राफ़्ट, माल्कम मार्शल, और एंडी राबर्ट्स का ख़ौफ़ क़ायम रहा। विवियन रिचर्ड्स के सामने गेंदबाज़ टिक नहीं पाते। 1980 से 1995 के मध्य पन्द्रह वर्षों तक वेस्टइंडीज़ एक भी टेस्ट श्रृंखला नहीं हारी! अपने इस क्रिकेट-राज के आख़िरी वर्षों में भी वेस्टइंडीज़ के पास ब्रायन लारा, रिची रिचर्ड्सन, एम्ब्रोस और वॉल्श जैसे खिलाड़ी मौजूद थे। आख़िर उनका अन्त कैसे हुआ?

इसकी एक सांकेतिक कहानी है। 8 अप्रैल 1995 को सेंट जॉन मैदान में ऑस्ट्रेलिया-वेस्टइंडीज़ मैच में पहली बार रिची रिचर्ड्सन हेलमेट पहनकर आये। रिची को हमने आज तक उनके मरून रंग की गोल टोपी में ही देखा था। उस दिन जब वह हेलमेट पहनकर आये तो सब चौंक गये। यह वेस्टइंडीज़ की शान के ख़िलाफ़ था कि उसके खिलाड़ी और ख़ासकर रिचर्ड्सन हेलमेट पहनें। यह उनके अवसान की घण्टी थी। पन्द्रह साल बाद पहली बार वेस्टइंडीज़ टेस्ट श्रृंखला हारी, और वह भी अपने घर पर हारी। उसके बाद कभी सीधी खड़ी नहीं हो सकी।

वेस्टइंडीज़ के गिरते ही टेस्ट की सत्ता ऑस्ट्रेलिया के पास आ गयी, जो काफ़ी हद तक आज भी है। दशकों तक कोई भी टीम ऑस्ट्रेलिया को ऑस्ट्रेलिया में नहीं हरा सकी। जब 2008-09 में पहली बार दक्षिण अफ्रीका ने ऑस्ट्रेलिया की ज़मीन पर श्रृंखला जीती, सुनील गावस्कर ने कहा, "ऑस्ट्रेलिया की टीम इतनी घमण्डी हो गयी है कि उसकी हार की ख़ुशी पूरी क्रिकेट दुनिया मना रही है"। उसके बाद 2010-11 में इंग्लैंड की टीम ने एशेज में उन्हें हराया।

---

[1]भारत से सुनील गावस्कर, सय्यद किरमानी और बिशन सिंह बेदी को भी ऑफ़र मिले थे, लेकिन बोर्ड इसके पक्ष में नहीं था।

भारत को यह जीत पाने में 71 वर्ष लग गये, जब विराट कोहली ने 2019 में 2-1 से पहली बार श्रृंखला जीत दिलायी। प्रश्न यह है कि भारत को यह जीत मिली कैसे? क्या भारत के पास सचिन तेन्दुलकर, सुनील गावस्कर, राहुल द्रविड़, लक्ष्मण, सहवाग, या गांगुली से बेहतर बल्लेबाज़ आ गये? बदलाव कहीं और हुआ है, और एक संगठित, सुचिन्तित, दीर्घकालिक योजना से हुआ। विराट कोहली की विजेता टीम में ईशान्त शर्मा, जसप्रीत बुमरा और मोहम्मद शमी जैसे तेज़ गेंदबाज़ थे। वे कहाँ से आये? यह सांस्कृतिक बदलाव कैसे हुआ कि आज भारत के पास दुनिया के सर्वश्रेष्ठ तेज़ गेंदबाज़ हैं?

भारत में जब कपिल देव 1975 में अंडर-19 कैम्प में तेज़ गेंदबाज़ी कर रहे थे तो उनको दो रोटियाँ और थोड़ी दाल ख़ाने को मिली। उन्होंने क्रिकेट क्लब के सेक्रेटरी केकी तारपोरे से कहा, "सर! मैं तेज़ गेंदबाज़ हूँ। दो रोटी से क्या होगा?"

उन्हें जवाब मिला, "इस देश में तेज़ गेंदबाज़ नहीं होते, बच्चे!"

कपिल देव ने उन्हें ग़लत सिद्ध कर दिया। कपिल देव की फ़िटनेस ऐसी थी कि अपने 15 साल के कैरियर में वह मात्र एक मैच नहीं खेले। कभी भी आराम नहीं किया, न ही ख़ास चोटिल हुए। हमें ऊपर आने के लिए तेज़ गेंदबाज़ की ज़रूरत थी। अगर 1983 की जीत पर भी ग़ौर किया जाये तो मदन लाल, रोजर बिनी और कपिल जैसे गेंदबाज़ों को नज़र-अन्दाज़ नहीं किया जा सकता।[1] लेकिन ये सभी मध्यम गति के गेंदबाज़ ही थे। 150 किलोमीटर प्रति घण्टा की गति जो अभी आम है, वह भारत में थी ही नहीं। (5)

गति की कहानी शुरू होती है 1987 के मद्रास रबर फ़ैक्टरी (MRF) से। इसके प्रबन्धक रवि मामन ने एक पेस फ़ाउंडेशन की नींव रखी, जो भारत को तेज़ गेंदबाज़ देंगे। रवि जानते थे कि डेनिस लिली जैसी गेंदबाज़ी भारत में एक ही व्यक्ति ला सकता है। स्वयं डेनिस लिली! रवि ने ठान लिया कि उन्हें जो भी ज़रूरत होगी, वह लाकर देंगे, लेकिन डेनिस लिली को लेकर आयेंगे। डेनिस लिली ने पहली माँग यह रखी कि एक प्रथम श्रेणी तेज़ गेंदबाज़ प्रशिक्षक दिया जाये। मद्रास के ही एक तेज़ गेंदबाज़ टी. ए. शेख़र को लाया गया। सितंबर 1987 में जब पहला कैम्प आयोजित किया गया तो उसमें मुम्बई से एक लड़का भी आया था, जो तेज़ गेंदबाज़ बनना

---

[1]1984 के ईडन गार्डन टेस्ट में कपिल को ड्रॉप किया गया था, क्योंकि उन्होंने कोटला टेस्ट में पैट पोकोक के गेंद पर ग़ैर-ज़िम्मेदाराना शॉट खेला था, जिससे गावस्कर नाराज़ हो गये थे। यह इकलौता मैच कपिल नहीं खेले।

चाहता था। लिली ने उसकी क़द-काठी देखकर वापस भेज दिया। वह लड़का बाद में मास्टर-ब्लास्टर सचिन तेन्दुलकर नाम से मशहूर हुआ।[2]

अगले वर्ष कई और खिलाड़ी कैम्प में आये, जिनमें सौरभ गांगुली और अजय जडेजा भी थे। 12 प्रतिभाशाली लड़के चुने गये जिनमें तीन नाम थे–विवेक राज़दान, सुब्रोतो बनर्जी और आशीष विंस्टन ज़ैदी। लिली की मंशा थी कि भारत में अधिक से अधिक ऐसे गेंदबाज़ पैदा हों जो 140 किलोमीटर प्रति घण्टा से तेज़ गेंद फेंक सकें। उन्हें मध्यम गति के स्विंग गेंदबाज़ नहीं चाहिए थे। 1989 में विवेक राज़दान भारतीय टीम के लिए चुन लिये गये। उन्होंने पाकिस्तान में अपने दूसरे ही टेस्ट में पाँच विकेट भी लिये। लेकिन, न जाने क्यों, वह कभी तीसरा टेस्ट खेल ही नहीं सके।

1991 में चण्डीगढ़ और ग्वालियर में तेज़ गेंदबाज़ों के लिए सरकारी संस्थान खुल गये। रणजी क्रिकेटर विनीत सक्सेना ने मुझे साक्षात्कार में कहा कि चंडीगढ़ में देशप्रेम आज़ाद की देख-रेख में संस्थान तो अच्छा था, लेकिन चेन्नई जैसा जुझारू माहौल न था।

रवि मामन की अल्पायु मृत्यु हो गयी। उनके बड़े भाई वीनू मामन ने प्रण लिया कि वह अपने भाई का स्वप्न पूरा करेंगे। उसके बाद इसका फलक बढ़ता गया और ऑस्ट्रेलिया क्रिकेट असोसिएशन से अनुबन्ध हो गया। खिलाड़ी भारत से ऑस्ट्रेलिया जाकर वहाँ की पिच पर गेंदबाज़ी सीखते। इस फ़ाउंडेशन से जहाँ भारत को जवागल श्रीनाथ, आशीष नेहरा और वेंकटेश प्रसाद जैसे तेज़ गेंदबाज़ मिले, वहीं श्रीलंका को भी चामिंडा वास और रवीन्द्र पुष्पकुमार जैसे गेंदबाज़ मिले। शोएब अख़्तर, ग्लेन मैकग्राथ और शेन बॉंड भी यहाँ आकर सीखते रहे।

धीरे-धीरे तेज़ गेंदबाज़ों की बाढ़ आ गयी। इसी संस्थान से ज़हीर ख़ान, इरफ़ान पठान, एस श्रीसंत, मुनाफ़ पटेल और आर. पी. सिंह जैसे गेंदबाज़ भारत से खेले। 2008 में जब डेनिस लिली ने यह संस्थान छोड़ा तो उन्होंने ग्लेन मैकग्राथ को अपनी जगह बुलवाया। उनके प्रशिक्षण में वरुण आरोन, जसकरन सिंह और मोहित शर्मा जैसे गेंदबाज़ आगे बढ़े। अब इस फ़ाउंडेशन से इतर भी प्रतिभाएँ जन्म ले रही हैं, क्योंकि सांस्कृतिक बदलाव हो चुका है। अब तो हालात यह हैं कि देश के पास कई ऐसे बेहतरीन तेज़ गेंदबाज़ हैं, जिनके लिए टीम में जगह भी नहीं। यह मुमकिन तभी हुआ जब ऑस्ट्रेलिया के एक आक्रामक कहे जाने वाले खिलाड़ी डेनिस लिली ने तीन दशक पहले भारत को समृद्ध बनाने का भार उठाया। शायद इसलिए कि भारत

---

[2]कभी सुनील गावस्कर भी तेज़ गेंदबाज़ बनना चाहते थे।

में धन था। लेकिन कहीं न कहीं भावना यह भी थी कि ताज चाहे किसी के सर पर हो, दोनों देशों का धर्म एक ही है–क्रिकेट। (6)

सन्दर्भ-सूची

1. द लॉर्ड्स , 'द एशेज,' [ऑनलाइन]. [इस दिन देखा गया–6-11-2011].
2. डेविड फ़र्थ, 'बॉडीलाइन ऑटाप्सी', औरम प्रेस, 2003.
3. र. सरदेसाई, 'टीम लोकतन्त्र', नयी दिल्ली, वाणी प्रकाशन, 2018. पृ. 108.
4. अ. सेनगुप्ता, 'वेन कलाइव लॉड ऑर्डर्ड इंडियाज़ ब्लड्बैथ,' क्रिकेट कंट्री, 16 दिसंबर 2015. [ऑनलाइन]. [इस दिन देखा गया–7-11-2020].
5. र. सरदेसाई, 'टीम लोकतन्त्र', नयी दिल्ली, वाणी प्रकाशन, 2018. पृ. 111.
6. अ. वेणुगोपाल, 'हाउ इंडिया गॉट फ़ास्ट,' ESPN CRICINFO, 4 सितंबर 2017. [ऑनलाइन]. [इस दिन देखा गया–5-11-2020].

खेलोगे-कूदोगे बनोगे नवाब

अब व्यावसायिक ब्रांड और खेल एक-दूसरे में इतने घुल चुके हैं कि ब्रांड के सामने क्रिकेट गौण होता जा रहा है।

–गीदों हेघ

एक प्रथम श्रेणी क्रिकेट खिलाड़ी ने मुझे कहा कि हममें से अधिकांश खिलाड़ी इसलिए खेलते थे कि उस आधार पर अच्छे कॉलेज में दाख़िला मिल जाये या नौकरी लग जाये। महेन्द्र सिंह धोनी की जब रेल्वे में टिकट जाँचकर्ता के रूप में नौकरी लगी, उनके पिता इस बात से ख़ुश थे। अजित वाडेकर ने टीम मैनेजर का कार्यभार इसलिए छोड़ा था, क्योंकि उनका स्टेट बैंक में प्रमोशन रुक गया था। ज़ाहिर है, खेल से उनकी कमाई और स्थायित्व उस हद तक नहीं थी, जितने बैंक में। लेकिन, यह स्थिति हमेशा से नहीं थी।

जब भारत में क्रिकेट शुरू हुआ, उसी वक़्त क्रिकेट में पैसा आना शुरू हुआ। रजवाड़ों के मध्य टूर्नामेंट और खिलाड़ियों को ख़रीदने की बातें मैंने की है। कर्नल सी. के. नायडू को होलकर राजा से वेतन, बंगला, गाड़ी मिली हुई थी और अन्य रजवाड़े भी अपनी तरफ़ से खेलने के लिए उनके साथ क़रार करते थे। रजवाड़े ख़त्म होने के बाद खिलाड़ियों की स्थिति ख़स्ता हो गयी। उसके बाद यह रईसों का शौक़िया खेल भले ही था, क्रिकेट से कमाने के साधन कम थे। मैच की फ़ीस साठ के दशक में 250 रुपये और सत्तर के दशक की शुरुआत में 750 रुपये थी। साल में औसतन दो टेस्ट मैच होते थे। ऐसे में कोई कितना कमा लेगा? यही एक उद्देश्य रहा कि रेलवे, बैंक या किसी सरकारी उपक्रम में खेल कोटा पर नौकरी लग जाये। 1983 में जब भारत ने विश्व कप जीता, उस समय भी बोर्ड के पास इतने ही पैसे थे कि खिलाड़ियों को लंदन के पिकाडिली में बर्गर खिला सके। सुनील गावस्कर

और दिलीप वेंगसरकर खेलने के साथ ही खेल पत्रकारिता करने लगे थे। उनके जैसे कुछ खिलाड़ियों को विज्ञापन भी मिलने शुरू हो गये थे। लेकिन हर खिलाड़ी सुनील गावस्कर तो था नहीं, जो दो आत्मकथा लिखे और दोनों ही बेस्ट-सेलर बन जायें!

1987 के रिलायंस विश्व कप के बाद क़िस्मत बदलनी शुरू हुई, और जगमोहन डालमिया के प्रवेश ने क्रिकेट बोर्ड को अमीर बनाना प्रारम्भ किया। क्रिकेट का धन था उसके प्रसारण अधिकारों और विज्ञापन में। उस समय दूरदर्शन भारत का इकलौता टेलीविज़न चैनल था। उसमें समाचार, कुछ गीतों के कार्यक्रम, कुछ धारावाहिक और कृषि दर्शन जैसे कार्यक्रम आते। क्रिकेट मैच भी उसी पर प्रसारित होते। 1990-91 में जब खाड़ी युद्ध शुरू हुआ, तो इसका प्रसारण CNN पर होने वाला था। भारत के कई लोग इस युद्ध में फँस गये थे। उस समय हमें कुछ समृद्ध घरों में डिश एंटीना दिखना शुरू हुआ, जिसके माध्यम से यह युद्ध देखा जाता।

इसका अगला संस्करण बना केबल टेलीविज़न, जिसमें एक व्यक्ति अपने घर पर किसी फ़िल्म का वीडीओ चलाता, जो मोहल्ले के घरों तक मोटी काली तारों के माध्यम से पहुँच जाता। धीरे-धीरे अन्य विदेशी चैनल, जैसे MTV आदि देखे जाने लगे। इसी लहर से प्रभावित होकर एक अनाज व्यापारी परिवार के सुभाष चन्द्रा ने ज़ी-टीवी नाम से एक चैनल बनाया। इस नयी टेलीविज़न क्रान्ति की धमक क्रिकेट तक भी पहुँची।

अस्सी के दशक में जब दूरदर्शन क्रिकेट का प्रसारण करता था तो विज्ञापन से धन कमाता था। लेकिन BCCI को पैसे देने के बजाय उससे प्रति मैच फ़ीस लेता था। यह बोर्ड के लिए घाटे का सौदा था, लेकिन और कोई विकल्प नहीं था। 1992 विश्व कप के समय दूरदर्शन ने बोर्ड से पाँच लाख रुपये माँगे। जगमोहन डालमिया ने प्रसारण अधिकार एक विदेशी कम्पनी TWI (ट्रांस वर्ल्ड इंटरनैशनल) को 6 लाख डॉलर में बेच दिये। उल्टे दूरदर्शन को इस कम्पनी से प्रसारण अधिकार ख़रीदने पड़े। उसके बाद भारत में हीरो कप आयोजित हुआ। इसमें भी यही पैंतरा आज़माया गया। दूरदर्शन इस बार आग-बबूला हो गया।

दूरदर्शन के निदेशक रतिकान्त बसु ने कहा, "भारत में क्रिकेट प्रसारण का अधिकार मात्र राष्ट्रीय चैनल को ही है। यह सुनील गावस्कर और कपिल देव किसने बनाया? हमने बनाया!"

डालमिया नहीं माने, प्रसारण रुक गया और मुद्दा न्यायालय पहुँच गया। हीरो कप के पहले मैच में भारत ने श्रीलंका को हराया, लेकिन हम टेलीविज़न पर

देख ही नहीं पाये। रेडियो पर कमेंट्री सुनी। उस दिन अज़हर और विनोद कांबली ने शतकीय साझेदारी की थी। सरकार और डालमिया की लड़ाई में TWI भी बुरी तरह फँस गयी। उनके उपकरण सरकार ने ज़ब्त कर लिये। तीन मैच के बाद ही सर्वोच्च न्यायालय द्वारा प्रसारण के अधिकार दिये गये, और मैच देखे जा सके। अब 1996 का विश्व कप सामने था, जो भारतीय उपमहाद्वीप में हो रहा था।

जब इस विश्व कप की मेज़बानी भारतीय उपमहाद्वीप को मिली तो टाइम्स अख़बार में ख़बर छपी थी, "एशिया के बाघ ने तो लॉर्ड्स की पूँछ मरोड़ दी!"[1]

इस बार डालमिया ने प्रसारण अधिकार एक बड़ी विदेशी कम्पनी 'वर्ल्ड टेल' को 10 मिलियन डॉलर में बेच दिये। यह अब तक की सबसे बड़ी क्रिकेट डील थी। इसी कम्पनी के मार्क मस्करेन्हास ने सचिन तेन्दुलकर का ब्रांड भी ख़रीद लिया था। प्रश्न यह था कि दूरदर्शन क्या फिर अड़ँगा लगायेगा? उस समय नरसिम्हा राव सरकार में वित्त मन्त्री मनमोहन सिंह गिरती अर्थव्यवस्था को सँभालने की यथासम्भव कोशिश कर रहे थे।

मार्क मस्करेन्हास ने सरकार पर दबाव देते हुए कहा, "विश्व के खेल मीडिया में भारतीय व्यावसायिक छवि की पहले ही अपूरणीय क्षति की जा चुकी है। अब और नहीं...।"

1995 में सुप्रीम कोर्ट ने BCCI के पक्ष में निर्णय दे दिया कि वह प्रसारण के लिए मुक्त है। 'जग्गू दादा' (जगमोहन डालमिया) अब रुकने वाले नहीं थे। उन्होंने अगले पाँच साल की लगभग तीन करोड़ डॉलर की डील TWI और ESPN से कर ली। क्रिकेट की दुनिया में अकूत सम्पत्ति लाने का श्रेय इसी मैक्यावेली को जाता है। BCCI के खाते में पाँच करोड़ डॉलर से अधिक धन एक झटके में आ गया। 1.2 करोड़ डॉलर तो मात्र ITC कम्पनी ने दिये। तीन साल पहले ही कोका-कोला कम्पनी भारत लौटी थी, उसने विश्व कप के 'ऑफ़िसियल' पेय का ज़िम्मा ख़रीद लिया। बदले में पेप्सी ने तंज़ करते हुए विज्ञापनों की रेल निकाल दी, जब तेन्दुलकर कहते–'नथिंग ऑफ़िसियल अबाउट इट'। ऐसी बातें पहले सोची भी नहीं जा सकती थीं कि क्रिकेट जैसा मामूली खेल पेप्सी-कोला युद्ध का कारण बनेगा, और उस युद्ध का लाभ भारतीय क्रिकेट बोर्ड और खिलाड़ियों को मिलेगा। उपभोक्तावाद चरम पर था। कई लोग टेलीविज़न बस क्रिकेट देखने के लिए ख़रीद रहे थे। क्रिकेट का बल्ला अब शक्ति का चिह्न था और गेंद प्रगति का। (1)

---

[1]अंग्रेज़ी में ख़बर थी, "Asian tiger twists Lord's by the tail."

यह डालमिया की बड़ी कामयाबी रही कि भारतीय उपमहाद्वीप का सिक्का पूरी दुनिया पर जम गया। यह बात उस दिन पक्की हो गयी जब 1997 में डालमिया अन्तरराष्ट्रीय क्रिकेट काउंसिल (ICC) के अध्यक्ष चुन लिए गये। इसे क्रिकेट का औपचारिक शक्ति हस्तान्तरण ('पावर शिफ़्ट') कहा गया। गोरों की क्रिकेट सत्ता हर रूप में कमज़ोर पड़ने लगी। विकसित देशों के खिलाड़ी भारत को कभी तपती ज़मीन, तो कभी कचड़े का ढेर कहते थे। अब वही इष्ट हो गयी। शेन वार्न विज्ञापन कर रहे थे, और ब्रेट ली आशा भोंसले के साथ डुएट गा रहे थे!

किन्तु जब धन-वर्षा होती है तो शक्तियों के मध्य तनाव भी बढ़ता है। जिस क्रिकेट बोर्ड को लोग बोझ समझते थे, अब उस पर राजनीतिज्ञों और बड़े व्यवसायियों की (काली) छाया पड़ने लगी। पहले भी माधव राव सिंधिया और एन. के. पी. साल्वे जैसे लोग बोर्ड के मुखिया रहे थे, लेकिन उस समय धन नहीं था। अब तो अरुण जेटली से लालू यादव तक अपने-अपने इलाक़े के क्रिकेट बॉस बन रहे थे। पहले राजा-नवाब ने क्रिकेट सँभाला, फिर पूँजीपतियों ने सहारा दिया, और अन्त में राजनेता इस पर कुण्डली मार कर बैठ गये। यह भी एक 'पावर शिफ़्ट' ही तो है।

महाराष्ट्र के कद्दावर नेता शरद पवार ने डालमिया का एकछत्र राज ख़त्म किया, जब वह 2006 में BCCI के अध्यक्ष बने। पवार के पास राजनैतिक ताक़त और व्यावसायिक बुद्धि, दोनों थी। वह जब आये तो क्रिकेट की कमाई सपाट होने लगी थी। बोर्ड अगर कमा भी रहा था, तो खिलाड़ियों तक धन नहीं आ रहा था। मैच-फ़िक्सिंग के कारणों में एक कारण यह भी था। सबसे बुरा तो तब हुआ जब 2007 विश्व कप में भारत बे-आबरू होकर बाहर हुआ। उस समय ज़ी-टीवी समूह के सुभाष चन्द्रा ने देशप्रेम की दुहाई देते हुए अपनी व्यवसायिक महत्त्वाकांक्षा की घोषणा की।

सुभाष चन्द्रा बीस-बीस ओवर का क्लब खेल कराना चाहते थे, जिससे देश भर में खिलाड़ियों का स्तर बढ़े। ऐसे क्लब विश्व फ़ुटबॉल में तो पहले से थे ही, लेकिन भारत में इसकी सफलता पर सन्देह था। क्रिकेट के साथ देशप्रेम जुड़ा था, जब कि क्लब खेलों में ऐसी प्रतिबाध्यता नहीं होती। मैन्चेस्टर यूनाइटेड क्लब के प्रेमी मैन्चेस्टर से अधिक दक्षिण अमेरिका और भारत में मिल जायेंगे। यह मॉडल भारत में कैसे सम्भव था?

1995 में एक अन्य व्यवसायी ललित मोदी ने क्लब क्रिकेट की बात कही थी। उन्होंने बाक़ायदा इंडियन क्रिकेट लीग लिमिटेड नाम से कम्पनी भी रजिस्टर कर ली थी। वह राजस्थान क्रिकेट संघ के रास्ते अब भारतीय क्रिकेट बोर्ड तक

पहुँच चुके थे। ललित मोदी ने ही अपनी कूटनीति से शरद पवार को डालमिया के प्रत्याशी रणबीर सिंह महेन्द्रा से जितवाया था। उनके पास प्रशासनिक ताक़त थी और यह क्रिकेट लीग मूलतः उनके ही दिमाग़ की उपज थी। वह किसी और को यह आइडिया कैसे नक़ल करने देते? जब सुभाष चन्द्रा यह मॉडल लेकर आये, उन्होंने अड़ँगा लगा दिया।

नक़ल इन दोनों ने की थी। मैंने पहले लिखा है कि कैरी पैकर ने सत्तर के दशक में अपनी अलग वर्ल्ड सीरीज की घोषणा की थी। सुभाष चन्द्रा और ललित मोदी ने भी कुछ ऐसा ही सोचा। सुभाष चन्द्रा ने एक इंडियन क्रिकेट लीग बनायी, जिसकी अध्यक्षता कपिल देव को दे दी और ऊँचे ख़्वाब देखे गये। BCCI ने स्पष्ट कह दिया कि जो भी इस लीग में जायेंगे, भारत से नहीं खेल पायेंगे। प्रश्न यह था कि कोई भी भारतीय खिलाड़ी बोर्ड से पंगा लेकर टीम कैसे छोड़ता? फिर भी दिनेश मोंगिया और दीप दासगुप्ता जैसे खिलाड़ी आये, जिनका यूँ भी टीम में भविष्य नहीं था। रिटायर हो चुके या टीम से बाहर खिलाड़ियों के क्लब बनाये गये। ब्रायन लारा, इंज़माम-उल-हक़, मार्वन अटापट्टू, क्रिस कैर्न्स आदि आये। टीमों के नाम रखे गये मुम्बई चैम्प्स, कोलकाता टाइगर्स, दिल्ली जेट्स, चेन्नई सुपर स्टार्स आदि।

इंडियन क्रिकेट लीग मुझे स्मरण है, लेकिन ऐसी स्मृति नहीं कि उसके हर टीम के खिलाड़ियों के नाम गिना सकूँ। यह कुछ थके-हारे अधेड़ खिलाड़ियों का एक नीरस टूर्नामेंट था। टेस्ट मैच खेलकर अघाये लोग जो कभी मशहूर हुआ करते, इस बीस ओवर के खेल में बड़े असहाय नज़र आ रहे थे। इनके पास अच्छे मैदान नहीं थे, क्योंकि क्रिकेट बोर्ड ने अपने मैदान दिये ही नहीं। उस समय रेलमन्त्री लालू यादव ने घोषणा की वह रेल्वे के सभी मैदान सुभाष चन्द्रा के इस खेल के लिए देंगे। 2007 में चण्डीगढ़ के एक छोटे मैदान में यथासम्भव तामझाम के साथ यह टूर्नामेंट शुरू हुआ। क़रीना कपूर के नृत्य और टोनी ग्रेग की कमेंट्री के साथ उद्घाटन हुआ। अगले ही साल जब मुम्बई के ताज होटल पर पाकिस्तानी आतंकवादियों का आक्रमण हुआ तो इस लीग के पाकिस्तानी खिलाड़ी सुरक्षा कारणों से वापस अपने देश लौट गये। धीरे-धीरे यह टूर्नामेंट घाटे में चला गया और बन्द हो गया।

वहीं दूसरी ओर, 2007 में ही दक्षिण अफ़्रीका में आई.सी.सी. द्वारा पहले T-20 विश्व कप का आग़ाज़ हुआ। ललित मोदी वहाँ हाथ में ब्लैक्बेरी लिये सबको नज़र आ रहे थे। सब कुछ उनकी योजना के अनुसार हो रहा था। उन्होंने घोषणा कर दी कि अगर कोई बल्लेबाज़ छह गेंद में छह छक्के लगा ले, तो उसे पोर्श गाड़ी दी जायेगी। युवराज सिंह ने इंग्लैंड के स्टुअर्ट ब्रॉड की गेंद पर यह काम कर

दिया। ऐसा ही प्रस्ताव कभी दाऊद इब्राहिम ने शारजाह में रखा था, लेकिन वह माफ़िया डॉन था, यह तो प्रतिष्ठित पूँजीपति थे। जब भारत पहला T-20 विश्व कप जीत गया, टीम के स्वागत के लिए मुम्बई की सड़क पर खुली बस मँगवायी गयी। यह सब ललित मोदी के शतरंज की चालें थीं। एक बड़े स्वप्न के निहित–इंडियन प्रीमियर लीग (IPL)!

मैं ललित मोदी को ढूँढ़ने लंदन तो नहीं जा सका। जब ग़ाज़ियाबाद में रहता था, तो कई दफे मेरठ जाना हुआ। शायद भारतीय यह जानते होंगे कि मेरठ और जालन्धर में भारत का बड़ा खेल उद्योग है। मात्र क्रिकेट उद्योग ही लगभग 350 करोड़ का है। हमने यूरोप में क्रिकेट किट जालन्धर से ही मँगवाये। इसकी भी एक कहानी है।

जब भारत का विभाजन हुआ तो कई शरणार्थियों को मेरठ में बसाया गया, और उन्हें ज़मीन और धन दिया गया। सियालकोट से भागकर आये केदारनाथ और द्वारिकानाथ बन्धु ने वहीं SG नाम से एक कम्पनी स्थापित की। एक और परिवार ने बी. डी. एम. कम्पनी लगायी। एस. जी. कम्पनी अब नौ एकड़ में फैली है। पहले क्रिकेट के दस्ताने और पैड बनाती थी, बाद में बल्ले भी बनाने लगी। 1983 के बाद सुनील गावस्कर इसी कम्पनी के बल्ले का प्रयोग करने लगे, जो उनके नाम से भी मेल खाती थी। हमारे स्कूली दिनों में बी. डी. एम. और एस. जी. के बल्लों के लिए पैसे जमा किये जाते थे। हमें लगता था कि SG सुनील गावस्कर की ही कम्पनी है।

मेरठ के रास्ते में ही मैं अक्सर मोदीनगर इलाक़े में जैन शिकंजी ब्रेक लेता हूँ। वहाँ यह पता लगाना मुश्किल है कि असल 'जैन शिकंजी' कौन सा है। हर कोई कहता कि हमारी कोई शाखा नहीं है। इस शहर के नाम में 'मोदी' है। यह मोदी भारत के प्रधानमन्त्री नहीं, बल्कि पण्डित नेहरू के क़रीबी रहे एक व्यवसायी थे। उन्हीं के परिवार में ललित मोदी हुए, जिन्होंने क्रिकेट की ही शिकंजी बना दी। ऐसी दुनिया जो इस खेल का चरम भी कहा जा सकता है और रसातल भी। मेरे जैसे शौक़ीन का मोहभंग तो मैचफ़िक्सिंग के समय ही हो गया था। हर दूसरा भारतीय अपने जीवन में निर्णय लेता है कि आज से क्रिकेट नहीं देखूँगा, लेकिन यह निर्णय बदल भी लेता है। पाँच दिन का खेल लोगों के व्यस्त जीवन में ऊबाऊ होता गया। बीस ओवर का ऊर्जावान क्रिकेट दंगल देश की धड़कन बन गया।

अगर डालमिया ने क्रिकेट के दुपहिये को मर्सिडीज़ गाड़ी में तब्दील किया था, तो मोदी ने इसे रॉकेट बना दिया। एक तरफ़ लोग इस क्लब क्रिकेट के भविष्य को लेकर चिन्तित थे, और दूसरी तरफ़ अम्बानी से माल्या तक, शाहरुख़ ख़ान से प्रीति जिंटा तक टीमें ख़रीद रहे थे। एक भी गेंद डाली नहीं गयी थी, और 72.35 करोड़

डॉलर रुपये के कॉन्ट्रैक्ट बन गये थे। विज्ञापनों और मीडिया डील के साथ तो यह 200 करोड़ डॉलर तक रातों-रात पहुँच गया। अब भारतीय क्रिकेट बोर्ड न सिर्फ़ अमीर था, दुनिया के किसी भी क्रिकेट बोर्ड से कई गुणा अमीर था। सबसे बड़ी बात यह कि अधिकांश धन भारतीय व्यावसायियों के खाते से आया था, विदेशियों के नहीं। यह दशकों के उस मिथक को कुछ हद तक तोड़ चुका था कि भारत दुनिया के ग़रीब देशों में है।

इस टूर्नामेंट में इतना धन था कि खिलाड़ी जितना साल भर में नहीं कमाता, उतना इन 6 हफ़्तों में कमा लेता। खिलाड़ियों की बोली लग रही थी। भारत के टी-20 कप्तान महिन्दर सिंह धोनी पर सबसे अधिक पन्द्रह लाख डॉलर की बोली लगी तो एंड्रयू साइमंड्स पर 13.5 लाख डॉलर की। टेस्ट और एकदिवसीय शतकों के रिकॉर्ड से अधिक यह खँगाले जाते कि आख़िर कौन बीस ओवर में जीत दिला सकता है। महान गेंदबाज़ शेन वार्न से दोगुने दाम पर ईशान्त शर्मा की बोली लगी। आज भले ही ये साधारण बातें लगें, उस वक़्त तो हम पागल हो गये थे कि आख़िर यह हो क्या रहा है। लोग पैसे यूँ ही बहाये जा रहे हैं? इतने धन के आगे दुनिया भर के क्रिकेट बोर्ड झुक गये। दौरे टाल दिये गये, आपसी मैचों को IPL के हिसाब से मैनेज़ किया जाने लगा। विश्व क्रिकेट कैलेंडर से छह हफ़्ते इस उत्सव के लिए चोरी हो गये।

पहला IPL मैच मुझे याद है। लेज़र-शो, आतिशबाज़ी, तंग कपड़ों में नाचती विदेशी बालाएँ और खचाखच-भरा बेंगलुरु का स्टेडियम। मन्द-मन्द मुस्काते शरद पवार जैसे इन्द्रसभा में सिंहासन पर बैठे हों। मैदान के पास खड़े श्यामवर्णी, पढ़ाकू किस्म के चश्मे वाले ललित मोदी की आँखों में भारत का उज्ज्वल भविष्य नज़र आ रहा था। एक बात जो मैंने ग़ौर की, महिलाओं की रुचि काफ़ी बढ़ गयी। लगभग तिहाई दर्शक महिलाएँ थीं। भारतीय युवतियों के लिए यह किसी उत्सव की तरह था। इसमें टेस्ट मैच या 50 ओवर के खेल जैसी धीमी गति नहीं थी। यह तो छक्कों-चौकों का खेल था। इंडियन क्रिकेट लीग के मुक़ाबले इसमें 20-25 साल के युवा अविवाहित खिलाड़ी होते। बॉलीवुड का तड़का भी था, जोश-ओ-ख़रोश भी। न सिर्फ़ महिलाएँ, बल्कि कॉरपोरेट दुनिया और व्यस्त जीवन में यह मेरे जैसों के लिए भी सुलभ था कि ऑफ़िस से थके-हारे आये और एक मैच देख लिया।

ललित मोदी डालमिया से अधिक अक्खड़ मिज़ाजी और अपने नियम गढ़ने वाले व्यक्ति थे। जब 2008 में चुनाव के कारण IPL को टालने के बात हुई, वह

पूरा टूर्नामेंट उठाकर दक्षिण अफ़्रीका ले गये। इंडियन प्रीमियर लीग, जिसके नाम में ही भारत का नाम जुड़ा है, वह दक्षिण अफ़्रीका में आयोजित हो रहा था! तुर्रा यह कि 2008 में पिछले सीज़न से अधिक कमाई हुई। लोग टेलीविज़न पर चिपके खेल देख रहे थे, और विज्ञापनों से कमाई हो रही थी।

लेकिन, कब तक? IPL विवादों में घिरने लगा। पैसे का बेतहाशा हेर-फेर चल रहा था। BCCI के नये अध्यक्ष शशांक मनोहर को ललित मोदी से शिकायतें होने लगीं। बड़ी मछलियाँ फँस रही थीं। कांग्रेस सांसद और मन्त्री शशि थरूर की संगिनी सुनन्दा पुष्कर पर कोच्चि की टीम में धाँधली से निवेश के आरोप लगे, थरूर को इस्तीफ़ा देना पड़ गया। वसुन्धरा राजे सिंधिया पर भी उँगली उठी। इन सबका ख़मियाज़ा यह हुआ कि 2010 के अप्रैल में ललित मोदी को तमाम भ्रष्ट गतिविधियों में लिप्तता के कारण सस्पेंड कर दिया गया। अन्ततः ललित मोदी को देश छोड़कर ही लंदन भागना पड़ गया।

धन-वर्षा भी कितनी होती? कोच्चि टीम अरबों के घाटे में चली गयी, और 2011 में उसे IPL से हटा दिया गया। अगले साल विजय माल्या का साम्राज्य बिखरने लगा। दक्कन चार्जर्स के मालिक क़र्ज़ में डूब गये। पुणे वॉरियर्स के मालिक सुब्रत रॉय (सहारा ग्रूप) भी जेल गये। लेकिन बोर्ड को तो धन की लत लग चुकी थी। वह ऐसे कैसे IPL डूबने देती? घाटे में जा रही टीमों को दूसरी कम्पनियों को बेचा गया। आयोजन की ज़िम्मेदारी DLF कम्पनी से उठाकर पेप्सी को दे दी गयी। बाद में पेप्सी से अधिक क़ीमत पर चीन की कम्पनी वीवो को दे दी गयी।

धन-वर्षा तो होती ही रही। 2018 के IPL प्रसारण अधिकार के लिए स्टार इंडिया ने 16347.50 करोड़ रुपये दिये! अगले साल इस टूर्नामेंट का कुल मूल्य 47, 500 करोड़ आँका गया। जब 2020 में चीन से भारत के सम्बन्ध ख़राब हुए, तो आयोजन वीवो कम्पनी से छीन कर ड्रीम 11 नामक कम्पनी को दे दिया गया। इस खेल के लिए हर बाधा को बाइपास कर दिया गया। यहाँ तक कि जब 2020 में कोरोना वाइरस के कारण दुनिया रुक गयी, एक काल्पनिक सुरक्षित बुलबुला बनाकर यह टूर्नामेंट शारजाह, दुबई और अबू धाबी में कराया गया।

राजदीप सरदेसाई लिखते हैं, "महेन्द्र सिंह धोनी अपने बल्ले पर स्टिकर लगाने के लिए 6 करोड़ रुपये लेते हैं और विराट कोहली ने एम.आर.एफ. के साथ आठ साल के बैट कॉन्ट्रैक्ट के लिए 100 करोड़ से भी ज़्यादा की डील की है"

अब क्रिकेट ढाई सौ रुपये का खेल नहीं रहा, अरबों का व्यवसाय बन चुका। (2, 3)

सन्दर्भ-सूची

1. ब. मजूमदार, 'इलेवन गॉड्स एंड बिलियन इंडियंस', एस एंड एस इंडिया, 2018. पृ. 141-53.
2. ज. अस्टिल्ल, 'द ग्रेट तमाशा : क्रिकेट, करप्शन, एंड द टर्ब्युलेंट राइज़ ऑफ़ मॉडर्न इंडिया', ब्लूम्सबरी, 2013.
3. र. सरदेसाई, 'टीम लोकतन्त्र', नयी दिल्ली, वाणी प्रकाशन, 2018. पृ. 37.

खेल बदल रहा है

कोई भी बल्लेबाज़ जब खेलने उतरता है तो एक नज़र फ़ील्डर्स पर डाल लेता है और उनका स्थान उसके दिमाग़ में अंकित हो जाता है। मेरे दिमाग़ में कभी भी फ़ील्डर्स अंकित नहीं होते, उनके मध्य का गैप ही अंकित होता है।

–रिकी पोंटिंग

खेल भी एक कला है। संगीत-नृत्य की तरह। जैसे नृत्य की मुद्राएँ होती हैं, वैसे ही खेल में भी भिन्न-भिन्न मुद्राएँ होती हैं। बल्ले से गेंद के टकराने से संगीत की उत्पत्ति होती है, जैसे सितार का कोई तार छेड़ा गया हो। यह बातें बेतुकी लग सकती हैं, लेकिन खेल के शौक़ीन के लिए यह आनन्द की अनुभूति है। सी. एल. आर. जेम्स ने अपनी पुस्तक 'बीऑन्ड द बाउंड्री' में एक अध्याय इस कला पर लिखा है, जब कि डॉन ब्रैडमैन ने 'आर्ट ऑफ़ क्रिकेट' पर किताब ही लिख दी। नेविल कार्डस ने लिखा, "हम क्रिकेट खिलाड़ियों की कला को एक गायक या वादक से कम क्यों आंकते हैं?" (1)

मैंने हाल में ट्विटर पर एक तस्वीर देखी जिसमें बैरी रिचर्ड्स अपना और डेविड वॉर्नर का बल्ला लेकर खड़े थे। उनका बल्ला जहाँ एक पतला लकड़ी का पटरा लग रहा था, डेविड वॉर्नर का सवा किलो का ग्रे निकल्ज़ का बल्ला तो किसी युद्ध का हथियार लग रहा था। एक साँस में मैं यहाँ कलात्मक वस्तु को युद्ध का हथियार कह गया, लेकिन यहाँ आशय खेल के यन्त्र और शॉट में बदलाव से है। कला तो क़ायम ही है। मैं कुछ मिसाल पेश करता हूँ।

क्रिकेट की कला में कई शॉट आये-गये, लेकिन एक क़ायदे से लगाये 'कट' का जवाब नहीं। गेंद की ऊँचाई में बल्ले को लाकर गेंद को हवा में जैसे कतर देना, स्लाइस कर देना। कट अगर ढंग से लगे तो वह गेंद की ऊँचाई में ही गोली की

गति से बाउंड्री तक जाती है, न एक इंच ऊपर, न एक इंच नीचे। हाथ और आँखों के सन्तुलन का इससे बेहतर उदाहरण नहीं, ख़ासकर अगर पर्थ, जमैका या डर्बन जैसी तेज़ पिच हो; गेंद शॉर्ट हो और ऑफ़-स्टम्प के बाहर जा रही हो। जब टेस्ट मैच की लोकप्रियता घटने लगी, तो अच्छे 'स्क्वायर-कट' भी दिखने कम हो गये। कभी गुंडप्पा विश्वनाथ को इसका बादशाह कहा जाता था। मैं उनके मैच के पुराने रिकॉर्डिंग देख रहा था। क़दमों का इस्तेमाल और शरीर का सन्तुलन ऐसा कि अपने हाथ में कोई भी डण्डा लेकर कॉपी करने को मजबूर हो जायें। हमारे समय में बढ़िया टाइमिंग से 'स्क्वायर-कट' लगाने वाले लोगों में एलेस्टेयर कुक, कुमार संगक्कारा और स्टीफ़न फ़्लेमिंग हुए। भारतीय खिलाड़ियों में रोहित शर्मा और विराट कोहली के स्क्वायर-कट ख़ूब दिखते हैं।

गुंडप्पा विश्वनाथ का लगाया 'कट' दरअसल 'लेट कट' कहा जाता है। इसकी खोज रंजीतसिंह जी ने की थी। क़दमों को पीछे बैक-फ़ुट पर ले जाकर गेंद को आने देना, और फिर हल्का घुटने को मोड़ते ख़ूबसूरती से स्लाइस करना। विश्वनाथ की यह तकनीक वेस्टइंडीज़ के पेस बैटरी की वजह से बनी होगी। ऐंडी रॉबर्ट्स जैसे गेंदबाज़ों की गेंद उछाल लिये और काफ़ी तेज़ आती थी, जिसे क़दम पीछेकर खेलना ही मुमकिन होता। इस 'लेट-कट' के हमारे समय में बादशाह हुए–ब्रायन लारा। उनकी तो ख़ैर ट्रेनिंग ही वेस्टइंडीज़ की पिच पर हुई।

एक और 'कट-शॉट' की खोज का सेहरा भारतीयों पर बाँधा जा सकता है। शोएब अख़्तर की तेज़ और ऊँची बाउंस लिये गेंद पर सचिन तेन्दुलकर के 'अपर कट' में छक्के क्रिकेट प्रेमियों की स्मृति में होंगे। पर्थ के मैदान में 2007 में ब्रेट ली की बाउंसर पर लगाया तेन्दुलकर का अपर कट एक आदर्श उदाहरण है। सहवाग ने भी हू-ब-हू यही शॉट ख़ुद में ढाल लिया। इनके क़द कम होने की वजह से कई बार पीठ पीछे झुकाकर गेंद पर नज़र बनाये, बल्ले को ऊपर ले जाकर ऐसे कट लगाने पड़ते। इन दोनों ने इस शॉट का ईजाद सम्भवतः दक्षिण अफ़्रीका के मखाया एंटिनी सरीखों को झेलते हुए किया। फिर तो यह शुरू के पन्द्रह ओवर का ट्रेडमार्क शॉट बनता गया। अब तो हर कोई टी-20 में लगाता नज़र आता है।

स्क्वायर-कट का अवसान उस दिन होने लगा, जिस दिन जॉन्टी रोड्स जैसे फ़ील्डर आ गये। 'प्वाइंट' या 'बैकवर्ड प्वाइंट' पहले भी होते थे, लेकिन कैच पकड़ना 'स्लिप' का काम था। अधिक से अधिक दौड़-भाग थी तो मिड-विकेट

से दौड़ते हुए हवा में गेंद को गिरते हुए पकड़ना। जैसे '83 में विवियन रिचर्ड्स का कैच कपिल देव ने पकड़ा। गोली की गति से जाती स्क्वायर-कट को छूने की हिमाक़त कम ही लोग करते।

भारतीय उपमहाद्वीप का क्षेत्ररक्षण तो यूँ भी बदनाम था। हमें स्मरण है कि कैसे मिड-ऑन फ़ील्डर से गेंद निकल जाती, वह हाथ उठाकर लॉन्ग-ऑन फ़ील्डर को इशारा करते। वह अपनी जगह से जब तक हिलते, गेंद सीमा-रेखा पार कर जाती। दिलीप सरदेसाई का एक क़िस्सा है कि वह गेंद के पीछे दौड़े जा रहे थे, और उधर बल्लेबाज़ पाँचवा रन दौड़ रहे थे। उन्होंने गेंद पैर से मारकर सीमा-रेखा पार करा दी। चौका दे दिया गया, और दौड़कर लिये गये पाँचवें रन की गिनती नहीं हुई। साठ-सत्तर के दशक में डाइव मारने का कंसेप्ट ही नहीं था। इसकी वजह यह भी थी, कि सफ़ेद यूनफ़ॉर्म होती और लॉण्ड्री के पैसे बोर्ड की तरफ़ से नहीं मिलते। (2)

ऐसा नहीं कि अच्छे क्षेत्ररक्षक नहीं थे। एकनाथ सोलकर और रमन लाम्बा ने क्रिकेट के सबसे ख़तरनाक स्थान 'फ़ॉरवर्ड शॉर्ट लेग' पर फ़ील्डिंग की। बिल लाउरी का तो सोलकर ने एक बार ऐसा कैच लपका कि उन्होंने अपना बल्ला ही उन्हें तोहफ़े के रूप में दे दिया। वहीं रमन लाम्बा की इसी स्थान पर बिना हेलमेट के फ़ील्डिंग करते हुए गेंद से चोट लगी और मृत्यु हो गयी।[1] अज़हर के कैच पकड़ने की तकनीक जादुई थी कि गेंद उनके हाथ में ही खो जाती, और वह निर्विकार मुँह सिकोड़े खड़े होते। बाद में वह भी 'स्लिप' में चले गये। अजय जडेजा गेंद चुराने के उस्ताद थे। रोशन महानामा बेहतरीन क्षेत्ररक्षक थे। गस लोगी इकलौते ऐसे फ़ील्डर थे, जिन्हें पहली बार क्षेत्ररक्षण के लिए मैन ऑफ़ द मैच मिला।[2] उनके बाद जॉन्टी रोड्स को यह मौक़ा मिला।

मुझे '92 का वह विश्व कप याद आता है, जब नयी-नयी अफ्रीका की टीम आयी थी। इंज़माम-उल-हक़ ने रन लेने के लिए दौड़ना शुरू किया, उधर जॉन्टी ने गेंद लेकर बैकवर्ड प्वाइंट से दौड़ना शुरू किया। थ्रो नहीं किया, चीते की गति से दौड़ने लगे और लम्बी डाइव मारकर सशरीर स्टम्प के ऊपर कूद गये। तीनों स्टम्प को चित कर लेटे जॉन्टी और अभी भी क्रीज़ से दूर इंज़माम। यह अविश्वसनीय

---

[1]1998 में बांग्लादेश के क्लब क्रिकेट के दौरान मेहराब हुसैन के शॉट से रमन लांबा के सर में चोट लगी, और बाद में मृत्यु हो गयी।

[2]28 नवंबर 1986 को यह मैच शारजाह में पाकिस्तान और वेस्टइंडीज़ के मध्य हुआ था जब गस लोगी को क्षेत्ररक्षण के लिए मैन ऑफ़ द मैच मिला।

रनआउट था। उसके बाद तो जॉन्टी के अनेक कारनामे दिखे। हेडन के तेज़ पुल को उछलकर एक हाथ से लपक लेना और न जाने कितने रन बचाना। उनकी जगह बाद में हर्शेल गिब्स ने ली।[3]

भारत में भी क्षेत्ररक्षकों की बरसात आयी, जब कैफ़ और युवराज अदल-बदलकर प्वाइंट पर आये। उनके साथ ही सुरेश रैना, जिन्हें स्वयं जोन्टी ने श्रेष्ठ फ़ील्डर कहा। अब तो ख़ैर भारतीय कप्तान विराट कोहली और रवीन्द्र जडेजा जैसे तेज़-तर्रार फ़ील्डर हैं। इन खिलाड़ियों ने ही स्क्वायर-कट और कवर-ड्राइव को मार डाला कि लोग स्कूप, रिवर्स-स्वीप, स्विच, और हेलीकॉप्टर सरीखे अजीबोग़रीब शॉट लगाने लगे।

कट में जटिलता है, लेकिन सबसे कठिन कार्य है सरल होना। क्रिकेट का सबसे मुश्किल ड्राइव है–स्ट्रेट-ड्राइव। क्रिकेट इतिहास पलटकर देखें, पुराने मैच ढूँढ़कर देख लें, तो दशकों तक एक पक्का स्ट्रेट-ड्राइव खेलने वाला नहीं मिलेगा। यह शॉट लगता ही बेवकूफ़ाना है कि गेंदबाज़ ने गेंद फेंकी, और आपने गेंद की लाइन में आकर उसे ही लौटा दी। लेकिन, अगर यह ड्राइव बिल्कुल मास्टर की तरह लगायी जाये, तो गेंदबाज़ का मनोबल चूर-चूर कर देता है। एक तेज़ गेंदबाज़ लम्बी रन-अप लिये दौड़ता हुआ आया, एक ख़ूबसूरत 'गुड-लेंथ' डाली, और बल्लेबाज़ ने एक क़दम आगे बढ़ाकर प्यार से गेंद को बल्ले पर लिया; गेंदबाज़ ने अपनी बग़ल से सीमा-रेखा तक गेंद को जाते देखा। सभी खिलाड़ी असहाय हैं। अगर सचिन तेन्दुलकर के बुरे सपने गेंदबाज़ों को आने शुरू हुए, उसमें जितने उनके लेग-साइड में लगाये छक्के हैं, उससे कहीं अधिक उनके 'स्ट्रेट-ड्राइव' हैं। एक सौम्य बल्लेबाज़ का बल्ला गेंदबाज़ के चेहरे को यूँ घूरता है कि वह डर जाता है। 'स्ट्रेट ड्राइव' से बड़ी बेइज़्ज़ती कोई नहीं।

सुनील गावस्कर ने एक बार कहा, "सचिन का स्ट्रेट-ड्राइव इस क़दर दोषरहित है कि उसके बल्ले पर लिखे हर अक्षर को गेंदबाज़ पढ़ सकता है।"

दक्षिण अफ्रीका के कैलिस, न्यूज़ीलैंड के स्टीफन फ़्लेमिंग, श्रीलंका के महेला जयवर्द्धने, और भारत के राहुल द्रविड़ भी अच्छी स्ट्रेट-ड्राइव लगाते रहे। इन खिलाड़ियों के नाम से ही स्पष्ट है कि बहुत ही सौम्य शॉट है। धीर-गम्भीर। योग। यह ड्राइव गेंदबाज़ का 'कोल्ड ब्लडेड मर्डर' है।

गेंदबाज़ों को जब कवर-ड्राइव और स्ट्रेट-ड्राइव परेशान करने लगे तो उन्होंने

---

[3]गिब्स का 1999 में स्टीव वॉ का कैच छोड़ना एक दाग़ ही रह गया, अफ़वाह फ़िक्सिंग की थी।

भी अपनी तरकीबें निकाली। नवजोत सिंह सिद्धू एक वाक़या अक्सर सुनाते हैं कि वेस्टइंडीज़ के ख़िलाफ़ ओपनिंग थी और साथ में सत्रह साल के तेन्दुलकर।[1] पिच गीली थी, और आक्रामक गेंदबाज़ एम्ब्रोज़ और कॉर्टनी वाल्श सामने थे। उन्होंने जैसे-तैसे एक ओवर निकाला और तेन्दुलकर को कहा कि गेंद टप्पा ख़ाने के बाद अजीब हरकत कर रही है, बच के रहना। तेन्दुलकर ने पहली ही गेंद पर आगे बढ़कर छक्का लगा दिया, तो वह चौंक गये।

पूछने पर सचिन ने कहा, "पा'जी! आपने कहा कि टप्पा ख़ाने पर हरकत करेगी, तो मैंने टप्पा ख़ाने ही नहीं दिया!"

'बॉडीलाइन' शृंखला और बाद में वेस्टइंडीज़ की ख़ौफ़नाक पेस बॉलिंग के बाद गेंदबाज़ों का अलग ही रुतबा हो गया था। बल्लेबाज़ काँपते हुए उतरते। यही नियम था कि शॉर्ट-बॉल में अगर उछाल हो तो सर झुका लो। सर न झुका सको, तो जैसे-तैसे पैड के आगे बल्ला अड़ाकर ख़ुद को बचा लो। हालाँकि गावस्कर, विश्वनाथ और मोहिन्दर अमरनाथ सरीखों ने रक्षात्मक और आक्रामक रुख़ दोनों अपनाये। लेकिन, 'पुल' और 'हुक' क्रिकेट में प्रमुखता से लाने की बड़ी भूमिका वेस्टइंडीज़ के दो बल्लेबाज़ों की है। गॉर्डन ग्रीनिज़ ने डेनिस लिली सरीखों को ऑस्ट्रेलिया की पिचों पर 'पुल' करना शुरु किया। 'पुल' यानी ऑफ़-स्टम्प की ओर पिच हुई कमर तक की गेंद को उठाकर (पुल कर) लेग-साइड में बाउंड्री तक पहुँचा देना। यह 'क्रॉस-बैट' खेल अपारम्परिक था। उनके ही टीम के विवियन रिचर्ड्स ने इसे अलग ही ऊँचाई दे दी।

एक तो रिचर्ड्स कभी हेल्मेट नहीं पहनते, हमेशा एक टोपी पहने च्विंगम खाते गेंदबाज़ को घूरते रहते। उनका कहना था कि हेल्मेट पहनने से हम डरे नज़र आते हैं, और हेल्मेट उतारते ही गेंदबाज़ डर जाता है। गेंदबाज़ शॉर्ट-पिच ऊँची बाउंस लिये सीधा रिचर्ड्स के सर की तरफ़ गेंद मारते, और रिचर्ड्स अपनी एक टाँग और बल्ला उठाकर उसे स्क्वायर लेग सीमा-रेखा का रास्ता दिखाते। यह 'हुक' था जब गेंद कन्धे से ऊपर आये और उसे ऊपर से खींचकर ज़मीन तक लाया जाये।

एक बार शॉर्ट गेंदों की चाभी मिल गयी, फिर तो इस गेंद की शामत आ गयी। तेन्दुलकर और सहवाग के 'अपर-कट' भी इसी कड़ी में थे। तेन्दुलकर ने हुक भले

---

[1]सिद्धू-तेन्दुलकर वाले इस वाक़ये पर मुझे सन्देह है क्योंकि ऐसी कोई शृंखला मेरी नज़र में हुई ही नहीं थी, हालाँकि सिद्धू ने ऐसी चर्चा की ज़रूर, और यू-ट्यूब पर भी उपलब्ध है। देखें द प्रिंट के यू-ट्यूब चैनल पर 28 सितंबर, 2018 को प्रकाशित।

ही कम खेले, लेकिन उनके कन्धे के ऑपरेशन से पहले 'पुल' तो लाजवाब थे। एक और खिलाड़ी ने तो इस गेंद को लगभग निषेध ही कर दिया।

रिकी पोंटिंग के सामने एक शॉर्ट-बॉल फेंकना यानी अपनी शामत बुलाना। वह गेंद को किसी भी बाउंस से सीमा-रेखा तक पहुँचाने में सक्षम थे। यह बात भारतीय गेंदबाज़ों से बेहतर कौन जानेगा जिन्होंने दक्षिण अफ़्रीका (विश्व कप 2003) में उन पर ख़्वाह-म-ख़्वाह शॉर्ट गेंदें आज़मायीं और बुरी तरह पिटे। गौतम गम्भीर, राहुल द्रविड़ और कैलिस भी शॉर्ट गेंदों को बेहतरीन खेलते थे। ख़ूबसूरत और कलात्मक पुल और हुक चेतेश्वर पुजारा को भी टेस्ट मैचों में लगाते देखता हूँ। आई.पी.एल. के बाद ये शॉट इतना सहज हो चुका है कि यह सोचते हुए भी ताज्जुब होता है कि कभी यह थे ही नहीं।

'पुल' और 'हुक' ने जब गेंदबाज़ों की लगभग दो दशक की सत्ता ख़त्म की, तो कोई हथियार बचा नहीं। दो बाउंसर प्रति ओवर के नियम के बाद भी कोई नहीं डालता।[2] एकदिवसीय मैचों की बढ़ती लोकप्रियता ने गेंदबाज़ों को हाशिए पर ला दिया, और हर युवा बल्लेबाज़ी ही करना चाहता। मनोज प्रभाकर और जवागल श्रीनाथ जैसे गेंदबाज़ बल्लेबाज़ी में हाथ आज़माने लगे। वसीम अकरम हरफ़नमौला खिलाड़ी बन गये। इरफ़ान पठान और अजीत अगरकर जैसे लोग भी हुए, जो न इधर के रहे, न उधर के। न गेंदबाज़ी ही चैन से कर सके, न बल्लेबाज़ी। लेकिन गेंदबाज़ी का हुनर हम क्रिकेट इतिहास से नहीं मिटा सकते।

जहाँ 'कट' अंग्रेज़ों ने सिखाया, एक जादू-भूरे लोगों ने भी सिखाया। यह क्रिकेट के विज्ञान को ही बदल गया, जैसे कहते हैं–नामुमकिन को मुमकिन। अब पंछी हवा में उड़ रहा हो, उसका दाहिना पंख झुका हो, तो वह दाहिना ही जायेगा। यही गणित है। लेकिन अगर वह बायाँ जाये तो?

जब वक़ार यूनुस नये-नये आये तो यह जादू हमने देखा। फ़ुलटॉस गेंद पर लोग बोल्ड होने लगे। गेंद हवा में उड़ती आती, ऑफ़-स्टम्प के बाहर की ओर जाती सीम और गेंद; अचानक वह लेग-स्टम्प उड़ा जाती। जैसे आख़िरी वक़्त कोई हवा का झोंका आ गया हो! लेकिन बारम्बार हवा का झोंका तो नहीं आ सकता? '82-'83 में यह हुनर एक ब्रिटिश कॉलेजों में पढ़ा पाकिस्तानी लाया था। इमरान ख़ान की सीम

---

[2]1991 में ICC ने यह नियम बनाया कि गेंदबाज़ एक बल्लेबाज़ को एक ओवर में मात्र एक ही बाउंसर डाल सकते हैं। उससे अधिक डालने पर प्रति बाउंसर दो रन की पेनल्टी लगती। 1994 में यह एक बाउंसर प्रति ओवर कर दिया गया, और उससे अधिक पर 1 रन प्रति बाउंसर पेनल्टी (नो बॉल)।

सेकंड स्लिप की ओर होती, और अचानक घूम जाती। जो आउट-स्विंगर होनी थी, इन-स्विंगर बन जाती। इमरान ख़ान ने यह हुनर इंग्लैंड में नहीं सीखा, यह जादू-टोना उनके ही देश के सरफ़राज़ नवाज़ ने सिखाया। यह कई वर्षों तक पाकिस्तान की परम्परा रही। पिछले दशक में उमर गुल यह जादू दिखाते थे। बाद में डेल स्टेन, ब्रेट ली, मो. शमी, ज़हीर ख़ान, जेम्स एंडरसन, फ़्लिटॉफ़ सभी रिवर्स-स्विंग करने लगे।

दरअसल, विज्ञान को बदलना तो मुमकिन नहीं, गेंद को बदलना मुमकिन है। अक्सर खिलाड़ी गेंद के एक हिस्से को चाटते-चमकाते रहते। हाथ में वैसलीन लगाकर या मिंट के च्विंगम खाते हुए गेंद चाटकर। इससे एक हिस्सा चमकदार, और दूसरा खुरदरा रहता है, और गेंद हवा में घूमती है। यह 'स्विंग' का विज्ञान है। अगर एक वैसलीन के बजाय 'सैंड-पेपर' लेकर रगड़ें तो? किसी चीज़ को चमकाने के बजाय इतना खुरदरा कर दें कि वह चमक जाये? लोग हाथ में टेप बाँधे, ज़मीन से रेत उठाकर चिपकाते, और गेंद रगड़ डालते। यह उल्टा गणित गोरों ने नहीं लाया, भूरों ने लाया।

एक क्रिकेट वैज्ञानिक ट्रॉय कूली कहते हैं, "रिवर्स स्विंग कोई रॉकेट साइंस नहीं, यह उससे मुश्किल साइंस है।" (3)

यह क्रिकेट का काला जादू है। मोहाली की पिच पर द्रविड़ और तेन्दुलकर खेल रहे थे और गेंदबाज़ क्रिस केर्न्स की गेंद 'रिवर्स स्विंग' कर रही थी। धूप की वजह से यह दिख ही नहीं रहा था कि गेंद का चमकदार हिस्सा कौन सा है। इतने में तेन्दुलकर को एक उपाय सूझा। उन्होंने द्रविड़ को कहा कि तुम दूसरे छोर से क्रिस को ग़ौर करो। अगर चमकदार हिस्सा दायीं ओर है तो तुम अपने दायें हाथ में बल्ला पकड़ लेना, और बायीं ओर हो तो बायें हाथ में। यह जुगाड़ काम कर गया। सचिन गेंदबाज़ के बदले नॉन-स्ट्राइकर पर खड़े द्रविड़ को देख शॉट लेने लगे।

जब क्रिस को इन बदलते हाथों पर शक हुआ तो उन्होंने 'क्रॉस-सीम' (सीम के नब्बे डिग्री पर उँगलियाँ रखकर) गेंद डाली और सचिन को आकर कहा, "इसका अब क्या करोगे?"

सचिन ने हँसकर कहा, "इसका इशारा पहले से तैयार है। द्रविड़ ने दोनों हाथों से बल्ला पकड़ रखा है"। (4)

तेज़ स्विंग गेंदबाज़ी कभी वेस्टइंडीज़ की पेस बैटरी की ख़ासियत थी। बाद में उन्होंने भी अपनी गति कम कर ली, और 'आउट-स्विंगर' का ज़माना आया। कॉर्ट वाल्श, पैट्रिक पीटरसन और एम्ब्रोज़ ने गति से अधिक लाइन और लेंथ पर

ध्यान देना शुरू किया। तभी निर्माण हुआ एक चक्रव्यूह का–अनिश्चित गलियारा (कॉरिडोर ऑफ़ अनसर्टैनटी)!

जब जॉन राइट भारत के कोच बनकर आये, उन्होंने ऑफ़-स्टम्प के ठीक बाहर और क्रीज से कुछ पाँच मीटर आगे एक बॉक्स बनाया; और गेंदबाज़ों को कहा कि यहीं गेंद डालते रहो। लगातार, बिना किसी ग़लती के। बाद में इस बॉक्स में एक सिक्का रख देते और कहते कि बस इस सिक्के पर गेंद डालो। ज़हीर ख़ान जब अफ्रीका गये तो छह में से पाँच गेंद इसी लेंथ की डाली और कैलिस जैसे धीर-गम्भीर भी अपना नियन्त्रण खो बैठे। माइक आथरटन को दो गेंदबाज़ों ने अठारह बार इसी तरीक़े से आउट किया। एक तो वेस्टइंडीज़ के एम्ब्रोज़ और दूसरे ऑस्ट्रेलिया के गलेन मैकग्राथ। शेन वार्न ने मैकग्राथ के लिए कहा कि वह 'चाइनीज़ वाटर टॉर्चर' करता है। यह एक तरह की यातना है जिसमें टकले सर के ऊपर एक पानी-भरी मटकी लटका दी जाती है; जिसकी पेंदी से बूँदें सर के एक ही बिन्दु पर बार-बार गिरती हैं। आदमी झन्ना उठता है।

न कोई स्विंग, न कोई बाउंस, बस एक ख़ास जगह गेंद डालना। अगर अफ्रीका या ऑस्ट्रेलिया की पिच है तो स्टम्प से पाँच मीटर, अगर भारत की कम बाउंस वाली पिच है तो सात मीटर। बल्लेबाज़ अगर अगला पैर आगे करे तो एल.बी.डब्ल्यू., बैक-फ़ुट पर जाये तो एज़। इसका चुपचाप आदर करना या छोड़ देना ही रास्ता है। यह 'गुड-लेंथ' सिवाय आख़िरी ओवरों के, कभी भी कारगर थी। बल्लेबाज़ उस समय का इन्तज़ार करता कि एक गेंद तो ग़लत आये। मो. आसिफ़ और डेल स्टेन की लेंथ बदलती भी, लेकिन ग्लेन मैकग्राथ का लेंथ बिगड़ता ही नहीं। जैसे बड़े ग़ुलाम अली ख़ान रेडियो पर लता जी को सुनकर कहते, "कम्बख़्त! कभी बेसुरी नहीं होती", मैकग्राथ भी कभी बेसुरे नहीं हुए, लाइन-लेंथ सधी रही।

स्क्वायर-कट को अच्छे फ़ील्डरों ने मारा। बाउंसर को पुल और हुक ने मारा। गुड-लेंथ को भी मरना ही था। संजय मांजरेकर कहते हैं कि आज अगर सबसे घटिया कोई गेंद है तो वह गुड-लेंथ है! वह ग़लत नहीं कहते। पावर-प्ले, चौड़े और मोटे बैट, तेज़ आउट-फ़ील्ड, और छोटी बाउंड्री के ज़माने में गेंदबाज़ बस एक 'बॉलिंग मशीन' बन के रह गये हैं। जैसे बिशन सिंह बेदी की टीम ने वेस्टइंडीज़ में मैदान छोड़ दिया था कि पिच में दरारें हैं और ये बाउंसर फेंक रहे हैं, हम नहीं खेलेंगे। अब शायद यह हाल हो कि गेंदबाज़ एक दिन कहें–हम नहीं खेलेंगे!

गुड-लेंथ और अच्छी गेंदों का क़त्ल-ए-आम उस दिन शुरू हुआ जब 'पिंच-हिटर' आये। वे निचले क्रम के बल्लेबाज़ थे, जिनको ओपनिंग अनुभव नहीं था।

उनको ऊपर भेज दिया गया कि आगे बढ़कर बल्ला घुमाओ। इसकी शुरुआत भी ऐसे व्यक्ति से हुई जो अपनी धीमी बल्लेबाज़ी के लिए जाने जाते। न्यूज़ीलैंड के मार्क ग्रेटबैच ने दो दिन तक खेलकर लगभग चार सौ गेंदों में शतक बनाया था। '92 विश्व कप में जब जॉन राइट को चोट लगी, तो ग्रेटबैच को बुलवाया गया और मार्टिन क्रो ने कहा कि ताबड़तोड़ बल्ला घुमाओ। एक धीमा बल्लेबाज़ 'पिंच-हिटर' बन गया। मुझे भारत के ख़िलाफ़ उनका खेल याद आता है, जब उन्होंने ख़ूब चौके-छक्के लगाये थे।

जयसूर्या-कालूवितरना का तो मैं ज़िक्र कर ही चुका हूँ। सचिन तेन्दुलकर ने अपनी कप्तानी में जवागल श्रीनाथ को 'पिंच-हिटर' बना दिया, और उन्होंने टाइटन कप (1996) की जीत में कुछ भूमिका भी निभायी। देखा-देखी पाकिस्तान ने अब्दुल रज़्ज़ाक़ को 'पिंच हिटर' बनाया और वह भी छक्के-चौके की बरसात करने लगे। ये खिलाड़ी गेंदबाज़ों का मनोबल तोड़ने में कामयाब रहे। इनकी तकनीक ही थी कि आगे बढ़ो और गुड-लेंथ को फ़ुलटॉस बनाकर मारो। ये आउट भी हुए तो कोई ग़म नहीं। ये आत्महत्या दस्ता तरह के लोग थे। जब आई.पी.एल. शुरू हुए, फिर तो ऐसे बल्लेबाज़ों की लाइन लग गयी। यहाँ अगर गेंदबाज़ एक ही बिन्दु पर गेंद डालेगा, तो पिटेगा। उसे हर गेंद बदलकर फेंकनी होगी। यह कथन ठीक ही है कि 'गुड-लेंथ' अब एक 'बैड-लेंथ' है।

'पिंच-हिटर्स' का भी अन्त हुआ और गेंदबाज़ों ने ही किया। कालूवितरना और श्रीनाथ जैसे बल्लेबाज़ टिक नहीं पाये। श्रीकान्त, सहवाग और जयसूर्या को मैं पिंच-हिटर नहीं मानता, क्योंकि वे तकनीक से भी लैस थे। क्रिस गेल में भी तकनीक समय के साथ आती गयी। शुद्ध पिंच-हिटर एकदिवसीय क्रिकेट में ख़त्म हो गये, क्योंकि अब हर बल्लेबाज़ का एक रोल है। ओपनर प्रोफ़ेशनल ही होने चाहिए। गेंदबाज़ों ने यह विजय कैसे पायी?

मुझे फ़्लिंटॉफ़ की वह गेंद याद आती है, जो गोली की तरह जवागल श्रीनाथ के टाँगों को छूती मिडल-स्टम्प उखाड़ गयी, और उस दिन वानखेड़े में फ़्लिंटॉफ़ ने शर्ट उतारकर दौड़ना शुरू कर दिया। यह 'यॉर्कर' इन टेल-एंडर पिंच-हिटरों की शामत बन गया। यह गेंदबाज़ों का ब्रह्मास्त्र है, और इसे हर कोई डाल भी नहीं सकता। यॉर्कर के दो ही मुख्य हश्र हैं–एक तो विकेट, और दूसरा स्ट्रेट छक्का। यह सही वक़्त पर सही तकनीक से सही व्यक्ति को ही डाला जा सकता है।

डीन जोंस को एक बार कहते सुना, "कर्टली एम्ब्रोज़ गेंद को यूँ रीलीज़ करते हैं जैसे नमक छिड़क रहे हों। ऊपर से कलाई में बँधा सफ़ेद पट्टा और भ्रम उत्पन्न करता है कि गेंद न जाने कब यॉर्कर आ जाये और मिडल-स्टम्प ले उड़े"।

इस गेंद में एक चौंकाने वाला गुण है कि बल्लेबाज़ को पता ही नहीं लगता। अचानक गेंदबाज़ एक फुल-लेंथ गेंद बल्लेबाज़ के पैर चूमने को दे डाले, और बल्लेबाज़ हड़बड़ाकर घुटनों पर आ जाये; या बल्ले और पैर के बीच के 'ब्लॉक होल' से निकलता स्टम्प ले उड़े।

यॉर्कर के उस्ताद वक़ार यूनुस हुआ करते। उनकी यॉर्कर ऑफ़-स्टम्प या लेग-स्टम्प के बाहर से स्विंग कर आती मिडल-स्टम्प ले उड़ती। वहीं सीमर्स इसे सीधा-सीधा डालते, तो कुछ हद तक क़यास लगाना आसान होता। सबसे ख़तरनाक स्थिति तब होती जब स्विंग करने वाला गेंदबाज़ 'क्रॉस सीम' पर उँगलियाँ रख सीधा डाल देता। बल्लेबाज़ सोचता कि गेंद बाहर जायेगी, और वह यॉर्कर फँस जाती। डेल स्टेन की तेज़ गति और स्विंग के साथ यॉर्कर और लसिथ मलिंगा के अनिश्चित यॉर्कर घातक थे। भारत से ज़हीर ख़ान ने अच्छे योर्कर डाले और जसप्रीत बुमरा बढ़िया यॉर्कर फेंकते हैं। तमिलनाडु के एक नये खिलाड़ी नटराजन IPL 2020 में सबसे अधिक यॉर्कर का रिकॉर्ड बना चुके हैं।

यॉर्कर अगर मंजे बल्लेबाज़ को गयी तो बुरा हाल होगा। इस गेंद का सबसे मारक हल निकालने और नयी पहचान देने में एक व्यक्ति का हाथ है। यॉर्कर को यूँ उखाड़कर हेलीकॉप्टर की तरह गेंद को छक्के लगाने वाले महेन्द्र सिंह धोनी को भला कौन नहीं जानता?[1] यह शॉट नब्बे के दशक में मोहम्मद अज़हरुद्दीन भी लगाते थे, और सचिन तेन्दुलकर को भी ऐसे शॉट खेलते हमने देखा है। शोएब अख़्तर के यॉर्कर पर छक्के ख़ूब लगे। बल्कि अगर यॉर्कर बार-बार डाली जाये, तो इसमें कोई आश्चर्य का तत्त्व नहीं रहता, और बल्लेबाज़ इसे आराम से खेलते हैं।

गेंद का चरित्र है घूमना। अगर घुमाया न जाये तो गिल्ली-डण्डा खेलना बेहतर। गेंद की सीम, इसकी सतह, इसका रंग, इसका घिसना, सब कुछ एक तिलिस्म रच सकते हैं, अगर कोई जादूगर हो। तेज़ गेंदबाज़ों के पास कई अस्त्र हैं, लेकिन असल जादूगर मुझे स्पिन गेंदबाज़ लगते हैं। यह एक इकलौती विधा है जो कुछ हद तक जन्मजात गुणों से बँधी है। स्पिन सीखना कठिन है। लगान फ़िल्म में जो कचरा नामक पात्र अपने विकलांग हाथों को हथियार बनाता है; वह भारतीय क्रिकेट

---

[1]महेन्द्र सिंह धोनी इस शॉट के लिए अपने साथी सन्तोष लाल को इसका क्रेडिट देते हैं, जिनकी मृत्यु हो गयी।

इतिहास में पहले हो चुका है जब भागवत चन्द्रशेखर पोलियो-ग्रस्त हाथ से स्पिन डालकर 1972 में 'क्रिकेटर ऑफ़ द इयर' बने थे। जसु पटेल भी इसी तरह के स्पिनर थे।

किसी समय में स्पिन भारत की ताक़त थी। इरपल्ली प्रसन्ना, भागवत चन्द्रशेखर और बिशन सिंह बेदी के बाद भी एल. शिवरामकृष्ण, दिलीप दोशी, मनिन्दर सिंह, नरेन्द्र हिरवानी और अरशद अयूब सरीखे हुए। पद्माकर शिवलकर और राजिन्दर गोयल, जिन्हें हाल में सम्मानित किया गया, वे ऐसे महान स्पिनर हुए जो भारत से खेल नहीं सके। राजिन्दर गोयल को तो ग्वालियर के डकैत भूखा सिंह यादव ने जेल से चिट्ठी लिखी थी कि उनके रणजी में 600 विकेट लेने से वह बहुत ख़ुश हैं। भारत से बाहर भी एक से एक स्पिनर हुए।

शेन वार्न के मोटे दायें हाथ में जकड़ी गेंद जब कलाई घुमाकर छूटती तो जादू करती। उनमें सभी कलाएँ थीं। गेंद को ऊँची फ़्लाइट देना, और गिरने के ठीक पहले हवा में गेंद का ड्रिफ़्ट करना (दायें-बायें जाना)। गेंद कहाँ डिप करेगी, यह पता करना मुश्किल होता, और गिरते ही सुदर्शन चक्र की तरह तेज़ घूमकर गिल्लियाँ उड़ा देती। एशेज 1999 में माइक गेटिंग को डाली उनकी गेंद सदी की महानतम गेंद कही गयी। एशेज 2005 में एंड्रयू स्ट्रॉस को जब वैसी गेंद डाली, तो वह लेग स्टम्प उखड़ने के बाद देखते रह गये कि आख़िर हुआ क्या? निजी तौर पर मुझे उनकी सबसे क़ातिल गेंद लगती–एक सीधी-साधी फ़्लिपर।

फ़्लिपर गली क्रिकेट का 'सुर्रा' गेंद है, जो कम बाउंस के साथ ज़मीन घिसती या ज़मीन से कुछ ही ऊँची जाती विकेट उड़ाती है। इसे शेन वार्न इस तरह से गेंद को कलाई में मसलकर पिचकारी की तरह छोड़ते कि बल्लेबाज़ आउट होने के बाद सोचता कि गेंद ने न फ़्लाइट ली, न घूमी, न बाउंस हुई, और विकेट ले गयी।

शेन वार्न की कलाई के विपरीत कई गेंदबाज़ उँगलियों से जादू करते। उनकी उँगलियाँ एक पियानो वादक की तरह लम्बी और पतली होती कि उससे जादू बिखरे। सकलैन मुश्ताक़ और मुथैया मुरलीधरन उँगलियों से ही इस क़दर गति और स्पिन लाते कि लोग कहते यह 'चक' करता है। हरभजन को भी जोड़ लें। कलाई के बिना इतनी गति उँगलियों से लाना वाक़ई कठिन है, और केहुनी इसलिए ज़रूर कुछ मुड़कर सीधी होती। रविचन्द्रन अश्विन एक ख़ास तरह की गेंद डालते हैं, जिसे वह 'सोडक्कु' गेंद कहते हैं। यह गेंद कैरम बॉल के रूप में अधिक मशहूर है, जो श्रीलंका के अजन्ता मेंडिस डालते थे। इसमें अँगूठे और मुड़ी हुई मध्यमा उँगली के बीच गेंद को कैरम के स्ट्राइकर की तरह फँसाकर स्पिन किया जाता है।

सकलैन मुश्ताक़ को एक गेंद की खोज का श्रेय दिया जाता है। वह मूलत: दाये हाथ के ऑफ़-ब्रेक गेंदबाज़ थे, जो मध्यमा और तर्जनी के मध्य गेंद फँसाकर पारम्परिक गेंद डालते। लेकिन वह अचानक मध्यमा और अनामिका के मध्य फँसाकर ऐसी गेंद डालते जो ऑफ़-ब्रेक के बजाय लेग-ब्रेक हो जाती। यह खब्बू स्पिनरों के गूगली के समकक्ष थी, और इसके लिए अधिकांश गेंदबाज़ों को अपनी केहुनी कुछ मोड़कर सीधी करनी पड़ती है। यह इस कारण 'चकिंग' कहलाती है, और ऑस्ट्रेलिया ने अपने देश में इसके सीखने पर ही पाबन्दी लगा दी। इसका कोई नाम नहीं था। विकेटकीपर मोईन ख़ान अक्सर सकलैन को कहते, "वह दूसरा डालना!" इस गेंद का नाम ही 'दूसरा' पड़ गया। बाद में मुरलीधरन, हरभजन सिंह, और योहैन बोथा जैसे स्पिनरों ने भी ऐसी गेंदें डालीं, लेकिन इन सब पर 'चक' करने के आरोप लगे। अब यह गेंद कुछ कम दिखने लगी है।

खब्बू (बायें हाथ के) कलाबाज़ भी हुए। इसमें डैनियल विटोरी मुझे अनिल कुम्बले जैसे ही दिखने और गेंद की डिलिवरी में नज़र आते। जहाँ कुम्बले तेज़ गति पर ध्यान देते, विटोरी स्पिन या टर्न पर। कुम्बले दिमाग़ी खेल बेहतर खेलते।

इंग्लैंड और ऑस्ट्रेलिया के अच्छे बल्लेबाज़ भी स्पिन से ख़ौफ़ खाते। यह वर्षों तक भारतीय उपमहाद्वीप की थाती थी। स्पिन खेलने की सबसे कठिन और प्रभावी विधि भी यहीं खोजी गयी, जब पाकिस्तान के हनीफ़ मोहम्मद-मुश्ताक़ मोहम्मद भाइयों ने घुटनों पर आकर झाड़ू की तरह गेंद को बुहारना शुरू किया। कृष्णमाचारी श्रीकान्त ने इसमें कुछ और फ़ाइन-ट्यूनिंग की, और उल्टा बुहारना (रिवर्स स्वीप) भी शुरू किया। इसी में रवि शास्त्री का वह 'चपाती शॉट' (फ़्लिक) भी जोड़ लें। धीरे-धीरे यह शॉट हर भारतीय और पाकिस्तानी खेलने लगे। अन्तरराष्ट्रीय क्रिकेट से इतर अगर आप भारत के गली क्रिकेट में देखें, तो यह गली-गली के बच्चे खेलते नज़र आते हैं। इसकी वजह है कि सँकरी गलियों में हमें एक पतले कॉरीडोर में ही गेंद मारनी होती है। स्क्वायर-लेग का छक्का किसी की खिड़की तोड़ सकता है। इसलिए आगे बैठकर गेंद को बुहारते हुए पीछे भेजना आसान है।

पिछले दशक में सबसे सुन्दर तरीक़े से 'स्वीप-शॉट' खेलने वाले हुए–यूनुस ख़ान। वह अगले पैर, पिछली जाँघ और ज़मीन के बीच एक फ़ुल-प्रूफ़ बॉक्स बनाकर बल्ले को गेंद के साथ हॉकी-स्टिक की तरह सम्पर्क बनाते हुए सीमा-रेखा तक पहुँचाते। सचिन तेन्दुलकर ने भी बेहतरीन स्वीप खेले, लेकिन यह उनका ट्रेडमार्क नहीं। हाँ! सचिन एक हल्का झुककर 'पैडल स्वीप' खेलते, जो आज हर

कोई खेलता दिखता है। मैच-फ़िक्सिंग अध्याय में मैंने अजय शर्मा का ज़िक्र किया, उनके भी खेले स्वीप-शॉट याद आते हैं।

भारत से बाहर इंग्लैंड के केविन पीटरसन, जो रूट और मोईन अली, ऑस्ट्रेलिया के स्टीव स्मिथ बेहतरीन स्वीप-शॉट लगाते हैं। समय के साथ लोगों ने न सिर्फ़ झाड़ू मारने में मास्टरी की, इसमें कई नये प्रयोग किये। 'पैडल-स्वीप', 'स्लॉग-स्वीप' और अधिक आसानी से खेले जा रहे 'रिवर्स-स्वीप'। दक्षिण अफ्रीका के एक खिलाड़ी ने तो स्वीप के मायने ही बदल दिये। वह तो तेज़ गेंदबाज़ों की गेंदों पर भी ऑफ़-स्टम्प से बाहर बैठकर स्वीप कर देते हैं। इस 'मिस्टर 360' धुआँधार खिलाड़ी ए.बी.डी. विलियर्स की तो ख़ैर क्या कहूँ, उन्होंने तो इस झाड़ू को वैक्यूम-क्लीनर बना दिया।

खेल सिर्फ़ तकनीकों में ही नहीं बदला, टीम संरचना में भी बदलता गया। एकदिवसीय खेल कभी सलामी बल्लेबाज़ों पर बहुत ज़्यादा आश्रित था। वह गिरे तो खेल लगभग ख़त्म। जेफ मार्श-डेविड बून या तेन्दुलकर-गांगुली के गिरते ही टीम सन्तुलन बिखर जाता। लेकिन, सम्पूर्णता में देखें तो मध्यक्रम के विशेषज्ञों पर ही जीत-हार निर्भर करती। वेस्टइंडीज़ में जब सलामी बल्लेबाज़ों के गिरने का लोग जश्न मना रहे होते, तो च्विंगम चबाते विवियन रिचर्ड्स को मैदान में आते देख सोचते कि भला क्यों विकेट जल्दी-जल्दी ले लिए। एलन बॉर्डर, कपिल देव और जावेद मियाँदाद में भी यह क़ाबिलियत थी कि टीम को जीत तक ले जा सकते थे। रणतुंगा-डिसिल्वा की चर्चा तो पहले की ही है।

जब ऑस्ट्रेलिया के एक मध्यक्रम खिलाड़ी की चिकित्सकीय जाँच हुई तो पाया गया कि उसकी हृदय-गति कम है, और फेफड़े मज़बूत हैं। यानी वह तनाव लेता नहीं, और भाग ख़ूब सकता है। उस खिलाड़ी माइकल बेवन ने अपनी आत्मकथा में भी लिखा कि तनाव देने की ही चीज़ होती है, लेने की नहीं। वह चाहते तो पहले तेज़ गति से भी खेल सकते थे, लेकिन वह कछुआ चाल से धीरे-धीरे रन चुराते हुए इस मंज़िल तक पहुँचते और जीत जाते। उनका हर गेंद में एक रन चुराने का गणित था, एक गेंद छूटी तो दो रन; दो गेंदें छूटी तो एक चौका। एक समीक्षक ने कहा कि बेवन के दिमाग़ में कैलकुलेटर है, और हाथ में एक नाज़ुक चिमटा है। वह अपनी मर्ज़ी से गेंद को उठाकर दो फ़ील्डर के बीच निकालना जानता है। इसलिए स्टीव वॉ ने उन्हें पायजामे में पिकासो कहा। जो '96 के बाद के क्रिकेट देख रहे होंगे, उन्होंने बेवन को आउट होते कम ही देखा होगा। बल्कि 'नॉट आउट' रहने की वजह

से एक समय उनका औसत उनके उच्चतम स्कोर से अधिक था। उनकी ही तरह ऑस्ट्रेलिया में माइक हसी भी हुए। (5)

दक्षिण अफ़्रीका के लांस क्लूजनर मूलत: एक गेंदबाज़ थे। लेकिन उनकी पहचान एक मैच-विनर के रूप में है। छठे-सातवें स्थान पर बल्लेबाज़ी कर, आख़िरी ओवरों में छक्के-चौके लगाकर टीम को ऊँचा स्कोर दिलाते; और फिर गेंदबाज़ी कर विपक्षी टीम को साफ़ कर देते। '99 विश्व कप ने क्लूजनर को नवरस में देखा। भारत के ख़िलाफ़ तेन्दुलकर से अज़हर तक को साफ़ किया; और जब अफ़्रीका की टीम को अन्तिम चार ओवरों में तीस रन चाहिए थे, धड़ाधड़ चौके लगाकर दो ओवर में मैच ख़त्म। इंग्लैंड और श्रीलंका जैसी टीमों की पुंगी अकेले क्लूजनर ने बजायी। वह कहते, "मेरे लिए नशा यही है कि मैं टीम की जीत का वह आख़िरी रन अपने हाथों से बनाऊँ"

क्लूजनर से मुझे विश्व कप के इतिहास का सबसे विदारक मैच याद आता है। ऑस्ट्रैलिया-दक्षिण अफ़्रीका का एजबेस्टन सेमीफ़ाइनल। अफ़्रीका के विकेट गिरते जा रहे थे, और क्लूजनर अकेले मुक़ाम तक ले गये। फ़्लेमिंग का आख़िरी ओवर और जीतने के लिए नौ रन। आख़िरी विकेट पर क्लूजनर और डोनाल्ड थे। क्लूजनर ने दो गेंदों पर चौके लगाकर स्कोर बराबर किया। चौथी गेंद पर एलन डोनाल्ड ने ख़्वाह-म-ख़्वाह दूसरे छोर से दौड़ लगायी और रनआउट हुए। यह विश्व कप का टाई ऑस्ट्रेलिया के हिस्से चला गया। दक्षिण अफ़्रीका को 'चोकर्स' कहा गया लेकिन सच यह है कि क्लूजनर कभी चोक नहीं हुए। बल्कि जब तक खेले, विपक्षी टीम के गले में फँसी हड्डी बने रहे। '99 विश्व कप के 'मैन ऑफ़ द सीरीज' लांस क्लूजनर ही रहे।

इसी कड़ी में एक खिलाड़ी से मेरा मोह इसलिए भी है कि इस ट्रिनिडाड टोबैगो के खिलाड़ी ने वहाँ की नागरिकता छोड़ वापस अपनी पूर्वजों की मिट्टी भारत की नागरिकता ले ली। रॉबिन्दर रामनाराइन सिंह भारत आकर रॉबिन सिंह बन गये। वह उस दौर में आये जब भारत में सचिन तेन्दुलकर इकलौते सितारे रह गये थे। वह चले तो इंडिया चला। ऐसे समय में जहाँ अजय जडेजा जैसे अनिश्चित लेकिन क़ाबिल खिलाड़ी मध्यक्रम सँभालते, वहीं एक साधारण-से ऑलराउंडर रॉबिन सिंह ने अपनी अलग पहचान बनानी शुरू की।

गावस्कर को एक बार कमेंट्री में कहते सुना, "जब तक रॉबिन सिंह क्रीज़ पर है, भारत हार नहीं सकता।"

रॉबिन सिंह भी हर गेंद एक रन गिनने वाले खिलाड़ी हुए। कैलकुलेटर की तरह छह गेंद में छह रन। यह बात मैंने माइकल बेवन के लिए भी कही। लेकिन जहाँ बेवन 'पिकासो' कहे जाते हैं, रॉबिन सिंह किसी गली-कूचे के पेंटर थे। उनमें कला से ज़्यादा जज़्बा था। यह जज़्बा बल्लेबाज़ी, गेंदबाज़ी और क्षेत्ररक्षण हर जगह दिखता। मैंने क्लूजनर के रोमांचक टाई की बात की, भारतीय क्रिकेट का सबसे रोमांचक टाई ज़िम्बाब्वे के ख़िलाफ़ रॉबिन सिंह ने ही करवाया था।[1]

राहुल द्रविड़ की चर्चा भी करनी होगी जिनके विषय में शेन वार्न ने कहा– "राहुल द्रविड़ को दीवाल नहीं क़िला कहना चाहिए। दीवाल तोड़ने के लिए तो एक तोप काफ़ी है, किला तो हर तरफ़ से तोप लगाकर भी तोड़ना कठिन है।"

इंग्लैंड दौरे पर एक पोस्टर में लिखा था- "एंड्रयू फ़्लिंटॉफ़ चाहे कितने भी लम्बे हों, वह भारत के 'वॉल' को नहीं लाँघ सकते।"

राहुल द्रविड़ ने क्रिकेट इतिहास में सबसे अधिक गेंदें खेलीं।[2] चार पारियों में बैक-टू-बैक शतक लगाये। न जाने कितनी महत्त्वपूर्ण साझेदारियाँ कीं, और टीम को अन्तिम दस ओवर तक पहुँचाकर पिंच-हिटर को बल्ला दे दिया। कभी अधिक उछल-कूद नहीं, एक अनुशासन से खेल के हर किरदार को निभाया। टीम को ज़रूरत पड़ी तो विकेट के पीछे भी गये।

एक बार कलकत्ता में (जो द्रविड़ का प्रिय मैदान रहा) वह और तेन्दुलकर क्रीज पर थे। पाकिस्तान से टेस्ट मैच था, और द्रविड़ शतक के आसपास थे। दानिश कनेरिया बिल्कुल लड्डू गेंद डाल रहे थे कि द्रविड़ उछालें और आउट हों। द्रविड़ बिना गेंद को तवज्जो दिये चुपचाप ब्लॉक करते रहे। कमेंट्री में अरुण लाल ने कहा कि राहुल द्रविड़ कभी भी गेंद हवा में नहीं मारेगा। आख़िरी गेंद पर राहुल द्रविड़ ने क्रीज़ से एक क़दम आगे बढ़ाकर सीधा अरुण लाल की ओर छक्का दे मारा।[3] राहुल द्रविड़ हवा में मारेगा, लेकिन हवा में उड़ेगा नहीं। वह ज़मीन पर रहेगा, अपनी लक्ष्मण रेखा के अन्दर। वह टीम की 'वाल' है, जिसे गिरना नहीं है। इसी खिलाड़ी ने डॉक्टरेट की उपाधि ठुकरा दी थी, कि यह मैं पढ़कर ही अर्जित करूँगा। लड्डू की तरह दोगे, तो भी।

---

[1]यह मैच 27 जनवरी, 1997 को पार्ल के मैदान पर भारत-ज़िम्बाब्वे के मध्य खेला गया। रॉबिन सिंह और एडो ब्रांडेस को संयुक्त रूप से 'मैन ऑफ़ द मैच' मिला।

[2]राहुल द्रविड़ ने टेस्ट क्रिकेट में 31258 गेंदें खेलीं, जो एक रिकॉर्ड है।

[3]यह फ़ुटेज़ मैनक सिन्हा के यू-ट्यूब चैनल पर 22 मार्च 2015 को प्रकाशित 'राहुल द्रविड़ ट्रॉल्स अरुण लाल ऐन्ड रमीज़ राजा' पर उपलब्ध

राहुल द्रविड़ सामान्य जीवन में भी आम आदमी हैं। उनकी पत्नी बेंगलुरु के इन्दिरानगर में हमारे अस्पताल से जुड़ी थीं। सम्भवत: लम्बे समय प्रैक्टिस से बाहर रहकर लौटी थीं। कभी उन्होंने अपने पति के नाम का इस्तेमाल नहीं किया, बल्कि हमें भी यह बात देर से मालूम हुई। उन्हीं दिनों राहुल बेंगलुरु की एक प्रदर्शनी में आम भीड़ के साथ पंक्तिबद्ध देखे गये।

मध्यक्रम बल्लेबाज़ों में महेन्द्र सिंह धोनी पर तो मैंने अध्याय ही लिखा है। मोहम्मद कैफ़ और युवराज की भी चर्चा की है। पाकिस्तान के मिस्बा-उल-हक़ विपक्षी टीम के लिए नासूर रहे। फ़िलहाल तो भारत और अधिकांश टीमों का मध्यक्रम इतना ताक़तवर है कि यह टीम संरचना का एक मुख्य आधार बन चुका है। आज हार्दिक पण्ड्या मध्यक्रम में सबसे नीचे उतरकर अपने छक्के-चौकों की बदौलत शतक के क़रीब पहुँच जाते हैं। हर टीम में ऐसे खिलाड़ी हैं जो आख़िरी ओवर में जीत दिलाने का माद्दा रखते हैं। अब सलामी बल्लेबाज़ों पर सारा ज़िम्मा नहीं।

क्रिकेट के नियम और खेल का ढाँचा भी बदलता रहा। 1978-79 में सिड्नी के मैदान पर पहली बार केरी पैकर के प्रभाव से दिन-रात एकदिवसीय मैच आयोजित हुए, और कृत्रिम रोशनी जलायी गयी। इस मैच में ऑस्ट्रेलिया ने वेस्टइंडीज़ को हराया। अगला मैच इंग्लैंड और वेस्टइंडीज़ के मध्य था। खेल की आख़िरी गेंद पर वेस्टइंडीज़ को तीन रन बनाने थे और इयान बॉथम गेंदबाज़ी कर रहे थे। उस समय इंग्लैंड के कप्तान माइक ब्रीर्ली ने चौके बचाने के लिए विकेटकीपर को भी सीमा-रेखा पर खड़ा कर दिया! इंग्लैंड मैच जीत गयी, लेकिन उसके बाद इस तरह के क्षेत्ररक्षण पर पाबन्दी लगी। यह तय हुआ कि पहले पन्द्रह ओवर 30 गज सर्कल के बाहर मात्र दो खिलाड़ी और उसके बाद अधिकतम पाँच खिलाड़ी रहेंगे। बाद में पावर-प्ले के नियम आए, जिसमें यह अधिक लचीला हो गया।

अम्पायर पहले एक बारहवें खिलाड़ी कहे जाते, जो किसी भी टीम को जीत दिला सकते हैं। पाकिस्तान के अम्पायरों पर अक्सर भारतीय खिलाड़ी यह इल्ज़ाम लगाते, वहीं भारत के भी कुछ अम्पायरों (जैसे अम्पायर धोतीवाला) पर ऐसी टिप्पणी की जाती। न्यूज़ीलैंड के अम्पायरों को पक्षपाती कहा जाता, वहीं हमने देखा कि कैसे डैरेल हेयर को रंगभेदी कहा गया। लेकिन, अब टेलीविज़न अम्पायरों के बाद यह समस्या घट गयी है। गेंद ट्रैक कर पगबाधा आउट को स्पष्ट देखा जा सकता है। हॉट्स्पाट और सूक्ष्म माइक्रफ़ोन से यह पता लग सकता है कि गेंद बल्ले से छू कर

गयी या नहीं। विकेट में लगे एलईडी से गेंद का सम्पर्क पता लग जाता है।

अब तो हम ऐसे तकनीक युग में हैं, यह कल्पना करना कठिन है कि दस साल बाद खेल कैसा होगा।

सन्दर्भ-सूची

1. न. कार्डस, कार्डस ऑन क्रिकेट, सूवनिर प्रेस, 1977.
2. र. सरदेसाई, 'टीम लोकतन्त्र', नयी दिल्ली, वाणी प्रकाशन, 2018. पृ. 33-46.
3. श. बेरी, 'रिवर्स स्विंग इजंत रॉकेट साइंस,' टेलीग्रैफ़, 15 जनवरी 2006. [ऑनलाइन]. [इस दिन देखा गया 18 नवंबर 2020].
4. 'हिन्दुस्तान टाइम्स ट्यूब चैनल,' सचिन तेन्दुलकर हेल्प्स राहुल द्रविड़ काउंटर स्विंग इन अ यूनीक मैनर, हिन्दुस्तान टाइम्स, 2017.
5. म. बेवन, 'बेस्ट ऑफ़ बेवन', एलन ऐन्ड उनविन, 2013.

धोनी मैच जिता देगा

एक लड़का टेस्ट क्रिकेटर नहीं बन सकता, अगर उसने अपने आँगन से खेलना नहीं शुरू किया हो। जैसे, एक किरासन के डब्बे को विकेट बनाकर, या एक पेड़ की टहनी को बल्ला बनाकर।

-डॉन ब्रैडमैन

मुझे क्रिकेट में रुचि ज़रूर रही, लेकिन कभी क्रिकेटर तो क्या, व्यावसायिक खिलाड़ी बनने की भी न इच्छा हुई, न हिम्मत। मध्यवर्गीय परिवारों में कैरियर के लिए खेलकूद होता ही कहाँ है? सुनील गावस्कर की किताब 'सनी डेज़' पढ़कर अगर कुछ मन बना भी, तो सुजीत मुखर्जी की किताब 'ऐन ऑटोबायोग्राफ़ी ऑफ़ ऐन अन्नोन क्रिकेटर' पढ़कर मन टूट गया। मेरा स्कूली जीवन मुख्यत: बिहार के मुख्यमन्त्री लालू प्रसाद यादव के समय बीता। वह अपने पुत्र को क्रिकेटर बनाना चाहते थे। जब मुख्यमन्त्री की इच्छा नहीं पूरी हुई तो मेरी क्या ख़ाक होती! हम स्कूल से सुबह-सुबह दौड़ लगाने दरभंगा के राज मैदान जाते थे। वहाँ भी मुम्बई के मैदान की तरह कई टीमें एक साथ क्रिकेट खेल रही होतीं। हम दरभंगा के खिलाड़ी तारिक़-उर-रहमान और चन्द्र मोहन झा पर फ़क्र करते थे कि वह बिहार टीम से खेलते हैं। एक बार रोहन गावस्कर भी दरभंगा में टूर्नामेंट खेलने आये। हमें ताज्जुब होता कि सुनील गावस्कर के बेटे को भी भारत से टेस्ट खेलने का मौक़ा नहीं मिल सका। सचिन तेन्दुलकर के बेटे अर्जुन का न जाने क्या भविष्य हो। आख़िर एक अरब की जनसंख्या वाले देश से मात्र ग्यारह खिलाड़ी ही तो चुने जाते हैं। वह भी एक ख़ास कालखण्ड या कुछ मैचों के लिए।

योगराज सिंह और कपिल देव ने साथ प्रशिक्षण लिया, लेकिन योगराज आगे नहीं बढ़ सके। स्नेहाशीष गांगुली से बेहतर क़िस्मत उनके भाई सौरभ की रही।

महेन्द्र सिंह धोनी को हेलिकॉप्टर शॉट सिखाने वाले मित्र की अल्पायु मृत्यु हो गयी। विनोद कांबली की शुरुआत उनके दोस्त सचिन से बेहतर हुई। आज भी वह भारत के सर्वश्रेष्ठ टेस्ट औसत (54.2) वाले बल्लेबाज़ हैं, लेकिन उनकी जीवनशैली ने उन्हें धोखा दे दिया। जब हाल में पद्माकर शिवालकर और राजिन्दर गोयल को क्रिकेट बोर्ड ने सम्मानित किया, तो बिशन सिंह बेदी ने कहा, "दोनों ही देश के महानतम गेंदबाज़ों में हैं, लेकिन यह क़िस्मत थी कि मैं टीम में चुना गया, ये नहीं चुने जा सके।"

अमेरिका प्रवास के समय मेरे ख़ास मित्र विनीत सक्सेना नब्बे के दशक में बिहार रणजी टीम से खेल चुके थे। वह क्रिकेट की दुनिया से कोसों दूर पढ़ाई कर, आगे नौकरी के अवसर तलाश रहे थे। अब वह अमेरिका में ही नौकरी और विवाह कर सुखी जीवन व्यतीत कर रहे हैं। उनके पिता रमेश सक्सेना साठ के दशक में भारतीय टीम से एक टेस्ट खेले थे, और दो दशक तक बिहार रणजी टीम के स्तम्भ रहे। उनकी क़द-काठी और खेलने का ढंग वेस्टइंडीज़ के खिलाड़ी रोहन कन्हाई से मिलता था। उनके साथी क्रिकेटर हरि गिडवानी ने 'मिड-डे' को दिये साक्षात्कार में कहा, "वह सर्वोत्तम स्पिनरों के सामने यूँ पिच पर क़दम बढ़ाकर खेलते कि दूसरे छोर पर देखना ही आनन्द देता।"

रमेश सक्सेना ने सोलह वर्ष की उम्र में अपने पहले ही मैच में शतक लगाया। प्रथम श्रेणी क्रिकेट में 40.37 के औसत से सत्रह शतक बनाये। उन्हें भारतीय टीम में शामिल किया गया और इंग्लैंड के ख़िलाफ़ मैच में उन्होंने फ़ारुख़ इंजीनियर के साथ सलामी बल्लेबाज़ी की। उसके बाद उन्हें ऑस्ट्रेलिया के दौरे पर ले जाया गया, लेकिन कभी खेलने का मौक़ा नहीं मिला। 1974 के रणजी क्वॉर्टर फ़ाइनल में बॉम्बे की टीम का मुक़ाबला बिहार से था, और बिहार ने लगभग हरा ही दिया था। वह मैच तो बॉम्बे आख़िर जीत गया, लेकिन फ़ाइनल में कर्नाटक से हार मिली। रामचन्द्र गुहा बिहार से मैच के विषय में लिखते हैं (1)–

> *सलामी बल्लेबाज़ सुनील गावस्कर और रामनाथ पार्कर शून्य पर आउट हुए, और बॉम्बे को 200 रन तक पहुँचने के लिए संघर्ष करना पड़ा। बिहार के सबसे अनुभवी बल्लेबाज़ों तिलक राज और रमेश सक्सेना ने क्रमशः शतक और अर्धशतक बनाये, और सौ रन से अधिक की बढ़त दिलायी...मैं चिन्नास्वामी स्टेडियम में रेडिओ पर सुनते हुए उत्साहित हो रहा था कि बिहार शायद बॉम्बे को हरा दे।*

1975-76 में दिल्ली के ख़िलाफ़ रमेश सक्सेना के शतक की बदौलत पहली (और आख़िरी) बार बिहार रणजी ट्रॉफ़ी के फ़ाइनल में पहुँचा। उसके बाद भी बिहार की टीम रणजी खेलती रही। जब 2003-04 में झारखण्ड अलग हुआ, बिहार रणजी टीम की मान्यता रद्द कर दी गयी। उसके साथ ही बिहार क्रिकेट रसातल में चला गया। मैंने भी यह उम्मीद त्याग दी कि कभी इस राज्य से कोई खिलाड़ी भारतीय टीम में चुना जायेगा।

डेढ़ साल पहले मैं पटना के राजबंसी नगर में अपने भाई के घर जा रहा था, तो वहीं रास्ते में सड़क-कार्यों और जल-जमाव के मध्य एक स्टेडियम का बोर्ड दिखा–एम. एस. धोनी क्रिकेट एकेडमी। मुझे अपने कॉलेज के दिन याद आ गये, जब पटना में एक ही स्टेडियम हुआ करता मोइनुल हक़ स्टेडियम। वहाँ गिनती के अन्तरराष्ट्रीय मैच ही हुए। यह जानकर ख़ुशी हुई कि भारतीय टीम के करिश्माई कप्तान रहे धोनी ने यहाँ अकादमी खोल ली। क्या बिहार जैसे राज्य वाक़ई भारतीय क्रिकेट में कुछ पहचान बना पायेंगे?

मेरे और धोनी के छुटपन के समय राँची बिहार का ही हिस्सा था। अधिकांश खेल जमशेदपुर में होते थे, जहाँ टाटा स्टील ने अपने एक मैनेजर कीनन के नाम पर भव्य स्टेडियम बनाया था। दिल्ली के शीर्ष रणजी खिलाड़ियों रमेश सक्सेना, हरि गिडवानी और तिलक राज सरीखों को टाटा ने ही धन और वेतन देकर बिहार टीम में शामिल किया। बिहार की टीम आज़ादी के पूर्व से रणजी ट्रॉफ़ी खेल रही थी, लेकिन साठ-सत्तर के दशक में मज़बूत होने लगी। लेकिन क्या मज़बूत होती? एक सच्चाई है कि महाराष्ट्र को छोड़कर, भारत के तीन सबसे बड़ी जनसंख्या वाले राज्यों उत्तर प्रदेश, बिहार और बंगाल से दशकों तक खिलाड़ी चुने ही नहीं गये।

2000 में मोहम्मद कैफ़ के टीम में आने से पहले उत्तर प्रदेश के मात्र एक खिलाड़ी भारतीय टीम से खेले।[1] क्या देश का सबसे बड़ा राज्य दशकों तक एक खिलाड़ी नहीं पैदा कर सका? या यह बोर्ड का पक्षपात था?

तीसरी सबसे बड़ी जनसंख्या वाले राज्य बिहार से रमेश सक्सेना, रणधीर सिंह, सुब्रोतो बनर्जी और सबा करीम जैसे गिने-चुने खिलाड़ी हुए। 2000 के बाद बिहार की मान्यता ही रद्द हो गयी।[2] जब अठारह वर्षों बाद बिहार की मान्यता

---

[1]आज़ादी से पहले महाराजकुमार विज़्ज़ी तो भारत के कप्तान रहे थे। आज़ादी के बाद गोपाल शर्मा को पाँच मैच खेलने का मौक़ा मिला।

[2]झारखण्ड की मान्यता रही, जिस टीम से महेन्द्र सिंह धोनी, सौरभ तिवारी और वरुण आरोन जैसे खिलाड़ी हुए।

वापस मिली, आशुतोष अमन नामक गेंदबाज़ ने रणजी ट्रॉफ़ी (2018-19) में सबसे अधिक विकेट लेने का रिकॉर्ड बनाया। उन्होंने एक सीज़न में 68 विकेट लिये और बिशन सिंह बेदी का रिकॉर्ड तोड़ा।[1] इसलिए, यह कहना ठीक न होगा कि इन राज्यों में प्रतिभा ही नहीं है। इन्हें अवसर और प्रशिक्षण मिले तो अच्छे खिलाड़ी मिलेंगे। दुनिया के सबसे अमीर बोर्ड के पास यह बहाना भी नहीं कि उनके पास साधन नहीं हैं।

संयुक्त बिहार की आख़िरी टीम से खेलने वालों में एक खिलाड़ी महेन्द्र सिंह धोनी हुए। वह मेरे सभी पूर्वाग्रहों को तोड़ते हुए न सिर्फ़ टीम में चुने गये, बल्कि कप्तान बने और विश्व कप भी उठा लिया। यह बात इतने वर्षों बाद भी मैं पचा नहीं पा रहा हूँ। शायद मेरी लेखनी में उनकी ग़ौरव गाथा से अधिक उनके क़िस्मत की कहानी ही मिले, क्योंकि मेरे लिए यह एक असम्भव सम्भावना थी। धोनी के पास आख़िर ऐसा क्या था, जो औरों के पास नहीं था?

पहली बात तो धोनी के पास अच्छा खेल का मैदान था। राँची के मेकॉन कम्पनी के कॉलोनी में धोनी का N ब्लॉक का घर, उनका स्कूल और वहाँ का स्टेडियम, तीनों ही आसपास हैं। उस स्टेडियम में रणजी मैच होते थे। धोनी वहीं खेलते बड़े हुए। जैसे एकनाथ सोलकर के पिता बॉम्बे जिमख़ाना के माली थे। बचपन से ही सोलकर वहाँ स्कोरबोर्ड टाँगने का कार्य करने लग गये थे, और बाद में भारतीय टीम में चुने गये। सचिन तेन्दुलकर जिस 'साहित्य सहवास' कॉलोनी में रहते थे, वहाँ भी खेलने का ठीक-ठाक मैदान था। बम्बई में तो अन्य प्रशिक्षण सुविधाएँ और बड़े मैदान भी थे। लेकिन, महज़ मैदान होने से हर कोई धोनी या तेन्दुलकर नहीं बन जाता।

धोनी की यह क़िस्मत रही कि बिहार विभाजन के बाद वह झारखण्ड (और ईस्ट ज़ोन) के लिए खेलने लगे। उसी समय सौरभ गांगुली और जॉन राइट नयी प्रतिभाएँ तलाश रहे थे। उन दिनों विकेटकीपर बल्लेबाज़ की ज़रूरत थी। राहुल द्रविड़ के लिए यह अतिरिक्त प्रभार था, पार्थिव पटेल और दिनेश कार्तिक जैसे खिलाड़ी विकेट के पीछे और आगे असफल हो रहे थे। धोनी के विषय में सुनते ही सौरभ ने लगभग हड़बड़ी में उन्हें मौक़ा दिया। 2004-05 की बांग्लादेश श्रृंखला के लिए धोनी पहली बार टीम में चुने गये। कुछ शुरुआती असफलताओं के बाद धोनी

[1]इससे पहले यह रिकॉर्ड बिशन सिंह बेदी के नाम था, जिन्होंने 1974-75 सीज़न में 64 विकेट लिये थे।

ने अपने दमदार बल्ले से जगह पक्की कर ली। धोनी का गठीला बदन, लम्बे बाल, और झारखण्ड जैसे राज्य का होना भी मीडिया में उन्हें ठीक-ठाक जगह दे रहा था।

अगले वर्ष लाहौर में जब वह मैन ऑफ़ द मैच चुने गये, जनरल मुशर्रफ़ ने कहा, "मैंने एक पोस्टर देखा कि धोनी को अपनी लम्बी ज़ुल्फ़ें कटा लेनी चाहिए। मेरा मानना है कि वे अपने बाल न कटाएँ। इन पर अच्छा लगता है।"

2007 विश्व कप की हार जहाँ भारत के लिए एक बुरा स्वप्न रही, धोनी के लिए वह एक सीढ़ी साबित हुई। देश को नये कप्तान की ज़रूरत थी। सौरभ, सचिन और अनिल कुम्बले जैसे खिलाड़ियों का कैरियर आख़िरी चरण में था। युवराज सिंह एक विकल्प थे, लेकिन धोनी पर आम सहमति बनने लगी थी। उसी वर्ष खेल का एक नया फ़ॉर्मेट बीसमबीस आ गया जो वरिष्ठ खिलाड़ी खेलना नहीं चाहते थे। धोनी इस नये खेल के कप्तान चुन लिये गये।

बीस ओवर में तो गली क्रिकेट होते थे। धोनी इस खेल को ख़ूब जानते थे। ललित मोदी की वजह से इस खेल को मीडिया कवरेज ख़ूब मिला। पहला ही मैच भारत और पाकिस्तान के मध्य था। उस दिन रॉबिन उत्थप्पा के धुआँधार अर्धशतक और धोनी के धैर्यपूर्ण खेल की बदौलत भारत ने 141 रन बना लिये। मिस्बा-उल-हक़ के अर्धशतक के बाद पाकिस्तान लगभग जीत गयी थी। आख़िरी गेंद पर मिस्बा-उल-हक़ को श्रीसंत ने रन-आउट कर दिया और मैच टाई हो गया। इस खेल में एक अजूबा नियम था कि टाई का फ़ैसला गेंदबाज़ी कर ख़ाली स्टम्प उड़ाने से होना था। भारत की ओर से सहवाग, हरभजन और उथप्पा ने गेंद डाली और गिल्ली उड़ा दी, जब कि पाकिस्तान एक भी नहीं उड़ा पायी। धोनी ने इस नियम को पहले ही पढ़ लिया था, और इसका रियाज़ किया गया था।

फ़ाइनल मैच में फिर से भारत और पाकिस्तान सामने थे। उस दिन गौतम गम्भीर के 75 रन की बदौलत भारत ने 157 रन बनाये। वहीं, इरफ़ान पठान और आर. पी. सिंह की कसी गेंदबाज़ी ने पाकिस्तान के 104 रन पर सात विकेट गिरा दिये। मिस्बा-उल-हक़ इस खेल में भी जम गये, और पाकिस्तान को जीत के क़रीब ले गये। पाकिस्तान को आख़िरी ओवर में 13 रन बनाने थे। इस तनावपूर्ण माहौल में भी धोनी निश्चिन्त नज़र आ रहे थे।

हमने देखा कि धोनी ने नवोदित औसत खिलाड़ी जोगिंदर शर्मा को गेंद दे दी। इससे पहले जोगिन्दर ने कभी भारतीय टीम से खेला नहीं था। उन्होंने सेमीफ़ाइनल में भी आख़िरी ओवर डालकर मैच जिताया था, लेकिन हर बार तुक्का तो नहीं लड़ता।

जब पहली गेंद वाइड गयी और अगली गेंद पर मिस्बा ने छक्का जड़ दिया, तो हमें लगा मैच हाथ से गया। उसके ठीक अगली गेंद पर स्कूप करते हुए मिस्बा लपक लिये गये। जोगिंदर के चेहरे पर आयी वह मुस्कान, और धोनी के चेहरे पर शान्ति भुलाये नहीं भूलती। जोगिंदर शर्मा भारत से फिर कभी नहीं खेल सके, लेकिन धोनी का सिक्का जम गया। हमने देखा कि धोनी के पास कोई बच्चा दौड़ता हुआ आया, और धोनी ने अपनी शर्ट उतारकर दे दी। वह दृश्य सौरभ गांगुली के शर्ट उतारने से अलग था। सौरभ में जहाँ नवाबी रंग था, धोनी में एक मेहनतकश मज़दूर की छवि लग रही थी। यह भारत की दो भिन्न छवियाँ थीं।

उसी वर्ष जब ऑस्ट्रेलिया भारत के दौरे पर आयी, धोनी को एकदिवसीय कप्तान बना दिया गया। उस श्रृंखला में भारत को 4-2 से हार मिली। 2008 में जब ऑस्ट्रेलिया पुनः बॉर्डर-गावस्कर ट्रॉफ़ी खेलने आयी, तो टेस्ट कप्तान अनिल कुम्बले ने संन्यास लेने की घोषणा कर दी। धोनी उसी श्रृंखला के आख़िरी मैचों में टेस्ट कप्तान बन गये। भारत वह टेस्ट श्रृंखला जीत गयी थी। दरअसल सौरभ गांगुली की बनायी टीम जो ग्रेग चैपल के समय कुछ बुरे दौर से गुज़र रही थी, वह इस नये कप्तान के साथ पुनः ऊर्जावान हो गयी थी। युवराज सिंह, वीरेन्द्र सहवाग, गौतम गम्भीर, हरभजन सिंह जैसे खिलाड़ी सौरभ के समय ही चुने गये थे। ग़ैरी कर्स्टन के रूप में एक बेहतर कोच भी मिल गये। अगले वर्ष (2009) के अन्त तक धोनी की कप्तानी में भारत की टीम ICC रैंकिंग में शीर्ष पर पहुँच गयी।

धोनी की अगली क़िस्मत रही IPL का आना। उन्हें चेन्नई की टीम की कप्तानी और सबसे महँगे खिलाड़ी का तमग़ा मिल गया। वह इस फ़ॉर्मैट के लिए बेहतरीन बल्लेबाज़ और कप्तान थे, लेकिन यह फ़ॉर्मैट आया भी तो उन्हीं के समय। इस पुस्तक की परिधि में मैं बीसमबीस खेल और IPL टीमों पर अधिक नहीं लिख पाऊँगा, क्योंकि मैंने अब तक उन खेलों में सीमित रुचि ही हासिल की है। महेन्द्र सिंह धोनी को एक एकदिवसीय टेस्ट कप्तान के रूप में ही फ़िलहाल देखता हूँ। जैसे 2011 विश्व कप का उदाहरण लिया जाये।

उस समय देश में बदलाव की लहर थी। कांग्रेस सरकार पर भ्रष्टाचार के इल्ज़ाम लगे थे। बम्बई के आदर्श कॉलोनी घोटाले से लेकर 2G घोटाले तक की ख़बर चल रही थी। अन्ना हजारे के नेतृत्व में युवाओं का आन्दोलन हो रहा था। ऐसे समय में क्रिकेट विश्व कप का होना एक अड्रेनलिन पम्प से अधिक एक आशा की किरण थी। मशाल धोनी के हाथ में थी।

मैच भारत, श्रीलंका और बांग्लादेश में होने थे।[1] चौदह टीमें, दो ग्रुप। ढाका में भारत-बांग्लादेश खेल के साथ टूर्नामेंट का आग़ाज़ हुआ, और सहवाग के 175 रन की धुआँधार पारी और विराट कोहली के शतक ने भारत की जीत तय कर दी। अगला खेल इंग्लैंड से था, और यह सचिन तेन्दुलकर का दिन था। उनका यह आख़िरी विश्व कप था। इस बुज़ुर्ग खिलाड़ी ने दस चौके और पाँच छक्के लगाकर 120 रन बनाये। भारत ने 338 रन का विशाल स्कोर खड़ा किया। जवाब में बेंगलुरु की उस पिच पर इंग्लैंड के कप्तान ने 158 रन की पारी खेल दी। आख़िरी दस ओवर में इंग्लैंड को मात्र 67 रन बनाने थे, और आठ विकेट शेष थे। हमने तो यह मान लिया कि यह खेल भी तेन्दुलकर की उन पारियों में दर्ज होगा जिनमें वह ख़ूब खेले, और भारत हार गयी। तभी इंग्लैंड के विकेट गिरने शुरू हो गयी, और अगले सात ओवर में पाँच खिलाड़ी आउट! आख़िरी दो ओवर में 30 रन बनाने थे, दो छक्के लग गये। खेल आख़िरी गेंद तक गया, जिसमें इंग्लैंड को दो रन बनाने थे। मुनाफ़ पटेल की गेंद पर ग्रीम स्वान ने कवर ड्राइव लगाया जो सीधे यूसुफ़ पठान के हाथ में गयी और खेल टाई हो गया। विश्व कप में भारत का यह पहला टाई मैच था।

उसके बाद आयरलैंड और नीदरलैंड जैसी टीमों को हराने के बाद, भारत दक्षिण अफ्रीका से एक ग्रुप मैच हारी। यह इत्तेफ़ाक़ है कि इस हारने वाले मैच में भी तेन्दुलकर ने शतक लगाया। अपना 99 वाँ शतक। अगले खेल में वेस्टइंडीज़ को हराकर भारत बड़े आराम से नॉक आउट में पहुँचा, जहाँ इसका मुक़ाबला ऑस्ट्रेलिया से था। रिकी पोंटिंग की टीम पिछले तीन विश्व कप की विजेता थी। इतिहास तो यही कहता था कि जब-जब भारत में विश्व कप हुआ, भारत हारा। उस दिन रिकी पोंटिंग ने फिर से शतक लगा दिया। अहमदाबाद के इस मैच में भारत के सामने 267 का लक्ष्य था, और भारत के मध्यक्रम बल्लेबाज़ अभी तक श्रृंखला में ख़ास चले नहीं थे। इस खेल में यूसुफ़ पठान की जगह सुरेश रैना को लाया गया। तेन्दुलकर और गम्भीर के अर्धशतक के बावजूद भारत के 187 रन पर पाँच विकेट गिर चुके थे। उसके बाद युवराज और रैना ने आख़िरी गेंद तक जमकर खेला और जिता दिया। सेमीफ़ाइनल में भारत ने पाकिस्तान को हराया, जिसकी चर्चा 'मैच-फ़िक्सिंग' पर अध्याय में की है।

इस पूरे टूर्नामेंट में धोनी चालीस रन का आँकड़ा भी नहीं पार कर पाये थे। भारत की फ़ील्डिंग कमज़ोर पड़ रही थी, और मध्यक्रम ख़ुद को सँभालने में लगा

---

[1]इस विश्व कप में ICC ने पाकिस्तान की मेज़बानी रद्द कर दी थी।

था। सुरेश रैना के टीम में आते ही क्षेत्ररक्षण का स्तर ऊपर उठ गया, और मध्यक्रम भी सँभल गया। भारत और श्रीलंका का फ़ाइनल दो खिलाड़ियों के लिए ख़ास महत्त्वपूर्ण था। अपना छठा विश्व कप खेल रहे सचिन तेन्दुलकर कम से कम एक विश्व क़प जीतकर ही खेल को अलविदा करना चाहते थे। खेल उनके अपने शहर बम्बई में हो रहा था। वहीं मुथैया मुरलीधरन की इच्छा थी कि दूसरा विश्व कप भी जीत लें। मैच के श्रीगणेश में ही कन्फ़्यूज़न हो गया। टॉस में संगक्कारा का कॉल किसी ने सुना नहीं, दुबारा करना पड़ा और संगक्कारा ने टॉस जीतकर बल्लेबाज़ी ली।

श्रीलंका की तरफ़ से महेला जयवर्धने ने शतक लगाया, और टीम ने 274 रन का लक्ष्य दिया। लसिथ मलिंगा ने अपनी घातक गेंदबाज़ी से सहवाग और तेन्दुलकर को जल्दी विदा कर दिया। वानखेड़े स्टेडियम में पवेलियन लौटते मास्टर-ब्लास्टर को देखकर मायूसी छा गयी। उसके बाद विराट कोहली और गौतम गम्भीर ने 83 रन की साझेदारी निभायी। जब कोहली का विकेट गिरा तो स्कोर था 114 रन। हम अब टूर्नामेंट के हीरो युवराज सिंह[1] का इन्तज़ार कर रहे थे, लेकिन हमने देखा कि स्वयं कप्तान धोनी मैदान में आ रहे हैं। अभी आधे से अधिक (28.2) ओवर बचे थे।

उस दिन कप्तान धोनी विकेट पर जम गये। पहले तो गम्भीर के साथ 109 रन की साझेदारी की, और लक्ष्य बहुत ही आसान बना दिया।[2] जब युवराज सिंह बल्लेबाज़ी करने आये तो 52 गेंदों में मात्र 51 रन बनाने थे। धोनी ने न सिर्फ़ खेल जिताया, बल्कि छक्का मारकर खेल जिताया। यह भारतीय क्रिकेट का शिखर था, जब भारतीय खिलाड़ी सचिन तेन्दुलकर को अपने कन्धे पर बिठाकर वानखेड़े में यूँ घूम रहे थे जैसे गणपति बप्पा को उठाया हुआ हो। कपिल देव निखंज के बाद महेन्द्र सिंह धोनी की बदौलत हम फिर से जीत गये थे। दो साल बाद 2013 में भारत ने ICC चैम्पियंस ट्रॉफ़ी भी जीत ली। धोनी ऐसा करने वाले पहले कप्तान बने जिसने ICC के बीसमबीस विश्व कप, एकदिवसीय विश्व कप और चैम्पियंस ट्रॉफ़ी तीनों में जीत दिलायी।

एक आश्चर्यजनक बात थी कि धोनी को टेस्ट क्रिकेट खेलना पसन्द नहीं था। हालाँकि उनकी कप्तानी में भारत ICC की शीर्ष टेस्ट टीम बनी। 2013 में तो ऑस्ट्रेलिया को 4-0 से टेस्ट श्रृंखला में हराया। एक खिलाड़ी रूप में एक दोहरे

---

[1]युवराज सिंह ही 'प्लेअर ऑफ़ द टूर्नामेंट' रहे।

[2]गम्भीर जब आउट हुए, अपने शतक से महज़ तीन रन दूर थे।

शतक के साथ छह शतक भी लगाये। लेकिन, 2014 के बॉक्सिंग डे टेस्ट के बाद अचानक धोनी ने न सिर्फ़ टेस्ट कप्तानी, बल्कि टेस्ट फ़ॉर्मैट से ही संन्यास ले लिया। वह नब्बे टेस्ट खेल चुके थे, लेकिन उनकी टेस्ट का सैकड़ा बनाने की इच्छा नहीं थी। वजह चाहे जो भी रही हो।

एकदिवसीय कप्तानी धोनी ने जारी रखी, और विश्व कप 2015 में टीम सेमीफ़ाइनल तक अजेय रही। पहली बार भारत ने विश्व कप में दक्षिण अफ्रीका टीम को परास्त किया। सेमीफ़ाइनल में मेज़बान ऑस्ट्रेलिया से हार मिली, जो टीम विश्व कप भी जीत गयी। दो साल बाद धोनी ने एकदिवसीय कप्तानी से ख़ुद को अलग करते हुए नये बुलन्द कप्तान विराट कोहली को बैटन थमा दिया। उनकी एक 'फ़िनिशर' छवि उनके इस सन्यास लेने में भी रही, जैसे एक-एक कर प्रोजेक्ट पूरा कर काम ख़त्म करते जा रहे हों।

उनका आख़िरी खेल 2019 के विश्व कप का सेमीफ़ाइनल था, जिसकी हार का ठीकरा उन पर ही थोपा जाता रहा। साल 2020 में हमने अचानक धोनी का ट्वीट पढ़ा कि 'आज 19:29 बजे से मुझे रिटायर माना जाये।' अगर धोनी रिटायर नहीं होते, तो मैं शायद यह अध्याय नहीं लिखता। मेरा मानना है कि खिलाड़ी के कैरियर को सम्पूर्णता में ही देखा जाना चाहिए, इस कारण वर्तमान खिलाड़ियों पर अधिक बात नहीं की।

धोनी टेस्ट और एकदिवसीय खेलों से संन्यास ले चुके हैं। अब शायद इस प्रश्न का उत्तर ढूँढ़ा जा सके कि आख़िर क्या थे धोनी? एक महान बल्लेबाज़? एक महान कप्तान? या एक आशा की किरण?

यह कहा जाता है कि जो बल्लेबाज़ एक अदना कवर ड्राइव न लगा सके, वह बल्लेबाज़ कहलाने लायक़ नहीं। धोनी एक सुन्दर कवर-ड्राइव नहीं लगा सकते थे। उनकी खेल तकनीक जुगाड़ू थी। इस कारण उन्हें रिकी पोंटिंग, अज़हरुद्दीन या सौरभ गांगुली जैसे बल्लेबाज़ कप्तानों की श्रेणी में नहीं रखा जा सकता। उनकी मुख्य विधा विकेट के पीछे थी, जिसमें वह मार्क बाउचर या एडम गिल्क्रिस्ट सरीखों से कमज़ोर कहे जायेंगे। उन्हें इमरान ख़ान या कपिल देव जैसे हरफ़नमौला कप्तानों की श्रेणी में भी नहीं रखा जा सकता। लेकिन कप्तान के लिए इनसे अधिक महत्त्वपूर्ण होता है टीम प्रबन्धन, रणनीति बनना और कठिन समय में टीम को सँभालना। अर्जुन रणतुंगा, क्लाइव लॉयड, एलन बॉर्डर, मार्टिन क्रो, हैंसी क्रोन्ये या नासिर हुसैन जैसे कप्तान अपनी प्रबन्धन गुण के लिए अधिक जाने गये। धोनी उन कप्तानों की श्रेणी में गिने जा सकते हैं।

एक खिलाड़ी रूप में धोनी ने कप्तानी के साथ कुछ बदलाव किये। कप्तान के रूप में उन्होंने मात्र छह एकदिवसीय शतक[1] और पाँच टेस्ट शतक लगाये। उनके हेलिकॉप्टर शॉट भी दिखने कम हो गये। धोनी में यह ताक़त थी कि वह ख़ूब छक्के लगा सकें। आज भी भारतीय खिलाड़ियों में रोहित शर्मा के बाद सबसे अधिक एकदिवसीय छक्के लगाने का रिकॉर्ड उन्हीं के नाम है। लेकिन, उन्होंने सिर्फ़ छक्के लगाना उद्देश्य नहीं बना लिया। शाहिद अफ़रीदी ने दुनिया में सर्वाधिक छक्के लगाये, लेकिन दस हज़ार एकदिवसीय रन भी नहीं बना सके। हमने अतुल बेडाडे और यूसुफ़ पठान जैसे खिलाड़ी देखे हैं, जिनको मात्र छक्का लगाना ही आता था, और उनका करियर उसी गति से ख़त्म हो गया। धोनी ने एक गेंद-एक रन वाली 'फ़िनिशर' छवि बनायी, और विकेटों के मध्य ख़ूब दौड़ लगाते। उन्होंने युवराज सिंह और सुरेश रैना के साथ निचले क्रम के लिए कुल 24 एकदिवसीय शतकीय साझेदारियाँ कीं।

धोनी को सफलतम कप्तान नहीं कहा जा सकता। देश से बाहर इंग्लैंड, दक्षिण अफ़्रीका और ऑस्ट्रेलिया में टेस्ट श्रृंखला हार हुई, और उनका प्रदर्शन सौरभ गांगुली से कमज़ोर रहा। कुल एकदिवसीय जीत प्रतिशत (59%) में अज़हरुद्दीन, सौरभ, कपिल देव और राहुल द्रविड़ से वह बहुत आगे नहीं। रिकी पोंटिंग (76%) से तो वह कहीं पीछे हैं। एकदिवसीय विश्व कप का तमग़ा उनके पास ज़रूर रहेगा, लेकिन वहाँ भी रिकी पोंटिंग से गिनती पीछे रह जायेगी।

इन सबसे इतर महेन्द्र सिंह धोनी का जो योगदान है, वह इन बातों से परे है। एक बिहार और झारखण्ड रणजी टीम का विकेटकीपर बल्लेबाज़ बहुत कम समय में भारतीय टीम की कप्तानी तक पहुँच गया, दो फ़ॉर्मैट के विश्व कप जीत लिये, और चुपचाप रिटायर भी हो गया। जैसे सब कुछ हमेशा से सहज रहा हो, और हमने इसे असम्भव मान रखा हो? (2, 3, 4)

सन्दर्भ-सूची

1. र. गुहा, 'द कामन्वेल्थ ऑफ़ क्रिकेट', हार्पर कॉलिंज़ , 2020.
2. र. सरदेसाई, 'टीम लोकतन्त्र', नयी दिल्ली, वाणी प्रकाशन, 2018.
3. बिस्वदीप घोष, एम. एस. डी., रूपा पब्लिकेशन, 2015.
4. भरत सुन्दरेशन, 'द धोनी टच', पेंग्विन एबरी प्रेस, 2018.

---

[1]हॉन्ग-कॉन्ग के ख़िलाफ़ शतक, और एशिया एकादश की तरफ़ से लगाया एक शतक नहीं गिना गया।

कन्याएँ क्रिकेट खेलेंगी

आज झगड़ा कर के खेलने आ गयी। अगली बार न जाने कब आऊँगी।

–झूलन गोस्वामी

यह पंक्तियाँ लिखते हुए सिडनी की पिच पर विराट कोहली की टीम को एकदिवसीय मैच हारते हुए देख रहा हूँ। दर्शक-दीर्घा में नीली जर्सी में एक भारतीय दर्शक एक विदेशी महिला को घुटनों पर आकर प्रणय प्रस्ताव रख रहे हैं, और वह मान जाती है। इस मध्य हार्दिक पण्ड्या का एक छक्का वहीं कहीं आकर गिरता है। क्या महिलाएँ क्रिकेट का ग्लैमर बढ़ाने के लिए ही हैं? क्या मयंती लैंगर की पहचान अच्छे क्रिकेट विशेषज्ञ और ईशा गुहा की क्रिकेट खिलाड़ी के रूप में है?

मैं जिस क़स्बे में बड़ा हुआ, वहाँ लड़कियाँ क्रिकेट नहीं खेलती। देखती भी कम ही थीं। यह लड़कों का ही खेल था। मैंने ट्विटर पर एक धुँधली तस्वीर देखी, जिसमें एक छोटा लड़का और लड़की समन्दर के पास हाफ़-पैंट में खेल रहे थे। प्रश्न था कि यह भारत के किस क्रिकेट कप्तान की तस्वीर है। अधिकांश उत्तर रवि शास्त्री या मोहम्मद अज़हरुद्दीन थे। मैंने भी इनमें से ही एक लिखा। बाद में मालूम पड़ा कि यह मिथाली राज और उनके भाई की तस्वीर है। किसी का ध्यान इस बात पर था ही नहीं कि तस्वीर में एक लड़की भी मौजूद है।

2009 में महिलाओं की टीम ऑस्ट्रेलिया में विश्व कप खेल रही थी। उस समय भारत की पुरुष टीम कहीं खेल नहीं रही थी, फिर भी मैं ये मैच नहीं देख पा रहा था। पिछले विश्व कप (2005) में पहली बार मिथाली राज की कप्तानी में भारत की टीम फ़ाइनल तक पहुँची थी। उम्मीदें बढ़ गयी थीं। इस बार कप्तानी झूलन गोस्वामी कर रही थीं, और भारत की टीम पाकिस्तान और श्रीलंका को हराकर सुपर सिक्स तक पहुँच गयी थी। अब मुक़ाबला चैम्पियन ऑस्ट्रेलिया से था। उस दिन

मिथाली राज, अनघा देशपाण्डे और अंजुम चोपड़ा की तिकड़ी ने बेहतरीन खेलते हुए सम्मानजनक स्थिति तक पहुँचा दिया। आख़िरी ओवरों में एक उन्नीस साल की पंजाबी लड़की हरमनप्रीत खेलने आयी। उसने जब आगे बढ़कर एम्मा सिम्प्सोन को चौके और छक्के लगाये, यह एक अजूबी घटना थी। भले ही वह विश्व कप भारत की टीम नहीं जीत सकी, लेकिन हरमनप्रीत कौर का छक्का दर्ज हो गया।

आठ साल बाद 2017 के विश्व कप सेमीफ़ाइनल में यही हरमनप्रीत कौर जब बल्लेबाज़ी करने आयी, भारत का स्कोर 35 रन पर दो विकेट था। दूसरे छोर पर 35 वर्षीय कप्तान मिथाली राज थीं। जब हरमनप्रीत 41 के निजी स्कोर पर थीं, एक नो-बॉल पर 'फ़्री-हिट' मिली और हरमनप्रीत का छक्का। उसके बाद तो छक्कों की बरसात शुरू हो गयी। पारी ख़त्म होने तक हरमनप्रीत सात छक्के और बीस चौके लगाकर नाबाद 171 रन बना चुकी थीं! भारत ने पाँच बार के विश्व चैम्पियन ऑस्ट्रेलिया को एक बार फिर हरा दिया था।

हरमनप्रीत मोगा (पंजाब) से हैं, जो नशे की लत के लिए ख़बरों में रहा है। पहली बार जब छक्के लगे, हरमनप्रीत का डोप टेस्ट हुआ। लोगों को शक हुआ कि वह ताक़त बढ़ाने के लिए कोई प्रतिबन्धित पदार्थ ले रही हैं। उनके जाँच में ऐसा कुछ नहीं मिला। इतनी ताक़त इस 28 साल की लड़की के पास कहाँ से आयी? उनके प्रशिक्षक यादवेन्द्र सिंह सोधी ने इस प्रश्न का सरल उत्तर दिया। उनके घर के पास एक आम का पेड़ था, और हरमनप्रीत का काम उस पेड़ के ऊपर से छक्का मारना था। न जाने इस फेर में कितने आम टूटे होंगे, लेकिन एक खिलाड़ी छक्कों की मशीन में तब्दील हो गयी। हरमनप्रीत कौर तक पहुँचने में महिला क्रिकेट के इतिहास से गुज़रने लगा। बात सिर्फ़ भारत की नहीं। विकसित देशों के महिला क्रिकेटरों को ही हम कितना जानते हैं? वे कबसे खेल रही हैं?

क्रिकेट के पितामह विल्यम गिल्बर्ट ग्रेस की प्रशिक्षक उनकी माँ ही थीं। लेकिन, भारत की मेमसाहबों को शायद ही किसी ने यह खेल खेलते देखा हो। 'लगान' फ़िल्म की एलिज़ाबेथ की फ़िल्मी छवि भी झीनी टोपी लगाये खेल की फ़ौरी जानकारी देते ही है। महिलाओं ने क्रिकेट में एक महत्त्वपूर्ण खोज की, जब उन्होंने गेंद को अंडरआर्म से ओवर-आर्म बनाया। दरअसल इंग्लैंड की महिलाएँ अठारहवीं सदी में घाघरानुमा भारी-भरकम स्कर्ट पहनकर खेलतीं। ऐसे में जब वह झुककर नीचे से गेंद फेंकतीं तो गेंद घाघरे में ही उलझ जाती, इसलिए उन्होंने गेंद कन्धे के ऊपर से डालनी शुरू की। यह जब महिला खिलाड़ी क्रिस्टीना विल्ज़ के

भाई जॉन विल्ज़ ने देखा, तो उन्होंने भी ऐसी ही गेंद डालनी शुरू की। यह बात दर्ज की जाये कि महिलाओं ने ही पुरुषों को यह गेंदबाज़ी सिखायी।

ऐतिहासिक रूप से सातवीं सदी में दण्डी रचित 'दशकुमारचरित' में वर्णित है कि एक राजकुमारी गेंद को फेंकने, पकड़ने, मारने और दौड़ने में निपुण थी। रवि चतुर्वेदी अपनी पुस्तक 'क्रिकेट इन इंडियन मिथॉलजी' में इस सन्दर्भ में लिखते हैं, "क्रिकेट के शब्दों में कहें तो राजकुमारी बल्लेबाज़ी, गेंदबाज़ी और क्षेत्ररक्षण में निपुण थीं"।

ब्रिटिश भारत में 1913 में कोट्टयम (केरल) में ऐन केल्लेवे नामक एक ऑस्ट्रेलियाई शिक्षिका, बेकर मेमोरियल स्कूल की लड़कियों को क्रिकेट सिखाती थीं। उसके बाद ऐसा कोई उदाहरण मुझे भारत में लम्बे समय तक नहीं मिला। आज के खेल की शुरुआत बस यूँ ही हो गयी। 1971 में भारतीय टीम को सुनील गावस्कर जब जीत दिला रहे थे, उनकी बहन नूतन गावस्कर ने दोस्तों से कहा, "हम भी क्रिकेट खेलते हैं"।

इन लड़कियों ने मुम्बई के पार्कों में टेनिस बॉल से खेलना शुरू कर दिया। वहीं रेल्वे कॉलोनी में एक पारसी लड़की डायना एडलजी लड़कों के साथ क्रिकेट खेल रही थी, जिसमें उनके दाँत टूट गये। वह नक़ली दाँत लगाकर खेलती रहीं। दक्षिण मुम्बई में आलू बमजी नामक पारसी महिला ने भारत का पहला महिला क्रिकेट क्लब स्थापित कर दिया–अल्बीस क्रिकेट क्लब। अगर देखा जाये, तो पुरुष क्रिकेट की तरह महिला क्रिकेट की शुरुआत भी पारसियों ने ही की। पुणे में कुछ विवाहित सम्भ्रान्त महिलाएँ क्लब के मैदान में शौक़िया खेलने लगीं। कलकत्ता और मद्रास की कुछ एथलीट लड़कियाँ भी खेलने लगीं। दो साल बाद लखनऊ जैसे पारम्परिक शहर में एक प्रशिक्षक महेन्द्र कुमार शर्मा रिक्शॉ पर घूमते हुए हाथ में माइक लिये घोषणा कर रहे थे–

आइए, आइए! कन्याओं की क्रिकेट आयोजित होगी। ज़रूर आयें।

लड़कियों का क्रिकेट टूर्नामेंट पहली बार हो रहा था। शहर के डेढ़-दो सौ नौजवान इस कौतूहल में पहुँच गये कि स्कर्ट पहनकर लड़कियाँ क्रिकेट कैसे खेलेंगी। सनद रहे कि यह दशक युवा जोश का दशक था जिसकी शुरुआत महिला प्रधानमन्त्री इन्दिरा गांधी के करिश्मे और परिणति जयप्रकाश नारायण के आन्दोलन से हुई। देश के वैचारिक मन्थन का समय। महेन्द्र शर्मा ने लड़कियों का अगला राष्ट्रीय टूर्नामेंट बनारस में आयोजित कर लिया। मुम्बई और मद्रास से लड़कियाँ ट्रेन में सफ़र कर पहुँचीं। कुछ समूह बनाकर, तो कुछ अपने अभिभावक के साथ। उनके

सामने कोई स्पष्ट भविष्य नहीं था। उन्हें बस खेलना था, कोई यह खेल देखे या न देखे। उनके क़िस्से मस्ती और नटखट हरकतों से भरे हैं, जिसके लिए सन्दर्भ-सूची की दो पुस्तकें पढ़ी जा सकती हैं।

महेन्द्र शर्मा ने जोश में आकर एक चिट्ठी इंग्लैंड भेज दी और 1975 में ऑस्ट्रेलिया की एक महिला टीम भारत के दौरे पर आ गयी। यह सब इतनी हड़बड़ी में हुआ कि भारत की टीम ही तैयार नहीं थी। यहाँ तो बिखरे हुए नवजात क्लब ही मौजूद थे। इस बार ऑस्ट्रेलिया की गोरी लड़कियों को स्कर्ट में देखने के लिए बड़ी भीड़ जमा हो गयी। लड़कियाँ तो सफ़ेद पजामे में ही खेलतीं। जब भीड़ उनका असल खेल देखती तो उत्साहित हो जाती। वे जहाँ-जहाँ जातीं, खेल लोकप्रिय हो ही जाता। दिल्ली में एक मैच में कर्नाटक की शान्ता रंगास्वामी ने अपने पिता के टूटे बल्ले से 92 रन की पारी खेल ली। सभी खेल ड्रॉ हुए, और ऑस्ट्रेलिया की टीम को बिना कोई मैच जीते लौटना पड़ा। लड़कियों ने वह कर दिखाया जो पुरुषों को करने में कई वर्ष लग गये।

खेल अब गम्भीर हो रहा था, और गृहणियों के लिए यह कठिन होता जा रहा था। उस समय उनके पति या परिवार इस तरह प्रदर्शन के लिए भेजने में हिचकिचाते थे। आकाशवाणी पर महिला क्रिकेट की ख़ास चर्चा नहीं होती थी, और न ही क्रिकेट बोर्ड की कोई रुचि थी। अगले वर्ष 1976 में न्यूज़ीलैंड की टीम दौरे पर आयी। इस बार शान्ता रंगास्वामी कप्तान थीं, और उन्होंने पुणे में शतक ठोक दिया। इस शृंखला में भारत ने न्यूज़ीलैंड को हरा दिया। यह भारतीय महिला टीम की पहली जीत थी, जो इतिहास में दर्ज ही नहीं हुई।[1]

उसी वर्ष नवंबर में वेस्टइंडीज़ की महिला टीम भारत के दौरे पर आयी। यह पहला औपचारिक दौरा था। वेस्टइंडीज़ की हट्टी-कट्टी लम्बी महिला खिलाड़ियों के सामने ठिगनी, पतली-दुबली भारतीय लड़कियाँ। कोई साम्य ही नहीं था। उस समय सीमा-रेखा भी पुरुषों के क्रिकेट जितनी ही होती थी।[2] शान्ता रंगास्वामी ने बेंगलुरु के चिन्नास्वामी स्टेडियम में छक्का लगा दिया, जो भारतीय महिला क्रिकेट का पहला छक्का था। उसके बाद से भीड़ उन्हें 'भीम' कहकर पुकारने लगी। इसी शृंखला में पटना के मोईन-उल-हक़ स्टेडियम में एक खेल था। खेल देखने पच्चीस

---

[1]1975-76 के ऑस्ट्रेलिया-न्यूज़ीलैंड दौरे को अन्तरराष्ट्रीय मान्यता नहीं मिली और रिकॉर्ड दर्ज नहीं किये गये।

[2]बाद में महिला क्रिकेट में सीमा-रेखा छोटी कर दी गयी। महिला क्रिकेट में यह 55 से 70 गज तक होती है, जब कि पुरुष क्रिकेट में 65 से 90 गज तक।

हज़ार की भीड़ पहुँच गयी। वेस्टइंडीज़ की टीम पहली पारी में 127 रन पर सिमट गयी। जवाब में फ़ौजिया ख़लीली के अर्धशतक के बाद भारत को 34 रन की बढ़त मिली। उसके बाद शर्मिला चक्रवर्ती और शुभांगी कुलकर्णी की गेंदों ने जादू किया और वेस्टइंडीज़ मात्र 88 रन पर आउट! आख़िरी दिन डायना एडलजी ने चौके लगाते हुए मैच जिता दिया। पटना शहर भारतीय टीम की पहली औपचारिक जीत का गवाह बना।

1978 में भारत दूसरे महिला विश्व कप का आयोजक बना, जब कि पुरुष विश्व कप तो उसके एक दशक बाद आया। महज़ पाँच सालों में उन्होंने यह मुक़ाम हासिल कर लिया। महिला टीम पुरुषों की टीम की तरह ही विश्व कप में सभी मैच हारी। उसके बाद इस खेल में राजनीति का प्रवेश हुआ। महेन्द्र शर्मा, जिन्होंने महिला क्रिकेट को इस मुक़ाम तक लाया था, उन्हें प्रबन्धन से हटा दिया गया। उनके जाते ही खेल कुछ समय बन्द हो गया। डायना एडलजी ने रेलवे की अपनी टीम बनायी, लेकिन सरकार से ख़ास मदद नहीं मिल रही थी। जहाँ पुरुषों के क्रिकेट पर निवेश हो रहे थे, महिला क्रिकेट को अपने हाल पर छोड़ दिया गया। उनका संगठन तो चन्दे पर चल रहा था। अगले विश्व कप में भी भारत की टीम बुरी तरह हारी। 1988 में महिला टीम को विश्व कप में भेजा ही नहीं गया, क्योंकि सरकार के पास धन नहीं था। 1991 में आख़िरी बार डायना एडलजी और शान्ता रंगास्वामी की टीम ऑस्ट्रेलिया के दौरे पर गयी, और उन्होंने खेल को 'लगभग' अलविदा कह दिया।

लेकिन उन्होंने मशाल तो जला दी थी। 1994 में पूर्णिमा राव के नेतृत्व में भारतीय टीम ने इंग्लैंड को मात देकर महिला क्रिकेट में नयी जान डाल दी। उन दिनों दिल्ली के तारक सिन्हा का क्लब सबसे कठिन था, जहाँ से रमन लाम्बा, मनोज प्रभाकर, आशीष नेहरा, और शिखर धवन जैसे खिलाड़ी जन्मे। अंजुम चोपड़ा उस क्लब की पहली महिला सदस्य बनीं, और भारतीय टीम में चुनी गयीं। 1997 में भारत ने पुनः महिला विश्व कप आयोजित किया, और इस बार भारतीय टीम सेमीफ़ाइनल में पहुँच गयी!

एक चौदह साल की स्कूली लड़की मिथाली राज उस विश्व कप के लिए नामित की गयी थी, लेकिन कम उम्र की वजह से नहीं शामिल की गयी। दो साल बाद अपने पहले ही एकदिवसीय मैच में उन्होंने शतक लगाया। अब अंजुम को जोड़ीदार मिल गयी थी।[3] भारत को एक तेज़ गेंदबाज़ की कमी खल रही थी।

---

[3]मिथाली राज ने अपने पहले टेस्ट मैच में शून्य रन बनाये। इस तरह पहले एकदिवसीय में शतक और टेस्ट में शून्य बनाने वाली वह पहली खिलाड़ी बनीं।

कलकत्ता के विश्व कप खेल के समय एक 'बॉल गर्ल' थी, जिसका काम मैदान से बाहर जाती गेंद को वापस मैदान में फेंकना था। बंगाल की उस ग्रामीण लड़की को लोग उसकी लम्बाई की वजह से 'ताड़ गाछ' बुलाते। उसकी गेंद बल्लेबाज़ों में ख़ौफ़ पैदा कर रही थी। यह थी 18 वर्ष की झूलन गोस्वामी, जिन्हें भारतीय कप्तान पूर्णिमा राव ने देखते ही अपने दल में जोड़ने का फ़ैसला कर लिया।

2002 विश्व कप में एक बार फिर भारत की टीम सेमीफ़ाइनल तक पहुँची। उसी साल 19 वर्ष की मिथाली राज ने इंग्लैंड के ख़िलाफ़ दोहरा शतक लगा दिया। इतनी कम उम्र में दोहरा शतक पुरुष क्रिकेट में मात्र जावेद मियाँदाद ने लगाया था। लेकिन यह बातें उन्हें ही पता थीं, जो नियमित क्रिकेट पत्रिकाएँ पढ़ते थे। मीडिया में महिलाओं की ख़ास कवरेज थी ही नहीं। मुझे 2003 में पुरुष क्रिकेट पर 'एक्स्ट्रा इनिंग' शो करती मन्दिरा बेदी याद आती हैं। लोग उनके क्रिकेट ज्ञान की हँसी उड़ाते। उनकी चर्चा उनके पतले स्ट्रैप वाले अन्तः-वस्त्रों को लेकर ही होती थी। मन्दिरा बेदी इन नकारात्मक चर्चाओं से इतर महिला क्रिकेट को धन दिलाने में मेहनत करने लगीं। उनकी बदौलत 2005 विश्व कप में भारतीय महिला टीम को आयोजक मिल गये।

यह विश्व कप दक्षिण अफ़्रीका में था, जहाँ महिला क्रिकेट में रुचि कम ही थी। भारत में तो पाकिस्तान की पुरुष क्रिकेट टीम दौरे पर थी, और लोग उसी में व्यस्त थे। ऐसा भी नहीं कि पुरुष टीम झण्डे गाड़ रही थी। जमशेदपुर में भारत बुरी तरह हारी थी। हमें तभी ख़बर हुई जब भारतीय महिला टीम फ़ाइनल में पहुँच गयी। इस ख़बर को भी कहीं कोने में जगह मिली। वहीं, ऑस्ट्रेलिया में यह मैच तीन-तीन चैनलों पर मुफ़्त में प्रसारित किया गया। न देश का साथ, न मीडिया का साथ, और न ही दक्षिण अफ़्रीका के दर्शकों का साथ। भारतीय महिला टीम फ़ाइनल हार गयी।

ग़नीमत थी कि मुम्बई लौटने पर सहारा इंडिया कम्पनी ने उनके स्वागत की तैयारी की थी। सहारा परिवार ने 2001 से ही भारतीय पुरुष क्रिकेट टीम को प्रायोजित करना शुरू किया था। हर खिलाड़ी सहारा नाम के कपड़े पहनते थे। जहाँ 2003 में फ़ाइनल हारकर लौटने पर भारतीय पुरुष टीम का 'आम्बी वैली' में शाही स्वागत किया गया था, महिला खिलाड़ियों को प्रति मैच हज़ार रुपये के हिसाब से नौ हज़ार रुपये पकड़ा दिये गये। हज़ार रुपये में तो मुम्बई के बढ़िया रेस्तराँ में भोजन नहीं मिलता।

महिला टीम हतोत्साहित नहीं हुई। उसी वर्ष इंग्लैंड को 4-1 से मात दी, जिसमें सिलचर के एक मैच में झूलन गोस्वामी की तेज़ गेंदबाज़ी ने पूरी टीम को मात्र 50

रन पर आउट कर दिया। अब भारत को पाकिस्तान के दौरे पर जाना था। यह भी एक विडम्बना ही है कि पाकिस्तान जैसे मुस्लिम देश में पाकिस्तान क्रिकेट बोर्ड ने भारत से पहले महिला क्रिकेट विंग बना ली थी। उनकी टीम कमज़ोर थी, और कुछ खिलाड़ी तो खेलते वक़्त भी हिजाब में ही रहते, लेकिन बड़ी बात थी कि उन्होंने विश्व कप में खेलना शुरू कर दिया था। भारतीय महिला टीम जब पाकिस्तान पहुँची तो वह सुरक्षा को लेकर चिन्तित थी, लेकिन सुप्रिता दास ने उस विषय में लिखा है–

> *मेहमान-नवाज़ी एक अलग ही स्तर पर पहुँच गयी जब लाहौर का एक पूरा शॉपिंग मॉल सिर्फ़ इसलिए ख़ाली कर दिया गया ताकि भारतीय टीम की लड़कियाँ दिल खोल कर ख़रीददारी कर सकें।*

उस समय झूलन गोस्वामी दुनिया की सबसे तेज़ गेंदबाज़ बन चुकी थी।[1] एक 13 साल की 'बॉल गर्ल' कायनात इम्तियाज़ झूलन गोस्वामी को गेंदबाज़ी करते देख उनके पास भागकर ऑटोग्राफ़ लेने पहुँची। ग्यारह साल बाद वही लड़की पाकिस्तान की तरफ़ से विश्व कप (2017) खेलने आयी, और उसने इन्स्टाग्राम पर लिखा कि वह झूलन को देखकर ही क्रिकेटर बनीं! यह एक अद्‌भुत संयोग था कि झूलन की शुरुआत भी एक 'बॉल गर्ल' रूप में ही हुई थी।

आख़िर 2006 में भारतीय क्रिकेट बोर्ड पर ICC का दबाव आया, और उन्होंने महिला क्रिकेट प्रशासन की ज़िम्मेदारी ली। भारत ऐसा करने वाला आख़िरी देश था। बोर्ड का सौतेला व्यवहार क़ायम ही रहा। वे पुरुष क्रिकेट में इतने डूबे थे, कि महिला क्रिकेट के लिए उनके पास न समय था, न धन देने की इच्छा। हालाँकि बोर्ड से जुड़ने के बाद महिला क्रिकेट की वैधता और सुविधाएँ कुछ बढ़ गयीं। फिर भी खेल को प्रोत्साहन के लिए कुछ ख़ास नहीं किया गया। आँकड़े तो यही कहते हैं कि बोर्ड के अन्तर्गत आने के बाद मैचों की संख्या बढ़ने के बजाय घट गयी। वहीं दूसरी तरफ़, 'क्रिकेट ऑस्ट्रेलिया' ने महिला क्रिकेट पर ख़ासा निवेश किया, तभी उनकी टीम बारम्बार जीत रही थी। हम तो सिर्फ़ 2007 में आयी फ़िल्म 'चक दे इंडिया' देखकर ख़ुश होते रहे।

डायना एडुल्जी को BCCI के अध्यक्ष एन श्रीनिवासन ने रूखे शब्दों में कहा था, "मेरा बस चलता तो मैं महिला क्रिकेट कभी न होने देता। औरतों को क्रिकेट नहीं खेलना चाहिए। यह तो ICC ने नियम बना दिया है तो हमें करना पड़ रहा है।"

---

[1]ऑस्ट्रेलिया की कैथ्रिन फ़िट्स्पैट्रिक के रिटायर होने के बाद 2006 में झूलन गोस्वामी सबसे तेज़ गेंदबाज़ बनीं।

2009 में जब धोनी के नेतृत्व में बीसमबीस (टी-20) विश्व कप में भारत की टीम खेलने आयी, महिला टीम भी साथ खेलने आयी। पुरुष टीम बिज़नेस क्लास में बैठकर लंदन पहुँची, जब कि महिला टीम इकॉनमी क्लास में। फिर भी ऐसा इतिहास में पहली बार हुआ कि दोनों टीमें साथ खेल रही थीं। पुरुषों के फ़ाइनल के पहले उसी मैदान में महिलाओं का सेमीफ़ाइनल और फ़ाइनल होना था। यह विश्व कप भारत की पुरुष और महिला टीमें हार गयी। लेकिन, अगले वर्ष मिथाली राज और झूलन गोस्वामी ICC रैंकिंग में विश्व की नं 1 एकदिवसीय बल्लेबाज़ और गेंदबाज़ बन गयी।

जब पुरुषों ने 2011 विश्व कप में शानदार जीत हासिल की, स्टार क्रिकेट ने उत्साहित होकर पहली बार भारतीय महिला विश्व कप (2013) टेलीविज़न पर प्रसारित किया। इस बार हमें पूरी महिला टीम एक साथ स्क्रीन पर दिख रही थी, लेकिन क़िस्मत ऐसी की यह टीम पहले ही दौर में बाहर हो गयी। एक बार फिर से लगने लगा कि महिलाओं का इस खेल में कोई भविष्य नहीं। लेकिन क्या यही बात तब हमारे मन में आयी जब 2007 में पुरुषों की टीम बाहर हुई थी?

इस तरह के रवैये से जीत कैसे मिलेगी? मैं स्वयं यह अध्याय लिखने से पहले पुरुष क्रिकेट पर लिख चुका था। वह मेरे लिए सहज था। अधिकांश मैच और खिलाड़ी स्मृतियों में दर्ज थे। वह मैंने उसी गति से लिखा जैसे सहवाग बल्लेबाज़ी कर रहे हों। लेकिन, महिला क्रिकेट के इस एक अध्याय में मेरी गति 'टुक-टुक' क्रिकेट जैसी हो गयी। मैं यूट्यूब पर महिला क्रिकेट के वीडिओ देखने लगा। पहली नज़र दो सुन्दरियों पर गयी, जो जींस और हुडी (स्वेटशर्ट) पहने, सोफ़ा पर बैठे हँसती-खिलखिलाती साक्षात्कार दे रही थीं। देखा कि यह स्मृति मन्धाना और हरमनप्रीत कौर हैं। दोनों मस्ती में गप्पें मार रही थीं। मैं स्मृति के ही अन्य वीडिओ देखने लगा। एक 2019 का न्यूज़ीलैंड के ख़िलाफ़ मैच है, जिसमें बिली बोडेन अपने बिन्दास अन्दाज़ में अम्पायरिंग कर रहे हैं, और स्मृति मन्धाना आगे बढ़कर सीधा छक्का लगाती हैं।

2018 से IPL की तर्ज़ पर एक महिला बीसमबीस खेल भी शुरू हुआ, जिसमें दो ही टीमें थी। एक की कप्तान स्मृति थी, दूसरी टीम की हरमनप्रीत। मुझे मालूम नहीं कि यह खेल कितने लोग देखते हैं। शुक्र है कि महिला क्रिकेट को आख़िर ऑस्ट्रेलिया से संरक्षण मिलने लगा है, जब वहाँ के वर्ल्ड बिग बैश लीग (WBBL) की टीमों के लिए भारत की इन दोनों खिलाड़ियों (स्मृति और हरमनप्रीत) के साथ क़रार किया गया।

सोशल मीडिया युग में महिला क्रिकेटरों पर नज़र भी जा रही है। 2017 का महिला विश्व कप तो बड़े ही धूमधाम से हुआ। मीडिया ने भी इसे गम्भीरता से लिया और निवेश भी ख़ूब हुआ। समय के साथ महिलाओं की पीठ तनती जा रही है। जब विश्व कप के समय मिथाली राज से पूछा गया कि आपके प्रिय पुरुष क्रिकेट खिलाड़ी कौन हैं, उन्होंने तपाक से जवाब दिया, "क्या यही सवाल आप पुरुष खिलाड़ियों से भी करते हैं, कि आपकी प्रिय महिला खिलाड़ी कौन हैं?"

यह पहला महिला विश्व कप था, जिसे भारत की क्रिकेट-प्रेमी जनता ने उत्साह से देखा, और भारत की टीम शानदार प्रदर्शन करते हुए फ़ाइनल तक पहुँची। लॉर्ड्स के मैदान में फ़ाइनल देखने भारतीय दर्शकों की भीड़ पहुँच चुकी थी। भारत मात्र 9 रन से फ़ाइनल हार गयी, लेकिन लोगों की ज़बान पर खिलाड़ियों के नाम आ चुके हैं। उनकी आय लाखों में पहुँच चुकी है और विज्ञापन भी मिल रहे हैं। हालाँकि पुरुष खिलाड़ियों के सामने उनकी आय और शोहरत अब भी मीलों पीछे है।

इसी विश्व कप के दौरान 60 वर्ष की डायना एडुल्जी ने 28 वर्ष की हरमनप्रीत कौर को वाट्सएप्प पर सन्देश भेजा, "तुम इंग्लैंड क्या ऐसी बकवास क्रिकेट खेलने गयी हो?"

जब हरमनप्रीत ने अगले मैच में अर्धशतक लगाया, तो उन्होंने पूछा, "मैडम जी! अब ठीक है?"

डायना ने जवाब दिया, "अभी भी मैं ख़ुश नहीं हूँ।"

उसके बाद हरमनप्रीत की वह सेमीफ़ाइनल की 171* रन की आतिशी पारी आयी। मेरे लिए यह इतिहास किसी परीकथा से कम नहीं, लेकिन डायना एडुल्जी के लिए इतना काफ़ी नहीं। उनके सन्देश आते ही रहेंगे जब तक उनका वह स्वप्न पूरा नहीं हो जाता, जो उन्होंने सत्तर के दशक में देखा था। जब भारत की महिला टीम विश्व कप उठाएगी। (1, 2)

सन्दर्भ-सूची

1. स. दास, 'फ्री हिट', हार्पर कॉलिंज़, 2019.
2. क. केशव, सि. पटनायक, 'द फ़ायर बर्न्स ब्लू', वेस्टलैंड सपोर्ट, 2018.

उपसंहार : स्कोर क्या हुआ?

मैंने यह किताब इस मलाल से लिखी कि मैं धोनी का वह 2011 विश्व कप के विजयी छक्का का सीधा प्रसारण नहीं देख सका, जिसके बारे में सुनील गावस्कर ने कहा, "अगर मरने से पहले मुझे एक दृश्य देखना हो तो वह छक्का देखना चाहूँगा।"

उस दिन मैं बेंगलुरु के जेपी नगर स्थित अपने आवास से हवाई-अड्डे जा रहा था। मेरी माँ उस दिन बेंगलुरु आ रही थी, तो मैं उनको लाने निकला था। चूँकि मेरी माँ भी क्रिकेट की शौक़ीन रही हैं, इसलिए मलाल उन्हें भी रहा। एक तो बेंगलुरु का हवाई-अड्डा शहर से दूर बना है, दूसरा वहाँ का ट्रैफ़िक। इस शहर ने एक से एक धैर्यवान क्रिकेटर दिये, जैसे राहुल द्रविड़, गुंडप्पा विश्वनाथ, रोजर बिन्नी, अनिल कुम्बले, जवागल श्रीनाथ। बेंगलुरु की शान्ति इसका मुख्य कारण माना जाता रहा है। मुझे लगता है कि अब अगर वहाँ से धैर्यवान क्रिकेटर आयेंगे, तो उसकी वजह वहाँ की घोंघा-गति से चलती ट्रैफ़िक होगी। बेंगलुरु मेरा दूसरा घर है, मेरी कर्मभूमि रही है, इसलिए इसे निंदा न समझें। बल्कि जिस इन्दिरानगर में मैंने डाक्टरी की, वहाँ राहुल द्रविड़, वेंकटेश प्रसाद और इरपल्ली प्रसन्ना तीनों के आवास थे।

फ़ाइनल मैच नहीं देखा तो क्या हुआ? जब धर्म है तो आराधना के नियम भी हैं। कण-कण में है क्रिकेट तो मन्दिर जाने की ज़रूरत क्या है? उस दिन जैसे-जैसे मैच आगे बढ़ रहा था, बेंगलुरु की सड़कें सूनी होती जा रही थीं। मेरी गाड़ी में कमेंट्री चल रही थी। भारत के दोनों सलामी बल्लेबाज़ वीरेन्द्र सहवाग और सचिन तेन्दुलकर पवेलियन लौट चुके थे। गौतम गम्भीर बिल्कुल राहुल द्रविड़ के धैर्य से खेल रहे थे, और उनका साथ दे रहे थे विराट कोहली। मेरी गाड़ी एक ट्रैफ़िक सिग्नल पर रुकी। एक अधेड़ विक्षिप्त-से दिख रहे व्यक्ति मेरी खिड़की की तरफ़ बढ़े। मैं कुछ असहज हुआ कि शायद पैसे माँगें, जैसा सिग्नल पर अक्सर होता

है। उन्होंने बुदबुदाकर कहा–"स्कोर इश्टू?" जवाब न मिलने पर दुबारा ज़ोर से कहा–"स्कोर कितना हो गया?"

मैंने उन्हें स्कोर बता दिया लेकिन मुझे ताज्जुब हुआ कि इनके पास आज रात के भोजन की व्यवस्था हो न हो, लेकिन इनके लिए क्रिकेट का स्कोर महत्त्वपूर्ण है। यह सिग्नल पर इसलिए खड़े हैं कि जब गाड़ियाँ रुकेंगी तो स्कोर पूछ लेंगे। मुझे स्कूल के दिन याद आ गये, जब हम कक्षाओं के मध्य भाग कर चौकीदार से स्कोर पूछकर वापस कक्षा में बैठ जाते। कभी-कभार शिक्षक कक्षा में आ चुके होते, और कड़क आवाज़ में पूछते, "कहाँ गये थे?" हम कुछ बहाना बनाते, लेकिन वह समझ जाते। फिर वह भी पूछ बैठते, "कितना हो गया स्कोर? तेन्दुलकर है कि गया?"

उस दिन माँ के उतरते ही मैंने बताया कि भारत जीत गया। उन्होंने कहा कि हमें तो पूरे रास्ते जहाज़ के कप्तान घोषणा कर स्कोर ही बताते रहे। भारत के जल-थल-वायु हर जगह क्रिकेट ही क्रिकेट है।

साठ के दशक में एक किशोर अपने पिता से ज़िद कर मुम्बई के ब्रेबॉर्न स्टेडियम में भारत-ऑस्ट्रेलिया मैच देखने पहुँचे, लेकिन टिकट महँगा था। वे वहीं चक्कर काटते रहे। पाँचवें दिन एक पुलिस कान्स्टेबल को दया आ गयी, और उन्हें अन्दर ले गया। वह जब अन्दर पहुँचे तो रिची बेनो की टीम को देखकर हतप्रभ रह गये। वहीं उन्होंने बॉबी तलयारख़ान और विजय मर्चेंट को कमेंट्री करते सुना, और दीवाने हो गये। वह किशोर सुशील दोषी थे, जिनकी हिन्दी कमेंट्री के हम दीवाने हुए।

जब टेलीविज़न नहीं था, तो रेडियो पर सुनकर क्रिकेट के मैदान की कल्पना करनी होती। जैसे 'महाभारत' के संजय धृतराष्ट्र को कथा सुनाते, हम भी सुशील दोषी की नज़र से खेल देखते। अब ये बातें अकल्पनीय लग सकती हैं। उनके पास भी सामने टेलीविज़न नहीं होता, वह मैदान में देखकर बताते कि कौन-कौन से फ़ील्डर कहाँ खड़े हैं। कई बार दूर खड़े फ़ील्डर नज़र नहीं आते तो दूरबीन से या उनकी चाल-ढाल से अन्दाज़ा लगाते। उनके शब्दों में, "गुंडप्पा विश्वनाथ इस तरह चलते जैसे ज़माना अपनी जेब में लिये घूम रहे हों।"

उनकी भाषा भी मनमोहक और रोचक थी। जैसे वह कहते–'गेंद अन्दर की ओर आ रही थी, हल्के हाथों से रक्षात्मक स्ट्रोक खेला। और यह गेंद! काफ़ी करीबी मामला हो सकता था, बल्ले का बाहरी किनारा शायद नहीं लगा। इस गेंद को ख़ूबसूरती से हुक कर दिया है, गोली की रफ़्तार से जाती गेंद, विद्युतीय चपलता से रन चुराते अमरनाथ'। जैसे कोई कविता कह रहे हों। उनकी एक मशहूर पंक्ति है–

शाम ढल रही है। खिलाड़ियों की परछाईं लम्बी हो रही है। लेकिन भारत के सूर्य सुनील गावस्कर अब तक क्रीज़ पर हैं।

टेलीविज़न कमेंट्री के आने के बाद भी सुशील दोषी मैदान में नज़र आते। उनकी ही तरह नरोत्तम पुरी बेहतरीन विश्लेषक थे, हालाँकि मूलत: वह चिकित्सक थे। रवि चतुर्वेदी, नवजोत सिद्धू, विजय दहिया और आकाश चोपड़ा सरीखों ने कुछ हिन्दी कमेंट्री की ज्योति जलाकर रखी, लेकिन अंग्रेज़ी कमेंट्री अधिक लोकप्रिय होती गयी। विश्लेषण के पैमाने भी बदलते गये।

'क्रिकेट सम्राट' पत्रिका जो दिल्ली के दीवान पब्लिशिंग हाउस से निकलती, उसने अस्सी के दशक में हिन्दी-भाषी क्षेत्रों में क्रिकेट जनप्रिय बना रखा था। सुरेश रैना, मोहम्मद कैफ़, और आर. पी. सिंह जैसे खिलाड़ियों की क्रिकेट में रुचि इसी पत्रिका की तस्वीरें देखकर बनी। मुम्बई के रणजी खिलाड़ी इक़बाल अब्दुल्ला ने तो यहाँ तक कहा कि उन्होंने आज़मगढ़ में इस पत्रिका से ही क्रिकेट खेलना सीखा। मुझे ख़ासकर भारत के रणजी खेलों की जानकारी इसी पत्रिका से मिलती। पिछले वर्षों में मैंने इसका मोबाइल एप्प भी रखा, जिसमें हर महीने की पत्रिका मिल जाती। लेकिन कोरोना समय में यह पत्रिका भी हमेशा के लिए बन्द हो गयी। मैंने दिल्ली सरकार की एक नयी क्रिकेट पत्रिका के लिए लाला अमरनाथ पर लेख लिखा। मुझे उसकी पावती नहीं मिली कि वह पत्रिका कभी छपी या नहीं। अब यूँ भी ऑनलाइन पत्रिकाओं का ही ज़माना है।

मैं सोच रहा था कि मैं स्वयं को क्या कहूँ। मैं क्रिकेट पत्रकार या जाना-माना विश्लेषक तो हूँ नहीं। मैंने इस किताब के लिए कुछ तस्वीरों के लिए एक पेंशनधारी ब्रिटिश खेल संग्राहक से सम्पर्क किया। वह बचपन से क्रिकेट की तस्वीरें जमाकर रहे हैं। मैंने उनसे पूछा, "आपका परिचय?"

उस पचहत्तर वर्ष के व्यक्ति ने कहा, "मैं क्रिकेट का विद्यार्थी हूँ।"

मुझे भी अपना परिचय मिल गया। मैंने कहा, "सर! मुझे भी इस खेल का प्राथमिक विद्यार्थी ही समझें। मुझे हिन्दी किताब से कोई मोटी रॉयल्टी शायद एडवांस में न मिले। आप मुझे कुछ रियायत में यह तस्वीरें दे दें।"

उन्होंने कहा, "रियायत तो मैं कर दूँगा, लेकिन यह नहीं मान सकता कि भारत में क्रिकेट पर किताब पढ़ने वाले नहीं। भारत तो इस खेल की दूसरी जन्मभूमि ही है।"

मैं यह उत्तर सुनकर चौंक गया, और पूछा, "वह कैसे?"

उन्होंने कहा, "यह बात मेरी तस्वीरें देखकर मालूम पड़ जायेंगी।"

उनकी बात ग़लत नहीं थी। आज़ादी से पहले से यह नशा हम पर सवार है। कर्नल सी. के. नायडू जब आउट हो जाते, तो एक दर्शक दूसरे दर्शक से पूछते, "अब क्यों बैठे हो? किसे देख रहे हो?"

जवाब मिलता, "उस लम्बे कर्नल को हाथ में बल्ला लिए अपनी तरफ़ आता देख रहा हूँ"।

बल्लेबाज़ का पिच तक जाना, और पिच से वापस लौटना भी एक ऐसा दृश्य है जो कोई छोड़ना नहीं चाहता। मुज़फ़्फ़रपुर (बिहार) के एक फ़ैन हैं सुधीर कुमार गौतम, जो साइकिल से घूम-घूमकर भारत के सभी मैच देखते रहे हैं। 2001 में मैं पुणे के स्टेडियम में एकदिवसीय मैच देखने गया था। वहाँ खिलाड़ी खेल से पहले दौड़ लगा रहे थे। युवा खिलाड़ी आगे दौड़ रहे थे, और सबसे पीछे धीमी गति से सौरभ गांगुली और सचिन तेन्दुलकर कुछ बतियाते हुए चल रहे थे। वह जिस स्टैंड के आगे से गुज़रते, वहीं से एक हुंकार के साथ भीड़ खड़ी हो जाती। जैसे समुद्र की लहरें। उस दिन हेमंग बदानी नामक एक युवा खिलाड़ी ने धुआँधार खेलकर अपना पहला और आख़िरी एकदिवसीय शतक लगाया था।

उस मैच में मैथ्यू हेडन और मार्क वॉ ने ऐसा खेला कि भीड़ बेक़ाबू हो गयी। मेरे स्टैंड के ठीक सामने सुनील जोशी फ़ील्डिंग कर रहे थे। उनकी गेंदबाज़ी उस दिन साधारण रही थी। एक दर्शक ने पानी का बोतल उनके सर पर फेंका। वह नाराज़ होकर डाँटने लगे। फिर भी लोग गाली-गलौज करते और उन्हें अजीब-अजीब नाम लेकर पुकारते ही रहे। यह तो पुणे की छोटी भीड़ थी, ईडन गार्डन की स्थिति का अनुमान लगा सकते हैं कि वहाँ खेलना कितना मुश्किल होगा। उनसे पहले डैरेन लेमन खड़े थे, उनको भी इस भीड़ ने ऐसे ही परेशान किया, लेकिन वह बीच-बीच में मस्ती में बतियाते भी रहते। बदानी का कैच पकड़ने के बाद वह माफ़ी माँगने लगे कि गेंद हाथ में आ गयी तो मैं क्या करता?

क्रिकेट भारतीयों में आनुवंशिक रूप से प्रवेश कर चुका है। नॉर्वे के एक छोटे शहर में हमारी क्रिकेट टीम है, जिसमें चालीस वर्ष से ऊपर के प्रवासी भारतीय, पाकिस्तानी और बांग्लादेशी खेलते हैं। कुछ की क्रिकेट में रुचि नहीं, लेकिन खेलने लग गये। उन्हें भी खेलकर ही मालूम पड़ा कि वह तो बड़ी सहजता से गेंद सीमा-रेखा के पार कर सकते हैं। वहीं हमारे साथ एक पुर्तगाली खेलने आये, तो वह बल्ला भी ठीक से नहीं पकड़ सके। उनको फ़ुटबॉल दे दिया जाये, वह झट से ड्रिबल करने लगें। मेरी बेटियाँ जो यूरोप में ही पल-बढ़ रही हैं, और कभी यह खेल नहीं

देखा; उनको मैंने 'लगान' फ़िल्म दिखायी। वे दोनों उस फ़िल्म के खेल के साथ उछलने लगीं। वह उत्साहित होकर बतातीं कि हमारे इतने स्कोर हो गये, अब इतने बनाने हैं। यह 'स्कोर' उनके मन में इतनी सहजता से कैसे प्रवेश कर गया? संजय मांजरेकर एक क़िस्सा सुनाते हैं कि उनकी बेटी को क्रिकेट में कोई रुचि नहीं। कभी कोई टेस्ट मैच या एकदिवसीय मैच नहीं देखती। लेकिन IPL जब से शुरू हुआ, वह इस रंग-बिरंगे उत्सव में शामिल हो गयी। वह इन खिलाड़ियों को ताबडतोड़ बैट घुमाते देख झूमने लगती है।

न जाने इस खेल ने कितने घरों के शीशे फोड़े, कितनी बार गेंद तालाब में गयी, कितने बच्चे चोटिल होकर फिर से खेलने लग गये, कितने मैदानों पर झगड़े हुए, लेकिन खेल चलता रहा। सचिन तेन्दुलकर गावस्कर के दिये पैड को सीने से लगाये रहे। अब धोनी और विराट कोहली के पोस्टर लगाये न जाने कितने भावी क्रिकटेर घूम रहे होंगे। अब एक-एक मैच की लाखों की फ़ीस मिलती है। सचिन तेन्दुलकर ने अपनी पहली गाड़ी मारुति 800 ख़रीदी थी, और एक समय ऐसा आया कि वह महँगी फ़रारी इंपोर्ट कर रहे थे। सोलह-सत्रह साल के लड़के IPL खेल कर लाखों कमा रहे हैं। जिन्होंने खेलना बन्द किया, वह कमेंट्री कर धन कमा रहे हैं। मेरे शहर दरभंगा से कीर्ति आज़ाद तीन बार सांसद चुने गये, और उनका एक ही मुख्य योगदान है कि वह 1983 की विजयी क्रिकेट टीम में शामिल थे। ज़रूरी नहीं कि सभी यह मुक़ाम हासिल कर लें। विराट कोहली जिस अंडर-19 टीम को लेकर गये थे, उस टीम के कुछ खिलाड़ी अब क्रिकेट नहीं खेलते। लेकिन, क्रिकेट उनकी नसों में मौजूद होगा ही।

क्रिकेट से राष्ट्रवाद और धर्म के जुड़ने की कहानी भी ऐतिहासिक है, जो मैंने पहले अध्याय में लिखा है। शिव सेना ने भारत-पाकिस्तान क्रिकेट को अक्सर सियासी निशाना बनाया, और कई बार पिच खोद आये। भारतीय मुसलमान इस कटघरे में रहे हैं कि वे पाकिस्तान की जीत पर पटाख़े फोड़ते हैं। छोटे शहरों में या मुसलमान बहुल बस्तियों में यह दिखने को शायद मिल भी जाये। मेरे शहर दरभंगा में भी मैंने ऐसे दुकान देखे हैं, जहाँ शाहिद अफ़रीदी के बड़े पोस्टर लगे होते हैं। लेकिन यह हिन्दुओं के घर में भी मिल सकते हैं। ऐसे कई भारतीय हैं जो बाबर आज़म के खेल को पसन्द करते हैं। इमरान ख़ान से शोएब अख़्तर को देखने का लुत्फ़ उठाते रहे हैं। वसीम अकरम के प्रशंसक गाँव-गाँव में मिलेंगे। जब भारत में राम मन्दिर आन्दोलन चल रहा था, उस समय भारतीय टीम के कप्तान मोहम्मद अज़हरुद्दीन थे। क्रिकेट के खेल में यह दूरियाँ मिट जाती हैं, और जब ज़हीर ख़ान या मोहम्मद

शमी विकेट लेते हैं तो पूरा देश एक साथ हुंकार भरता है। यह भी सच है कि ज़हीर अब्बास ने सौरभ गांगुली और अज़हर को गिरते फ़ॉर्म से बाहर निकलने में मदद की, और अज़हर ने यूनुस ख़ान की। एक बार पाकिस्तान की टीम भारत दौरे पर आ रही थी, तो सौरभ गांगुली ने इंज़मामम-उल-हक़ के मार्फ़त सियालकोट से अपना बल्ला मँगवाया। इमरान ख़ान ने तो गावस्कर का सन्यास टलवा दिया था, कि एक आख़िरी बार साथ खेलकर ही संन्यास लेना। मुझे लॉर्ड्स के मैदान का एक मैच याद आता है, जब गावस्कर और इमरान ख़ान ने पाँचवें विकेट के लिए 180 रन की साझेदारी की थी।

क्रिकेट के सामने विधान भी कई बार अपना रास्ता मोड़ लेते हैं। लोकसभा चुनाव के समय IPL देश से बाहर दक्षिण अफ़्रीका में हुआ। 2011 में अन्ना हज़ारे को अपने अनशन की तारीख़ आगे बढ़ानी पड़ी, क्योंकि भारत फ़ाइनल में पहुँच गया था। जब कोरोना संकट से दुनिया जूझ रही थी, वह शारजाह में जाकर हुआ। व्यक्तिगत कारणों से भी क्रिकेट नहीं रुकता। एक सुधाकर अधिकारी नामक खिलाड़ी हुए, जो अपने विवाह के मंडप से सीधे मैच खेलने पहुँचे। क्रिकेटर वसीम जाफ़र की माँ अन्तिम साँसें ले रही थीं, और जाफ़र खेल रहे थे। एकनाथ सोलकर, सचिन तेन्दुलकर, विराट कोहली, मनदीप सिंह, मोहम्मद सिराज़ जैसे खिलाड़ियों ने यह शोक झेलकर खेला है, और अपना खेल उन्हें अर्पित किया है। यह लगभग फ़ौज की तरह समर्पण है, जो क्रिकेट में दिखता है।

यह खेल यूँ ही धर्म नहीं बन गया, इस अंग्रेज़ों के खेल ने भारतीयता को आत्मसात् किया है। अब यह विदेशी खेल नहीं, शुद्ध देशी खेल है।

परिशिष्ट

1. बॉम्बे क्वाड्रांगुलर

1907 से 1912 तक यह त्रिकोणीय (हिन्दू, यूरोपियन, पारसी) था। सभी हिन्दू टीम ने जीते। 1912 से मुस्लिम टीम भी जुड़ी।

1912-13 : पारसी
1913-14 : हिन्दू और मुस्लिम
1914-15 : हिन्दू और पारसी
1915-16 : यूरोपियन
1916-17 : यूरोपियन और पारसी
1917-18 : हिन्दू और पारसी
1918-19 : यूरोपियन
1919-20 : हिन्दू
1920-21 : हिन्दू और पारसी
1921-22 : यूरोपियन
1922-23 : पारसी
1923-24 : हिन्दू
1924-25 : मुस्लिम
1925-26 : हिन्दू
1926-27 : हिन्दू
1927-28 : यूरोपियन
1928-29 : पारसी
1929-30 : हिन्दू

1930-34 : नहीं खेला गया

1934-35 : मुस्लिम

1935-36 : मुस्लिम

1936-37 : हिन्दू

उसके बाद पेंटागुलर (बौद्ध/जैन/भारतीय ईसाई मिलाकर एक अलग टीम जुड़ी) खेले गये

1937-38 : मुस्लिम

1938-39 : मुस्लिम

1939-40 : हिन्दू

1940-41 : मुस्लिम

1941-42 : हिन्दू

1942-43 : नहीं खेला गया

1943-44 : हिन्दू

1944-45 : मुस्लिम

1945-46 : हिन्दू

2. भारतीय टीम (1932-33)

अमर सिंह–पहले ऑलराउंडर, तेज़ गेंदबाज़।

सोराबजी कोला–दायें हाथ के बल्लेबाज़।

जहाँगीर ख़ान–दायें हाथ के बल्लेबाज़, मध्यम गति गेंदबाज़।

लाल सिंह–दायें हाथ के बल्लेबाज़, धीमी गति गेंदबाज़।

नौमाल जीओमाल–दायें हाथ के बल्लेबाज़, लेग ब्रेक गेंदबाज़।

जनार्दन नवले–दायें हाथ के बल्लेबाज़, विकेटकीपर।

सी.के. नायडू–दायें हाथ के बल्लेबाज़, धीमी गति गेंदबाज़।

नाज़िर अली–दायें हाथ के बल्लेबाज़, मध्यम गति गेंदबाज़।

मुहम्मद निसार–तेज़ गेंदबाज़, दायें हाथ के बल्लेबाज़।

फ़िरोज़ पालिया–बायें हाथ के धीमी गति गेंदबाज़, बायें हाथ के बल्लेबाज़।

वज़ीर अली–दायें हाथ के बल्लेबाज़, मध्यम गति गेंदबाज़।

3. महात्मा गांधी का बम्बई पेंटागुलर के विषय में कथन (7 दिसंबर, 1940)

14 नवंबर को होने वाले पेंटागुलर क्रिकेट मैच के सम्बन्ध में विचार रखने के लिए मेरे पास कई प्रश्न आये हैं। मुझे ख़बर मिली है कि मैच को रोकने के लिए

आन्दोलन हो रहे हैं। मैं समझ सकता हूँ कि यह सत्याग्रहियों की गिरफ़्तारी के विरोध में किया जा रहा है। मुझे हिन्दू जिमख़ाना के तीन प्रतिनिधियों ने इस विषय में राय देने के लिए कहा है। मैं यह स्पष्ट कर दूँ कि मुझे इन खेलों के और इसके प्रशासन नियमों की जानकारी नहीं है। इसलिए, मेरे विचार एक ऐसे आम आदमी के विचार समझे जायें, जिसे खेल के विषय में कोई ज्ञान नहीं।

लेकिन, मैं यह स्वीकार करता हूँ कि मेरी सहानुभूति उन लोगों के साथ है जो खेल को रोकना चाहते हैं। यह विचारे महज़ एक सत्याग्रही रूप में नहीं जो सिर्फ़ आन्दोलन के लिए जनता का सहयोग चाहते हैं। मैं यह स्पष्ट करना चाहूँगा कि वर्तमान आन्दोलन ऐसे प्रकरणों से स्वतन्त्र हैं। लेकिन, जिस समय सम्पूर्ण बुद्धिजीवी समाज यूरोप में चल रहे युद्ध और सभ्यता पर ख़तरे से आहत है, ऐसे समय इन मनोरंजनों से बचना चाहिए। मैं यह कहना चाहूँगा कि हम अपनी बुद्धि और अवसर का प्रयोग इस हिंसा को रोकने में लगायें। इस दृष्टि से मैं स्वाभाविक रूप से आने वाले मैच को अल्पकालिक रोकने के लिए सहमति देता हूँ।

मैं बम्बई की जनता से यह भी निवेदन करना चाहूँगा कि वह खेल प्रशासन में बदलाव लायें और साम्प्रदायिक खेल समाप्त करें। मुझे कॉलेजों और संस्थान के मध्य खेल समझ आते हैं, लेकिन हिन्दू, मुसलमान और पारसियों के मध्य खेल की वजह समझ नहीं आती। बल्कि खेल की दुनिया को ऐसे विभाजनों से बचना चाहिए। क्या हमारे जीवन के किसी अंग को इस साम्प्रदायिकता से मुक्त नहीं रखा जा सकता?

मैं वर्तमान आन्दोलन से जुड़े लोगों से कहना चाहूँगा कि वह इस विषय को विस्तार दें और इस साम्प्रदायिक ढर्रे से हमेशा के लिए मुक्ति पायें, और जब तक यह रक्तपात चल रहा है, तब तक इस खेल से भी दूरी बनाकर रखें।

मैं यह कथन श्रीमान बर्नार्ड शॉ जैसे लोगों से क्षमा माँगते हुए कह रहा हूँ जो यह मानते हैं कि राष्ट्रीय मनोरंजन को उस वक़्त भी नहीं रोकना चाहिए जब मनुष्यता पर संकट आ चुका हो और मनुष्य एक-दूसरे की जान लेने पर आमादा हों।

('कलेक्टेड वर्क्स ऑफ़ महात्मा गांधी' और रामचन्द्र गुहा की पुस्तक 'अ कॉर्नर ऑफ़ अ फ़ॉरेन फ़ील्ड' में उद्धृत कथन से अनूदित।)

चित्र : 1911 में इंग्लैंड के दौरे पर भारतीय टीम।

चित्र : 1911 में इंग्लैंड के दौरे पर भारतीय टीम।

चित्र : 1926 के दौरे पर भारतीय टीम।

चित्र : रणजीतसिंह जी और विलियम गिल्बर्ट ग्रेस।

सभी चित्र सौजन्य : रोजर मान